ALBERT EBNETER PIETRO SELVATICO BENNO GASSMANN

HAT GLAUBEN NOCH SINN?

ALBERT EBNETER PIETRO SELVATICO
BENNO GASSMANN

HAT GLAUBEN NOCH SINN?

GRUNDFRAGEN NACH KIRCHE, GOTT UND WELT

BENZIGER VERLAG

HERGESTELLT IM GRAPHISCHEN BETRIEB
BENZIGER EINSIEDELN
ISBN 3 545 22064 8

INHALT

2. Teil:

Der Gott des christlichen Glaubens (Pietro Selvatico)

VORWORT

Glauben ist nicht mehr selbstverständlich. Der Zweifel, ob es noch sinnvoll sei, am christlichen Glauben festzuhalten, bedrängt selbst die Kreise der Kirchentreuen. Glaubenssätze stoßen auf Verständnislosigkeit, Kirchenämter auf Aversion, Mahnpredigten auf Achselzucken.

Oder schlägt heute das Pendel um? Wird eine große religiöse Erneuerung – angekündigt etwa in der «Jesus-Welle» – die lästigen Fragen der Kritiker emotional hinwegspülen? Wer so hofft, dient dem redlichen Glauben wenig. Flucht ins Irrationale löst die Sinnfrage nicht, sowenig oberhirtliche Appelle an die «Glaubenstreue» viel fruchten. Beides bedeutet: Verzicht auf die Rechenschaft des Glaubens, zu der die Christen «allezeit bereit sein sollen» (1 Pt 3,15).

Angesichts der Breite der Sinnkrise fragt die vorliegende Schrift nach den Gründen dieser Krise und nach den darin verborgenen – Hoffnungen. Die Überlegungen konzentrieren sich auf die drei Grundfragen: Kirche – Gott – Welt. Wir versuchten jeweils auszugehen von dem, was unserer Erfahrung zunächst liegt. So sind es für die meisten Zweifelnden von heute zuerst die *Kirche* und ihre Amtsstruktur, mit der sie in Konflikt geraten. Von da führen die Fragen weiter bis zum *Gottes*problem. Mit diesem hängt die *Welt*erfahrung eng zusammen; denn Gott begegnet – so will es seine Menschwerdung – in der Welt.

Das Buch gibt auf die Titelfrage, ob Glauben noch Sinn habe, keine Patent-Antwort. Es versucht aber, die Grundfragen so zu erhellen, daß Wege für persönliche Antworten sichtbar werden. Diese Wege sind zuweilen schmal, ohne Komfort, auf die wesentlichsten Elemente reduziert. Doch wer auf ihnen geht, darf hoffen, nicht in Sackgassen zu landen. Denn diese Wege lassen sich selber weiterbahnen.

Hervorgegangen ist die Schrift aus der Arbeit mit Nicht-Theologen in theologischen Kursen für gebildete Laien. Für ihre Anfragen und Anregungen danken wir an dieser Stelle, vorab Frau Dr. M. Sackmann-Rink, Riehen, für mannigfaltige Hilfen in Teil II–III. Wir hoffen, gerade dank solcher Mitarbeit besonders fragenden und suchenden Laien einen Dienst zu erweisen.

DIE VERFASSER

I. TEIL

DIE GEMEINSCHAFT DES GLAUBENS

ALBERT EBNETER

I. DER GEMEINSCHAFTSCHARAKTER DER RELIGION

Es gibt in der langen Geschichte der Menschheit keine Religion, die nicht gemeinschaftsgebunden gewesen wäre oder nicht aus sich Gemeinschaft hervorgebracht hätte. Die klassische Feststellung des griechischen Philosophen *Aristoteles* (384–322 v.Chr.), daß der Mensch von seiner Natur her ein «Gemeinschaftswesen» ist, gilt auch vom Menschen in seiner religiösen Dimension. Die vielschichtige Religionsgeschichte mit ihren «tausend Blüten» ist ein einhelliger und einzigartiger Tatsachenerweis für dieses Phänomen. «Die Religionen sind geschichtlich objektivierte und gesellschaftlich verfaßte Gebilde, die mit ihren Riten, Gesetzen, Glaubenssätzen und Verhaltensmustern die Religiosität des einzelnen ebenso ermöglichen und tragen, wie sie sie formen und determinieren. Der einzelne Mensch ist immer religiös nur in der Form, die die Religion seiner Gruppe fordert und ermöglicht.»[1]

Hinter der religiösen Gemeinschaftsbildung können sehr *verschiedene Gründe und Motive* wirksam sein:

1. Im Stadium der *kollektiven Urverbundenheit* des Menschen deckt sich die Religionsgemeinschaft mit den naturhaft gewachsenen Vital- oder Lebensgemeinschaften von Familie, Sippe und Volksverband. Der Einzelne hat gegenüber dem Kollektiv gleichsam noch keine selbständige Existenz. Der Einzelne hat sich noch gar nicht entdeckt und ist noch nicht zum Bewußtsein der Einzelpersönlichkeit gekommen. Die Sippe oder das Volksganze nehmen den Einzelnen ganz und gar in ihren Besitz.

Die Religionen der menschlichen Frühzeit sind ausnahmslos stammes- oder volksgebunden. Das Kollektivum, ein Stamm oder ein Volk, ist Träger der Religion. «Der primitive Mensch denkt und handelt kollektiv. Der

[1] M. Seckler, Sind Religionen Heilswege?, in: Stimmen der Zeit 186 (1970) 190. – Eine systematische religionssoziologische Darstellung quer durch alle Religionen hindurch bot im deutschen Sprachraum erstmals Gustav Mensching in seinem Werk «Soziologie der Religion», 1947.

Einzelne ist nichts ohne die Anderen. In ihm handelt sein Geschlecht, sein Stamm.»[2]

Mit der Stammes- oder Volksreligion hängt zusammen, daß auch ein *kollektives* Heil gegeben ist. Pflicht aller Glieder der Volks- oder Stammesgemeinschaft ist, dies der Gesamtheit zu erhalten. Dieses «Heil» ist ein geheimnisvolles Leben mit numinosem Charakter, das alle verbindet und aus dem sich zu lösen den eigentlichen Tod, den Verlust des «wahren Lebens» bedeutet.

Der isolierte Einzelne hieß im alten Germanien «Neiding», und der Zustand des «Neidings» war mit Unheil identisch. *E. Lehmann* schreibt in «Die Erscheinungswelt der Religion»: «Die Ehre, das Glück der Familie ist ein derartiger Gemeinbesitz oder besser Sonderbesitz des Stammes, der immer gewahrt und unbehelligt bleiben muß. Dies war, was die Germanen ‹fridr› nannten ... Wer ausgestoßen, vogelfrei wurde, der hatte als ‹niding› keinen Anteil mehr an der Familienseele, überhaupt keine Seele mehr; er wurde als Tier, als Wolf angesehen und möglicherweise erschlagen» (Chant. I, 91).

Nach *J. F. Thiel* kommt für die meisten Afrikaner «der Ausschluß aus der Stammesfamilie der Todesstrafe gleich: er bedeutet ein langsames und ehrloses Dahinsiechen».

Daher gilt es, die durch heilige Traditionen und Ritus begründeten Beziehungen zu den eigenen Volks- und Landesgöttern als den Exponenten des «wahren Lebens» zu pflegen (Cultus = Pflege). Die Zugehörigkeit zur Vitalgemeinschaft vermittelt dem einzelnen Glied den religiösen Lebensstrom, solange es in ihm bleibt und ihn nicht verläßt. Die typischen Stammes- oder Volksreligionen entsprechen einem soziologischen und anthropologischen Frühstadium der Menschheit, in der der Einzelmensch noch im Volksganzen aufgeht.

2. Die *Universal-* oder *Hochreligionen* wie Buddhismus, Christentum, Islam usw. sprengen die blutmäßige Gemeinschaft und wenden sich wesentlich an den *Einzelnen* und seine individuelle Entscheidung. Sie setzen daher als soziologisches Substrat eine gewisse Individualisierung und Subjektivierung des Menschen voraus oder bedingen sie geradezu. Anderseits sind sie durch ihren Absolutheitsanspruch, die universale Heilsbotschaft darzustellen, gerade auf Gemeinschaft angelegt. «Alle Universalreligionen haben das Leben ihrer Gläubigen in Kultus, Mythus und Ethik diszipliniert, sie haben Gemeinschaft gestiftet und ‹weltliche› Bindungen aufgelöst, haben Staaten gestützt oder umgestürzt, haben Literatur und Kunst neuartig ab-

[2] G. van der Leeuw, Phänomenologie der Religion, 1933, 224.

gewandelt und das gesamte geistige Leben in ihren Wirkungskreis einbezogen, ja sie sind ganzen Kulturen der lebenspendende Mittelpunkt geworden» *(M. Dibelius)*. Indem sie sich von den natürlichen Gemeinschaften gelöst, haben sie anstelle der Geburts- oder Blutsgemeinschaften *Wahl*gemeinschaften und *Bekenntnis*gemeinschaften gebildet.

Die Religionsgeschichte *Israels* zeigt noch klar die Übergangsform von der naturhaften Gemeinschaft zur Gemeinde der Erwählten und Berufenen. «Für die alttestamentliche Offenbarung gehört der Mensch ohne weiteres zu den soziologischen Größen, es gibt Menschen nur in der Mehrzahl ... Mensch ist der Mensch immer nur inmitten und als Glied einer Gruppe. Weil das AT den Begriff des *isolierten, individualisierten* Menschen nicht kennt, darum weiß es auch nicht aus erster Hand davon, daß und wie der Einzelne seinem Gott gegenüber steht. Denn der Einzelne ist ja immer Glied und Mithandelnder und Mitleidender einer Gruppe.»[3] Erst ganz allmählich lösen sich einzelne aus dieser kollektiven Gebundenheit und Verbundenheit. Im AT sind zum Beispiel Seher und Propheten durch Jahwe gesonderte Einzelne (vgl. 1 Sm 9,9), auch Priester, Könige und Schriftgelehrte. Aber das Problem *genereller* Isolierung wird noch nicht gesehen. Schuld ist daher auch bei den Propheten noch kollektive Schuld. Hosea sagt: «Als *Israel* jung war, gewann ich es lieb, und aus Ägypten berief ich meinen Sohn. Je mehr ich sie rief, um so mehr entfernten *sie* sich von mir: sie opferten den Baalen und räucherten den Bildern» (11,1 f). Oder bei Jesaja heißt es: «Verlassen haben *sie* den Herrn, verworfen den Heiligen Israels, haben den Rücken (ihm) gewandt» (1,4). Im Laufe der Geschichte – vor allem in der nachexilischen Zeit, da der frühere staatlich-politische Zusammenhalt verloren war – tritt mehr der Einzelne ins Blickfeld. «An die Stelle des naturhaften Volkes, dessen Glieder eben, weil sie Glieder dieses Volkes sind, in den Dienst Gottes gehören, tritt die *Gemeinde der Frommen*, welche durch die Entscheidung, die jeder für sich zu treffen hat, sich zu Gott bekennen. Den Wendepunkt bedeutet Ezechiel und die Lage seiner Zeit.»[4]

3. Der Begriff des «*Volkes Gottes*» in der biblischen Offenbarungsreligion bringt wie kaum ein anderer Begriff die soziale Dimensionen des Glaubens, das Gemeinschaftliche, zum Ausdruck, und zwar in einem Sinn, indem das «Völkische» im blutmäßig-nationalen Sinn und das «Religiöse» im Sinne der göttlichen Erwählung des Volkes Israel (und darin aller Völker) eng verbunden und verschlungen war. Der Ausdruck «Volk Gottes» war von

[3] L. Köhler, Theologie des AT, 1936, 113 f.
[4] Ebd., 79.

seinem alttestamentlichen Ursprung her ein «völkisch-religiöser Begriff, in dem das völkische und das religiöse Element vom Anfang der israelitischen Geschichte an miteinander um den Vorrang streiten», schreibt mit Recht *H. Strathmann* im Theologischen Wörterbuch zum Neuen Testament. «Die beiden Elemente waren auf Übereinstimmung angelegt: ‹Wenn ihr auf meine Stimme hört und meinen Bund haltet, so sollt ihr vor allen Völkern mein Eigentum sein› (Ex 19,5). Aber die Übereinstimmung kam nicht zustande. Die Spannung zwischen beiden Elementen steigerte sich bis zu dem Wort des Hosea: ‹Ihr seid Nichtmeinvolk› (1,9). Der Ausgleich beider Elemente wird zum Gegenstand der eschatologischen (endzeitlichen) Heilshoffnung und Heilsverkündigung des Prophetismus. Dieses Heil wird sich freilich nur durch schwere, fast vernichtende Gerichte an Israel hindurch verwirklichen. Dafür werden anderseits aus den (heidnischen) Völkern neue Glieder des Volkes (Gottes) herzuströmen. – Was die alttestamentliche Prophetie vorausahnt, sieht die neutestamentliche Gemeinde in sich verwirklicht. Aus dem Volk im völkisch-religiösen Sinne und den Völkern (im heidnischen Sinne) erwächst ein neues Volk im rein religiösen Sinn, für dessen Bestand das biologisch-geschichtliche, das völkische Element bedeutungslos geworden ist, ein drittes Geschlecht, wie man später sagte. Auf das Völkisch- oder Biologisch-Geschichtliche gesehen, besteht dieses Volk aus zwei oder gar vielen Völkern. Aber diese Völker verschmelzen zur Einheit eines neuen Volkes, für dessen Konstituierung nur noch die Gestaltung des religiösen Verhältnisses durch die schöpferische Erlösungstat Gottes in der Sendung Christi und durch den Glauben an ihn maßgebend ist: ‹Ihr seid alle Söhne Gottes durch den Glauben an Christus, ... da ist nicht Jude noch Grieche, nicht Sklave noch Freier, nicht Mann noch Weib. Denn ihr seid alle *Einer* in Christus Jesus› (Gal 3,26ff; vgl. 1Kor 12,13; Kol 3,11)» (IV, 55).

Der Gemeinschaftsbegriff des «Volkes Gottes» wird im NT gleichsam noch überhöht durch den Gedanken des «*Leibes Christi*», der in der paulinischen Theologie die neutestamentliche Gemeinde in seiner sozialen Dimension aufzeigt. «Volk Gottes» und «Leib Christi» ergänzen sich, und zwar so, daß der Gottesvolk-Gedanke Wurzel und Stamm, die Leib-Christi-Idee aber die Krone bildet. Der Begriff des «Volkes Gottes» hebt mehr die *zeitliche* oder heilsgeschichtliche Dimension der Gemeinschaft im Glauben hervor, das Bild des «Leibes Christi» visiert mehr die *räumliche* Struktur oder Kategorie der Glaubensgemeinschaft.

Drei Motivgruppen lassen sich aus dem Gemeinschaftsgedanken der christlichen Glaubensgemeinde herausschälen:

a) Das Stammvater-Motiv

Verschiedentlich wird Christus als der Stammvater bezeichnet, sei es, indem er als der «neue Adam» oder als der eine «Abrahamssame» erscheint (Röm 5; 1 Kor 15; Gal 3). Für hebräisches Denken ist der Stammvater nicht ein Mensch neben andern, nicht einer in einer langen Reihe, sondern er ist die innere Einheit aller. Er trägt sie alle in sich. Er ist geradezu so etwas wie ein Kollektivum. Das AT kennt nicht den abstrakt universalen Begriff «Mensch»; es kennt vielmehr den konkret universalen «Adam», einen Menschen, in dessen «Leibesstoff» alle Menschen enthalten sind. Wir alle waren nach biblischer Vorstellung real «in» Adam. Zwischen Stammvater und Nachkommen besteht die reale Einheit eines Baumes: Die Nachkommen sind der weiter wachsende und sich verzweigende Stamm, der dennoch von der Wurzel lebt und mit ihr eins bleibt. So erscheint von hier aus die Sippe, das Volk als «Großpersönlichkeit» oder «Gesamtpersönlichkeit», als Einheit, so daß der Einzelne in das Geschick des Ganzen, auch über die Zeiten hinweg, verflochten ist. Das ganze Volk kann von hier aus den Namen des Stammvaters tragen. Der Name «Israel» wird zuerst Jakob gegeben. «Du sollst hinfort nicht mehr Jakob heißen, sondern Israel» (Gn 32,28). Zum Volke «Israel» ist es durch Berufung geworden, indem Jahwe es zu seinem «Eigentumsvolk» erwählt hat (Ex 19,5; Dt 7,6; 14,2). Das «Volk Gottes» im Vollsinn – mit Einbeziehung der berufenen Heiden – ist aber im AT erst für die kommenden Zeiten verheißen (Ez 11,20; 14,11; 36,28; Jr 32,38ff).

In diesem Sinn radikaler Einheit wird nun *Christus* als der *zweite Adam* bezeichnet: Wir sind zusammen mit ihm ein einziger neuer Mensch. Die Christen sind das Volk des Neuen Bundes (vgl. 1 Kor 11,25; 2 Kor 3,6). Sie sind es nicht aufgrund der natürlich-blutmäßigen Bindung, nicht durch «fleischliche Abrahamskindschaft», sondern sie sind es allein dadurch, daß durch die Versöhnung im Blute Christi sie mit Christus ein einziger geworden sind, daß sie «Sohn im Sohne» *(Eckhart)* sind. Paulus drückt es Gal 3,28 so aus: «Ihr alle seid ein Einziger in Christus Jesus.» Ursprung und Zentrum des neuen Gottesvolkes ist Christus, der zum Kyrios, zum Herrn gesetzt ist.

b) Das Leib-Motiv

Man muß sich natürlich fragen, wie die Einheit mit Christus zustande kommt. Nach biblischer Vorstellung beruht unsere Einheit mit «Adam» auf unserer einstigen leiblichen Inexistenz in ihm, bzw. in unserer leiblichen Abstammung von ihm. Mit Christus verbindet uns aber nichts dergleichen. Wir werden – nach paulinischer Vorstellung – in die *Geistwirklichkeit* Christi, des zweiten Adam, eingepflanzt (vgl. Röm 11,16ff) und von ihr her umgewandelt zu einem neuen Organismus, zu einem neuen Leibe. Diese Einpflanzung in Christus, die gleichsam eine neue Geburt ist, geschieht durch die Taufe (Röm 6,1–11; 1Kor 12,13). Paulus kann auch sagen: Taufe ist die «Christusbeschneidung» (Kol 2,11). Da die Geburt des neuen Adam selbst am Kreuze, durch die Tötung des alten geschah, kann diese unsere neue Geburt je nur so geschehen, daß wir mit dem Kreuzestod vereint werden, der die eine einzige Durchbruchstelle des neuen Adam in dieser Welt bedeutet. Das Kreuz, d.h. der Opfertod des Herrn ist darum noch immer der Quellpunkt der Gemeinde Christi.

Damit ist aber erst gesagt, wie der *Einzelne* in den neuen Adam hineingeboren wird, wie er aus seiner Vereinzelung herausgerissen und in den Leib Christi hineinvereinigt wird. Es bleibt die Frage: Wie vollzieht die *Gemeinde* Christi, die Kirche, ihr Gemeinde- oder Kirche-Sein? Worin besteht die Realität ihrer neuen Gemeinschafts-Existenz? Die Antwort gibt Paulus im 1.Korintherbrief: Die Kirche ist Leib Christi und wird es je neu von der Eucharistie, vom Leibe Christi, her (10,14–22; 12,13). In der Eucharistie essen alle das seinem Wesen nach numerisch eine Brot – Christus –, das uns alle zu einem einzigen Christus macht. «Ein Brot, ein Leib sind wir, die vielen» (ebd. 10,17). «Leib Christi ist die Gemeinde, nie der einzelne» *(E.Schweizer)*.

c) Das Braut-Motiv

Wie nach Gn 2,24 Mann und Frau im Vollzug der ehelichen Gemeinschaft «ein Leib» werden, so sind Christus und der Christ zusammen «ein Geist» (pneuma), d.h. eine einzige neue geistliche Existenz (1Kor 6,12–20). Paulus greift damit eine Bildvorstellung auf, die sich im AT schon seit dem Propheten Hosea großer Beliebtheit erfreute (1,9; 2,3). Man hatte das Volk Israel wie eine Kollektiv-Person als Braut dargestellt (cf. Am 5,2). Wenn jetzt die Gemeinde der Christusgläubigen (nicht der einzelne Christ) als «Braut» erscheint (2Kor 11,2; Eph 5,22f), dann besagt dies, daß diese Gemeinde das wahre Volk Gottes ist, wobei der alttestamentliche Gedanke näher dahin modifiziert wird: Die Gemeinde ist Volk *Gottes* dadurch, daß sie Braut *Christi* ist, d.h. mit ihm, dem Sohn, zur Einheit eines einzigen Geistleibes geformt ist. Damit ist der alte Volk-Gedanke, der einst hinter dem Brautbild stand, weit zurückgelassen und auf eine neue und tiefere Einheit hin überschritten: Die Kirche ist «Volk Gottes» dadurch, daß sie eins ist mit Christus Jesus.[5]

4. Nicht zuletzt ist die Geschichte des Geistes und auch des «religiösen Genies» Zeugnis und Hinweis, daß «in der *Wahrheit* sein» und «in *Gemeinschaft* leben» sich letztlich entsprechen. Iwan Kirejewski hat das treffende Wort geprägt: «Für die totale Wahrheit braucht es die Totalität des Seins.» Der Einzelne ist und bleibt in Raum und Zeit vielseitig begrenzt. Er findet die Fülle der Wahrheit nur in Gemeinschaft mit allen über Raum und Zeit hinweg. Wo er diese Gemeinschaft verliert, verliert er allzuschnell den Sinn für das Ganze. Der einzelne Geist kann vielleicht eine logische Konsequenz, eine Unterscheidung oder einen Gegensatz leicht begreifen. Um aber eine Fülle zu erfassen, braucht es viel Zeit des Ringens und Meditierens, verlangt tiefe Demut und große Offenheit gegenüber andern «Denkern» und «Betern» in Geschichte und Gegenwart. Der erste christliche Theologe, *Irenäus von Lyon*, will in seiner «Entlarvung und Widerlegung der falschen Gnosis», geschrieben um 180–185, dartun, wie der Häretiker stets den Sinn für das Ganze verloren hat. Er nimmt – im Bilde gesprochen – Steine aus einem Mosaik, das einen König wiedergibt, und stellt sie nach eigener Idee zusammen, mit dem Ergebnis, daß er, der keine Idee von der wirklichen Gestalt des Königs hat, sein Bild auflöst und statt dessen die Figur eines Fuchses zeichnet (I, 8). Gerade die «Wahrheit des Christentums» ist hineingebunden in eine Gemeinschaft. Selbst so bleibt die Erkenntnis Stückwerk. «Nur ein Teil (der Wahrheit) der Schrift ist unserer Erklärung zugänglich, der andere bleibt Gott überlassen», schreibt Irenäus und zieht daraus die weise Folgerung: «Überlassen wir ... einige Fragen Gott, dann werden wir unseren Glauben bewahren» (II, 28).

II. DIE MESSIANISCHE SAMMLUNG DES GOTTESVOLKES

Mit ihrem den christlichen Konfessionen aller Schattierungen gemeinsamen Bekenntnis glaubt die Christenheit, das verheißene messianische Gottesvolk, die «eine, allgemeine, apostolische Kirche» Christi zu sein. Zu ihrem Credo gehört wesentlich die auf Jesus gegründete Glaubensgemeinde. Jedoch schon die Frage nach ihrer «Stiftung» und Sammlung durch Jesus gibt heute zunächst mancherlei Probleme auf.

[5] Siehe: J. Ratzinger, Das neue Volk Gottes, ^{2}1970, 75 ff.

1. Geschichtliche Aporien (Sackgassen)

Die «landläufige» Auffassung hält es für eine geschichtlich absolut gesicherte Tatsache, daß Jesus von Nazareth eine Gemeinde oder «Kirche» stiften wollte und sie auch gestiftet hat. Anhand der neutestamentlichen Überlieferung und einer «unvoreingenommenen» Interpretation glaubt man sich die Sache sehr einfach vorstellen zu können: Jesus sammelt in seiner (dreijährigen) öffentlichen Wirksamkeit in Palästina unter Kaiser Tiberius Jünger um sich, zumal die 12 Apostel, um ihnen die Botschaft vom Reiche Gottes zu predigen, sich selber ihnen als Messias zu offenbaren und ihnen Vollmacht und Sendung zu geben, sein Evangelium den Menschen zu künden. Insbesondere erwählt und beruft er den Simon Petrus, auf dem er «seine Kirche bauen will». Am Himmelfahrtstag sendet er die Apostel mit dem Missionsbefehl in alle Welt: «Mir ist alle Gewalt gegeben im Himmel und auf Erden; darum geht hin und machet alle Völker zu Jüngern und taufet sie auf den Namen des Vaters und des Sohnes und des Heiligen Geistes, und lehret sie alles halten, was ich euch befohlen habe!» (Mt 28, 18ff).

Der «*kritische*» Leser jedoch, der die Beobachtungen einer auf Präzision bedachten philologischen und historischen Wissenschaft zur Kenntnis nimmt und den Ergebnissen einer sorgfältigen Analyse der neutestamentlichen Texte Rechnung tragen will, kommt mehr und mehr zur Überzeugung, daß sich *die Sache viel komplizierter* verhält. Sogar unbedingt «gläubige» und «kirchentreue» Exegeten kommen zum Teil zur Überzeugung, daß von einer *direkten* und *unmittelbaren* Gründung oder Stiftung der Kirche durch Jesus Christus kaum oder überhaupt nicht die Rede sein kann. So kommt ein Autor, der keineswegs auf der äußersten Linken steht und sich mit einer eindringlichen Studie über «Jesus und die Anfänge der Kirche» mit dem Problem befaßt hat, *Werner Georg Kümmel*, zum Ergebnis, daß die «göttliche Setzung der Urkirche» nicht damit begründet werden kann, «daß man auf die Absicht und den Auftrag des irdischen Jesus verweist».[6] Als Gründe werden von den verschiedenen Vertretern dieser oder einer noch radikaleren Meinung hauptsächlich folgende vorgebracht:

a) Den Dutzenden von «Reich-Gottes»-Worten gegenüber ist in den *Evangelien* das *Wort «ekklesia»* (Kirche) nur zweimal im Munde Jesu bezeugt und dies nur beim Evangelisten Matthäus (16, 18 und 18, 17). An den Parallelstellen bei Markus und Lukas fehlt es sogar. Wenn jedoch der Gedanke der Kirchenstiftung durch den irdischen Jesus wesentlich und zentral

[6] Studia theologica VII, 1953, 27.

gewesen wäre, müßte nicht der wort-statistische Befund ganz anders aussehen?

Von einem kirchenstiftenden Wort Jesu, das an die *Öffentlichkeit* gerichtet gewesen wäre, weiß die evangelische Überlieferung überhaupt nichts.

b) Die Idee und Vorstellung der «*Zwölf Apostel*», die Fundament und Kern der Kirche sein sollen, ist nach manchen Exegeten eine nachträgliche Konstruktion. «Der ursprüngliche Sinn des Zwölferkollegiums ... deckte sich nicht mit dem Kreis der ‹Apostel›», der «ein anderer war», schreibt selbst der katholische Exeget *Heinz Schürmann* in seinem neuesten Kommentar zum Lukas-Evangelium.[7] In der Urkirche gibt es bekanntlich «Apostel», die über den Kreis der «Zwölf» hinaus Apostel genannt werden: So Paulus, dann der Herrenbruder Jakobus (Gal 1,19), Andronikus und Junias (Röm 16,7), Abgesandte von Gemeinden und Missionare (Phil 2,25; 4,18; 2Kor 8,23). Erst «für den Evangelisten *Lukas* ist der Kreis der Apostel Jesu *identisch* mit dem der ‹Zwölf›». Darin zeigt sich «ein *späterer* kirchlicher Sprachgebrauch».[8] Für *Paulus* (dessen Briefe bekanntlich 10 und 20 Jahre früher zu datieren sind als das Lukasevangelium und die Apostelgeschichte) ist das durchaus noch nicht so; «für ihn deckt sich der Apostelkreis nicht mit den Zwölf. Ihnen wird im neutestamentlichen Zeitalter auch sonst nur erst sehr zaghaft der Aposteltitel gegeben.»[9]

Die geschichtliche Rolle der «Zwölf» in der Urkirche ist schwer zu fassen. «Über ihre Tätigkeit wird kaum etwas Greifbares erzählt ... Sie verschwinden mit Ausnahme des Petrus aus der Geschichte, ohne eine Spur zu hinterlassen.»[10] Als besonders auffallend wird bezeichnet, daß Paulus in seinem einigermaßen ausführlichen Bericht über das Apostelkonzil (Gal 2), auf dem der Apostel mit den Vertretern der Urgemeinde doch über Grundsatzfragen verhandelt, die «Zwölf» überhaupt nicht erwähnt, sondern nur die drei «Säulen», unter denen der Herrenbruder Jakobus, der nicht zum Kreis der «Zwölf» gehört, figurierte. Ist daraus zu schließen, daß jener Kreis der «Zwölf» um das Jahr des Apostelkonzils (48 oder 44) nicht mehr bestand? Aber wohin hatte er sich aufgelöst? Von Missionsreisen der «Zwölf» – mit Ausnahme des Petrus (und Johannes? vgl. Apg 8,14ff) – wissen die neutestamentlichen Schriften nichts. Erst in den apokryphen Apostelakten tauchen phantastische Geschichten über die Missionsreisen einzelner Apostel auf.

[7] H. Schürmann, Das Lukasevangelium, 1969, 315.
[8] Ebd., 314.
[9] Ebd., 314–315.
[10] H. Conzelmann, Geschichte des Urchristentums, 1969, 41.

c) Eine seltsame Spannung scheint zu herrschen zwischen dem klaren allgemeinen Missionsauftrag des Auferstandenen an die «Apostel»: «Darum gehet hin und machet alle Völker zu Jüngern ...» (Mt 28,19) und ihrem tatsächlichen Verhalten nach Ostern und Pfingsten. Die «12 Apostel» scheinen über den allgemeinen Missionsbefehl sehr im Zweifel gewesen zu sein. Ja, man muß sich fragen, ob sie einen solchen überhaupt kannten. «Nicht eine Spur der Überlieferung weist darauf hin, daß sich die Zwölfe und deren unbestrittenes Oberhaupt wenigstens in einem an sie herangetragenen Ernstfall an einen Auftrag Jesu zur Heidenmission erinnern konnten. Es wird wohl eine zuverlässige Nachricht sein, daß Petrus auf die Bahn des Heidenmissionars nur auf besondere und ausdrückliche Weisung des Heiligen Geistes kam» (Apg 10). ... Soweit man bei der Eigenart der Apostelgeschichte noch historisch sehen kann, «erfolgte der Übergang zur Heidenmission in der Tat nur mit Zögern und offenbar unter starken innerkirchlichen Auseinandersetzungen», schreibt der katholische Exeget *A. Vögtle* in seinem Aufsatz «Jesus und die Kirche».[11] Paulus selbst verstand sich offensichtlich nicht als Apostel, der die schon begonnene Verkündigung der ersterwählten Apostel lediglich weiterführen sollte. Er betrachtete sich als den Apostel der Heidenvölker schlechthin und dies auf Grund einer besonderen Christusoffenbarung. Hätte es eine solche besondere Offenbarung und Sendung zu den Heiden gebraucht, wenn der allgemeine Missionsbefehl bekannt gewesen wäre? Oder hatten etwa die Zwölfe trotz eines ausdrücklichen Auftrags zur Völkermission, von der Matthäus 28,19f berichtet, wider Erwarten jahrelang völlig versagt? Widerspiegelt vielleicht der Missionsbefehl bei Matthäus nicht doch eine spätere Stufe der Urkirche, erst eine langsam sich ergebende Erkenntnis der werdenden Kirche? Wird vielleicht nicht dem scheidenden Jesus ein Wort in den Mund gelegt, das er – nach dem Maßstab heutiger historischer Berichterstattung – in dieser Klarheit nicht gesprochen hat, das aber der späteren Erkenntnis, die sich aus vielen Quellen speiste, innerlich entsprach? Läßt die tatsächliche Entwicklung der Heidenmission, wie die Apostelgeschichte und die Paulusbriefe sie uns berichten, nicht mit Grund bezweifeln, ob auch nur der Auferstandene selbst die Heidenmission befohlen hat? «Nach geradezu einmütiger Ansicht der Exegeten spricht» die faktische historische Entwicklung «jedenfalls gegen einen ausdrücklich universalen, ‹alle Völker› umfassenden Missionsbefehl des Auferstandenen» *(A. Vögtle)*.

d) Noch schärfer stellt sich das Problem, wenn man zu den Jesusworten,

[11] In: Begegnung der Christen, hrsg. v. M. Roesle, O. Cullmann, 1959, 71.

die die Sendung der Jünger bereits auf Israel einschränken (Mt 10,5f; 15,24), noch das andere – wegen seiner sachlichen Schwierigkeit als echt angesehene – Jesuswort hinzunimmt: «Wenn sie euch aber verfolgen in dieser Stadt, so fliehet in die andere! Denn wahrlich, ich sage euch: Ihr werdet mit den Städten Israels nicht zu Ende kommen, bis der Sohn des Menschen kommt» (Mt 10,23). Hat nicht Jesus hier mit dem baldigen Kommen des Reiches Gottes gerechnet, so daß eine Gemeinde niemals in seinem Blickfeld stehen konnte? «Wahrlich, ich sage euch: Unter denen, die hier stehen, sind einige, die den Tod nicht schmecken werden, bis sie gesehen haben, daß das Reich Gottes mit Macht gekommen ist» (Mk 9,1). Es scheint keinen Zweifel zu leiden, daß Jesus bis zur Parusie (Wiederkunft) mit einer Heilsverkündigung nur in Israel rechnete, und zwar in einem Zeitraum, daß die von ihm angesprochenen Jünger diese Heilsverkündigung noch nicht in allen Städten Israels zu Ende gebracht haben, bis daß er wiederkommt. Bezüglich der Heiden erwartete man – in Anknüpfung an die prophetische Verheißung von der endzeitlichen Völker-Wallfahrt zum Gottesberg Zion –, daß die andern Völker erst bei der Endoffenbarung, d.h. bei der Wiederkunft des Messias zum Heil gerufen werden.

Schließlich muß hinzugenommen werden, daß in der ersten Urchristenheit grundsätzlich und verhaltensmäßig die Überzeugung ernst genommen wurde, daß die messianische Botschaft erst «den Söhnen der Propheten und des Bundes», also Israel, angeboten werden muß (Apg 3,25), ehe die Völker in das endzeitliche Gottesvolk, das neue Israel, eingegliedert werden.[12]

2. *Der zeitgeschichtliche Rahmen einer Kirchen-Idee*

Je mehr der zeitgeschichtliche Hintergrund des Wirkens Jesu sich uns aufklärt, um so mehr verlieren gewisse Bedenken, die herkömmlicherweise gegen eine Kirchen-Idee Jesu angeführt werden, ihr Gewicht. Anderseits haben gerade gewisse radikal ablehnende Kritiken einer «Kirchenstiftung» Jesu zu vertieften Fragestellungen geführt.

a) Seitens aller Evangelien dürfte es sich als *situationsgemäß* erweisen, wenn die evangelische Überlieferung von keinem an die *Öffentlichkeit* gerichteten Jesuswort weiß, in dem Jesus vom Bau seiner Kirche spricht. Die neu gefundenen Qumrantexte beleuchten und bestätigen uns in Verbindung mit andern Quellen des Spätjudentums, daß zur Zeit Jesu religiös lebendige

[12] Vgl. J. Jeremias, Jesu Verheißung für die Völker, 1956.

Kreise des Judentums bestrebt waren, die reine Gottesgemeinde, das wahre Volk Gottes, den heiligen Rest darzustellen. Von den verschiedenen Sondergruppen wurde leidenschaftlich – zum Teil mit einem geradezu unüberbietbar exklusiven Geltungsanspruch – darum gerungen, diese wahre Heilsgemeinschaft darzustellen. Die Frommen von Qumran und der Damaskusschrift nennen sich beispielsweise: «Der Rest», «die Söhne der Gnade»; «die Gemeinde Seiner (Gottes) Auserwählten»; «ein heiliges Haus für Israel», «die Gemeinde des Neuen Bundes» und dergleichen mehr.

Ein Endzeitprediger, der wie Jesus mit unerhörtem Anspruch die Wende der Zeit, das Nahekommen der Gottes-Herrschaft und damit den gewaltigen Ernst der Entscheidung proklamierte, *mußte* zu dem Problem des wahren «Gottesvolkes» Stellung nehmen: Wer gehört zur Gemeinde der Heilserben? Welche Bedingungen werden für den Eintritt in die Heilsgemeinde gestellt? Jesus tat es in seiner Verkündigung des Reiches Gottes durch Wort und Tat. Aber obwohl er die schmerzliche Tatsache erfährt, daß nur ein kleiner Rest seines Volkes den an ihn ergehenden Ruf zum Heile Folge leistet und daher nur ein Rest zu den Auserwählten zählt (Mt 22, 14), geht Jesus im Gegensatz zu anderen Bewegungen seiner Tage, z. B. der Essener, nicht vom «Restgedanken» aus. Er will nicht dem alten Gottesvolk ein neues gegenüberstellen, sondern die «Vielen», d. h. alle, das ganze Israel – auch das untreu gewordene – durch die gläubige Aufnahme seiner Botschaft als Gottesvolk der Endzeit gewinnen. Das beweist die Erwählung des Zwölferkreises, der symbolhaft das zwölfstämmige Israel darstellen sollte (weiteres siehe unten: Die «Zwölf»).

Die ostentativ bezeugte Liebe gegen «Sünder und Zöllner», worin die grenzenlose Liebe des Vatergottes bezeugt werden sollte, läßt sich zugleich als ein *Tat*-Protest gegen alle Absonderungstendenzen verstehen. Wenn Jesus mit der öffentlichen Predigt vom Bau «*seiner* Kirche» und mit dem Ruf zur Sammlung der Heiligen und Auserwählten begonnen hätte, wäre er von den jüdischen Prämissen her fast notwendig dahin mißverstanden worden, daß er eine Sondersynagoge gründen und den andern heiligen Restgemeinden wie Qumran eine neue Konkurrentin zur Seite stellen wollte.

b) Die feststehende Tatsache, daß Israel als Volk dem Heilsangebot Jesu sich verschloß und schließlich nur eine «kleine Herde» Gefolgschaft leistete, bedeutete trotzdem für Jesus nicht notwendig das Ende der Verheißung Gottes mit seinem ersterwählten Volk. Der synoptischen Überlieferung läßt sich entnehmen, daß bei Jesus mit der wachsenden Ablehnung seitens des Volkes der Gedanke des *leidenden* Messias mehr und mehr hervortritt und damit die Offenbarung einer *neuen Stufe* des messianischen Heiles in Sicht kommt. Jesus versteht sein Sterben als stellvertretenden Sühneakt für die vielen und als notwendige Voraussetzung für die Teilnahme am endzeitlichen Mahle des Gottesreiches (vgl. Mk 10,35–40; Mt 20,20–23; Lk 22,16.18). Damit ist eine völlig neue Voraussetzung für die Zugehörigkeit zur endzeitlichen Gemeinde geschaffen. Mit vollem Recht muß gefragt werden, ob nicht Jesus auf Grund seines Sühnetodes ein erneutes und endgültiges Angebot und damit eine Sammlung des Volkes Gottes ins Auge faßte, und zwar nach Ostern durch das bevollmächtigte Wort seiner Jünger, die Zeugen seiner Auferstehung geworden. Diese Frage drängt sich erst recht auf, wenn die evangelische Überlieferung die Meinung als wohl begründet erscheinen läßt, daß Jesus selbst mit einer (kurzen?) Zwischenzeit zwischen seinem Tod bzw. Auferstehung und seiner Wiederkunft rechnete, mit einer Zeit, in der das eucharistische Mahl «zum Gedächtnis» seines bundesstiftenden Todes in der Gemeinde gefeiert wird (1 Kor 11,23).

Unter diesen Voraussetzungen wäre wohl Raum gegeben für kirchenstiftende Worte Jesu nach seiner Auferstehung. Die neutestamentliche Überlieferung legt verschiedene «Auftragsworte» überwiegend dem Auferstandenen in den Mund. Könnte unter ihnen nicht wenigstens ein bevollmächtigendes Sendungswort als *geschichtlicher Kern* festgehalten werden? Ja, wäre es so unerhört, daß Jesus im engeren Jüngerkreis mit Blick in die Zukunft sogar vom Bau «seiner Ekklesia» (Kirche) gesprochen hätte?

3. Jesu Ankündigung der «Basileia» (Königsherrschaft) Gottes

Das zentrale Thema der Verkündigung Jesu ist die «Basileia», das heißt die «Königsherrschaft» Gottes. Mit diesem Begriff fassen die drei ersten Evangelisten seine Botschaft zusammen:

Markus in dem an den Anfang gestellten Summarium: «Die Zeit ist erfüllt und die Königsherrschaft Gottes ist nahe herbeigekommen. Kehrt um und glaubt an die Frohbotschaft!» (1,15).

Matthäus in der generellen Wendung: Jesus «predigte die Frohbotschaft vom Reich» (4,23; 9,35).

Lukas in der Kurzformel: Jesus «verkündigte das Reich» (4,43; 8,1).

(In den Evangelien wechseln «Gottes-Herrschaft» und «Himmels-Herrschaft». Beide Ausdrücke besagen dasselbe. «Himmel» ist lediglich Umschreibung für «Gott».)

Die *Häufigkeit* des Vorkommens von Basileia in den synoptischen Jesusworten ist schon ein Hinweis, daß die Evangelisten mit diesem Terminus das zentrale Thema Jesu getroffen haben.

Er begegnet

bei Markus	13mal
in den gemeinsamen Matthäus-Lukas-Logien	9mal
darüber hinaus bei Matthäus	27mal
darüber hinaus bei Lukas	12mal

Diese Häufigkeit in den synoptischen Evangelien kontrastiert auffällig mit der relativ spärlichen Zahl der Belege im zeitgenössischen Judentum[13] und im übrigen Neuen Testament, eine Feststellung, die durch die am Toten Meer gefundenen Rollen nur bestätigt wird. Die Wendung «Königsherrschaft (Gottes)» findet sich darin nur dreimal. Ebenso kommt er im Johannesevangelium nur zweimal vor, und im ganzen paulinischen Schrifttum finden sich nur 10 Belege.

Neben diesem zahlenmäßigen Unterschied fällt auf, daß in der Verkündigung Jesu eine Fülle von Wendungen auftauchen, die in der Ausdrucksweise der Zeitgenossen *keine* Parallelen haben, z.B.: «Das Reich Gottes an sich reißen» (Mt 11,12); «das Reich Gottes ist nahe herbeigekommen» (Mk 1,15); «in das Reich Gottes hineinkommen» (Mk 9,47); «die Schlüssel des Reiches der Himmel» (Mt 16,19) usw.

Jesus hatte die Botschaft von der Basileia nicht nur zum zentralen Thema seiner Verkündigung gemacht. Er hat sie darüber hinaus auch mit einem *neuen Inhalt* gefüllt, der analogielos ist.

Für den Morgenländer hatte das Wort «malkuta» einen andern Klang als für den Abendländer das Wort «Königreich». Die Königsherrschaft Gottes ist weder ein räumlicher Begriff im Sinn von Territorium, noch ein statischer Begriff im Sinn von abstrakter Regierungsgewalt oder Autorität. Es ist vielmehr ein *dynamischer* Begriff. Er bezeichnet die königliche Herrschaft Gottes im Vollzug. «Ihr Hauptkennzeichen ist, daß Gott das ständig ersehnte, auf Erden nie erfüllte Königsideal der Gerechtigkeit verwirklicht. Die königliche Gerechtigkeit besteht für die Vorstellungen der Völker des Orients ebenso wie für diejenigen Israels seit Urzeiten nicht primär in unparteiischer Rechtsprechung, sondern im Schutz, den der König den Hilflosen, Schwachen und Armen, den Witwen und Waisen angedeihen läßt.»[14]

Die Vorstellung von der Königsherrschaft Gottes hatte im antiken Judentum eine zweifache Ausprägung. Im *jetzigen Äon* erstreckte sich dessen Herrschaft nur über Israel. Wohl ist Gott der Schöpfer der ganzen Welt. Aber die Völker haben sich von ihm abgewendet. Als er ihnen am Sinai sein

[13] Siehe: J. Jeremias, Neutestamentliche Theologie I, 40f.
[14] J. Jeremias, ebd. 101f.

Königtum noch einmal anbot, unterwarf sich ihm allein Israel. Seitdem ist er Israels König. Die Aufrichtung dieses Königtums geschah durch die Proklamation des königlichen Willens im «Gesetz». Gottes Königsherrschaft wird darum überall da sichtbar, wo sich Menschen im Gehorsam unter das «Gesetz» stellen. Der Heide, der zum Judentum übertritt, «nimmt das Joch der Königsherrschaft Gottes auf sich». Im gegenwärtigen Äon ist jedoch Gottes Herrschaft begrenzt und verborgen. Israel steht unter der Knechtschaft der Heidenvölker, die die Königsherrschaft Gottes verwerfen. Aber es soll die Stunde kommen, da Israel von diesem Joch befreit und die Königsherrschaft Gottes sich in ihrer ganzen Herrlichkeit offenbaren wird. Im *zukünftigen Äon*, in der Endzeit, wird die ganze Welt Gott als König sehen und anerkennen (vgl. Sach 14,9). Um das Kommen dieser ersehnten Stunde flehte Israel am Schluß jedes Gottesdienstes schon zur Zeit Jesu im sogenannten Qaddisch, dem «Heilig»-Gebet, das mit der Doppelbitte um die Heiligung des Namens Gottes und um das Hereinbrechen der Königsherrschaft beginnt.

In Jesu Reden und Taten liegt der Akzent ganz auf der *kommenden* zukünftigen Königsherrschaft Gottes. Das bestätigt nicht nur die an das Qaddisch anknüpfende zweite Vaterunser-Bitte: «Dein Reich komme» (Mt 6,10), sondern beweisen auch die Worte von der Nähe der Basileia (Mk 1,15), die zahlreichen Einlaß-Sprüche (Mk 9,43–48) und die öftere Verbindung mit dem vorangehenden Endgericht. Die Basileia bezeichnet im Munde Jesu die Heilszeit, die Wiederherstellung der Gemeinschaft zwischen Gott und Mensch, die Weltvollendung. Wenn Jesus verkündet und seine Jünger verkündigen läßt: «Nahe gekommen ist die Herrschaft Gottes» (Mk 1,15; Lk 10,9.11), so bedeutet das: Die endzeitliche Stunde Gottes ist nahe, und zwar sehr nahe. Gott kommt, er steht vor der Tür, ja, er ist schon da (Lk 11,20). In diesem letzteren besteht das eigentlich Neue der Botschaft Jesu. Die Gewißheit, daß das Kommen des neuen Äons nahe sei, hat Jesus mit der zeitgenössischen Apokalyptik geteilt. Jesus verkündigt nun das *Anbrechen* der Heilszeit. Das Neue kommt in dem eschatologischen Jubelruf zum Ausdruck:

«Blinde werden sehend,
Lahme gehen,
Aussätzige werden rein
und Taube hören,
Tote werden auferweckt.
Armen wird die frohe Botschaft verkündigt,
und selig ist, wer an mir keinen Anstoß nimmt» (Lk 7,22f).

Dieses Jesus-Logion (Wort) ist eine freie Zitatkombination von drei Jesaia-Stellen, die die Heilszeit schildern und eine Frohbotschaft für die Armen enthalten. Dort heißt es:

«Alsdann werden die Augen der *Blinden* aufgetan,
Und die Ohren der *Tauben* geöffnet werden.
Alsdann wird der *Lahme* springen wie ein Hirsch,
und die Zunge des Stummen wird jauchzen ...» (Js 35,5ff).

«An jenem Tage werden die *Tauben* Schriftworte hören und die Augen der *Blinden* aus Dunkel und Finsternis heraus sehen.
Und die *Elenden* werden sich aufs neue des Herrn freuen und die Ärmsten unter den Menschen über den Heiligen Israels jubeln ...» (Js 29,18f).

«Der Geist Gottes, des Herrn, ruht auf mir, weil mich der Herr gesalbt hat; er hat mich gesandt, den *Elenden frohe Botschaft* zu bringen, zu heilen, die gebrochenen Herzens sind ..., auszurufen ein Gnadenjahr des Herrn ...» (Js 61,1f).

Die hier gebrauchten Bilder: das Licht für die Blinden, das Hören der Tauben, der Jubel der Stummen usw. sind im Orient sämtlich uralte Wendungen für die Erlösungszeit. Die sechsfältige Liste greift nur Beispiele heraus für die Fülle der Gaben. Nach dem Denken der damaligen Zeit wurde die Lage der Blinden, Lahmen und Aussätzigen jener von Toten gleichgestellt. Jetzt soll den aussichtslos Verzweifelten geholfen werden. Die Weltvollendung ist im Anbruch.

Jesus gebraucht also die biblische Symbolsprache, um das *Anbrechen* der Heilszeit zu verkündigen. In immer neuen Bildern wird dies ausgesprochen:

Der *Feigenbaum* schlägt aus, d.h. der Frühling ist da (Mk 13,28f). (Während fast alle palästinensischen Bäume ihr Laub im Winter behalten, wirft der Feigenbaum seine Blätter ab. Darum ist er besonders geeignet als Symbol für das Anbrechen des Frühlings, das Anbrechen des neuen Lebens nach dem Tod des Winters.)

Die Stunde der *Ernte* ist gekommen. Die Ernte ist in den Gleichnissen Jesu das Bild für die Heilszeit mit ihrer dreißig-, sechzig- und hundertfältigen, d.h. überschwenglichen Frucht (Mk 4,8).

Der *neue Wein* wird dargeboten. Seit uralter Zeit sind Weinstock und Wein im Morgenland Symbol der neuen Zeit (Mk 2,22).

Die *Jünger* werden gepriesen, weil sie *erleben* dürfen, was Propheten und Gerechte zu erleben begehrten, nämlich den Anbruch der Heilszeit (Lk 10,23f). Ja, sie dürfen diesen Anbruch im Namen Jesu selber proklamieren: «Verkündet: Das Reich Gottes ist nahe herbeigekommen» (Mt 10,7).

Mit besonderem Nachdruck hat das Johannesevangelium das «jetzt schon» der anbrechenden Herrschaft Gottes verkündet: «Die Stunde kommt und ist *schon da*», in der die geistlich Toten zum Leben erweckt werden (Jo 5,25).

«Jesu Verkündigung vom Anbruch der Heilszeit ist ohne Analogie. Was seine Umwelt anlangt, so ist er der einzige uns bekannte antike Jude, der verkündet hat, daß die neue Zeit des Heils schon begonnen hat.»[15]

Der drängende Ruf zur Umkehr und die Einladung zum «Eintreten» (Mt 7,13f), also der Ruf an die Menschen zur Entscheidung ist wichtiger und entscheidender als die Frage, *wann* Jesus selbst und die Urkirche das Kommen der *Vollendung* des Reiches, die jenseits der Auferstehung der Toten liegt, gedacht haben. Manche Aussagen sprechen für eine «Naherwartung». «Noch in dieser Generation» (Mk 9,1; 13,30)! Jesus selber hat alle Spekulationen über Terminangaben abgelehnt. «Über jenen Tag aber oder jene Stunde weiß niemand etwas, auch die Engel im Himmel nicht, auch der Sohn nicht, sondern nur der Vater» (Mk 13,32).

4. Die Sammlung des endzeitlichen Gottesvolkes

Wo Jesus die Frohbotschaft von der Königsherrschaft Gottes verkündet, findet er «Anhänger», in der engeren Heimat Galiläa, aber auch in Judäa (z.B. in Bethanien) und selbst in der Dekapolis (Mk 5,19f). Jünger begleiten ihn auf seinen Wanderungen (Mk 2,14), aber auch Frauen (Mk 15,40f). So entsteht ein Kreis von Gläubigen, die auf den Ruf von der Königsherrschaft Gottes hören. Aber wollte Jesus wirklich eine eigene Gemeinde, eine «Kirche» stiften? Die Spärlichkeit der Belege für «Kirche» – in den Evangelien nur zwei Stellen und noch beide allein bei Matthäus – läßt heute manch kritischen Frager die Antwort negativ beantworten.[16]

Zweifellos dürfte Jesus kaum die Stiftung der Kirche zugeschrieben werden, wenn in den Begriff Kirche schon all das «hineingepackt» wird, was sich aus ersten Ansätzen erst später entwickelt hat, wie z.B. die hierarchische Ämterstruktur. Aber damit wäre auch der Sinn von «Kirche» (Ekklesia) in der Verkündigung Jesu überfordert oder verkannt. *J. Jeremias* weist wohl mit Recht darauf hin, daß wir seit den Funden von Qumran eine wörtliche, «die einzige wörtliche Parallele» zum Wort vom Bauen der

[15] J. Jeremias, a.a.O., 110.

[16] Zum Ganzen vgl. J. Jeremias, Die Sammlung der Heilsgemeinde, in: Neutestamentliche Theologie I, 164ff.

Kirche in Matthäus 16,18 besitzen. Zu Ps 37,23 f, heißt es dort: «(Gott) hat ihn (den Lehrer der Gerechtigkeit) hingestellt ... damit er ihm eine Gemeinde von ... erbaue» (4 QpPs 37/III 16). Das für «Gemeinde» oder «Kirche» eingesetzte Wort heißt «eda», das meist die essenische Gemeinde als die Gemeinschaft der Glieder des Heilsvolkes (im Unterschied zur unbußfertigen Masse der Verderbnis) bezeichnet. Entsprechend wäre sachgemäß – aus dem damaligen Verständnis – Ekklesia besser mit «Gottesvolk» als mit «Kirche» im Sinne der späteren Organisation wiederzugeben.

Von der Sammlung des Gottesvolkes redet nun Jesus ständig in einer Fülle von Bildern. Er sprach nach dem Bericht aller Evangelisten vom Gottesvolk als der *Herde*, die der Hirt aus der Zerstreuung sammelt und zusammenhält (vgl. schon die Ankündigung bei Ez 34 und Jr 23). Es ist die Rede von der *Schar der Hochzeitsgäste* (Mk 2,19) und von der *Pflanzung Gottes* (Mt 13,24) – ein Vergleich, der auch den Qumrantexten geläufig ist. Die Angehörigen des neu gesammelten Gottesvolkes sind der Gottesbau (Mt 16,18; vgl. Hagg 2,6–9), bzw. die Gottesstadt, die auf dem Zionsberg gegründet ist (Mt 5,14; vgl. Js 2,2–4) und deren Licht von weither zu sehen ist, weshalb ihre Bewohner Kinder des Lichtes heißen (Lk 16,8; Jo 12,36). Von all den Bildern für das Gottesvolk des Neuen Bundes liegt Jesus am nächsten der Vergleich der Heilsgemeinde mit der endzeitlichen «Gottesfamilie», in der Gott der «Vater» (Mt 23,9), Jesus der «Hausherr» und die Seinen die «Hausgenossen» sind (Mt 10,25). Die Familie Gottes tritt vor allem in der *Mahlgemeinschaft* in Erscheinung, die eine Vorweggabe der Gemeinschaft in der Vollendungszeit ist (Mk 2,15ff; 6,34ff; 14,22ff).

Die Kreise, mit denen Jesus Gemeinschaft hält, werden von den Gegnern wiederholt als «Zöllner und Sünder» (Mk 2,16; Mt 11,19) oder als «Zöllner und Huren» (Mt 21,32) oder einfach als «Sünder» (Mk 2,17; Lk 7,37.39) bezeichnet. Der Begriff Sünder umfaßte vorwiegend all jene Diffamierten, denen ihr moralisches Verhalten oder ihre religiöse Unkenntnis nach der Überzeugung der Zeit den Zugang zum Heil versperrten. Die Frohbotschaft Jesu besteht gerade darin, auch und besonders die «Sünder» zu berufen und sie zu Gottes Festmahl zu laden (Mk 2,17; Lk 15,1f). Eindrücklichste Form dieser Berufung war die öfters erwähnte Tischgemeinschaft Jesu mit den «Sündern». Daß die verschiedenen Berichte geschichtlich sind, zeugt drastisch der Spottvers, der sicher aus den Tagen der Wirksamkeit Jesu stammt: «Fresser und Säufer, Genosse der Zöllner und Sünder» (Mt 11,19). Das nachösterliche «Ärgernis» an Jesus war nämlich nicht die Tischgemeinschaft mit «Sündern», sondern sein Fluchtod am Kreuz.

Um zu ermessen, was Jesus tat, wenn er mit «Sündern» aß, muß man wissen, daß im Orient die Aufnahme eines Menschen in die Tischgemeinschaft bis auf den heutigen Tag eine Ehrung darstellt, die Gewährung von Frieden, Vertrauen, Bruderschaft und Vergebung bedeutet. Wenn der gefangene König von Israel, Jojachin, vom König von Babel aus dem Gefängnis an die königliche Tafel geholt wird, so ist das eine öffentliche Proklamation seiner Rehabilitierung. Im Judentum speziell bedeutet Tischgemeinschaft Gemeinschaft vor Gottes Augen. Jeder Mahlteilnehmer bekommt durch das Essen eines abgebrochenen Brotstückes Anteil an dem Lobspruch, den der Hausvater über dem ungebrochenen Brote gesprochen hatte. So sind Jesu Mahlzeiten mit den «Zöllnern und Sündern» nicht nur Ereignisse auf der gesellschaftlichen Ebene, etwa nur Ausdruck seiner ungewöhnlichen Humanität und seines Mitgefühls mit den Verachteten und Geringen, sondern Ausdruck seiner Sendung. Der in die Tischgemeinschaft gerufene «Sünder» ist der durch Gottes rettende Liebe in die Heilsgemeinde gerufene Gast. Man darf sich durch die spöttische Übertreibung natürlich nicht zu der falschen Vorstellung verleiten lassen, als ob sich die normale Tischrunde Jesu auf sogenannte «Sünder» beschränkt hätte. Für den Anstoß der Gegner genügte es vollauf, daß Jesus niemanden ausschloß, daß er z.B. auch Zöllner in den begleitenden Jüngerkreis berief (Mk 2,14).

Die Botschaft Jesu, daß Gott es mit dem Sünder zu tun haben will und daß ihm Gottes barmherzige Liebe gilt, ist ohne jede Parallele in der damaligen Zeit. Sie ist ein Unikum. Sie schlug aller Frömmigkeit der Zeit ins Gesicht. Die Trennung von den «Sündern» galt dem zeitgenössischen Judentum als vornehmste religiöse Pflicht. Für den Pharisäer stand beim Verkehr mit den «Sündern» die «Reinheit» auf dem Spiel. Auch die Tischgemeinschaft in Qumran stand nur den Reinen offen. Nicht umsonst muß Jesus betonen: «Selig, wer an mir nicht Anstoß nimmt» (Mt 11,6).

Im Gegensatz zu allen Sondersynagogen und Rest-Gemeinden, wie sie z.B. die Essener predigten, sammelt Jesus die *allumfassende* Heilsgemeinde des Gottesvolkes. «Alle sind zum Festmahl geladen» (Mt 22,14). Wenn Jesus in seiner Rede über die Wahl der Gäste die Seinen auffordert, «Arme, Krüppel, Lahme und Blinde» an ihren Tisch zu laden, so ist das eine direkte Kampfansage an die essenische Restgemeinde, die solche Menschen ausschloß. Die Gemeinde von Qumran, die sich als die Gemeinde der messianischen Vollendungszeit betrachtete, hatte das Gebot: «Toren, Verrückte, Einfältige, Irre, Blinde, Lahme, Hinkende, Taube und Unmündige – keiner von ihnen darf in die Gemeindeversammlung aufgenommen werden, denn die heiligen Engel sind in ihrer Mitte» (die Anwesenheit von Deformierten wäre für die Engel offenbar verletzend gewesen). Jesus kennt keine solchen

Schranken und Grenzen. Die Grenzenlosigkeit seiner Gnade und Liebe ist sein Lebensgesetz und muß das Lebensgesetz seiner Gemeinde sein (Mk 12, 28 ff).

Diesem Universalismus scheint die Tatsache zu widersprechen, daß Jesus seine Wirksamkeit auf Israel beschränkt hat. Nur zweimal hört man davon, daß er «Heiden» geholfen hat und beide Male nach heftigem Sträuben (Mk 7, 24 ff; Mt 8, 5 ff). Auch den ausgesandten Jüngern wird die Weisung gegeben: «Geht nicht auf eine Straße der Heiden und geht nicht in eine Stadt der Samariter, sondern gehet vielmehr zu den verlorenen Schafen des Hauses Israel» (Mt 10, 5 f). Dennoch wird nach Jesu Verheißung die kommende Königsherrschaft auch die Heiden umschließen. «Viele werden von Morgen und Abend kommen und sich mit Abraham und Isaak und Jakob im Reich der Himmel zu Tische setzen», während «Söhne des Reiches» ausgestoßen werden (Mt 8, 11 f). Aber in Jesu Sicht der Heilsgeschichte, wie sie das Alte Testament zeichnet, muß erst Israel das Heil angeboten werden, ehe die Stunde der Heiden kommt. (Erst die nachösterliche Gemeinde wird zu einem bestimmten Moment tastend erkennen, daß diese Stunde gekommen ist (vgl. Apg 10).

Daß sich die Jüngerschar Jesu selber als fest umrissene Gemeinschaft wußte, ergibt sich aus ihrer Bitte: «Herr, lehre uns beten, wie auch Johannes (der Täufer) seine Jünger gelehrt hat» (Lk 11, 1). Die Art dieser Bitte besagt nicht so sehr, daß die Jünger das richtige Beten erst noch lernen müßten. Wie die Berufung auf das Vorbild des Täufers lehrt, bitten sie vielmehr Jesus um ein Gebet, das sie als seine Jünger kennzeichnen und zusammenschließen soll. «Die eigene Gebetsordnung ist nämlich bei den religiösen Gruppen der Umwelt ein wesentliches Kennzeichen ihrer Gemeinschaft. So ist es bei den Pharisäern, so ist es in Qumran, so ist es bei den Anhängern des Täufers. Daß die Jünger Jesus um ein Gebet bitten, läßt ihr Selbstverständnis als Gemeinde Jesu erkennen.»[17]

5. Die «Zwölf»

Zum «Urgestein der Überlieferung» wird gerechnet, daß als unmittelbare Teilnehmer am Werk und an der Botschaft Jesu ein «*Zwölferkreis*» bestand, der berufen und gesandt war, die Verkündigung Jesu weiterzutragen.

[17] J. Jeremias, a.a.O. 167.

a) An der Geschichtlichkeit des Zwölferkreises in der Urkirche kann mit ernsten Gründen kaum gezweifelt werden

In einer ganz zentralen Aussage des NT, nämlich in der großen Zeugenliste der Auferstehung Jesu, nennt *Paulus* an hervorragender Stelle die «Zwölf»: «Denn ich habe euch in erster Linie überliefert, was ich auch überkommen habe: daß Christus gestorben ist ... und daß er auferweckt worden ist am dritten Tag, nach den Schriften, und daß er dem *Kephas* erschien, dann den *Zwölf*, dann erschien er mehr als 500 Brüdern auf einmal ..., dann erschien er dem Jakobus, dann allen Aposteln. Zuletzt von allen – gleichsam als der Fehlgeburt – erschien er auch mir» (1 Kor 15,3–8). Hier erscheint also ein «Zwölferkreis» – und zwar abgehoben von «allen Aposteln» – als fester Kreis «erstrangiger» Auferstehungszeugen.

Wie auch die radikale Kritik nicht zu bestreiten vermochte, sind die «Zwölf» mit den Anfängen der *Jerusalemer Kirche* eng verknüpft. Der Verfasser der Apostelgeschichte zählt sie 1,13f mit Namen auf. Anschließend berichtet er von der «Zusatzwahl» des Matthias, der an Stelle des Verräters den «Elf» hinzugezählt wird (1,26). In der Jerusalemer Urgemeinde haben die «Zwölf», unter der Leitung des Petrus, einen führenden Platz innegehabt (Apg 1–12; 15; vgl. Gal 1,17.19). Bei der Wahl der sieben hellenistischen Helfer (Diakone) sind es die «Zwölf», die die Gesamtheit der Jünger einberufen (6,2). (Eine Analogie zu einem «Zwölferkreis» besitzen wir heute übrigens aus der Qumran-Gemeinde, an deren Spitze ein Zwölferkollegium und (außerdem?) drei Priester stehen (1 QS VIII, 1f).

Ist der «Zwölferkreis» aber eine bloße Schöpfung der Urkirche, oder geht er auf den historischen Jesus zurück?

Es mußte bereits auffallen, daß Paulus in der oben zitierten Stelle – in dem urchristlichen Credo – als qualifizierte Auferstehungszeugen die «Zwölf» nannte, obwohl der Verräter Judas bei den Erscheinungen des Auferstandenen nicht mehr dabei war. Diese Tatsache ist ein Beweis, wie sehr die «Zwölf» (griechisch = dodeka) eine so feststehende Größe in der Urkirche war, daß die Zahl auch durch den Verrat des Judas nicht erschüttert werden konnte. Sie muß also schon *vor* Ostern eine grundlegende Größe gewesen sein, die sich bereits eingebürgert hatte.

Tatsächlich ist auch für das wohl älteste Evangelium, das Markusevangelium, der «Zwölferkreis» eine feste Größe, die ins *Leben Jesu* hineingehört. Markus berichtet darüber, obwohl die «Zwölf» in der Kirche seiner Zeit – er schrieb nach dem Jahre 50 – wohl schon nicht viel mehr waren als eine historische Erinnerung. Wären die «Zwölf» erst nach Ostern die leitende

Gruppe gewesen, ließe sich sehr schwer vorstellen, daß die Tradition den Verräter ohne historischen Anhaltspunkt (!) in die innerste Gruppe der Jünger eingefügt hätte. Es bereitete der Gemeinde nicht geringe Schwierigkeiten. Man fragte sich, ob Jesus sich in Judas getäuscht habe, als er ihn zum Boten bestellte. Man half sich dann mit der Auskunft, daß Jesus es vorausgewußt hat (Mt 26,25), und zwar von Anfang an (Jo 6,64). Es ist wohl kaum anzunehmen, daß man in der Urgemeinde durch Vordatierung diese Schwierigkeit zuerst künstlich geschaffen hat.

Das literarische Tatsachenmaterial im Markusevangelium und in den Paralleltexten der andern Evangelisten ist aber so eindrücklich, daß ein ernsthafter Zweifel an einem historischen Kern der «Zwölf» nicht möglich ist.

Markus		*Matthäus*		*Lukas*	
3,14	Die Zwölf	10,1	Die zwölf Jünger	6,13	Die Zwölf, die er auch Apostel nannte
3,16	Die Zwölf	10,2	Die zwölf Apostel	–	
4,10	Die Zwölf	13,10	Die zwölf Jünger	8,9	Die Jünger
6,7	Die Zwölf	10,1	Die zwölf Jünger	9,1	Die Zwölf
6,30	Die Apostel	–		9,10	Die Apostel
9,35	Die Zwölf	18,1	Die Jünger	–	
10,32	Die Zwölf	20,17	Die Zwölf	18,31	Die Zwölf
11,11	Die Zwölf	–		–	
14,10	Die Zwölf	26,14	Die Zwölf	22,3	Die Zwölf
14,17	Die Zwölf	26,20	Die zwölf Jünger	22,14	Die Apostel
14,20	Die Zwölf	–		–	
14,43	Die Zwölf	26,47	Die Zwölf	22,47	Die Zwölfe

(Daneben gibt es noch zwei Stellen, die Sondergut des Matthäus sind: 10,5 und 11,1; vgl. Lk 17,5; 24,10. Eine einzige Stelle ist auf die Redequelle Q, die Matthäus und Lukas gemeinsam benützen, beschränkt, nämlich Mt 19,28 und Lk 22,30.)

Die Sichtung des literarischen Materials führt zu dem beachtenswerten Ergebnis:

1. Die direkte Erwähnung des Zwölferkreises geht vor allem auf die (älteste) *Markustradition* zurück.

2. Es lassen sich drei Gruppen unterscheiden:

Markus verwendet erstens die «Zwölf» als *stehende Formel* bei redaktionellen Übergängen oder Einführungen zu Worten Jesu.

Eine zweite Gruppe steht im Zusammenhang mit der *Leidensgeschichte* und mit dem Verrat des Judas («einer der Zwölf»).

Eine *dritte* Gruppe schält sich heraus in den Stellen, die von der Berufung und Aussendung des Zwölferkreises handeln: Mk 3,14.16; 4,10; 6,7. In diesem Zusammenhang erscheint auch 6,30, die einzige Stelle bei Markus, die den «*Apostel*»-Namen auf den Zwölferkreis anzuwenden scheint. Aus dem ganzen Kontext ergibt sich, daß hier «Apostel» den Sinn von «Abgesandten» hat. Die Zwölf waren, wie die jüdischen «scheluchim» (Abgesandte), von Jesus «ausgesandt worden» mit einem bestimmten Auftrag und kamen nun zurück, um Rechenschaft abzulegen.

b) Wesen und Aufgabe des Zwölferkreises

Wenn Jesus sich mit einem *Zwölferkreis* umgibt, so liegt in dieser Zahl gewiß ein *symbolhaftes*, *prophetisches* Zeichen. Es spricht sich darin ein messianisches Bewußtsein aus, das darum weiß, daß das Zwölf-Stämme-Volk nun endzeitlich wiederhergestellt werden soll (vgl. Apk 21,12.14). Die Zwölfzahl steht im Zusammenhang mit der Verheißung von Jer 30 über das Wiedererstehen des Zwölfstämmevolkes in der Heilszeit. Mit der Wahl und Sendung der «Zwölf» dokumentiert Jesus seinen Anspruch auf das Zwölf-Stämme-Volk und deutet seine Sendung auf die Schaffung des eschatologischen (endzeitlichen) Gottesvolkes. Dieser Gedanke kommt bei Lukas 22,29f. und Matthäus 19,28 deutlich zum Ausdruck: Die «Zwölf» werden als Erstlinge und Repräsentanten des Gottesvolkes gesehen. Sie werden dereinst im kommenden Gottesreich die Rolle von Richtern und Regenten des vollendeten Gottesvolkes spielen.

(Angesichts der Tatsache, daß nach feststehender Anschauung zur Zeit Jesu von den 12 Stämmen allenfalls noch zweieinhalb existierten,[18] genügt es nicht, die Zwölf als «Repräsentanten» der 12 Stämme Israels zu *deklarieren*. Eine bestimmte Realität ist damit anvisiert: Die Zwölfzahl weist einerseits zurück auf die Zeit der Anfänge Israels und anderseits zugleich voraus auf die Zeit der endzeitlichen Erfüllung. Jesus dokumentiert also in der Berufung der «Zwölf» seinen Herrschaftsanspruch auf das endzeitliche Israel, zu dem nach heilsgeschichtlicher Vorstellung dann auch die Heiden aus Ost und West hinzuströmen werden (Is 2,2f; 19,23; 25,6ff; 45,20ff; Micha 4,1; Lk 13,28).

[18] Juda und Benjamin und die Hälfte von Levi; die neuneinhalb übrigen Stämme galten seit der Eroberung des Nordreiches (722 v.Chr.) als verschollen.

Wenn nach Ostern für Judas, den Verräter, ein Ersatzmann ausgelost wurde, so hielt man anscheinend – solange Israel die Chance der Bekehrung hatte, und die von Jesus verheißene Gottesherrschaft hereinbrechen konnte – die Zwölfzahl für wichtig. In Erwartung dieser Verheißung harrten die «Zwölf» nach Apg (8,1; vgl. Gal 2,9) in Jerusalem solange aus, solange noch mit der Bekehrung Israels gerechnet werden konnte. Hingegen legte man auf die Ergänzung der «Zwölfzahl» im späteren Zeitpunkt allem Anschein nach keinen Wert mehr, nachdem einerseits die inzwischen erfolgte Ablehnung der Christusbotschaft durch die große Mehrheit des jüdischen Volkes und anderseits die längst vorhandene Heilsgemeinde aus Juden *und* Heiden die anfänglich jüdisch-national akzentuierte Interpretation des Heils der kommenden Gottesherrschaft ohnehin überwinden konnten. Die «Zwölf» als geschlossener (symbolischer) Kreis verschwinden aus dem Blickfeld der Geschichte, als dies in der Urgemeinde auch für Israel zutrifft. Mit ihrer Letzterwähnung beim Apostelkonzil (um 44 oder 48) tauchen sie fast völlig in das Dunkel der Geschichte ein.

Wesentlich umstrittener in der Geschichte der «Zwölf» ist ihr *apostolischer* Charakter, d.h. ihre Aufgabe und Sendung. Nach Lukas – sowohl nach seinem Evangelium wie nach der Apostelgeschichte – hat Jesus selbst die «Zwölf» «*Apostel*» genannt (6,13). Er hat diese Bezeichnung bis auf Apostelgeschichte 14,4.14 den «Zwölfen» reserviert. Das Zwölferkollegium ist für Lukas durch und durch ein *Apostel*kollegium. Das «Apostelamt» (Apg 1,25) der «Zwölf» ist nach der Apostelgeschichte die Grundlage der Kirche. Da die «Zwölf» die bestellten Zeugen sind (Apg 1,2.7.21), auf deren Zeugnis die Kirche und ihre Verkündigung steht, müssen sie nicht nur Zeugen der Auferstehung und bevollmächtigte Gesandte des Auferstandenen sein (1 Kor 9,1 ff), sondern müssen «von Anfang an» auch Augenzeugen seines Erdenlebens gewesen sein (Lk 1,1). Sie müssen darum von Jesus schon während seiner öffentlichen Wirksamkeit, also vor Ostern, berufen worden sein. Darum stellt Lukas ihr Apostelsein so betont in die vorösterliche Zeit.

Diese Gleichsetzung des «Apostelkreises» mit dem der «Zwölf» bezeugt aber offenbar doch schon eine *spätere* kirchliche Entwicklung.[19] Für *Paulus* deckt sich der Apostelkreis nicht mit dem der «Zwölf». Er hat einen viel weiteren Apostelbegriff (vgl. Gal 1,17ff; 1 Kor 9,5f; 12,28f; 15,7ff; Röm 16,7; Eph 2,20; 3,5; 4,11; Phil 2,25; 4,18; 2 Kor 8,23; 11,5.13; 12,11f; ebenso Apk 2,2; 18,20; Didache 11,3).

[19] H. Schürmann, Das Lukasevangelium, 1969, 314.

Auch sonst wird im neutestamentlichen Zeitalter nur sehr zaghaft der Aposteltitel gegeben. Der Name «Apostel» (= Gesandter, Missionar) für die «Zwölf» findet sich nämlich außerhalb der Lukasschriften nur Markus 6,30; Matthäus 10,2 (eine Redaktionsbemerkung) und Apk 21,14. Der Apostelbegriff war ursprünglich ein Begriff mit weitem Anwendungsbereich, besonders für kirchliche Missionare und Abgesandte (cf. Apg. 14,4.14) gebraucht. In der griechisch sprechenden Gemeinde hieß wohl zunächst jeder Missionar «Apostel». Wohl erst der Anspruch des Paulus, in «*ausgezeichneter* Weise» «Apostel Jesu Christi» zu sein, hat dazu geführt, die «Zwölf» mit ihm zusammen – die aber *vor* ihm waren – oder auch in Gegenüberstellung zu ihm als die *eigentlichen* Apostel zu bezeichnen.

Es ist nach dem heutigen Stand der Exegese also nicht sicher, ob der Apostel*name* schon von Jesus den «Zwölf» gegeben wurde, wie z. B. noch *Rengstorf* als «gesichert» annahm.[20] Dennoch dürfte *unbestritten* sein, daß der *Apostolat* in der *Sache* auf Jesus zurückgeht. Zwischen dem nachösterlichen Apostolat und dem Kreis der Zwölf besteht eine aufweisbare geschichtliche *Kontinuität*.

Der *Beweis* dafür kann ausgehen von *zwei* Stellen, die der ältesten synoptischen Tradition angehören:

Markus 3,14f:

Und Jesus «steigt auf den Berg und ruft zu sich, welche er selbst wollte, und sie gingen zu ihm hin. Und er schuf (machte) Zwölf, damit sie mit ihm seien und er sie aussende zu verkünden und Macht zu haben über Dämonen.»

Textlich ist zu bemerken, daß vor allem die Wendung: «Und er machte Zwölf» archaisch ist. Dieser Sprachgebrauch hat lediglich Parallelen in der Septuaginta (griechische Übersetzung des AT), wo in 1 Kg 12,31; 13,33; 2 Chr 2,17.18 und 1 Sm 12,6 das hebräische Wort 'aśah durch das griechische «poiein = machen» wiedergegeben wird. An all diesen genannten Stellen handelt es sich aber um die Einsetzung von Menschen in besondere Ämter und Stellungen. Dies wird bestätigt durch den neutestamentlichen Sprachgebrauch in Apg 2,36 (Einsetzung Jesu zum Kyrios (zum Herrn) und in Apk 5,10 (Einsetzung von Priestern).

Man muß daher übersetzen: Jesus «*schuf Zwölf*». So kann man aber nur von einem festen Kreis reden, wenn er als solcher eine institutionalisierte Aufgabe, wir würden heute sagen ein «*Amt*» bekommen hat. Die *Aufgabe* wird dann näher umschrieben: Jesus «schuf Zwölf»:

a) damit sie mit ihm seien,

[20] Theol. Wörterbuch z. NT I, 429.

b) und daß er sie aussende zu verkünden und Vollmachten zu haben, Dämonen auszutreiben.

Hier wird die doppelte Funktion der «Zwölf» umschrieben: *Zunächst* sollen sie einen engen Kreis um ihn bilden. Sie sollen mit ihm zusammensein, in seine Nachfolge treten. Für Jesus – wie für jeden Rabbi seiner Zeit – kam eine Aussendung von Schülern erst nach hinreichender Unterweisung in Frage.

Dann aber wird die Sendung hinzugefügt. Es ist ein bevollmächtigter Auftrag zur Predigt und zur Dämonenaustreibung. Damit ist aber deutlich, daß Jesus nicht wie die Pharisäer und Qumranleute eine Sondergruppe für sich bilden will. Er sieht das neue Israel nicht einfach in der «Jüngerschar» verwirklicht, als könnte man sich mit einer christlichen Gruppe begnügen. Die «Zwölf» sollen nichts als *Boten* sein, die *alle*, ganz Israel, rufen.

Diese ähnliche Verbindung von Berufung in die Gemeinschaft und (daraufhin) zur Verkündigung der Frohbotschaft findet sich schon Mk 1,16–20: Berufung des Fischers Simon und seines Bruders Andreas. Einerseits ergeht der Ruf in die Gemeinschaft: «Folget mir nach!»; anderseits werden sie in Pflicht genommen, in seinem Auftrag zu handeln: «Ich will euch zu Menschenfischern machen.»

Matthäus 19,28:

«Jesus aber sprach zu ihnen (den Jüngern): ‹Wahrlich, wahrlich ich sage euch: Ihr, die ihr mir nachgefolgt seid, werdet in der Wiedergeburt, wenn der Menschensohn auf dem Throne seiner Herrlichkeit sitzen wird, auch auf 12 Thronen sitzen, um die 12 Stämme Israels zu richten.›»

Das Wort gehört in die Reihe der Menschensohn-Worte, die durch das Nebeneinander von verhüllter Gegenwart und eschatologischem Endgericht gekennzeichnet sind. Sie machen das zukünftige Schicksal des Menschen von seinem Verhalten dem irdischen Menschensohn gegenüber abhängig. Gerade diese deutlich hervortretende vorösterliche Eschatologie ist der beste Erweis der Echtheit dieses Jesuswortes. Der Gedanke, daß die Gerechten aus Israel aktiv am Endgericht beteiligt sein sollen, begegnet auch in der rabbinischen Literatur des öftern, und zwar auch im Anschluß an Daniel 7,9.[21] Neu ist dagegen die Verwendung von Gegenwart und Zukunft: Es ist der von Jesus berufene engste Kreis, dem diese Verheißung gilt. Die «Zwölf» werden darum «auf 12 Thronen sitzen», weil sie schon hier auf Erden das Werk des Menschensohnes teilen. An ihrem Wort, das

[21] Aus dieser Stelle geht hervor, daß die Vorstellung nicht die ist, daß jeder der Zwölf einen der zwölf Stämme richtet, sondern der Zwölferkreis ist als Einheit am Gericht beteiligt.

nicht ihr eigenes, sondern das Wort Jesu ist, vollzieht sich bereits im Verborgenen das Endgericht. Indem Jesus die «Zwölf» in seine Richterfunktion einbezieht, wird klar, daß es sich bei diesem engsten Kreis nicht nur um Repräsentanten, nicht nur um eine Symbolhandlung zur Bekundung des Anspruches auf das Gottesvolk handelt, sondern um eine Aufgabe und Sendung zu diesem Werk der Sammlung der Messiasgemeinde.

6. «Simon Petrus»

Das ausdrückliche – als Verheißung (!) formulierte – kirchenstiftende Wort Jesu: «Du bist Petrus (kepha = Fels), und auf diesen Felsen will ich meine Kirche bauen ...» (Mt 16,18) gilt als der Kulminationspunkt aller einschlägigen neutestamentlichen Texte über Jesu Wille, eine Kirche zu gründen. Weil es wie ein erratischer Block in der synoptischen Überlieferung dasteht, ist es auch am meisten umstritten.

Dabei ist zu bedenken, daß der Kirchen-Gedanke oder die Kirchen-Idee im NT keineswegs mit der Echtheit oder Unechtheit dieses einzelnen Herrenwortes oder dieser Episode steht und fällt. Die Berufung des Gottesvolkes läßt sich nicht auf einen *juridischen* Akt reduzieren. Die Berufung und Schaffung der endzeitlichen Messiasgemeinde geschieht wesentlich durch Kreuz, Tod und Erhöhung des Messias und die Sendung des Geistes. Ostern und Pfingsten sind das eigentliche Urdatum christlicher Gemeindebildung.

Auch kritischen Augen muß auffallen, daß die Hervorhebung des Simon Petrus sich durchgehend in allen Schichten der synoptischen Tradition findet. Nicht nur im *Matthäusevangelium*, dem manche Forscher pro-petrinische Tendenzen vorwerfen, sondern auch im *Markusevangelium*, dem z. B. *Bultmann* eine anti-petrinische Tendenz unterschieben will, erscheint Simon Petrus an hervorragender Stelle. Gerade bei Markus tritt Petrus an entscheidenden Stellen als Sprecher der Jünger hervor.[22] Die «Zwölf» können auch einfach mit der Formel: «Simon und die mit ihm» bezeichnet werden (Mk 1,36; Lk 9,32). Selbst im *Johannesevangelium* wird die Sonderstellung des Petrus gegenüber dem Liebesjünger festgehalten. All dies läßt sich unmöglich samt und sonders als Reflex der nachösterlichen Bedeutung des Petrus erklären.

Daß Petrus in der *Urgemeinde* eine entscheidende Gestalt darstellt, be-

[22] O. Cullmann, Petrus, 1960, 25 ff.

zweifelt niemand. Neben Paulus ist er der einzige, von dessen Leistungen und dessen Bedeutung wir aus dem NT ein plastisches Bild gewinnen. Auch für Paulus war Petrus die entscheidende Gestalt. In seiner Zeugenliste der Auferstehungszeugen steht Kephas an erster Stelle als der Erstberufene, während er sich selbst als den Letztberufenen betrachtet (1 Kor 15,5.8). In seinem Bericht über den ersten Jerusalembesuch (Gal 1,16–19) ist es Paulus offensichtlich darum zu tun, die Begegnung mit Kephas als die *zeitlich* erste unter seinen Begegnungen mit kirchlichen Autoritäten darzustellen. Daß sie ihm auch *sachlich* die wichtigste war, geht eindeutig aus der weiteren Erzählung hervor. Auch beim zweiten Jerusalembesuch stehen Petrus und Paulus im Scheinwerferkegel (Gal 2,1–10).[23]

a) Prophetische Namengebung

aa) «Menschenfischer» (Mk 1,17; Mt 4,19; Lk 5,10)

In der Berufung der ersten Jünger braucht Jesus ein Wort, das ganz aus der alltäglichen Situation heraus «aufgegriffen» wurde und doch für die «kirchliche Zukunft» prophetisch war.

Markus beschreibt die Begebenheit mit den kurzen Worten:

«Und als er (Jesus) am See von Galiläa entlang ging, sah er den Simon und den Bruder Simons, Andreas, das Netz im See auswerfen; sie waren nämlich Fischer. Da sprach Jesus zu ihnen: Kommt her, mir nach, dann werde ich aus euch *Menschenfischer* machen» (1,16–17).

(Lukas baut die ganze Episode in den reichen Fischfang ein, und läßt das Wort vom «Menschenfischer» *nur* an Simon [Petrus] gesprochen sein: «Fürchte dich nicht! Von nun an wirst du einer sein, der Menschen einfängt» [5,10]).

Dem Ruf in die Nachfolge fügt Jesus ein Verheißungswort an, das dem Ruf zugleich eine Begründung gibt. Petrus und seine Genossen werden vom See – ihrem bisherigen Berufselement – weg in ein anderes Leben und in eine andere Aufgabe geholt. Der Fischer vom See Genesareth soll mit seinen Mitarbeitern in Jesu Nachfolge zu «Menschenfischern», zu «Missionaren», zu «Aposteln» werden. Darauf kommt es der Szene mit der Entsprechung vom alten und neuen Beruf an. Die Berufung in Jesu Nachfolge hat die *Sendung* zum Ziel. Das «Fischer-Wort» ist eine Anspielung auf

[23] Auffallend gebraucht Paulus achtmal den Beinamen «Kephas» (von insgesamt neun Textstellen im ganzen NT), zweimal «Petros», nie «Simon».

Jeremia 16,16, wo von der Heimbringung Israels aus allen Ländern (Vers 14) die Rede ist, und Gott verheißt: «Siehe, ich will viele Fischer aussenden, spricht der Herr, die sollen sie fischen.»

Es liegt in der Logik einer solchen Verheißung, daß sie in der Zukunftsform: «Ich werde euch zu Menschenfischern machen» formuliert wird. Berufung und Sendung können zeitlich nicht zusammenfallen, da erst aus der Nachfolge, dem räumlichen und geistigen «Zusammensein mit Jesus», dem Umgang mit ihm, die Sendung des «Botschafters» erwachsen kann. Der Zweck und das Ziel der Berufung sind aber die Sendung. Die Nachfolge ist die Voraussetzung für jene Zukunftsaufgabe.

Im Markusevangelium ist ein *missionarischer* Akzent vom ersten Kapitel an gesetzt. Die Jünger werden nicht einfach wie Elisa in der alttestamentlichen Vorlage (1 Kg 19,19–21) zu *Dienern* ihres Meisters gemacht. Ihr Dienst ist ihre *Sendung*. Sie sollen Jesu Sendboten zu den Menschen werden. Durch das Menschenfischerwort ist die missionarische Sendung der Jünger – nach Lukas insbesondere des Simon Petrus – von Anfang an im Blick. Die Hervorhebung Galiläas gewinnt im Blick auf den missionarischen Akzent bei Markus noch besonderes Gewicht. Galiläa symbolisiert für Markus das Land der wahren Verkündigung, der See die Brücke zu den Heiden (vgl. 5,1.13.21; 6,47ff). Daß Jesus an diesem See, in Galiläa, die ersten vier Jünger zu Missionaren beruft, wird von Markus programmatisch verstanden. Die Mission soll die Menschenfischer über den See zu den Heiden führen (vgl. 6,30 bis 8,26), zu den Menschen, für die Jesus in den Tod geht (9,31; 10,45). Im Verständnis des Markus ist es daher kaum zufällig, daß hier am See «die Berufung zur Mission (1,17) geschieht, die nach 13,10 und 14,9 vornehmlich den *Heiden* gilt» (vgl. 14,24; 15,39) *(J. Schreiber)*. Markus kann die Sendung überwiegend auf die Heidenmission deuten – was die *nachösterliche* Situation voraussetzt – weil für ihn der auferstandene und nach Galiläa vorausgegangene Jesus mit dem irdischen Jesus identisch ist. Die Jünger stehen in seinem Auftrag, der für die Vielen sein Leben hingibt (10,45).[24]

bb) «Kepha» (Fels) (gräzisiert = Kephas; übersetzt: Petros)

In besonderer Weise bekommt Simon, der in allen Apostellisten an erster Stelle genannt wird (Mt 10,2; Mk 3,16; Lk 6,14; Apg 1,13), einen eigenen

[24] Vgl. zu Mk 1,16–20: R. Pesch, Berufung und Sendung, Nachfolge und Mission, in: Zeitschrift für katholische Theologie (1969) 1–31.

Beinamen, nämlich: *Kepha(s)*, griechisch = *Petros*, d.h. Fels. Es entspricht jüdischer Sitte, als Beinamen Worte zu wählen, die irgendwie auf eine besondere Situation als *Verheißung* hinweisen oder den Träger zu einem besonderen *Auftrag* verpflichten.

Es gibt bekannte *alttestamentliche* Vorbilder, und zwar gerade heilsgeschichtlich entscheidende Beispiele:

Gott verheißt einem *Abram:* «Siehe, das ist mein Bund mit dir, daß du ein Vater vieler Völker werden sollst. Darum sollst du nicht mehr Abram heißen, sondern Abraham soll dein Name sein» (Gn 17,4ff). Der Erzähler hört aus dem Namen Abraham etwas wie «Vater der Menge» heraus. Ebenso bekommt seine *Frau* einen verheißungsvollen Namen: «Gott sprach zu Abraham: Dein Weib Sarai sollst du nicht mehr Sarai nennen, sondern Sara (d.h. Fürstin) soll ihr Name sein... Ich will sie segnen, und sie soll zu Völkern werden, und Könige von Nationen sollen von ihr kommen (Gn 17,15ff).

Jakob erhält einen neuen Namen: «Gott sprach zu Jakob: Du heißest Jakob; aber du sollst nicht mehr Jakob heißen, sondern Israel soll dein Name sein... Ein Volk, ja eine Gemeinde von Völkern soll von dir kommen (Gn 35,9ff). (Anderes Beispiel: Js 62,2.)

Die Namengebung «Kepha» oder «Petros» geht nach dem übereinstimmenden Zeugnis der Evangelien auf *Jesus* selbst zurück. Nach Johannes (1,42) sagt Jesus beim ersten Zusammentreffen zu Simon: «Du wirst Kephas genannt werden.» Nach Mk 3,16 hat Jesus den Simon bei seiner Jüngerberufung «Fels» genannt. Dieser Name paßt kaum zu seinem Charakter. Petrus wird den Herrn gerade verleugnen. Der Beiname muß vielmehr etwas mit seiner Berufung und Aufgabe zu tun haben, wie bei Matthäus genauer ausgeführt wird (16,16ff). Nach der synoptischen Tradition gebraucht im übrigen Jesus in der Anrede durchgängig «Simon», mit Ausnahme der lukanischen Redaktion in 22,34. Darin dürfte ein Zeichen liegen, daß der Beiname und spätere Eigenname «Kephas» (Petros) doch erst in der nachösterlichen Zeit etabliert wurde. Auffallend ist, daß gerade Matthäus die Verleihung des Petrusnamens überhaupt nicht berichtet und statt dessen den Beinamen in der Berufungserzählung (16,18) einführt.

b) Verheißung und Berufung

aa) Matthäus 16,16ff: «Primats-Verheißung»

1. Der Text:
Wie kaum ein anderer Text des Evangeliums ist der sogenannte Primats-Text Mt 16,18f umstritten.

«Und ich (Jesus) sage dir (Simon): ‹Du bist Petrus (Fels), und auf diesen Felsen will ich meine Kirche bauen, und die Pforten der Unterwelt sollen sie nicht überwältigen. Ich will dir die Schlüssel des Himmelreiches geben, und was du auf Erden bindest, das soll im Himmel gebunden sein, und was du auf Erden lösest, das soll im Himmel gelöst sein›.»

Die Hypothese, daß es sich um eine nachneutestamentliche Interpolation oder gar um eine «erste Regung des römischen Selbstbewußtseins» (H. Holtzmann) handelt, ist längst aufgegeben. Der Text paßt gut zur Gesamtintention des Matthäusevangeliums. Fast durchweg ist heute anerkannt, daß dieses Traditionsstück auf alte palästinensische Überlieferung und nach mehreren Indizien auch auf aramäische Sprachgestalt zurückgeht.

Das Wortspiel mit «*Fels*» ist nur im Aramäischen vollkommen. Im Aramäischen haben wir nämlich beidemale für Fels das gleiche Wort «Kepha»: Du bist Kepha, und auf diesen Kepha will ich meine Kirche bauen, während in der griechischen Übersetzung des Matthäus das Wort für Felsen das eine Mal männlich ist: «Petros», und das andere Mal weiblich: «Petra». Daß Jesus tatsächlich «Kepha» gesagt hat, wird durch Paulus und Johannes bestätigt, die auch im Griechischen den Petrus mit dem neuen Namen «Kephas» bezeichnen.

Die Bezeichnung des Petrus mit «Bar Jona» (= Sohn des Jonas) ist ganz semitisch. Ebenso der Ausdruck «Fleisch und Blut» für den Menschen, sofern er nur mit seinen rein natürlichen Fähigkeiten betrachtet wird (cf. Gal 1,16).

Das Wort «Kirche», das für viele der Grund der Bestreitung der Echtheit der ganzen Verheißung war und ist, hat als Übersetzung des alttestamentlichen «Gottesvolkes» an sich nichts Fremdes für jüdische Ohren. In der griechischen Übersetzung des AT, in der sogenannten Septuaginta, ist das Wort ekklesia (= Kirche) etwa *100*mal die Übersetzung des hebräischen Wortes für *Gottesvolk*.

Das Bild vom «Bauen» einer Gemeinschaft ist von jüdischer Vorstellungs- und Ausdrucksweise aus voll verständlich. Das AT spricht vom Hause Israel (Nm 12,7; Rt 4,11). Auch Jesus gebraucht diesen Ausdruck in Mt 10,6 und 15,24. Darum ist bei den Verfassern des NT das Bild in der Anwendung auf die Gemeinde oder Kirche geläufig (Eph 2,19ff; 1 Kor 3,11f; 1 Pt 2,3ff; 4,17; 1 Tim 3,15). Das Bild vom «Bauen der Gemeinde» findet sich auch in den Qumran-Texten. Das Bild vom Bau auf dem *Felsen* war den Rabbinern geläufig, indem sie ein Wort an Abraham überlieferten:

«Siehe ich habe einen Felsen gefunden, auf den ich die Welt bauen und gründen kann.»[25]

Mit den «*Pforten des Hades*» kann das Todesreich gemeint sein, wie aus andern israelisch-jüdischen Schriften hervorgeht (Js 38,10; Ps 9,14; Wh 16,13 usw.). Der Sinn der Rede wäre dann: Die Kirche wird als Gemeinde Jesu teilhaben an der Auferstehungsmacht Jesu und niemals der Macht des Todes erliegen. Dahinter steht natürlich der Sieg über den Herrscher des Totenreiches (vgl. Apk 1,18; 6,8; 20,13). Deshalb möchten andere Exegeten unter den «Pforten des Hades» weniger das Todesreich, sondern den «Herrschaftsbereich der widergöttlichen Mächte» sehen *(F. Hahn)*. Es gehe um die schon im Alten Testament nachweisbare Anschauung vom endzeitlichen Ansturm der Gewalten der Finsternis. Die Symbolik des «Felsens», der unüberwindlichen Schutz bietet, würde sich mit dieser Vorstellung gut verbinden.

«*Binden und Lösen*». Nach rabbinischem Sprachgebrauch kann es zweierlei besagen: einerseits die Lehrautorität, mit der Fragen der Gesetzesauslegung verbindlich entschieden werden, anderseits die Disziplinargewalt, vor allem das Recht zum Aussprechen des Synagogenbannes und dessen Aufhebung. Da das Eintreten ins Himmelreich für Jesus eng an die Sündenvergebung gebunden ist (Jo 20,23; Mt 18,18), so wird hier in erster Linie daran gedacht sein, die Sünde für unvergeben oder für vergeben erklären.

Damit ist jedoch die Frage, ob das Überlieferungsstück von Matthäus 16,18f in seiner *heutigen* Form auf ein echtes, d.h. auf Jesus zurückführbares Wort zurückgeht, noch nicht entschieden.

Nicht auszuschließen ist, daß Matthäus für die Adressaten seines Evangeliums «verdeutlicht» hat, was Jesus nur im Kern angedeutet hatte. Das vorausgehende Christusbekenntnis des Petrus, das auch von Markus und Lukas überliefert wird, ist dafür instruktiv. Es hat nämlich bei Matthäus auch eine «Verdeutlichung» durch eine Erweiterung gefunden, was schon ein kurzer Vergleich der Textüberlieferung zeigt. Das Christusbekenntnis des Petrus lautet bei:

Markus 8,29: «Du bist der Messias»
Lukas 9,20: «Du bist der Messias *Gottes*»
Matthäus 16,16: «Du bist der Messias, *der Sohn des lebendigen Gottes*».

So glauben manche (auch katholische) Forscher, daß auch das Wort Jesu an Petrus in der von Matthäus überlieferten «*Form*» dort und dann entstanden bzw. in Geltung gestanden haben kann, wo Petrus wirkte und seine

[25] Theol. Wörterbuch zum NT VI, 98.

Stellung mit diesem Wort umschrieben wurde, nämlich im *palästinensischen* oder *syrischen* Raum.[26] «*Sachlich* gründete es auf der hervorragenden Stellung innerhalb des Jüngerkreises um Jesus und auf Petrus als dem ersten Zeugen des erscheinenden auferstandenen Herrn.»[27] Im *hellenistischen* Missionsraum eines Paulus wurden denn auch die Akzente etwas anders gesetzt. «Wenn in 1 Kor 3,11 Jesus Christus als das ‹Fundament›, neben dem kein anderes gelegt werden kann, und die genannten Apollos, Kephas und Paulus nebeneinander als offenbar gleichberechtigte, nur verschieden wirkende Bauleute bezeichnet werden, die auf dem einen Fundament weiterbauen (3,10.22), so scheint diese Rede mindestens verbal in einer Spannung zu der von Petrus als dem Felsengrund der Kirche in Mt 16,18 zu stehen.»[28]

Wann die «Primatsverheißung» (in ihrem Kern) gegeben wurde, «muß offen bleiben».[29] Viele zweifeln daran, daß der jetzige Standort bei Matthäus auch der geschichtliche Ort für das ursprüngliche Jesuswort war. Das totale Schweigen des Markus und Lukas an der Parallelstelle muß doch auffallen. Manche Autoren verlegen das Primatswort in den Abendmahlssaal, andere nach Ostern.

2. Die Deutung:

Wen meint Jesus, wenn er sagt, er werde das neue Gottesvolk auf den Felsen bauen? Ist der Fels nur der *Glaube* des Petrus oder sein *Christus-Bekenntnis*, wie die Reformatoren betont haben? Diese Deutung befriedigt heute auch manche evangelische Autoren nicht mehr. Im Text sei kein Anhaltspunkt für diese Erklärung vorhanden, meint zum Beispiel *O. Cullmann*. Die Parallelität der Sätze: «Du bist der Fels, und auf diesen Felsen will ich bauen» zeige vielmehr, daß mit dem *zweiten* «Felsen» nichts anderes als mit dem *ersten* gemeint sei. Im Aramäischen, wo beidemal das gleiche Wort «Kepha» steht, komme dies noch deutlicher als im Griechischen zum Ausdruck. «So bleibt nur die eine Möglichkeit, daß Jesus mit diesem Wort eben tatsächlich den meint, den er mit dem Namen ‹Fels› ausgezeichnet hat», die Person des Petrus. «‹Petros› selber ist diese ‹Petra› (Fels), nicht nur sein Glaube ... Freilich ist er es nur und nicht anders als der von Christus an die Hand genommene Simon.»[30] Zum gleichen Ergebnis kommt der protestantische

[26] W. Trilling, Ist die katholische Primatslehre schriftgemäß?, in: Petrusamt und Papsttum, Stuttgart 1970, 56.
[27] Ebd., 58.
[28] Ebd., 54.
[29] A. Vögtle, Petrus, in: Lexikon f. Theol. u. Kirche VIII, 336.
[30] Theol. Wörterbuch z. NT VI, 98.

Exeget *J. Schniewind* in dem weitverbreiteten Göttinger Bibelwerk «Das Neue Testament deutsch» in seinem Kommentar zu Matthäus.[31] Er verweist auf den Epheserbrief (2, 20) und die Offenbarung des Johannes (21, 14), wo die Apostel ähnlich «Fundament» oder «Grundsteine», auf denen die Heiligen wie Steine aufgemauert sind, genannt werden. Zusammenfassend schreibt *Karl Barth* in seiner «Kirchlichen Dogmatik»: «Man muß in aller Ruhe sehen und zugeben, daß Matth 16, 18 f von einer schlechthin außerordentlichen Autorität, Gewalt und Sendung der Apostel, und zwar zunächst in eigentümlicher Konzentration auf den Petrus, die Rede ist.»[32]

Aber gerade die zitierte Stelle des Epheserbriefes dürfte eine Abgrenzung gegen eine «überzogene» Deutung von Mt 16, 18 darstellen. Es werden nicht nur Petrus, sondern alle Apostel und sogar noch die «Propheten» Fundament genannt, wobei eigens betont wird, daß «Christus Jesus selbst der Hauptstein (Schlußstein) ist» (vgl. 1 Kor 3, 11). Das «Fels-sein» kommt Petrus nur zu, indem er *den* Felsen, der Christus ist (1 Kor 10, 4), bekennt. Die frühchristliche Auslegung von Mt 16, 18, vor allem in ihren führenden Geistern *Origenes* und *Augustinus*, hat sehr stark Glaube und Bekenntnis des Petrus betont. In manchen Ausführungen erinnern sie fast im Wortlaut an spätere Stimmen der Reformation. So deutet Augustinus: «Der Fels war vielmehr Christus, den Simon erkannte – wie ihn auch die ganze Kirche bekennt – und von dem er ‹Petrus› genannt wurde» (Retractationes I, 20, 2). Johannes *Chrysostomus* († 407) faßt nur eine ganze Tradition des Ostens zusammen, wenn er in seinem Matthäus-Kommentar das Jesuswort an Petrus so ausdeutet: «Du bist Petrus, und auf diesen Felsen will ich meine Kirche bauen, d. h. auf den Glauben, den du bekannt hast» (Homilie 54). Weil Petrus als erster vor allen andern Aposteln das grundlegende Bekenntnis ausgesprochen hat, wird er der «Erstapostel und Anfang der ganzen Kirche» (8. Predigt geg. die Juden). Die östliche Exegese der ersten drei Jahrhunderte hat aus der «Fels»-Stelle von Mt 16, 18 denn auch nicht einen iurisdiktionellen «Primat» des Petrus herausgelesen. Seine Autorität wurde darin gesehen, daß er als erstrangiger Bürge und Verwalter der Lehre Jesu für die Kirche angesehen wurde. Die «Disziplinargewalt» des Bindens und Lösens, d. h. die Vollmacht, die Zugehörigkeit zur Gemeinde ab- oder zuzuerkennen, wird nach Matthäus 18, 18 denn auch jeder Einzelgemeinde (und ihren Vorstehern) zugesprochen. Man kann sich fragen, ob hier das Petruswort nicht bereits eine Interpretation gefunden, indem es auf die ge-

31 J. Schniewind, Das Evangelium nach Matthäus, Göttingen [11]1964.

32 K. Barth, Kirchliche Dogmatik IV, 1, 801.

samte Gemeinde angewandt wurde, sei es, daß die Petrusvollmacht in den Entscheidungen der Gemeinde weiter wirkt, sei es, daß die Gemeinde – nachdem Petrus nicht mehr lebt – ihre eigene Praxis im Rückblick auf die (typologisch) dem Petrus zugesprochene Vollmacht rechtfertigt und begründet.

bb) Lukas 22,31ff: Stützungsauftrag an Petrus

«Simon, Simon, siehe, der Satan hat sich euch ausgebeten, um (euch) zu sieben wie den Weizen. Ich aber habe für dich gebetet, daß dein Glaube nicht aufhöre. Du aber, wenn du dich einst zurückgefunden hast, stärke deine Brüder.»

Dieses Wort Jesu an Petrus ist lukanisches Sondergut. Es trägt dem Petrus für die Zukunft eine besondere Aufgabe gegenüber den Brüdern auf.[33]

cc) Johannes 21,15ff: Bestellung zum «Oberhirten»

Die dreifache Frage an Simon Petrus: «Liebst du mich?» ... «Liebst du mich mehr als diese?» spielt gewiß an die dreifache Verleugnung des Petrus an. Deswegen wird er «betrübt». Es ist aber zu fragen, ob nicht der *dreimalige* Auftrag Jesu zugleich eine im Orient heute noch gültige juristische Formel für eine Rechtsübertragung darstellt.[34] Das «Weiden der Herde» ist ein vielgebrauchtes biblisches Bild und wird von Jahwe wie auch vom Messias ausgesagt. Hier beauftragt Jesus, der Messias, den Petrus, seine Messiasherde zu weiden. Der Doppelausdruck «Lämmer und Schafe» bedeutet nach rabbinischen Analogien (in Erklärung von Nm 26,25.33) die *ganze* Herde. Das Bild der Herde ist im Johannesevangelium «eines der Ersatzmittel für den fehlenden Terminus Ecclesia (Kirche)».[35] Von welcher Art die Leitungsfunktion des Simon des näheren sein soll, ergibt sich aus der Bildrede weiter nicht.

Bei all diesen Einzelaussagen und Einzelüberlieferungen darf nie das Gesamtzeugnis des NT mit seinen nicht wenigen polaren Spannungen, seinen zeitlichen Schichten und geographisch verschiedenen Räumen vergessen werden, soll nicht der Einseitigkeit Tür und Tor geöffnet werden. Selbst die drei Hauptaussagen über den Auftrag des Petrus sind im Neuen Testament auffällig *kontrastiert* durch eine jeweilige Zurechtweisung:
Matthäus 16,18 ist kontrastiert durch 16,23: «Jesus ... wandte sich um und

[33] Theol. Wörterbuch zum NT VI, 102.
[34] P. Gächter, Das dreifache: «Weide meine Lämmer», in: Petrus und seine Zeit, 1958, 11–30.
[35] J. Jeremias, in: Theol. Wörterbuch zum NT VI, 501.

sprach zu Petrus: Hinweg von mir, Satan! Du bist mir ein Fallstrick, denn du sinnst nicht das, was Gottes ist, sondern das, was des Menschen ist.»

Lukas 22,23 ist kontrastiert durch 22,34: «Jesus sprach: Ich sage dir Petrus: Der Hahn wird heute nicht krähen, bis du dreimal geleugnet hast, mich zu kennen.»

Johannes 21,15ff ist kontrastiert durch 21,20ff: «Jesus sagte zu ihm (Petrus): Wenn ich will, daß er (Johannes) bleibt, bis ich komme, was geht es dich an?»

In der Einzelaussage ist stets die Analogie im Auge zu behalten:

Christus ist der gute *Hirt*. Abgeleitet davon und in Unterordnung zu ihm werden Hirten genannt: Petrus (Jo 21,15ff); die Zwölf (Mt 9,36ff) und andere Diener der Kirche (1 Pt 5,2).

Der von Jahweh gesandte Messias ist der *Fels* Israels, das einzige «Fundament» (1 Kor 3,11). So werden abgeleitet davon Petrus «Fels» (Kephas) (Mt 16,18) und die Zwölf «Säulen» oder «Grundsteine» genannt (Eph 2,20; Gal 2,9; Apk 21,14).

Der Herr «stärkt» die Herzen (2 Th 3,3; 2,17). In seinem Auftrag soll Petrus «die Brüder stärken» (Lk 22,32). Aber auch von Paulus wird gesagt, daß er «alle Jünger stärkte» (Apg 18,23; vgl. Röm 1,11). Paulus schickt Timotheus, «Gottes Mitarbeiter am Evangelium», um die Thessaloniker in ihrem «Glauben zu stärken» (1 Th 3,2). Ja, die Brüder selber sollen ihre Herzen «stärken» angesichts der bevorstehenden Wiederkunft des Herrn (Jak 5,8).

III. DIE WERDENDE GLAUBENSGEMEINDE

Die Apostelgeschichte setzt voraus, daß sich die Auferstehungszeugen zuerst in Jerusalem gesammelt haben (1,12–15). Dort in Jerusalem, am jüdischen Wochenfest nach dem Pascha, an dem Jesus gekreuzigt worden war, hatte nach dem gleichen Bericht eine größere Gruppe von Christusanhängern ein entscheidendes Geisterlebnis (2,1–13).

Manche möchten dieses Geschichtsbild der Apostelgeschichte, nach dem die Urgemeinde sich vom Zentrum Jerusalem aus entwickelt habe, in Frage stellen. Sie nehmen an, daß die Jerusalemergemeinde erst nach der galiläischen entstanden ist, oder vermuten wenigstens, daß es von Anfang an *zwei* Zentren der Christenheit gegeben, in Galiläa und in Jerusalem, wobei Jerusalem im Laufe der Jahre in den Vordergrund getreten sei. Zum Beweis wird angeführt, daß die Erscheinungen des Auferstandenen vor Petrus und den Zwölf in Galiläa stattgefunden (Mk 14,28; 16,7; Mt 28,16; Jo 21).

Paulus setze noch Jahre nach seiner Bekehrung keine Gemeinde in Jerusalem voraus, da er sie im Galaterbrief (1,18) nicht erwähne. Aber wir wissen von einer solchen galiläischen Christengemeinde absolut nichts Konkretes. Paulus selbst kennt nach Gal 1,18 offensichtlich nur *einen* Ort, wo er nach seiner Bekehrung (rund drei Jahre nach dem Tode Christi) mit der Christengemeinde *maßgeblich* in Beziehung treten konnte. Nach wie vor ist es die wahrscheinlichste Annahme, daß die ersten Auferstehungszeugen sehr bald aus Galiläa nach Jerusalem zurückgekehrt sind und daß Jerusalem, wo Christus gekreuzigt und auferweckt wurde, die *Muttergemeinde* der jungen Christenheit geworden ist. Indem die Gruppe der Zwölf sich in Jerusalem niederließ, dokumentierten sie, das wahre Israel zu sein.

Die entscheidende Frage ist nun die: Welche Deutung haben die sich sammelnden Christusanhänger ihrer Gemeinschaft gegeben und welche religiöse Lebensform haben sie entwickelt?

1. Das Selbstverständnis der Urgemeinde

Die Apostelgeschichte setzt voraus, daß die ersten Christen am Tempelgebet teilnahmen, sich auch sonst im Tempel aufhielten und das Gesetz befolgten (2,46; 3,1; 5,12.42; 10,14). Dieses Bild vom selbstverständlichen Festhalten der ersten Christen an den religiösen Bräuchen ihrer religiösen Umwelt wird durch Paulus bestätigt, der noch etwa 15 Jahre nach seiner Christwerdung in Jerusalem auf die Forderung der Beschneidung der Heidenchristen stößt und in Antiochien der Anschauung von Leuten aus Jerusalem begegnet, die Judenchristen dürften mit den Heidenchristen keine Tischgemeinschaft halten. Man wird daraus entnehmen müssen, daß die jerusalemische Christenheit der ersten Zeit an der jüdischen Gesetzesbeobachtung und am religiösen Brauch der Juden festhielt.

Es entstand indes in der Urgemeinde sehr bald ein gewisser «*Richtungsstreit*» zwischen einer *strengeren gesetzlichen* und einer *liberaleren gesetzesfreien Richtung*, die sehr stark religiös-kulturell bedingt war.

Die strengere Richtung wurde vertreten durch die *aramäisch* sprechenden Judenchristen in Jerusalem, die sich ganz der judäischen Gesetzesfrömmigkeit verpflichtet fühlten.

Die liberalere Richtung wurde vertreten durch die sogenannten *Hellenisten*, d.h. die Judenchristen griechischer Sprache (und Kultur), die offenbar aus der Diaspora stammten und nach Jerusalem gezogen waren. In Jerusalem gab es besondere Synagogen solcher Diasporajuden (Apg 6,9).

Diese hellenistischen Judenchristen brachten nun aber auch vor allem in der Auseinandersetzung zwischen Judentum und Christentum den Stein ins Rollen. Sie erweckten vor allem die Feindschaft der Judenschaft in Jerusalem und mußten deswegen – nur sie – die Stadt verlassen (Apg 8, 1.3 f; 11, 19). Die Nachricht, daß sich bei diesen hellenistischen Judenchristen eine ausgesprochene Ablehnung des Tempelkultes fand (Apg 6, 11 f; 7, 48), klingt sehr einleuchtend. Ebenso ist die Anklage gegen den hellenistischen Stephanus, er habe sich gegen das Gesetz gewandt (6, 13 f), höchstwahrscheinlich. Bekanntlich haben die im Anschluß an die Stephanusverfolgung aus Jerusalem vertriebenen hellenistischen Judenchristen in Samaria, an der Küste Palästinas, namentlich in Damaskus und in Antiochien eine Gemeinde aufgebaut (gegründet?), die auch den Heiden «die frohe Botschaft vom Herrn Jesus verkündeten» (Apg 11, 20). Offensichtlich haben sie keine Beschneidung und damit auch nicht die Erfüllung des ganzen jüdischen Gesetzes gefordert, sonst hätten sie bei den Heiden schwerlich Erfolg gehabt.

Diese Auseinandersetzungen, die auch intern zu großen Spannungen führten, förderten den notwendigen Prozeß, daß sich die Urgemeinde – auch in ihrem gesetzestreuen Flügel – mit immer größerer Klarheit als die neue Gemeinde Gottes verstand, sich vom Judentum und dem mosaischen Gesetz auch sichtbar trennte und Heiden in die Kirche aufnahm, ohne ihnen das Halten des jüdischen Gesetzes zur Pflicht zu machen. Ein gesetzesfreies Christentum – mit drei Einschränkungen (Apg 15, 20) – proklamierte dann offiziell das Apostelkonzil (um 44 oder 48). Die Tatsache, daß Paulus anfangs der fünfziger Jahre von einer Verfolgung der Gemeinden in Judäa spricht (1 Th 2, 14 f), deutet an, daß auch die einheimischen Juden-Christen ihren eigenen «Weg» beschritten hatten.

Die Urgemeinde war überzeugt, daß Gott durch Christus in ihrer Mitte den neuen endzeitlichen Heilsbund errichtet hat. Jesus hatte vom «neuen Bund» gesprochen, den Gott durch seinen Tod errichten werde (1 Kor 11, 25). Das «Blut des Bundes» wird «für die Vielen» (d.h. für die Allgemeinheit) vergossen (Mk 14, 24). Das ganze Heilsvolk ist in diesen Bund gerufen: «Das ganze Haus Israel soll sicher erkennen, daß Gott ihn zum Herrn und Messias gemacht hat, diesen Jesus, den ihr gekreuzigt habt» (Apg 2, 36).

Die Urgemeinde, die sich als das wahre «Volk Gottes» versteht, versteht sich aber in bezeichnender Weise nicht bloß als «Gemeinde Gottes» (1 Kor 1, 2), sondern auch als «Gemeinde (Kirche) Jesu», oder als «Gemeinde des Christus» (Messiasgemeinde) (Mt 16, 17 ff). Durch die Erweckung und Erhöhung des gekreuzigten Jesus ist das endzeitliche Gottesvolk unter Führung des Messias Jesus ins Dasein getreten. Die neue Gemeinde versteht sich als die Gemeinde des auferstandenen Messias. Deshalb sind «alle, die Jesus als den Christus (Messias) bekennen und nur sie ... die endzeitliche Gemeinde» (L. Goppelt). Durch die Erfahrung des «Geistes» (vgl. besonders das Pfingstereignis in Apg 2) war die Urgemeinde überzeugt, daß der für die Endzeit verheißene Geist in ihrer Mitte wirksam ist.

2. *Die religiöse Lebensform*

Diese Überzeugung mußte von selbst zu einer sichtbaren Trennung der Christengemeinde von den übrigen Juden und dem Tempel führen. Von sehr früh an hat die Christusgemeinde die *Taufe* als Aufnahmeritus in die Gemeinde geübt. (Paulus, der ca. drei Jahre nach dem Tod Christi Christ geworden ist, setzt voraus, daß er, wie jeder andere Christ, getauft worden ist, vgl. Röm 6,3; 1 Kor 12,13). Die Taufe «im Namen Jesu» oder «auf den Namen Jesu» bedeutete, daß der Täufling in das Eigentum und den Schutz Jesu eingefügt ist (Apg 2,38; 8,16; 10,48). Der prinzipielle Verzicht auf die Beschneidung setzte die endgültige Trennung vom Judentum. Dieser Verzicht bedeutete die Gleichheit von Judenchristen und Heidenchristen. Tatsächlich kam nun auch (zuerst in Antiochien, das zum wichtigsten Zentrum der Mission wird) der Gruppenname «christianoi» (=Christen) auf (Apg 11,26). Die Christen sind damit auch von der heidnischen Öffentlichkeit als eine eigenständige religiöse Gruppe erkannt.

Ein anderer Brauch, der die neue Gemeinschaftsbildung förderte und sie vom Judentum unterschied, war das *gemeinsame Mahl*. Die Apostelgeschichte faßt das Leben der ersten Christen in die Sätze zusammen: «Sie hielten sich an die Lehre der Apostel und an die Gemeinschaft, an das Brotbrechen und die Gebete» (2,42), und, «Täglich hielten sie sich einmütig im Tempel auf, und indem sie in den Häusern das Brot brechen, nahmen sie die Nahrung mit Jubel und in Lauterkeit des Herzens zu sich und lobten Gott» (2,46). Der Ausdruck «Brot brechen» ist aus der jüdischen Tischsitte abgeleitet. Die jüdische Mahlzeit wird damit eingeleitet, daß der Familienvorstand das Gebet spricht und ein Brot bricht. Weil vermutlich bei den gemeinsamen Mahlzeiten der Christen der Ruf: «Marāna – Athā» (Unser Herr, komm!) (1 Kor 16,22) erging, hatten diese Mahlzeiten einen religiösen Charakter und waren nur den Gliedern der Gemeinde Jesu zugänglich (siehe das «Anathema» für die, «die den Herrn nicht lieben», ebd.). Dieser kultische Flehruf lebte sogar in der griechisch sprechenden Christenheit im aramäischen Wortlaut weiter (1 Kor 16,22; Didache 10,6).

Die Bildung und Festigung der Urgemeinde gegenüber dem Judentum läßt sich endlich daraus erkennen, daß eine die *Gemeinde leitende Gruppe* aufscheint. Wie aus dem Galaterbrief des Paulus hervorgeht, waren zur Zeit seiner Berufung in der Jerusalemer Gemeinde «*die Apostel*» zu finden (1,17ff). Wichtigstes Glied von ihnen war Petrus, den Paulus konstant «Kephas» nennt (1,18). (Die «hervorragende Stellung des Petrus in den ersten Jahren der Kirche» wird auch von protestantischen Exegeten wie *H. Conzelmann* voll anerkannt. Petrus steht «an der Spitze des Kreises der Zwölf und damit der Gemeinde».)[36] Wie der Galaterbrief und die Apostelgeschichte voraussetzen, hat Petrus die Gemeinde auch nach außen vertreten (Gal 1,18; Apg 3,12; 5,3.29; 8,14). Etwas später hören wir dann von den «Ältesten» in der Jerusalemer Gemeinde (Apg 11,30; 15,22).

In der «Muttergemeinde» von Jerusalem glaubte man offenbar, die «Lehre der Apostel», d.h. die «apostolische Überlieferung» zu finden, die den Zusammenhang mit der Überlieferung vom irdischen Jesus vermittelte, auf die jede christliche Gemeinde sich angewiesen fühlte (Gal 2,2–10). Diesem Evangelium aus Jerusalem, der Gemeinde der Apostel, wird vor allem Paulus – der Apostel der Heiden (der Unbeschnittenen) – den Weg in die Welt bahnen.

IV. STRUKTUREN DER KIRCHE

Bis zu diesem Punkt hätten wohl die Christen aller Konfessionen folgen können. Hier aber beginnen die «*Unterscheidungslehren*», und zwar hauptsächlich zwischen der katholischen und evangelischen Kirchen-Idee. (In der Kirchenauffassung deckt sich – wenn man vom Primat des Papstes absieht – die orthodoxe, christkatholische und [wenigstens weithin] die anglikanische Kirchenlehre. Innerhalb der Ökumene werden sie darum, was die Kirchenlehre anbetrifft, dem «katholischen Typus» zugezählt.)

Die Meinungsverschiedenheit dreht sich vor allem um die Frage der sogenannten amtlichen Verfaßtheit und Ordnung der Kirche. Ist die Kirche Christi eine rein geistliche Größe, d.h. mit den Worten des Augsburgerbekenntnisses (1530) «eine Versammlung aller Gläubigen, bei denen das Evangelium rein gepredigt und die heiligen Sakramente recht gespendet werden» (Art. VII), oder ist sie eine Gemeinschaft, in der es nach dem Willen Christi auch eine bestimmte «Ordnung» mit *gottgegebenen Ämtern* und *Vollmachten* innerhalb der Gemeinschaft gibt?

[36] H. Conzelmann, Geschichte des Urchristentums, 1969, 27.

Luther hat von 1520 an mit der Proklamierung des «Priestertums aller Gläubigen» und mit seiner Lehre von der Rechtfertigung allein aus dem Glauben die heilsnotwendige Aufgabe des Weihepriestertums und damit die ganze Hierarchie der Gewalten verneint und das geistliche Amt in die Hände der ganzen Gemeinde gelegt (Luther zieht den Ausdruck «Gemeinde» dem Worte «Kirche» vor). «Alle Christen sind wahrhaftig geistlichen Stands» (WA, 6,407). «Was aus der Taufe gekrochen ist, das mag sich rühmen, daß es schon zum Priester, Bischof und Papst geweiht sei, obwohl nicht einem jeglichen ziemt, solch Amt zu übernehmen. So soll sich denn jede Gemeinde einen frommen Bürger zum Priester wählen» (WA, 6,408).

In Luthers Nachfolge hat der Gesamtprotestantismus eine «hierarchische Kirche» abgelehnt. *Innerhalb dieser allgemeinen Ablehnung jeder Vorrangstellung* von Menschen in der Kirche gibt es jedoch viele Schattierungen der Meinungen, je nachdem das Verhältnis von «rechtlich geordnetem Amt» und «freier geistlicher Vollmacht» näher bestimmt wird.

Die *liberale* protestantische Auffassung lehnt jede sakramental-rechtliche Ordnung, jede «*amtliche Vollmacht*» der Kirche ab und proklamiert die vollständige Freiheit des «Geistes» der Einzelpersönlichkeit. Der theologische Liberalismus möchte in der Kirche Christi eine «unorganisierte Gemeinschaft der Geistbegabten sehen». Schon die «apostolische Zeit kannte nach ihm nur das pneumatische Miteinander der Anhänger Jesu und nur eine charismatische Ordnung der Gemeinden».[37]

Mehr vom *Recht* her kommend sagte *R. Sohm* (1841–1917): «Das Wesen des Rechtes steht mit dem Wesen der Kirche im Widerspruch.»[38] *Sohm* hat noch die Auffassung, daß die Kirche Christi reine «Geistkirche», reine «Liebeskirche», ohne besondere «*Amtsträger*», ist. Sie ist «unsichtbar». «Darum gibt es keine sichtbare Gemeinschaft, welche als solche die Kirche Christi wäre.»[39]

E. Brunner lehnte jedes institutionelle Element im Begriff der Kirche ab. Aus seiner Schrift «Das Mißverständnis der Kirche», 1951, seien nur einige Sätze zitiert: «Die Ecclesia (Kirche) ... hat nichts vom Charakter des Institutionellen an sich» (13; 21). «Die Christusgemeinde ist nichts anderes als eine Gemeinschaft von Personen» (12). Sie ist Gemeinschaft mit Christus, wobei Gemeinschaft heißt: «Bruderschaft» (13; 123; 20; 28). *E. Brunner* betont fast bis zur Ermüdung: Kirche ist «reine Persongemeinschaft», «nichts anderes» (14; 18; 20; 21; 84; 89). Alle Glieder sind «gleichen Ranges» (95). Nur die Unmündigkeit macht die Gläubigen scheinbar von den Aposteln abhängig (32). Immerhin muß *E. Brunner* gegenüber

[37] Evangelisches Kirchen-Lexikon II, 1957, 624.
[38] R. Sohm, Kirchenrecht I, 1.
[39] Ders., Kirchenrecht II, 135.

manchen falschen rationalistisch-demokratischen Auslegungen im Protestantismus zugeben, daß es in der Kirche der neutestamentlichen Zeit die «ganz ‹hierarchische› Autoritätsstellung der Apostel» gibt, die «darin begründet ist, daß diese allein die Urzeugen der Heilsgeschichte sind, von denen die andern das Wort des Heils empfangen müssen und von denen allein sie es empfangen können» (30). Ist aber ihr Zeugnis einmal gegeben, so verlöscht jede Abhängigkeit von ihnen (31f). *Brunner* hält selbst die Verfassung, die Calvin der Kirche von Genf gegeben, geradezu für eine «Rückkehr zum heiligen Kirchenrecht» (119), zu jener falschen Kirchlichkeit, deren letztes Ende kein anderes ist als die römische Kirche (153). *Brunner* kehrt hier zurück zur Grundthese von *R. Sohm*, die man weithin als aufgegeben hielt, die aber *Brunner* als «unwiderlegbar» hält (122), wenn er auch die Sozialstruktur der Kirche mehr als *Sohm* betont.[40]

Schon *K. Holl* (1866–1926) hatte die Meinung vertreten, in den *paulinischen* Gemeinden sei die Kirche vom Geist her bestimmt gewesen; in *Jerusalem* jedoch sei die Kirche juristisch, nach dem *Autoritätsprinzip* aufgebaut gewesen. Hier war die reine Geistkirche Sohms wenigstens in *einem Teil* überwunden.[41]

Auch *H. von Campenhausen* stellt in seinem Buch «Kirchliches Amt und geistliche Vollmacht in den ersten drei Jahrhunderten», 1953, fest, daß «die liberalprotestantische Auffassung der Kirche vor den tatsächlichen Gegebenheiten des Urchristentums nicht bestehen» kann (324). Auch das «Amt» ist da. Indes möchte *Campenhausen* gegenüber der «autoritären» katholischen Auffassung nicht zugeben, daß das Amt der Kirche der freien Geistesgabe irgendwie *vor-* oder *über*geordnet ist. Auf jeden Fall glaubt *Campenhausen*, daß es in der Urchristenheit auch eine «völlig amtlose, charismatische Gemeindeordnung» gegeben hat (328). Im hellenistischen Bereich habe sich nämlich unter Führung des Apostels Paulus, also gleichfalls unter apostolischer Autorität, ein charismatischer Kirchentypus durchgesetzt mit dem Leitgedanken der verschiedenen Geistesgaben und Dienste, die «als solche nicht übertragbar, sondern stets und unmittelbar vom Geiste geschenkt sind» (75). In der Kirche der Apostel sollen hierarchische Grundsätze *nicht entscheidend* gewesen sein. *Die Apostel sind keine kirchliche «Instanz»* (29; 31). Von der Auffassung des Paulus von den Geistesgaben und Diensten ohne amtliche Vollmacht «zu der Vorstellung leitender ... durch ihre Einsetzung ausgewiesener und berufener Amtsträger führt kein gerader Weg» (82). «Die Gemeinde ist bei Paulus nicht als eine ... verfaßte, gestufte oder geschichtete Organisation gesehen, sondern als ein einheitlicher, lebendiger Kosmos freier geistlicher Gaben» (69).

Mehr vom Dogmatischen her kritisiert *K. Barth* einen R. Sohm und E. Brunner mit ihren kirchenrechtfreien Gemeinden in scharfen Worten.[42] Dennoch lehnt auch *K. Barth* jedes «*göttliche* Recht» ab. Kirchenrecht ist immer menschliches

[40] Siehe jetzt: E. Brunner, Die christliche Lehre von der Kirche, in: Dogmatik III, 1960, 34–158.
[41] K. Holl, Gesammelte Aufsätze II, 1928, 44ff.
[42] K. Barth, Kirchliche Dogmatik IV, 2, 774ff.

Recht.[43] Eine «Hierarchie» werde das Kirchenrecht in den Gemeinden schon darum nicht aufrichten können, weil dieser Begriff die Vorstellung eines «Herrschens» enthalte und erwecke, für die es unter Brüdern nun einmal keinen Raum gebe.[44] Gewiß werde es in der Gemeinde Christi Helfer, Ratgeber und dann «Führer, Lehrer, Seelsorger» geben, aber nur «in faktischer, nicht in institutioneller Autorität».[45]

In der neuesten protestantischen Exegese und Theologie wird diese klare Scheidung in einen doppelten Kirchentypus in der Urkirche: den *amtlich-rechtlichen der Jerusalemergemeinde* und den *frei-charismatischen der paulinischen Missionsgemeinden mehr und mehr aufgegeben. E. Schweizer* schreibt in seinem Werk «Gemeinde und Gemeindeordnung im Neuen Testament», 1959: «Man wollte lange Zeit hindurch die rechtlich geordnete Gemeinde von Jerusalem scharf trennen von den geistbewegten paulinischen Gemeinden» (43). «Freiheit des Geistes und rechtliche Ordnung sind als sich ausschließende Gegensätze angesehen worden. Man hat die eine in den paulinischen Gemeinden, die andere in Jerusalem gesehen ... Daran ist etwas Richtiges. Der Ton liegt hier und dort anders. Dennoch läßt sich diese Entgegensetzung so nicht halten. Schon rein historisch sahen wir, daß Jerusalem wahrscheinlich stark vom Wirken enthusiastischer Propheten bestimmt und Paulus der Tradition verpflichtet war. Lebendigkeit des Geistes und Ordnung schließen sich keineswegs aus» (186 und Anmerkung 787).

Die scharfe Gegenüberstellung von jerusalemischem Kirchentypus mit gottgesetzter Ordnung und regelrechter Hierarchie und paulinischem Gemeindetypus mit freien Geistesgaben und Diensten, die je frei durch den Geist Gottes geweckt werden, wird heute also auch auf evangelischer Seite mehr und mehr abgelehnt.

«Diese Antithese ist ... eine abstrakte Konstruktion. Sie stellt zwei Möglichkeiten gegeneinander, die im NT, auch im 1. Korintherbrief und in den Pastoralbriefen, immer nur miteinander, wenn auch in unterschiedlicher Betonung und Verteilung, die Ämter gestalten» (gegen Campenhausen!).[46]

Dennoch wirkt diese Auffassung immer noch nach. Man anerkennt wohl die Bindung des Paulus an Jerusalem und die Altapostel. Man sieht auch das apostolische Selbstbewußtsein des Apostels Paulus, der sich mit einer Autorität, die auch Leitungs- und Befehlsgewalt einschließt, ausgerüstet weiß. Aber man beurteilt diese Tatsache nicht im Sinne einer Ordnung mit *rechtlicher Leitungsgewalt* bestimmter Organe oder Amtsinhaber. Die Apostel sind nicht «Amtsträger», sondern nur maßgebende Zeugen der Botschaft Christi und haben nur insofern in der Christengemeinde *Autorität* inne. Die Ordnung in der Gemeinde ist also nur «*funktionell, regulativ, dienend, nicht konstitutiv*», d.h. sie gehört nicht zum Wesen der Kirche, und eben dies sei «*das Entscheidende*».[47]

43 Ebd., 808.
44 Ebd., 803.
45 Ebd., 803.
46 L. Goppelt, Die apostolische und nachapostolische Zeit, 1962, 134; vgl. 128.
47 E. Schweizer, a.a.O., 186.

Auch der offizielle Protestantismus mit der Betonung des allgemeinen Priestertums hat in seinen Kirchenordnungen nie «amtsfreie» Kirchen geschaffen, sondern hat dies «den Sekten überlassen» *(E. Käsemann)*, betrachtet das Amt aber als *kirchliche* Ordnung.

Die *katholische* Antwort auf die protestantische Kirchenlehre ist in der Vergangenheit wohl allzu schnell und zu einseitig auf den Nachweis der «*rechtlichen* Struktur» der Kirche Christi losgesteuert. Dabei ist nicht zu verkennen, daß sie sich dabei vor allem auf die «späten» Schriften des NT stützte, in denen die «Amtstheologie» mehr akzentuiert wird. Die evangelische Theologie dagegen hat sich mehr an den unumstrittenen zentralen paulinischen Schriften orientiert und von dort aus auch gewisse Entwicklungen in den späteren neutestamentlichen Schriften mit ihrem «Frühkatholizismus» kritisch beurteilt. Der katholische Theologe, der davon überzeugt ist, daß auch die Pastoralbriefe und die Apostelgeschichte wie andere frühkatholische Schriften von der alten Kirche nicht ohne guten Grund in den Kanon der neutestamentlichen Schriften aufgenommen wurden, wird aus dieser Sachlage nicht den von manchen protestantischen Forschern gezogenen Schluß ziehen, daß diese «Spätschriften» bestenfalls als «Kontrastprogramm» zum eigentlichen «Evangelium», wie es von Jesus gepredigt und von Paulus am tiefsten interpretiert worden ist, zu berücksichtigen seien. Katholische Hermeneutik möchte das Neue Testament als *Ganzes* in *allen* seinen Schriften ernst nehmen. Auch die «frühkatholischen» Schriften fordern eine sachgemäße positive Berücksichtigung. Anderseits muß aber eine katholische Theologie umgekehrt mehr als früher auch die zentralen und «ursprünglichsten» Schriften in Rechnung stellen. Sie darf nicht die innere Spannung innerhalb des Neuen Testamentes übersehen oder in unzulässiger Weise harmonisieren, wobei die Spätschriften Schlüssel und Norm der früheren bilden. So kam es, daß man katholischerseits fast nur noch die «hierarchische Struktur» der Kirche sah und ihre pneumatische und charismatische Struktur, wie sie in den zentralen paulinischen Briefen aufscheint, fast übersah. Die Wiederentdeckung der Charismen in der Kirchenlehre des II. Vaticanums ist eine Wiederentdeckung der spezifisch-paulinischen Ekklesiologie.

1. Die charismatische Struktur

Charisma kann man kurz mit «Gnadengabe» übersetzen. Genauer kann man Charisma dahin definieren: *Es ist der an den einzelnen ergehende Ruf Gottes zu einem bestimmten Dienst in der christlichen Gemeinde, eine Gabe Gottes, die zugleich zu diesem Dienst befähigt.* Gottes Gnade ist – in paulinischer Theologie – *Begabung und Beauftragung* in einem, wie «Gnade» und «Sendung» nicht zu trennen sind.

Paulus rechnet zu den Charismen nicht nur außergewöhnliche Phänomene wie ekstatisches Reden und Beten, das sich in unartikulierten Lauten äußert, sondern jegliche Gabe des Ermahnens und Tröstens (Röm 12,8), des Dienens (Röm 12,7), des Lehrens (1 Kor 12,8), der Weisheitsrede und der Wissenschaft (ebd.), des Glaubens (1 Kor 12,9), der Unterscheidung der Geister (1 Kor 12,10), des Helfens und Leitens, des Heilens (1 Kor 12,28). Die aufsehenerregenden Gaben wie Zungenreden werden von Paulus sogar relativiert: sie sind nichts ohne die Gabe der Auslegung, die die Gemeinde erbaut. Die Christen sollen nach größeren Charismen eifern. Die größte unter diesen Gnadengaben ist nach Paulus die Liebe, ohne die auch Zungenrede, Prophetie, selbst der Glaube und der Verzicht auf die materiellen Güter nichts ist.

Weiter sind diese Charismen nicht notwendig an Ämter oder sakramentale Handlungen gebunden, sondern werden dem Christen nach dem freien Willen des gnädigen Gottes zugeteilt (1 Kor 12,11). «Ein jeder hat sein eigenes Charisma von Gott, der eine so, der andere anders ...; wie der Herr einem jeden zuteilt, wie Gott einen jeden berufen hat, so wandle er» (1 Kor 7,7.17). Es gibt eine unendliche Mannigfaltigkeit der Gnadengaben, und sie sind auch nicht an einen bestimmten Personenkreis gebunden. Jeder Christ hat *sein* Charisma (1 Kor 7,7). «Wie jeder ein Charisma empfangen hat, so dienet einander als gute Verwalter der mannigfachen Gnaden Gottes» (1 Pt 4,10).

Der Geist ist nach Apg 2 «*über alles Fleisch*» ausgegossen. So ist das Charisma nicht die Auszeichnung einzelner weniger – gar nur der Amtspersonen –, sondern die Auszeichnung der ganzen Kirche als der Gemeinschaft aller Glaubenden. «Wo in einer Kirche, wo in einer Gemeinde nur Amtsträger und nicht alle Gemeindeglieder tätig sind, ist ernsthaft zu fragen, ob hier mit den Charismen nicht auch auf den Geist verzichtet wird» *(H. Küng).*

Man muß daher in Wahrheit von einer *charismatischen Struktur der Kirche* reden, welche die Ämterstruktur umgreift und über sie hinausgreift. «Die Gemeinde würde ihre Grundstruktur aufgeben, würde sie nicht von den Charismen leben.»[48]

[48] G. Hasenhüttl, Charisma. Ordnungsprinzip der Kirche, Freiburg 1969, 235.

Wie kann aber bei dieser Verschiedenheit noch die Einheit, bei aller Freiheit noch die Ordnung gewahrt werden? Die Schrift gibt als Antwort: «Es gibt Verschiedenheiten in der Zuteilung von Charismen, doch nur einen und denselben Geist; ... jedem aber wird die Offenbarung des Geistes zum Nutzen (der Gemeinde) gegeben» (1 Kor 12,4.7). Einheit und Ordnung werden nicht dadurch hergestellt, daß die Verschiedenheiten eingeebnet werden. Es dient im Gegenteil gerade der wahren Einheit und Ordnung, daß jeder *sein* Charisma hat. Er soll sich eben nicht über die anderen erheben und sich alles aneignen und unterordnen wollen. Die Charismen sind auf die «Erbauung der Kirche» ausgerichtet (1 Kor 14,12ff). Der Christ soll also sein Charisma nicht als Waffe gebrauchen, um sich Positionen und Macht in der Kirche zu erobern, sondern als Gabe für den Dienst an den anderen. Deshalb ist das höchste der Charismen die Liebe (1 Kor 13).

Charismatisch bestimmte Kirchenordnung bedeutet also weder Schwärmertum, das in Willkür und Unordnung ausartet, noch Gesetzlichkeit, die in Gleichordnung und Uniformität erstarrt, sondern Ordnung in Freiheit. «Wo der Geist des Herrn ist, da herrscht Freiheit» (2 Kor 3,17).

2. Die «Dienstämter» in der Kirche

Unter den mannigfachen «Geistesgaben» und «Wirkkräften», die seit der Erhöhung Christi und der Aufrichtung des «Neuen Bundes» sich allenthalben in den Christengemeinden manifestierten und wirksam waren, nennt Paulus in besonderer Weise «*Dienste*» (diakoníai), die von demselben Herrn und Geist kommen und zum Aufbau des Leibes Christi dienen (1 Kor 12 und Eph 4,10–13). In den listenmäßigen Aufzählungen der geistlichen Gaben fallen gewissermaßen stereotype Reihenfolgen auf. So heißt es im Epheserbrief, dem bekannten «Kirchenbrief»: «Und er – der hinabgestiegen und über alle Himmel hinaufgestiegen ist, um alles zu erfüllen – hat die einen zu *Aposteln* bestellt, andere zu *Propheten*, andere zu *Evangelisten*, andere zu *Hirten* und *Lehrern*, um die Heiligen (Gläubigen) für das Werk des Dienstes zu bereiten, für die Auferbauung des Leibes Christi, bis wir alle zur Einheit des Glaubens und der Erkenntnis des Sohnes Gottes gelangen» (4,10–13). Im 1. Korintherbrief nennt der Apostel nach der berühmten Trias: «Apostel, Propheten und Lehrer» ebenso noch «Dienste der *Hilfeleistung* und *Gemeindeleitung*» (12,28). Neben den «freien Charismen» der Zungenrede, der Heilung, des Wunders, werden hier also gewisse «Dienstcharismen» genannt. Sind diese «Dienste» nun das, was wir mit dem heutigen Begriff «*Amt*» umschreiben, d.h. eine *besondere Beauftragung und Bevollmächtigung bestimmter Personen für die Heilssendung der Kirche?* Gibt es eine bestimmte *Ämterstruktur?*

Die Frage, ob es in der Kirche heilsvermittelnde Ämter, im strengeren Sinne also geistliche Vollmacht zum Heilsdienst gibt, hängt natürlich ganz davon ab, ob *Christus* für die Kirche solche Vollmacht gewollt und wenigstens im ersten Ansatz nachweislich gegeben hat.

Berufungen und Übertragungen von Aufgaben und Vollmachten (oder auch entsprechende Verheißungen für die Zukunft) an bestimmte Menschen im Dienst des Evangeliums begegneten uns in unseren Ausführungen über «die Zwölf» und «Simon Petrus» bereits im *vorösterlichen* Wirken Jesu. Zunächst waren es Sendungen im zeitlich und örtlich *begrenzten* Umfang. Diese Beteiligung der Jünger am vorösterlichen Werk Jesu hatte für die Urkirche, ganz abgesehen von der Nachfolge und Unterweisung, einen zeichenhaften Charakter, eine Vorbedeutung für die spätere Wirksamkeit der Apostel und Missionare, Lehrer und Hirten.

Konstitutiv für das Amt in der Kirche aber ist der Wille des auferstandenen Herrn, der durch seine Offenbarung, durch seinen Sendungsauftrag an die Jünger und durch ihre Ausrüstung mit dem Heiligen Geist die Kirche ins Leben gerufen hat. Wollte also der auferstandene Herr den damaligen Jüngern auch bestimmte Aufträge und Vollmachten geben, die nicht im gleichen Sinne und Umfang jedem Glied der Kirche gelten sollten? Wir hören gewiß von dem umfassenden Sendungsauftrag der gesamten Jüngergemeinde (Mt 28,18f), und wir nehmen nach dem Zeugnis der Apostelgeschichte auch leitende Persönlichkeiten in der Jerusalemer Urgemeinde wahr. Aber am *allgemeinen* Sendungsauftrag läßt sich noch nicht mit Sicherheit ablesen, ob mit der Schaffung der Gemeinde Christi auch schon das Leitungsamt oder «Hirtenamt» dieser Männer in der Kirche intendiert ist. Die Binde- und Lösegewalt, die eine Bevollmächtigung zum autoritativen Verkünden und Lehren, zum wirksamen Zusprechen von Heil und Gericht darstellt, besagt an den zitierten Stellen von Mt 18,18 und Jo 20,23 allein noch nicht mit Sicherheit, ob diese Bevollmächtigung der gesamten Gemeinde oder nur einem bestimmten Personenkreis (den «Aposteln» oder «Jüngern») zugesprochen wird. Nur der Auftrag an Simon Petrus, die Herde zu weiden (Jo 21), geht an einen einzelnen; ebenso die Verheißung von Mt 16,16ff.

Die Frage, *wie* die Auftragsworte des Auferstandenen auszulegen sind, ob sie also einen besonderen Apostolat bestimmter Personen begründen, entscheidet sich im *Selbstverständnis* der werdenden Kirche. Darum ist zu prüfen, wie die Apostel ihre Aufgabe und ihren Dienst für Jesus Christus in der Welt und in der Kirche verstanden haben. Für das Verständnis des Apostelsdienstes sind die paulinischen Briefe besonders wichtig, weil Paulus in ihnen seine Sendung als Apostel Jesu Christi aus unmittelbarer Erfahrung leidenschaftlich zur Sprache bringt. Aber auch andere Schriften, vor allem das lukanische Doppelwerk (Evangelium und Apostelgeschichte) lassen Rückschlüsse auf die Urkirche zu.

a) Der Apostelsdienst im Verständnis des Paulus

Für Paulus ist der apostolische Dienst ein bestimmter, besondere Vollmachten erfordernder Dienst, d.h. ein *Amt*. Dies kommt in verschiedenen Aussagen und auch Verhaltensweisen des Apostels zum Ausdruck.

Paulus weiß sich von Gott mit einer «Oikonomia» betraut. Er «verwendet das Wort vom apostolischen Amt» (1 Kor 9,17).[49] Er verkündet das Evangelium nicht aus «freien Stücken»; er tut, was er tun muß (vgl. 1 Th 2,4; Kol 1,25). Nach seiner Überzeugung ist er von jeher dafür «ausgesondert» gewesen (Röm 1,1; Gal 1,15). Er ist «berufen», «gesendet» (Röm 1,1; 1 Kor 1,1.17). Er wirkt nun für Christus, als Christi Delegat (2 Kor 10,8; 13,10). In solchen Formulierungen deutet sich ein amtlicher Charakter des apostolischen Dienstes an. Es geht um Berufung, Beauftragung, Sendung und Bevollmächtigung zu einem verantwortlichen offiziellen, seinen Träger selbst für das Leben der Gemeinde verpflichtenden Dienst. «Von Verwaltern wird gefordert, daß einer als treu erfunden werde» (1 Kor 4,2).

Der Apostel verwaltet sein Amt in der Kraft und mit den Gaben des *Geistes*. Sein Wort ergeht «im Aufweis von Geist und Kraft» (1 Kor 2,4). Man erfährt sein Wirken durch das Medium der apostolischen Charismen.

In solcher Beauftragung steht der Apostel der Gemeinde in Autorität gegenüber, in Belehrung und Anweisung, in Mahnung und Trost. Er fordert Gehorsam, nicht für sich persönlich, sondern für Christus, den er verkündigt (2 Kor 10,5; 2,10). Er beansprucht die Autorität dessen, dem durch Offenbarung «Gnade und Apostelamt unter allen Völkern» zuteil geworden ist (Röm 1,5). Von daher ist es eine «stellvertretende» Autorität. Paulus ordnet an «im Namen des Herrn Jesus Christus» (2 Th 3,6). Sie ist an den Herrn gebunden und darum eine dienende Autorität: «Nicht, daß wir Herren wären eures Glaubens, wir sind Mitarbeiter an eurer Freude» (2 Kor 1,24). Er kann darum seine apostolische Vollmacht auch einmal zurückstellen:

[49] O. Michel, in: Theol. Wörterbuch zum NT V, 154.

«Obwohl wir mit dem ganzen Gewicht des Apostels Jesu Christi hätten auftreten können, sind wir unter euch liebreich aufgetreten, wie eine Mutter» (1 Th 2,7; 1 Kor 4,14).

Für die Betrachtung dieses besonderen Amtes des Apostels ist nicht unwichtig, daß er auch andere bestimmte Personen an seinen Aufgaben teilnehmen lassen kann, als *Mitarbeiter* und *Stellvertreter.* Titus und Timotheus sind nicht nur seine «Brüder», sondern auch seine «Mitarbeiter» (Röm 16,21; 2 Kor 8,23). Timotheus ist «unser Bruder und der Mitarbeiter Gottes am Evangelium Christi» (1 Th 3,2). Als solcher dient er mit dem Apostel dem Evangelium (Phil 2,22), «betreibt er das Werk des Herrn wie ich» (1 Kor 16,10). Deshalb kann Paulus den Timotheus und Titus nicht nur als Boten mit bestimmten Aufträgen verwenden, sondern auch als seine Stellvertreter senden. *Timotheus* soll in Korinth Weg und Lehre des Apostels «in Erinnerung rufen» und lebendig gegenwärtig halten (1 Kor 4,17). Daher gebühren ihm auch Ehrerbietung und Liebe (1 Kor 16,11). Ebenso kommt *Titus* im Auftrage des Apostels, und die Korinther nehmen ihn in Ehrfurcht und Gehorsam auf (2 Kor 7,15).

b) Der Apostelдienst im lukanischen Schrifttum

Gegenüber dem Reichtum paulinischer Aussagen über das apostolische Amt ist das, was der Evangelist Lukas und gelegentlich andere Autoren des NT darüber sagen, gering. Aber die lukanischen Schriften – Lukas hat die erste Kirchengeschichte geschrieben – bestätigen uns aus der *distanzierten Sicht einer späteren Generation* und einer anderen Situation die *Grundstruktur des apostolischen Amtes.*

Auch nach Lukas hat der apostolische Dienst seinen *Ursprung* im erwählenden Ratschluß Gottes (vgl. Apg 10,41) und in der ausdrücklichen Berufung und Einsetzung durch Christus. Freilich geschieht dies, so weit es die *Alt- oder Urapostel* betrifft, nicht erst durch den Auferstandenen und Erhöhten, sondern schon durch den irdischen Jesus. Deswegen nennt Lukas die «Zwölf» mit besonderem Akzent «Apostel» (Lk 6,13), die Jesus berufen und gesendet (9,1 ff). Sie sind die Grundlage der irdischen Kirche. Die Erscheinung vor ihnen rundet ihre Zeugenschaft ab und ist die Voraussetzung für ihren Geistempfang und ihre Sendung in die Welt (Lk 24,44 ff; Apg 1,2–8). Die «Apostel-Zwölf» werden in der Apostelgeschichte zum letztenmal beim Apostelkonzil erwähnt (15,6.32), um dann aus dem Blickfeld des Verfassers der Apostelgeschichte zu verschwinden und sich auch für unser Wissen im Dunkel der Geschichte zu verlieren. Zu einem Zeitpunkt, da die

Kirche die Grenze Israels räumlich und personell schon beträchtlich überschritten hatte, konnte die Zwölfzahl der Jünger ihre anfängliche gleichnishafte Bedeutung bereits verloren haben.

Auch für Lukas ist der apostolische Dienst ein «*Amt*», wie die Terminologie in der Apostelgeschichte zeigt. Bei der Zusatzwahl des Apostels Matthias sagt Petrus zuerst von Judas: «Er war uns beigezählt und hatte das Los dieses unseres *Dienstes* empfangen» (1,17). Nach der kurzen Schilderung seines Schicksals und unter Zitierung des Psalmes 109,8 fordert nun Petrus auf: «Sein *Amt* (Episkopé) soll ein anderer empfangen» (1,20).

Aber gerade bei Lukas wird dieses Amt in der Kraft des Geistes ausgeübt (Lk 24,49; Apg 1,4.8; 2,1ff; 4,8; 5,3.9 usw.). Auch für Lukas entspricht diesem Amt eine vorbildliche christliche Lebensführung, Hingabe und Leidensmut, wie die ganze Apostelgeschichte zeigt.

V. DIE ENTFALTUNG DER KIRCHE

Die Universalität des Gottesreiches, die Sammlung der Messiasgemeinde und ihre Sendung zu allen Völkern (Mt 28,19) lassen schon erahnen, daß Jesus «seine Kirche» (Mt 16,18) nicht nur für seine Generation, sondern «bis daß er wiederkommt», bauen wollte, mag auch die «Zwischenzeit» als relativ kurz betrachtet worden sein. An diesem Willen Christi zweifelt heute – außer einigen Vertretern der konsequenten Eschatologie, nach denen Christus sich über das Hereinbrechen des Gottesreiches total getäuscht hat – niemand mehr.

Ebensowenig ist umstritten, daß diese Kirche «bis ans Ende der Zeiten» die *apostolische* Kirche sein muß, die das «Vermächtnis Christi», wie es im apostolischen Urzeugnis der berufenen Augen- und Ohrenzeugen (und ihren Schülern) entgegentritt, treu und unverfälscht durch die Geschichte trägt. Die missionierende Kirche muß stets die Kontinuität der Verkündigung, der Ordnung und des Lebens mit den Aposteln wahren. Auch *Paulus*, der sich durch den Auferstandenen selbst zur Mission berufen wußte (1 Kor 9,1; 15,8f; Gal 1,16f) und die wesentliche Unabhängigkeit seines Apostolates von Menschen nachweisen will (Gal 1,1.11; 2,8.11), betont den Zusammenhang mit den «Aposteln, die vor ihm waren» (Gal 1,17ff). Wenn er Gal 2,2 erzählt, daß er den «Geltenden» in der Jerusalemergemeinde, zu denen auf alle Fälle außer dem Herrenbruder Jakobus auch die Jesusjünger Petrus und Johannes gehörten (Gal 2,9), seine gesetzesfreie Evangeliumspredigt vorgelegt habe, «damit ich nicht etwa ins Leere laufe oder gelaufen sei», d.h. seine Missionsarbeit nicht vergeblich sei (vgl. Phil 2,16), so läßt sich das nur verstehen, wenn Paulus der Überzeugung war, daß der Zusammenhang mit der Urgemeinde und den «Urzeugen» des Auferstandenen (1 Kor 15,3ff) für jede Gemeinde Jesu Christi unerläßlich sei. Hier war die Überlieferung vom irdischen und erhöhten Jesus, von seinen Worten und Taten, von seiner Passion und seiner Auferweckung, auf die jede christliche Gemeinde angewiesen war, zu finden. In Anlehnung an den rabbinischen Überlieferungsgedanken und ihre Traditionsterminologie gebraucht Paulus das Wortpaar: «Empfangen – Überliefern». Gerade die inhaltlich grundlegende Überlieferung, an der die Gemeinde unbedingt festhalten muß, und daran ihre Errettung hängt (1 Kor 15,2ff), hat Paulus selbst «überkommen». «Brüder, ich tue euch das Evangelium (!) kund, das ich euch verkündigt habe ... Ich habe euch ja vor allem das übergeben, was ich auch übernommen habe: Christus starb für unsere Sünden nach der Schrift und wurde begraben und ward auferweckt am dritten Tage nach der Schrift und ward gesehen von Kephas, dann von den Zwölfen; danach ward er von mehr als fünfhundert Brüdern auf einmal gesehen (von denen die meisten bis heute noch unter uns sind; einige aber sind entschlafen); danach ward er von Jakobus gesehen, dann von allen Aposteln; zuletzt nach allen, wie von einer Spätgeburt, ward er auch von mir gesehen» (1 Kor 15,1ff). Ähnliches gilt vom Abendmahlsbericht 1 Kor 11,23ff. Die Einführungsworte: «Ich habe es vom Herrn empfangen», besagt nicht, daß Paulus die Verkündigungsformel in einer unmittelbaren, gleichsam visionären Belehrung direkt vom erhöhten Herrn empfangen habe. Paulus will damit nur den letzten Ausgangspunkt der Abendmahlsfeier, den Auftrag des Herrn dokumentieren, so wie die Rabbinenschüler unter Auslassung der menschlichen Zwischenträger die Offenbarung des Gesetzes auf Moses zurückführten. Indem die «apostolische Überlieferung» übernommen und weitergegeben wurde, hat sowohl die griechisch sprechende Judenchristenheit wie die Heidenchristenheit den Zusammenhang mit dem autoritativen Zeugnis, davon die Kirche als Gemeinde Jesu nicht lassen darf, gewahrt. Gläubiges Glied in der Kirche werden, bedeutet immer «hinzugefügt» werden (Apg 2,41.47) zu jener Gemeinschaft, die durch das Wort der Apostel versammelt ist. «So seid ihr nicht mehr Fremdlinge und Beisassen, sondern Mitbürger der Heiligen und Hausgenossen Gottes, aufgebaut auf dem Fundament der Apostel und Propheten, und der Eckstein (Schlußstein) davon ist Christus, in dem der ganze Bau zusammengefügt ist (Eph 2,19ff).

Trägerin des apostolischen Auftrages ist die Kirche insgesamt. «Tradition» wird in der Kirche auf die Apostel als ihren Ursprung, der einmalig ist, und auf die Kirche als ihrer Trägerin zurückgeführt. Von der Glaubensgemeinschaft, die in der «Lehre der Apostel», in der «Gemeinschaft», beim «Brotbrechen» und bei den «Gebeten» (Gebetszeiten) verharrte, wird gesagt, daß sie «Säule und Grundfeste der Wahrheit» ist (1 Tim 3,15). Die Treue zum apostolischen Urzeugnis besteht wesentlich in zwei Dingen:

– in der bleibenden Übereinstimmung zur «apostolischen *Botschaft*»,
– im Nachvollzug der «apostolischen *Dienste*» in der Gemeinde.

In dieser prinzipiellen Aussage sind sich die christlichen Konfessionen eins. Die Wege scheiden sich zum Teil nur in der *genaueren* Bestimmung und Ausdeutung der apostolischen «Botschaft» und der apostolischen «Dienste».

Die protestantische Auffassung

Die Grundposition der evangelischen Auffassung geht dahin, daß der Auftrag und die Vollmacht, die den Aposteln und dem Petrus zukamen, einmalig waren und nicht auf *Nachfolger* als bestimmten Personen übergegangen seien. Sie sagen, der Gedanke an *Nachfolger* im Apostelamt liege dem NT völlig fern. Obwohl «das Prinzip der Sukzession der hellenistischen wie der jüdischen Umwelt des Urchristentums geläufig ist», werde es «jedoch bezeichnenderweise im NT nirgends aufgenommen».[50] Die Stellung der Apostel als auserwählte Urzeugen sei einmalig und *nicht vererbbar* gewesen. Ihr apostolisches Amt sei wohl auch für die Kirche von heute noch maßgebend, aber Nachfolger der Apostel gebe es nicht. So hätten, wie *Cullmann* sagt, auch die Jesusworte an Petrus *nur* Petrus gemeint und nicht etwaige Nachfolger. «Sein (nämlich Petri) Primat war der Vorrang des *erstberufenen* Zeugen und als solcher auch seinem Wesen nach eine vorübergehende Erscheinung der Anfangszeit.»[51] Die tatsächliche Vorrangstellung des Petrus gehöre zum Gründungsgeschehen der Kirche, aber Nachfolger in seinem Amt gebe es nicht.[52]

Alle jedoch geben zu, daß die Kirche «apostolisch» sein und bleiben müsse, wenn sie Kirche Christi sein und bleiben wolle. Man redet daher auch in der evangelischen Theologie von «apostolischer Nachfolge» (Sukzession), versteht darunter aber wesentlich die «Sukzession der Gläubigen», also der Gesamtkirche.[53] Genauer versteht man darunter die *Nachfolge in der Lehre der Apostel*, die Unterordnung unter das Wort Gottes (der Schrift).

Nach *Karl Barth* ist «apostolische Sukzession» da vorhanden, wo «das apostolische Zeugnis in der Gemeinde Nachfolge, Gehör und Gehorsam, Respekt und

[50] L. Goppelt, Die apostolische und nachapostolische Zeit, 1962, 136.137.

[51] Ebd., 20.

[52] O. Cullmann, Petrus, 183ff; K. Heim, Wesen des Christentums, 1925; E. Schweizer, Gemeinde und Gemeindeordnung im NT, 1959, 184.

[53] Evangelisches Kirchenlexikon II, 619.

Nachahmung findet».[54] In der Sache ist sie seiner Meinung nach nichts anderes als das «Schriftprinzip», d.h. die Anerkennung der Bibel «als Quelle und Norm kirchlicher Existenz, Lehre und Ordnung».[55] So sagt *Willi Marxsen* in seiner Studie über «Der Frühkatholizismus im Neuen Testament», 1958 geradezu: «Die Nachfolge der Apostel ... ist nicht (trotz gegenteiliger Behauptung) von Menschen angetreten worden, sondern – vom Neuen Testament. Das Neue Testament ist als Zeugnis der Zeugen der Fels der Kirche» und «Schlüssel zum Himmelreich» (50ff). *K. Barth* lehnt ausdrücklich die apostolische Sukzession in dem Sinne ab, daß es so etwas gebe wie «eine technische, durch rituelle Handauflegung zu vollziehende Vererbung oder Übertragung apostolischer Autorität, Lehrgewalt und Sendung, in welcher sie von einem höchsten kirchlichen Amtsträger, d.h. von einem Bischof auf dessen Nachfolger und damit auch auf die von diesem zu ordinierenden untergeordneten Amtsträger gewissermaßen überströme».[56] Man vermeidet in diesen Kreisen lieber das Wort «Amtsnachfolge» und redet von «*Bekenntnisnachfolge*» und «Christokratischer Bruderschaft».[57] Gewiß werde es in der Gemeinde Christi Helfer, Ratgeber und dann «Führer, Lehrer, Seelsorger» geben, aber nur «in faktischer, nicht in institutioneller Autorität».[58] «Von einer institutionell-rituell garantierten *Fortexistenz* der Autorität, Gewalt und Sendung auch nur des Petrus in einer anderen, von ihm einzusetzenden Person, von einem successor Petri in diesem Sinn ist (Mt 16,18f) kein Wort zu finden.»[59]

Jene evangelischen Kreise, die schon in der apostolischen Urkirche einen *doppelten* Kirchentypus annehmen, einen *kirchenrechtlich-amtlichen* und einen *freicharismatischen*, sind zum Teil nicht ganz abgeneigt, auch in der nachapostolischen Kirche diese *beiden* Strukturen als möglich zu betrachten. Diese Sicht hat ihren Niederschlag gefunden in der offiziellen «*Erklärung des ökumenischen Ausschusses der Vereinigten Evangelisch-Lutherischen Kirche Deutschlands zur Frage der Apostolischen Sukzession*» (vom 26. Nov. 1957).[60]

Darin wird erklärt:

Durch die Ausgießung des Heiligen Geistes und die Taufe in das königliche Priestertum berufen sind nach dem Zeugnis des Neuen Testamentes *alle* Christgläubigen «beauftragt und bevollmächtigt, den Dienst Christi an der Welt in seiner ganzen Fülle auszuleben und weiterzutragen». «Inmitten dieser Bevollmächtigung aller» gibt es aber auch «*besondere* Dienste», «die dann ihren Trägern auch formell

[54] Kirchliche Dogmatik IV, 1, 803.

[55] Ebd., 805.

[56] Ebd., 798.

[57] Vgl. E. Wolf, Die Rechtsgestalt der Kirche, in: Bekennende Kirche. Festschrift für M. Niemöller, 1952, 261.

[58] K. Barth, a.a.O., 803.

[59] Ebd., 801

[60] An der Erklärung wurde während 3 Jahren gearbeitet. Sie wurde am 26. Nov. 1957 der Kirchenleitung vorgelegt und fand ihre Zustimmung. Siehe: Evangelisch-lutherische Kirchenzeitung (1958) 72–74.

aufgetragen werden» wie Gemeindeleitung, Diakonie ... Diese besonderen Dienste sind «Gabe und Setzung Gottes inmitten der Gemeinde und ihres allgemeinen Priestertums».

«Wer die *Übertragung* besonderer Sendung vollzieht, ist vom NT her nicht eindeutig zu beantworten. Als Übertragende werden solche genannt, die ihrerseits schon zu ihrem Dienst durch Handauflegung bestellt wurden, aber auch solche, bei denen es nicht feststeht ... *Ein Interesse* an einer *Kette* der *Handauflegungen durch bestimmte, ausschließlich hierzu berechtigte Personen ist nicht zu erkennen.*» Daraus wird die Folgerung gezogen: Das *Verhältnis* der Träger des Hirtenamtes, das sich in Verkündigung des Evangeliums und Verwaltung der Sakramente vollzieht, zu dem Priestertum aller Gläubigen ist «*nicht exklusiv* abgrenzbar». Die Vollmacht der Verkündigung und der Sakramentenspendung ist «*grundsätzlich allen Getauften zu eigen*» (Taufe und Abendmahl in Notsituationen). «Es kann in Grenzfällen und Notständen auch geschehen, daß der Dienst des Hirtenamtes durch eine unmittelbare und freie Berufung des Heiligen Geistes von solchen übernommen wird, die durch keine vorhergehende formelle Sendung dazu ermächtigt waren.»

Aus diesen Erkenntnissen wird der Begriff der «Apostolischen Sukzession» abgeleitet und bewertet.

Apostolische Sukzession besagt darnach wesentlich den «bleibenden Zusammenhang der Christenheit mit dem grundlegenden Dienst der Apostel und ihre bleibende Übereinstimmung mit dem maßgebenden Zeugnis der Apostel». «In diesem Sinn ist apostolische Sukzession als zum Wesen der Kirche gehörend uneingeschränkt zu bejahen.» Diese apostolische Sukzession ist eine solche:

a) *der Gesamtkirche in allen ihren Gliedern*

(Sukzession des Glaubens und Bekenntnisses und Sukzession der Gläubigen)

b) *des Amtes und der Amtsträger*

Normalerweise erfolgte der Eintritt in die Sukzession des Amtes im Zusammenwirken vom Amtsträgern und Gemeinde. In *Notständen* aber (z. B. in Verfolgungszeit) könnten Christen auch ohne formelle Sendung, aus der Freiheit des Wirkens des Heiligen Geistes in die Aufgaben kirchlichen Amtes gerufen werden und stünden in echter apostolischer Sukzession.

Nach diesen Ausführungen nimmt die «Erklärung» Stellung zur Apostolischen Sukzession im Sinne der *Weihesukzession der Bischöfe in ununterbrochener Kette der Handauflegungen bis zurück zu den Aposteln.* Grundsätzlich sei dazu folgendes zu sagen: Sofern die Apostolische Sukzession im Sinn der ununterbrochenen Weihesukzession «als der *einzige* und *notwendige* Weg der Übermittlung und Verbürgung der Vollmacht aller Amtsträger verstanden wird, müssen wir sie ... *ablehnen*». Die Beschränkung der Vollmachtsübertragung auf Amtsträger, die in der *historischen Sukzession* stehen, widerspreche der souveränen Freiheit des Heiligen Geistes in der Kirche.

In den Kirchen, in denen die Reformation ohne Bruch mit den Trägern des Bischofsamtes sich vollziehen konnte (man denkt vor allem an Schweden) könne die bischöfliche Sukzession wohl als *Zeichen* der eigentlichen Apostolischen Sukzession der Kirche und ihres Amtes geschätzt werden, *sachnotwendig* hingegen sei sie nicht. «Wir halten daher die Weitergabe einer solchen bischöflichen Sukzession an Kirchen, die sie nicht haben, nicht für nötig. Sie ist sogar gefährlich, weil das Mißverständnis entstehen könnte, als wäre die Ordination in Kirchen ohne bischöfliche Sukzession unvollständig.»[61]

Der Anglikanismus

Im Anglikanismus ist heute eine doppelte Strömung festzustellen. Der *anglokatholische* Flügel betrachtet die apostolische Sukzession des Episkopates durch ununterbrochene Handauflegung als notwendig zum «*Sein*» (esse) der Kirche. Der *evangelikale* Flügel dagegen lehrt, daß die apostolische Sukzession des Bischofsamtes nur zum «Wohl-Sein» (bene-esse) der Kirche gehöre. Diesen beiden Meinungen gegenüber bildet sich mehr und mehr eine vermittelnde *dritte* Gruppe heraus, die sagt, daß die Apostolische Sukzession (konkret: der geschichtliche Episkopat) zum «vollkommenen Sein» (plene-esse) der Kirche gehöre.[62]

Die orthodoxe Kirche und die Christkatholische Kirche

Beide bejahen die wesentlich «hierarchische» Struktur der apostolischen Kirche aller Zeiten. Sie lehnen jedoch – zusammen mit den Anglikanern und Protestanten – den Jurisdiktionsprimat des Papstes ab, wenn sie auch bereit sind, dem Bischof von Rom und Patriarchen des Abendlandes einen «Ehrenprimat» (primus inter pares) zuzuerkennen.[63]

Der orthodoxe Osten hat zudem viel stärker als die Kirchen des Westens stets den biblischen Gedanken einer vom Heiligen Geist geführten Gemeinschaft der Kirche betont. Nur in der Lebensgemeinschaft der *ganzen* Kirche kann der einzelne Gläubige existieren und enthüllt sich ihm die apostolische Wahrheit.

Es dürfte keinem Zweifel unterliegen, daß in all diesen «Meinungen» echte Anliegen einer «Gemeinde Jesu» ausgesprochen werden. Der römische Katholizismus hat in seiner lateinischen Prägung von frühen Jahrhunderten her sehr stark das *hierarchische* Ordnungsprinzip und im zweiten Jahrtausend, nach der Trennung von Ost und West (1054), das *juridische* Element in der Kirche und vor allem die *zentrale* Gewalt in der Hand des Papstes als des Nachfolgers Petri betont und gewiß überbetont. Die gegenreformatorische

[61] Vgl. dazu: E. Schlink, Die apostolische Sukzession, in: Der kommende Christus und die kirchlichen Traditionen, 1961, 160–195; R. Prenter, Dogmatik II, 1960, 501f.

[62] Siehe den Sammelband: The Historic Episcopate, hrsg. v. K. Carey, 1954.

[63] Vgl. J. Demmel, Altkatholizismus und Primatsfrage, in: Una Sancta (1957) 91.

Bewegung hat zudem gegenüber dem allgemeinen Priestertum besonders das hierarchische Weihepriestertum und das Lehramt der Kirche hervorgehoben, und zwar so sehr, daß die aktiv lehrende und die passiv hörende Kirche von einander abgehoben und einander fast gegenübergestellt wurde. Die apostolische Nachfolge wurde fast ausschließlich auf die juridische Sukzession der kirchlichen Ämter aufgrund der ununterbrochenen Kette der Handauflegungen eingeengt. Die apostolische Sukzession im Sinne der Sukzession des Glaubens und Bekenntnisses wurde zu wenig gesehen. Das Grundprinzip der Communio (Gemeinschaft) von Gesamtkirche und Ortskirche, von Vorstehern und Gemeinde und von den Dienstträgern untereinander wurde kaum mehr beachtet.

Das II. Vatikanische Konzil bedeutet solchen Scheidungen und Trennungen, ja jeder «Isolierung» gegenüber ein deutliches Korrektiv, indem die Kirche wieder als «Volk Gottes» und «Leib Christi» gesehen und die Kirche insgesamt als apostolische Kirche begriffen wurde. Die Unterscheidungslehren bewegen sich heute noch hauptsächlich um die Frage nach Kennzeichen und Maßstab des eigentlich «Apostolischen» und damit des «Christlichen» und nach dem Amtsverständnis, insbesondere des «Petrusamtes» in der Kirche. Aber der Blick in die Entfaltung der frühen Kirche dürfte manche «Lichtblicke» bringen, die die verschiedenen Standpunkte einander annähern dürften.

1. Die apostolische Verkündigung

Die apostolische Erstverkündigung, die für die Gemeinde Jesu für immer normative Autorität bleibt, nahm ihren geschichtlichen Weg in die Zeit durch das Zeugnis des *gepredigten* Wortes, dessen Grundaussagen sich in Bekenntnissen verdichteten, und des *geschriebenen* Wortes, das in Evangelien und Apostelbriefen uns überliefert ist. Leitstern der wahren Überlieferung und auch der richtigen Deutung der «Schriften» war die «*Regel des Glaubens*» oder die «Regel der Wahrheit».

a) Das gepredigte Evangelium

Das authentische Wort der berufenen apostolischen Zeugen vom Heilswirken Christi in Leiden, Sterben und Auferstehung nahm seinen Weg in die Jahrhunderte *zuerst* durch das lebendige Zeugnis der evangelischen Verkündigung, d.h. durch die unmittelbare Weitergabe des Glaubens von Mund zu Mund, von Gemeinde zu Gemeinde, von Generation zu Generation. Diese Verkündigung aktualisierte sich in Predigt und Unterweisung, in gottesdienstlichem Beten und Tun, in Lebens- und Gemeindeordnung. Die moderne Formgeschichte, die den vorliterarischen Bildungsprozeß der im Neuen Testament niedergelegten Glaubensüberlieferung untersuchte, bestätigte voll die Vermutung, daß der Rede- und Erzählungsstoff des heutigen Neuen Testamentes, besonders der Evangelien, bereits eine weitgehende Vorformung durch die mündliche Weitergabe und den jeweiligen «Sitz im Leben» erfahren hatte. Auch nach Abfassung schriftlicher Zeugnisse laufen mündliche und schriftliche Überlieferungen ununterscheidbar und ununterschieden nebeneinander. «Es gibt in den ersten anderthalb Jahrhunderten der Kirche keine einzige Evangelienschrift, die beim Zitieren unmittelbar kenntlich gemacht, genannt oder irgendwie hervorgehoben würde.»[64] Man muß bis gegen die Mitte des 2. Jahrhunderts warten, um sicheren Hinweisen auf ein *geschriebenes* Evangelium zu begegnen. Wenn der *1. Klemensbrief* (um 96) oder der *Barnabasbrief* (zwischen 100–140) oder die «*Didache*» (erste Hälfte des 2. Jahrhunderts) oder die *Ignatiusbriefe* (vor 117) sich auf «Herrenworte» oder das «Evangelium» berufen, meinen sie noch nicht einen Evangeliumstext, sondern die «Predigt Jesu» oder die Offenbarung und Heilsordnung Gottes. *Ignatius von Antiochien* definiert gegenüber den Judaisten geradezu, daß seine «unverletzlichen Archive» Jesus Christus ist, d. h. «sein Kreuz und sein Tod und seine Auferstehung und der Glaube, der von ihm kommt» (Philad. 8, 2). Die Zitationen der «apostolischen Väter», der frühesten außerkanonischen Zeugen, stimmen – mit vielleicht nur drei Ausnahmen – mit unserem heutigen Text der vier Evangelien nicht überein. *Papias von Hierapolis* (um 120–130), der offenbar Matthäus und Markus bereits vorfindet, traut dem mündlichen Zeugnis der «Alten» (Presbyter) mehr als Büchern.

Sozusagen von der ersten Stunde an war die Sorge da, das «Vermächtnis Christi» rein zu bewahren, sei es in Auseinandersetzung mit Judentum und Heidentum, sei es innerkirchlich durch die Unterscheidung von Rechtgläubigkeit und Ketzerei. Im Übergang von den Aposteln und Apostelschülern (als den «zuverlässigen Zeugen») zur dritten und vierten Generation kommt dieses Anliegen darin zum Ausdruck, daß man vom «*anvertrauten (Lehr-) Gut*» redet, das treu zu bewahren ist (2 Tim 1, 12).

[64] H. v. Campenhausen, Die Entstehung der christlichen Bibel, 1968, 144.

aa) Das «anvertraute Gut» des Glaubens

In den Pastoralbriefen, die der dritten oder vierten Generation zwischen 80 und 100 n. Chr. angehören dürften und deren Adressaten «die Übermittlung der Tradition vom Apostel an die Gegenwart symbolisieren» *(H. Conzelmann)*, prägt sich eine eigentliche Lehre vom «Depositum» des Glaubens aus. Die ganze Verkündigung oder Lehre des Evangeliums, die Timotheus von den «verordneten Aposteln» empfängt (2 Tim 1,11; 1 Tim 1,18), soll er seinerseits zuverlässigen Menschen anvertrauen, die ihrerseits imstande sind, andere zu lehren (2 Tim 2,2). Dreimal wird das griechische Wort «Paratheke» (hinterlegtes Gut) gebraucht, wobei das überall mitgesetzte «Behüten» vor allem an alttestamentlich-jüdische Tradition erinnert (1 Tim 6,20; 2 Tim 1,12.14). Nach dem heiligen Depositialrecht hat der Bewahrer des anvertrauten Gutes kein Eigenrecht und keine Verfügungsgewalt über das hinterlegte Gut. Er muß es als treuer Diener und Bürge bis zur Stunde der Rechenschaft unverletzt bewahren (1 Tim 4,6; 2 Tim 1,11f; vgl. 1 Kor 4,1). Dieses anvertraute Gut ist in den Pastoralbriefen identisch mit der «gesunden Lehre» (1 Tim 1,10f; 2 Tim 4,3; 2,18). Als Endpunkt des Bewahrens wird auf die Wiederkunft des Herrn verwiesen, bis zu der das anvertraute Gut «unbefleckt» und unberührt durchgehalten werden soll (1 Tim 6,12ff). Die gebotene Bewahrung ist – unter dem Beistand des Geistes – im Glauben und in der Liebe zu vollziehen (2 Tim 1,14).

Dieser Terminologie aus der Umwelt der neutestamentlichen Spätschriften entstammt der in der christlichen Glaubensüberlieferung geläufige Ausdruck «depositum fidei» (das anvertraute Glaubensgut). Er begegnet nachweislich zuerst bei *Irenäus*, dem ersten Theologen des Westens (Adv. haer. III,24,1) und bei *Klemens von Alexandrien* im Osten (Stromata 6,15), und wird entscheidend bei *Vinzenz von Lérin*, der um 434 das Traditionsprinzip zu formulieren sucht: Zu glauben ist, «was überall, was immer und was von allen geglaubt worden ist; denn das ist wahrhaft und eigentlich katholisch» (Commonitorium II,3).

Das anvertraute Glaubensgut wird von frühesten Traditionszeugen – und mit zeitlichem Abstand noch zunehmend – als eine von Christus und den Aposteln empfangene und weiterzugebende «Lehre» aufgefaßt. Man sammelt und überliefert die «Lehre der Apostel» (cf. Apg 2,42). Das zeigt sich sogar in den Überschriften einiger der ältesten auf uns gekommenen christlichen Schriften, beginnend mit der sehr alten «Didache (Lehre) der 12 Apostel» aus der ersten Hälfte des 2. Jahrhunderts. Für den bedeutendsten Apologeten des 2. Jahrhunderts, den Philosophen und Martyrer *Justinus*

(† um 165), ist die christliche Botschaft eine «Lehre», die wir von Christus und den Aposteln empfangen haben (I. Apol. 14,4). Dabei denkt er vor allem an die Predigt Jesu und der Apostel und die kirchliche Unterweisung, also vor allem an die mündliche Weitergabe. Eine bevorzugte Formel ist: «So haben wir gelernt, so lehren wir» (I. Apol 6,2; 13,1; 14,4 usw.).

bb) Das Glaubensbekenntnis

Von Anfang sprach sich der Glaube in formelhaften Prägungen aus und verdichtete sich in Bekenntnissen zu den Grundaussagen des christlichen Glaubens. Die Vorstadien unserer Bekenntnisse lassen sich bis zu den neutestamentlichen Zeugen zurückverfolgen. Die klassische Stelle, die auch für den Apostel Paulus bereits «Tradition» war, ist Röm 10,9: «Wenn du mit deinem Munde Jesus als den Herrn bekennst und mit deinem Herzen glaubst, daß Gott ihn von den Toten auferweckt hat, wirst du gerettet werden.» Das Bekenntnis ist nicht nur innere Entscheidung, sondern auch öffentliche Proklamation vor der Welt und bedeutet damit zugleich Anschluß an die Gemeinde der Gläubigen. Die Masse der ältesten Bekenntnisformeln hat nur einen Artikel über Christus. Das war ja das Neue: Christus als der Messias und Sohn Gottes; sein Tod als Heilsgeschehen und seine Auferweckung vom Tode (vgl. 1 Kor 15,3f). Für die jüdische Umwelt mußte der Glaube an «einen Gott» nicht betont werden. Für Juden war er selbstverständlich. In der Missionierung der Heiden mußte natürlich das Bekenntnis zu dem *einen* Gott ausdrücklich ins Bekenntnis aufgenommen werden. Dabei entstehen Formeln mit zwei Artikeln, nämlich über Gott und Christus (vgl. 1 Kor 8,6; 1 Tim 6,13). Der weitere Ausbau erfolgt auf ein dreigliedriges, d.h. trinitarisches Bekenntnis hin, das schon im Taufbefehl Mt 28,19 angelegt war. Ein gewisser Abschluß im Westen ist bereits mit dem am frühesten bezeugten altrömischen Glaubensbekenntnis (um 150 n.Chr.) erreicht, das eine Vorform unseres apostolischen Glaubensbekenntnisses ist. Im Osten lassen sich die Taufbekenntnisse nicht auf eine einzige Ausgangsform zurückführen, wenn auch ihnen die Dreiteilung gemäß Mt 28,19 gemeinsam ist. Die östlichen Glaubensbekenntnisse entsprechen der Vielzahl von apostolischen Kirchen des Ostens und ihren gesonderten Traditionen. Charakteristisch ist ihnen die Betonung des Kosmisch-Metaphysischen im Gegensatz zum mehr heilsgeschichtlich-christologischen Zug des westlichen Credos.

Das Bekenntnis der Gemeinde diente nach *außen* als Unterscheidung von andern Religionen, nach *innen* als Lobpreis der rettenden Tat Gottes, aber auch als Abgrenzung gegen häretische Strömungen. Es war Ausdruck der «Rechtgläubigkeit».

b) Die Entstehung des Neuen Testamentes

Weil der christliche Glaube aus dem zuverlässigen Zeugnis der apostolischen Zeugen erwuchs, mußte das Streben nach Bewahrung der Stimme der «Urzeugen» um so mehr zur schriftlichen Fixierung des mündlichen Wortes führen, je mehr die Zeugen der ersten und zweiten Generation, Apostel und Apostelschüler (und ihre unmittelbaren Jünger) ausstarben. Das apostolische Zeugnis war so am wenigsten der Verderbnis durch Mißverständnisse und Umbildung ausgesetzt. Die späteren Generationen bekamen die Möglichkeit, ihren Glauben auf die ursprüngliche Kunde von Gottes Heilstat in Christus aufzubauen und ihre Glaubenserkenntnis an der apostolischen Botschaft zu messen.

Der Verfasser des 3. Evangeliums, gewiß noch im ersten Jahrhundert geschrieben – *Irenäus* nennt als Verfasser den Paulusbegleiter *Lukas* –, kann bereits von «vielen» schreiben, die schon vor ihm es «unternommen haben, einen Bericht über die Ereignisse zu verfassen, die sich unter uns zugetragen haben, wie es uns die überliefert haben, die von Anfang an Augenzeugen und Diener des Wortes gewesen sind» (Lk 1,1–2). *Lukas* setzt sicher schon das Markusevangelium voraus. Als treibendes Motiv der Abfassung seines wohlinformierten Berichtes – er ist «allem von vorne an sorgfältig nachgegangen» – nennt er dies: «Damit du (Theophilus) erkennest, daß die Lehren, in denen du unterrichtet wurdest, zuverlässig sind» (1,4).

Ohne daß wir die Vorgänge der Sammlung urchristlicher Schriften im einzelnen sicher verfolgen können, so gab es gegen die Mitte des 2. Jahrhunderts bereits solche Sammlungen. *Paulusbriefe* wurden schon zu Lebzeiten des Apostels zwischen den Gemeinden ausgetauscht. Wie die Bezugnahme auf Paulusbriefe in den Schriften des nachapostolischen Zeitalters beweist, muß schon am Anfang des 2. Jahrhunderts eine Sammlung von Paulusbriefen bestanden haben. Paulus wird durch das ganze zweite Jahrhundert allgemein als «der Apostel» bezeichnet. Um 160 hat der Häretiker *Marcion* 10 Paulusbriefe in seinem Kanon aufgeführt. Die *Martyrer von Scili* nennen in ihrer Schrift um 180 – es ist die älteste datierbare christliche Schrift lateinischer Sprache – neben den Evangelien die «Briefe des gerechten Mannes Paulus». Von einer Sammlung sonstiger Apostelbriefe hören wir vor der Zeit der eigentlichen Kanonsbildung in der zweiten Hälfte des

2. Jahrhunderts nichts. Es wurden aber nachweisbar einige dieser Schriften schon im nachapostolischen Zeitalter benutzt.[65]

Seit wann es eine Zusammenstellung mehrerer *Evangelienschriften* gab, ist schwierig zu beantworten. Bei der Anführung evangelischer Texte wird bis gegen das Ende des 2. Jahrhunderts nirgendwo eine *bestimmte* Evangelienschrift zitiert. Doch steht fest: *Ignatius von Antiochien* (vor 117) hat Johannes und Matthäus benutzt; *Papias* (um 120–130) kannte Matthäus, Markus und Johannes und verglich sie miteinander; *Tatian* arbeitete um 160–170 die vier Evangelien zu einem einzigen Buch, zu einer sogenannten Evangelienharmonie zusammen. *Justin* der Martyrer kann in seiner Apologie an Antoninus Pius (um 155) es als allgemeine Übung berichten, daß im sonntäglichen Gottesdienst die «Apostel-Memoiren», welche «Evangelien» heißen, vorgelesen werden (I, 66,3; 67,3).

Irenäus bezeugt um 180–185 als erster die Apostelgeschichte des *Lukas*, wie denn auch die Pastoralbriefe erstmals bei ihm im kirchlichen Gebrauch erscheinen.

Der Schriftkanon

Im Prozeß der schriftlichen Fixierung des apostolischen Zeugnisses braucht es noch geraume Zeit, bis die einzelnen Bücher oder Briefe als «Schrift» im kanonischen, d.h. maßgeblichen, normativen und darum die Kirche verpflichtenden Sinne Geltung erhielten, so daß sie wie das Alte Testament als «Heilige Schrift» angeführt werden konnten. So paradox es klingen mag, es kann nicht bestritten werden, daß die Kirche mehr als hundert Jahre lang keine andere verbindliche und normgebende «*Schrift*» besaß als das mit der jüdischen Synagoge gemeinsame «Alte Testament». Der Tatbestand ist eindeutig und darf nicht abgeschwächt werden: es gibt noch schlechterdings kein «Neues Testament», das dem «Alten» im Sinne einer entsprechend verbindlichen Urkundensammlung an die Seite treten könnte. Die «Heilige Schrift» des Urchristentums war bis gegen die Mitte des 2. Jahrhunderts die – christlich gedeutete – «jüdische Bibel». Nach dem Schema von «Weissagung und Erfüllung» wurde vor Juden und Heiden aus der «Schrift», d.h. dem Alten Testament, Christus als der erwiesen, auf den alle Verheißungen, die Gott Israel gegeben, hinzielten, und in dem alles zur Erfüllung und zum Ziel gekommen (Apg 1,16.20; 2,16 usw.). Während den Juden

[65] 1 Klemens 36,2 kennt den Hebräerbrief: Polykarp (Philipperbrief 7,1 und 10,2) den 1. Johannesbrief und 1. Petrusbrief.

die «Schrift» noch verborgen sei, sei sie den Christen enthüllt. Das Christentum erscheint hier ohne weiteres als die enthüllte alttestamentliche Religion, die Christenheit als das wahre Volk Gottes. So wird das Alte Testament als Buch der Christusprophetie eigentlich auch die «christliche Bibel», das Christusbuch, auf dem der christliche Glaube steht (*Justin*, Dialog 8,1; I.Apol 52,1). Ja, Justin wirft dem Juden Tryphon direkt vor, daß die «Schriften» (des Alten Testamentes) mehr «unsere» sind als ihre (Dialog 29,2). In den ersten hundert Jahren des Christentums gibt es wohl einen alttestamentlichen, aber keinen neutestamentlichen «Schriftbeweis». Der *1.Klemensbrief* (um 96) zitiert das Alte Testament an die hundertmal, während er nur zwei zusammengezogene Herrenworte anführt (13,1.2; 46,7.8). Die erste uns erhaltene Predigt der Kirche, der sogenannte *2.Klemensbrief* (um 150) ist gespickt mit typologischen Auslegungen des AT.

Justin († um 165) ist der erste in der altchristlichen Literatur, der nachweislich die Evangelien als «apostolische» Schriften wertet, indem er bemerkt, daß diese «Memoiren» von den «Aposteln und deren Nachfolgern» verfaßt seien (Dialog 103,8). Er führt zum ersten Male Herrenworte mit der üblichen Eingangsformel des Alten Testamentes ein: «Es steht geschrieben» (Dialog 49,5; 100,1; 105,5). Neutestamentliche Schriften beginnen damit auf eine Stufe mit der alttestamentlichen «Schrift» gestellt zu werden. Aber eigentlich erst *Irenäus*, der um 180–185 die Reihe der großen Traktate eröffnet und erstmals eine systematische Antwort auf das Grundproblem einer christlichen Lehrnorm versucht, gebraucht das Wort «*Schrift*» im technischen Sinn, wie es sonst nur für die heiligen Bücher des AT gebraucht wurde.[66] Er überträgt auf die vier geschriebenen Evangelien die Prärogativen des «Evangeliums» schlechthin. Das vierstimmige Evangelium und der Geist des Lebens sind «Säule und Grundfeste der Kirche» (Adv.haer. III,11,8), «Fundament und Säule unseres Glaubens» (Adv.haer. III,1,1). *Irenäus* versucht als erster die sichernde Begründung für die Glaubwürdigkeit und den Zeugniswert der «Evangelien» zu erbringen (Adv.haer. III, 1,1; 11,8). «Diese Evangelien besitzen einen solchen Grad von Gewißheit, daß auch die Häretiker selber Zeugnis für sie ablegen und jeder Abtrünnige bemüht ist, mit ihrer Hilfe seine Lehre zu befestigen» (Adv.haer. III,11,7).

Mit Irenäus beginnt der eigentlich neutestamentliche «*Schriftbeweis*»[67]. Die «Schrift» des NT dient als unabweisliche Norm der christlichen Ver-

[66] Das Wort «Schrift» oder «Schriften» kommt – nach J.Hoh – bei Irenäus 135mal vor, darunter betrifft es 57mal nur das AT, einige Male nur das NT, sehr oft AT und NT zusammen.

[67] Auf 629 alttestamentliche Zitate und Anspielungen in seinem Hauptwerk Adv.haer. kommen 1065 neutestamentliche.

kündigung. *Tertullian* († nach 220) prägte dann erstmals den normativen Begriff «Altes-» und «Neues-Testament» (Adv. Marc. IV, 1).

Aber noch war der *Umfang* des Neuen Testamentes nicht endgültig abgegrenzt. Zur Zeit des «Muratorischen Fragmentes», das zweifellos den römischen Kanon am Ende des 2. Jahrhunderts wiedergibt, gab es im Apostelteil noch Schriften, die darum kämpften, «in die katholische Kirche[68] aufgenommen» zu werden. Gewiß waren um 200 bereits *fünf Sechstel* unseres heutigen Neuen Testamentes in der ganzen griechischen und lateinischen Kirche unbestritten angenommen. Diese fünf Sechstel umfassen alle entscheidenden Schriften unseres Neuen Testamentes. Die Diskussion ging noch um die kanonische Geltung einiger «Randstücke», wie 2. Petrusbrief, 2. und 3. Johannesbrief, Judas- und Jakobusbrief und vor allem um den Hebräerbrief, der im Westen auf starken Widerstand stieß, und die Apokalypse des Johannes, die im Osten abgelehnt wurde. Der «Schwebezustand» dieser Schriften fand sein Ende im Verlauf des 4. Jahrhunderts, im Osten vor allem durch den 39. Osterfestbrief des Bischofs *Athanasius* von 367 und im Westen durch Synoden in Afrika[69] und einen Brief Innozenz' I. an den Bischof von Toulouse Exuperius im Jahre 405. *Pelagius* kann 417 von dem 27 Schriften umfassenden Kanon als einer für die Gesamtkirche feststehenden Tatsache reden (libellus fidei 8). Bei diesem ganzen Prozeß der Kanonbildung muß auffallen, daß nicht eine kirchliche «Zentralinstanz» entschieden hat!

Maßstab und Kriterium für die Anerkennung einer Schrift als «Wahrheit» war ihre *Apostolizität*, sei es, daß sie von einem Apostel selber, sei es, daß sie von einem Apostelschüler oder einem «apostolischen Ältesten» als Zeugen zweiter und dritter Hand geschrieben war. Daß nicht einfach das Alter Kriterium war, beweist die Tatsache, daß z. B. der 1. Klemensbrief, der wohl älter ist als der 2. Petrusbrief, nicht kanonisch geworden ist. Auch der Name tat es nicht. Das Thomasevangelium oder die Petrusapokalypse fanden keine kanonische Anerkennung.

Eine Kontrollinstanz und Zeichen der Anerkennung war die öffentliche Verwendung einer Schrift als gottesdienstliche Lesung in den Gemeinden über die ganze Ökumene hin. Die älteste uns bekannte Kanonliste, das schon erwähnte Muratorische Fragment, betrachtet als kanonisch anerkannte Bücher *allein* diejenigen, die im Gottesdienst öffentlich vorgelesen werden dürfen. Die Rezeption in den Gemeinden spielte eine wichtige Rolle.

[68] Hier ein wichtiger Beleg der damals noch keineswegs geläufigen Wendung «katholische Kirche».
[69] Synode von Hippo Regius 393, von Karthago 397.

Manche Schriften, die zunächst nur in gewissen Gebieten anerkannt waren, konnten im Laufe der Zeit eine überzeugende Mehrheit finden wie der Hebräerbrief, der im Westen lange auf Widerstand stieß; andere wiederum konnten sich nicht durchsetzen, wie der Barnabasbrief, der noch im Codex Sinaiticus (4. Jh.) steht und offenbar zur Vorlesung bestimmt war.

Neben der historischen Betrachtung und der gottesdienstlichen Erfahrung gab es – zumal in Zweifelsfällen – noch eine *dogmatische* Normierungsinstanz, nämlich vom Inhalt der Schrift her. Als Bischof *Serapion von Antiochien* (Ende des 2. Jh.s) zunächst das Petrusevangelium in der Kirche von Rhossus für die Vorlesung freigegeben hatte, verbot er es, als er – neben «weitgehender Übereinstimmung mit der Lehre des Erlösers» – dennoch seinen doketischen Charakter festgestellt hatte (Eusebius H.E. VI, 12). An vielen Orten trifft man auf diese dogmatische Kontrollinstanz, die man «Glaubensregel» (regula fidei) oder auch «Wahrheitsregel» (Canon veritatis) nennt.

c) Die «Glaubensregel»

Bevor überhaupt das Wort «Kanon» (= Maßstab, Richtschnur) für die Sammlung der maßgebenden Bücher der Heiligen Schrift verwendet wurde, wurde es für die «Glaubensregel» oder «Wahrheitsregel» gebraucht. «Diese ‹regula veritatis› (Wahrheitsregel) ... stellt die Norm dar, an der alles gemessen wird – auch die Bücher des sich bildenden Neuen Testamentes, sofern noch irgendwelche Zweifel an ihrer Allgemeingültigkeit bestehen. Ob eine Schrift unter dem Namen eines Apostels wirklich von der Kirche angenommen werden kann, entscheidet sich letztlich daran, ob ihr Inhalt mit *diesem* Kanon übereinstimmt. Abfassung durch einen Apostel, Alter und was dergleichen Gesichtspunkte mehr sind, bedeuten demgegenüber nur Vorläufigkeiten» (Kurt Aland).

Irenäus, der sich mit Häretikern auseinanderzusetzen hat, die sich ebenfalls auf die «apostolische Tradition» berufen, beruft sich in seiner Beweisführung auf eine «Regel», die er bald «Regel der Wahrheit», bald «Regel des Glaubens» nennt. Er verwendet diesen Begriff an die zehnmal an zentraler Stelle, besonders gegenüber der falschen Gnosis.[70]

Ebenso unterstreicht *Tertullian* den normativen Charakter der «Glaubensregel». Der Häretiker ist der, der «von der Regel des Glaubens abweicht» (De praescr. 3,5). Achtmal gebraucht er in seinem Werk den vollen Begriff

[70] Zum Beispiel Adv. haer. I, 9; Darlegung der apostolischen Verkündigung c. 3 und 6.

«Regel des Glaubens» und an die sechzigmal schlicht das Wort «Regel».

Die Glaubensregel ist jedoch nicht eine – gleichsam von außen kommende – Richtschnur *für* den Glauben oder die Wahrheit. Sie stellt vielmehr den Maßstab dar, der *in* der Wahrheit und *im* apostolischen Glauben gegeben ist. So kann *Irenäus* sagen: «Wir haben als Regel die Wahrheit selbst» (Adv. haer. II, 28, 1). Oder ein *Klemens von Alexandrien* kann formulieren: «Man muß die Regel der Wahrheit von der Wahrheit selbst empfangen» (Stromata VII, 94). *Tertullian* kann in seiner geschliffenen Dialektik – er war von Haus aus Jurist – schreiben: «Nichts gegen die Glaubensregel wissen, heißt alles wissen» (De praescr. 14, 5).

Die Glaubensregel hat zum Inhalt die Urtatsachen und Grundwahrheiten der Heilsoffenbarung Gottes, die als solche Norm des wahren Glaubensverständnisses sind. So ist die «Einzigkeit Gottes» Grundregel für das wahre Gottesverständnis. Oder der Artikel von der Auferstehung ist die Grundregel der Hoffnung. Ohne den «Ein-Gott-Glauben» würde jede Gotteslehre falsch, und ohne den Glauben an die Auferstehung wäre jede Hoffnung leer.

Die Glaubensregel hat aber nicht so sehr einzelne Grundwahrheiten zum Inhalt, sondern das Glaubensganze in seiner Grundsubstanz, die inhaltliche Zusammenfassung des Offenbarungsgeschehens, das eine bestimmte *Gestalt* und *Struktur* hat und worin die einzelne Aussage ihren richtigen Sinn findet. *Irenäus* kann daher auch von einem «Wahrheits-Leib» reden, an dem die «Glieder der Wahrheit» ihre gehörige Stelle haben (Adv. haer. I, 9, 4; I, 8, 1; II, 27, 1). Oder mit einem noch sprechenderen Bild vergleicht er das Ganze der Wahrheit mit einem Mosaikbild, das die Gestalt eines Königs zeigt. Wer um die Gestalt dieses Königs weiß, wird die einzelnen Steinchen richtig einordnen können. Wer aber keine Ahnung von der wirklichen Gestalt des Königs hat, wird sie setzen und ordnen, daß sie die Gestalt eines Fuchses oder Hundes ergeben (I, 8, 1). Das tun nach *Irenäus* die Häretiker, sie versetzen und stellen um, lösen die Glieder der Wahrheit auf und verändern völlig den Sinn. «Wer jedoch die Richtschnur der Wahrheit unerschütterlich in sich festhält ..., wird jeden der Aussprüche an seine gehörige Stelle setzen und dem Körper der Wahrheit einverleiben» (Adv. haer. I, 9, 4).

In diesem Zusammenhang sagt nun *Irenäus*, daß man die «Regel der Wahrheit» «in der Taufe empfangen hat». Es kann dies nur das Taufbekenntnis sein, wie denn auch *Tertullian* die Glaubensregel in möglichst engem Anschluß an das Taufbekenntnis umreißt (De Praescr. c. 13 und 21). So kann auch *Augustinus* die «Glaubensregel» mit dem Glaubensbekenntnis (Symbolum genannt) gleichsetzen. «Das Symbolum ist die kurz zusammengefaßte Regel des Glaubens» (Sermo 213,1). In ihm «ist der Glaube unserer Gemeinschaft enthalten» (Sermo 214). Aber die Glaubensregel wird nicht einfach dem Glaubensbekenntnis gleichgesetzt. Sie kann sehr verschiedene Formulierungen annehmen, davon Irenäus selber Zeuge ist.[71] Aber fast immer zeigt sie die Struktur unserer alten Glaubensbekenntnisse. Es sei nur ein Beispiel aus der Spätschrift des *Irenäus*, aus seiner «Darlegung der apostolischen Verkündigung» angeführt:

«Das ist die Regel unseres Glaubens, das Fundament des Gebäudes und die Sicherung unseres Weges:

Gott der Vater, ungeschaffen, unendlich, unsichtbar, *ein* Gott, der Schöpfer des Alls. Das ist der *allererste* Artikel unseres Glaubens.

Der *zweite* Artikel sodann heißt: Das Wort Gottes, Sohn Gottes, Christus Jesus unser Herr, welcher den Propheten erschienen ist gemäß der Gestalt ihrer Weissagung und der Heilsordnung des Vaters; durch den alles geworden ist; der überdies am Ende der Zeiten, um alles wiederherzustellen, Mensch geworden ist unter den Menschen, sichtbar und betastbar, um den Tod zu besiegen, das Leben erscheinen zu lassen und eine Gemeinschaft zwischen Gott und dem Menschen zu bewirken.

Und als *dritter* Artikel: Der Heilige Geist, durch den die Propheten geweissagt haben und die Väter die göttlichen Dinge gelernt haben und die Gerechten auf dem Wege der Gerechtigkeit geführt wurden; und der am Ende der Zeiten aufs neue über die Menschheit ausgegossen wurde, um den Menschen auf der ganzen Erde für Gott zu erneuern» (c. 6).[72]

«Darum», folgert *Irenäus*, «wird die Taufe bei unserer Wiedergeburt durch diese drei Artikel vollzogen, die Taufe, die uns die Gnade der Wiedergeburt gewährt in Gott dem Vater durch seinen Sohn im Heiligen Geist» (c. 7).

Die Glaubensregel ist also die Quintessenz der apostolischen Tradition mit besonderer Betonung ihres Normcharakters. Es ist die Wahrheit, die die Apostel überliefert haben und die die Kirche von ihnen empfing, die mündlich und schriftlich den «Söhnen» weitergegeben wurde (vgl. Adv. haer. V, Vorrede). Aus dem Beweisgang des *Irenäus* kann sicherlich gefolgert werden, daß seiner Meinung nach schon zu seiner Zeit – obwohl der Kanon der Schrift noch nicht abgeschlossen war – die apostolische Tradition in den anerkannten Schriften zu finden ist. Es ist aber immer der Glaube, der von der Kirche überliefert wird. Die Kirche ist «der siebenarmige Leuchter, der

[71] Cf. H. Holstein, Les formules de symbole dans l'œuvre de saint Irénée, in: Recherches de Science Religieuse 34 (1947) 454–461.

[72] Vgl. Tertullian, De praesc. c. 13.

Christi Licht trägt» (Adv. haer. V, 20, 1). «In ihrem Schoß muß man sich erziehen und von den Schriften des Herrn sich ernähren lassen» (Adv. haer. V, 20, 2). Der Jurist *Tertullian* wird es etwas juristischer formulieren: «Suchen wir also bei uns, von den unsrigen und von dem unsrigen: und allein das, was unter Wahrung der Glaubensregel in Frage kommen kann» (De praescr. 12, 5).[73] Im Osten denkt man nicht anders, aber man denkt mehr «mystisch» (vom Mysterium her) als juridisch. Man spricht auch von der Richtschnur der Wahrheit, von der «kirchlichen Richtschnur» (Titel einer nicht erhaltenen Schrift von *Klemens von Alexandrien* (cf. Eus. H. E. VI, 13, 3). Aber die Erkenntnis erhält eine mehr existentielle Note. Wort *und* Werk, seliges Schauen *und* tätiges Handeln – entsprechend dem Wort und der Tat des Herrn – führen zur vollen Erkenntnis. *Klemens von Alexandrien* († vor 215), der als der erste christliche Gelehrte anzusprechen ist, formuliert auch schon das Prinzip: «Wer ... auf die Heilige Schrift hört und sein eigenes Leben unter die Obhut der Wahrheit stellt (also auch nach der Wahrheit lebt), der wird gleichsam ein vergöttlichter Mensch.» Er verwendet nicht nur «Schrift und Wort des Herrn als Maßstab für sein Urteil», sondern hat das «Grundprinzip» oder den «Urgrund aller Lehre» selber zu eigen, nämlich «den Herrn, der durch die Propheten und durch das Evangelium und durch die seligen Apostel ... vom Anfang bis zum Ende Führer in der Erkenntnis ist» (Stromata VII, 95). Der «Hauptschlüssel» liegt aber bei der «alten und allgemeinen Kirche» (Stromata VII, 106 und 107).

Exkurs: «Wahrheitsregel» und «Schrift» in der Reformation

Die Frage nach dem Kanon der Schrift und nach der Glaubensregel ist erst wieder von *Luther* und der Reformation neu zur Diskussion gestellt worden. Die theologische Auseinandersetzung zeigt, wie auch in dieser Diskussion stets das *historische* und das *dogmatische* Argument, der «apostolische» Erweis der Schrift und die «Glaubensregel» ineinandergreifen und sich nicht auseinanderreißen lassen.

Luther zählte im Septembertestament von 1522 Hebräerbrief, Jakobus- und Judasbrief und die Apokalypse nicht zu den «rechten, gewissen Hauptbüchern des Neuen Testaments». Er begründet dies mit der Bestreitung ihrer *apostolischen* Herkunft in der Alten Kirche, also mit einem historischen Argument. Er führt auch selber Gründe gegen die Abfassung dieser Schriften durch einen Apostel an (WA, DB 6, 10f und 7, 344).

[73] Quaeramus ergo in nostro et a nostris und de nostro: idque dumtaxat quod salva regula fidei potest in quaestionem devenire.

Anderseits trieb Luther *Sachkritik* an diesen Schriften, und zwar mit dem doppelten Hinweis: Sie würden mit Paulus im Widerspruch stehen und würden nicht «Christum predigen und treiben» (WA, DB 7,344,384, 404). Er ging mit diesem dogmatischen Argument sogar so weit, daß er «apostolisch» nennen möchte, «was Christum predigt, wenn's gleich Judas, Annas, Pilatus und Herodes tät» (WA, DB 7,384). Hier wird nicht die Abfassung durch einen Apostel, sondern die Übereinstimmung mit dem apostolischen Urzeugnis des Christusbekenntnisses der entscheidende Maßstab für die Zugehörigkeit zum Kanon und der richtigen Interpretation.

Die Reformationskirchen haben die wahre Kirche vor allem in der Versammlung der Gläubigen gesehen, in der das Evangelium «rein gepredigt» wird. Sie haben selber «Bekenntnisse» formuliert, die wie eine «Glaubensregel» den «rechten Glauben» und das «richtige Verständnis» der Schrift gegenüber irrigen Auffassungen festhalten sollten (cf. Conf. August. Art. VII: De ecclesia). Das reformatorische Bekenntnis versteht sich als «summa doctrinae fidei» (Summe der Glaubenslehre) (Großer Katechismus, Vorrede). Während nach dem reformatorischen Ansatz das Bekenntnis sich immer wieder an der kanonischen Schrift messen lassen muß (WA 30, II, 424f), war die Gefahr in der protestantischen Orthodoxie immer groß, «die reformatorische Lehrüberlieferung faktisch als regula und norma der Schriftauslegung» zu handhaben (G. Ebeling). Heute wird eher einer andern Gefahr gewehrt, daß nämlich die «Schrift» dem Exegeten «ausgeliefert» wird. Darum ist das Problem «Schrift und Tradition» ganz neu aufgebrochen. Man bringt die beiden Größen wieder enger aneinander, die wohl unterschieden, aber nicht getrennt werden können. G. Gloege möchte das partnerschaftliche Verhältnis so definieren: «Der Inhalt der Schrift ist dem Bekenntnis je vorgegeben; aber ihre Gesamtabsicht muß durch das Bekenntnis so aufgewiesen werden, daß sie zum Kriterium für die Unterscheidung zentraler und peripherer Schriftaussagen wird.»[74] Diese Verhältnisbestimmung dürfte – nachdem die Kirche sich selber in der Schrift einen «Kanon» der Wahrheit, eine «Richtschnur» gesetzt hat – nicht weit weg von der Erklärung des II. Vatikanischen Konzils über Schrift, Tradition und Kirche (kirchliches Lehramt) liegen. In der Konstitution über die göttliche Offenbarung wird festgehalten: 1. Das Wort Gottes ist der lehrenden Kirche *vorgeordnet*. 2. Die lehrende Kirche hat «*dienende Funktion*», und dieser ihr Dienst liegt darin, daß sie das Wort Gottes «hört, heilig bewahrt und treu auslegt». 3. Zwischen Wort Gottes, Überlieferung und kirchlichem Lehramt – wozu

[74] G. Gloege, in: Religion in Geschichte u. Gegenwart³ I, 997.

wesentlich das Bekenntnis gehört – besteht ein untrennbarer Funktionszusammenhang, so daß das eine nicht unabhängig vom andern gedacht werden kann, und alle zusammen, jedes auf seine Art, dem Heil der Menschen dienen (Art. 9 und 10). Die Streitfrage dürfte eigentlich nur noch darin liegen, wo und wann und unter welchen Voraussetzungen die kirchliche Stimme ein die Gemeinschaft verpflichtendes Bekenntniswort sprechen kann.

2. *Die apostolische Nachfolge in den «Dienstämtern»*

Schon am Rande des NT und deutlicher noch in den uns hinterlassenen Schriften der «apostolischen Väter» (Kreis von Schriftstellern, die wirklich oder angeblich noch mit Aposteln Kontakt hatten) zeichnen sich Ansätze einer «Amtsnachfolge» (Sukzession) und einer für die spätere Kirche gültig gewordenen Grundordnung des kirchlichen Amtes ab, die aus *Episkopat*, *Presbyterat* und *Diakonat* besteht. Von «Nachfolgern» ist wohl – was das Wort betrifft – an keiner Stelle des Neuen Testamentes die Rede. Aber es ist kein Zweifel, daß die «Dienstämter» in den Christengemeinden auch nach dem Tode der Apostel versehen werden müssen. Nach zwei jüngeren Überlieferungen beauftragten *Paulus*, da sein «Lauf» zu Ende geht (Apg 20,28), und *Petrus* (1Pt 5,2) die Gemeindeältesten, die «Herde zu weiden». Dabei wird nach Apg 20,28 bemerkt, daß eigentlich der «Heilige Geist» selbst sie «zu Vorstehern gesetzt hat». Diese nachapostolischen «Amtsträger» sind zwar keine Offenbarungsempfänger mehr wie die «Apostel und Propheten» der werdenden Kirche, aber doch beauftragte «Wächter» und «Hirten», die die ergangene apostolische Botschaft unverkürzt und unverfälscht zu wahren und die Gemeinden zu leiten haben.

In den Pastoralbriefen werden die zu «Bischöfen» (oder «Presbytern») bestellten Titus und Timotheus aufgefordert, ihrerseits wieder bewährte Männer als Vorsteher oder Älteste (Presbyter) in den einzelnen Gemeinden einzusetzen. «Dazu ließ ich dich in Kreta zurück, damit du das Fehlende noch in Ordnung bringst, und zwar sollst du in jeder Stadt Älteste einsetzen ... jemand, der unbescholten ist ... Denn der Bischof soll unbescholten sein als Verwalter des Hauses Gottes, ... festhaltend an dem der Lehre entsprechenden zuverlässigen Wort, damit er imstande ist, in der gesunden Lehre zu unterweisen ...» (Tit 1,5 ff). «Was du im Beisein vieler Zeugen von mir gehört hast, das vertraue zuverlässigen Leuten an, die tüchtig sein werden, auch andere zu lehren» (2Tim 2,1f).

a) Nachapostolische Gemeindeordnung

In der nachapostolischen Zeit setzt sich sehr bald in der ganzen Ökumene eine *dreigliedrige* Ämterstruktur durch: Bischof – Presbyter – Diakone. Diese Differenzierung oder Auffächerung des einen grundlegenden apostolischen Dienstes in verschiedene voneinander klar geschiedene Ämter und zumal die Entwicklung von der mehr «kollegialen Ältestenordnung» zum «monarchischen Episkopat» verläuft in den einzelnen Kirchengebieten uneinheitlich und in ungleichmäßigem Tempo.

Drei der ältesten nachkanonischen Dokumente (die vielleicht aber älter sind als einige Spätschriften des NT) zeigen deutliche Unterschiede oder Akzentuierungen in den Amtsstrukturen:

1. In der sogenannten «*Didache*» (der «Lehre der 12 Apostel an die Völker», die Anfang des 2. Jahrhunderts wahrscheinlich in Syrien-Palästina entstanden ist und auf die späteren Kirchenordnungen eine starke Wirkung ausgeübt hat) stehen noch wandernde Apostel und Propheten im Vordergrund. Die Organisation der Gemeinde ist noch wenig entwickelt, aber man erkennt die beginnende Ausbildung von Formen. Je mehr der Dienst der «Apostel und Propheten» der ersten Stunde zu Ende geht, um so mehr übernehmen die Vorsteher und Hirten der Gemeinde ihre Lehrfunktionen. Der Übergang spiegelt sich sehr klar wider in der Anordnung der Didache: «Wählet euch Bischöfe und Diakone ..., denn auch sie leisten euch den Dienst von Propheten und Lehrern; achtet sie daher nicht gering» (15, 1–2). Die Didache ist das letzte frühchristliche Dokument, in dem noch «Apostel» vorkommen. Nach der Didache ist in der christlichen Literatur von Aposteln nicht mehr die Rede. Über die Bischöfe und Diakone werden kirchenrechtliche Vorschriften gegeben. Es ist bereits nötig, sich gegen Schwindler zu sichern, die sich als Propheten und Apostel aufspielen. Eine monarchische Spitze des Kollegiums der Amtsträger wird nicht erwähnt.

2. Der *1. Klemensbrief* (ein breit angelegtes Schreiben der Gemeinde von Rom an die Gemeinde in Korinth zur Schlichtung eines Streites zwischen den Presbytern und den Gemeindegliedern, um 96/97 verfaßt) bezeugt eine kollegiale Verfassung, deren Träger einmal als Presbyter, ein andermal als Episkopen bezeichnet werden. Der 1. Klemensbrief kennt offenbar noch keinen monarchischen Episkopat. Wenn ein solcher existiert hätte, wäre diese Tatsache gerade der Beweisführung des Schreibens in wünschenswerter Weise entgegengekommen. «Der Hinweis auf die Autorität des monarchischen Bischofs hätte ein gutes Argument gegen die Auflehnung der Gläubigen gegen die kirchliche Obrigkeit ergeben» *(G. Fahrenberger)*. Da auch

Ignatius von Antiochien in seinem Brief an die Römer keinen Bischof erwähnt, obwohl in allen seinen andern Briefen das monarchisch verstandene Bischofsamt ein zentrales Thema ist, ist Rom wohl erst nach Ignatius (der unter Trajan [98–117] starb) zu einer monarchisch-episkopalen Regierungsform übergegangen. Gewisse Unterschiede gab es wohl in den Dienstämtern. Die «Episkopen» sind Presbyter, wenn auch nicht alle Presbyter «Episkopen» sind. Aus dem Presbyter-Kollegium heben sich deutlich die zum Opferdienst bestellten Amtsträger heraus (44,1.4). Diese heißen die «Leiter» oder «Führer» (1,3; 21,6) und werden auch mit der Amtsbezeichnung «Episkopoi» (Bischöfe) benannt (42,4f; 44,1 und 44,6). Daneben gibt es noch Diakone (42,4f). Wesentlich ist dem starken Ordnungsgedanken im 1. Klemensbrief, «daß die Institution als solche zu einem tragenden Element der apostolischen Tradition erklärt und so die Unantastbarkeit des Amtes begründet wird».[75] Das Presbyteramt wird unmittelbar von den Aposteln und über sie von Christus und letztlich von Gott abgeleitet (Kap. 42 und 44). Im 1. Klemensbrief haben wir das *erste* Zeugnis, das das Amt der Apostel und ihrer Nachfolger mit der jüdischen Hierarchie vergleicht. Die neutestamentlichen Amtsträger werden damit erstmals zu einem «Klerus» erhoben, der sich von den «Laien» in der Gemeinde durch eigene Rechte und Pflichten unterscheidet. Die Anordnung der Ämter wird als Anordnung der Apostel verstanden (44,2).

3. Die sieben Briefe des Martyrerbischofs *Ignatius von Antiochien* (spätestens 117) zeigen, daß sich in Syrien der Typ des «monarchisch» verstandenen Bischofsamtes durchgesetzt hat. An der Spitze steht ein Bischof. Unter sich hat er ein kollegiales Presbyterium, d.h. einen Rat von Ältesten. Daneben gibt es noch Diakone. Hier ist die Abstufung der Hierarchie ausgebildet: Bischof – Älteste – Diakone. Die Ordnung wird von Ignatius theologisch begründet. Sie ist Abbild der himmlischen Hierarchie von Gott–Christus–Apostel.

Ignatius verbindet das Vorsteheramt des Bischofs besonders mit der Leitung der Eucharistiefeier, wenn auch nicht gesagt ist, daß das Presbyterium nicht kollegial die liturgische Gewalt ausgeübt hat. Das Presbyterkollegium steht an Stelle des Apostelkollegiums.

Die Energie, mit der Ignatius sich für die Anerkennung der Ämterhierarchie und die Stellung des Bischofs einsetzt, läßt erkennen, daß sich diese Ordnung noch keineswegs in den Gemeinden auch nur von Kleinasien allgemein durchgesetzt hat.

[75] G. Bornkamm, in: Theol. Wörterbuch zum NT VI, 673.

Überschaut man diese Entwicklung, so kann man folgendes feststellen:

Bei *Paulus* ist die Aufgabe des Apostels auf die missionarische Tätigkeit, d.h. auf den Verkündigungsdienst konzentriert. Die genaue Beziehung zu den kirchlichen «Diensten» bleibt weithin offen.

Im Zug der Entwicklung wird die Verbindung zwischen dem Amt des apostolisch bevollmächtigten Verkünders mehrerer Gemeinden und dem des Vorstehers der Ortsgemeinde immer enger.

Auf derselben Entwicklungslinie liegt es, daß die Zusammengehörigkeit von Vorsitz beim eucharistischen Herrenmahl und Amt der Gemeindeleitung sich immer deutlicher herausstellt.

Dabei werden die einzelnen Aufgaben oder Funktionen in den einzelnen Regionen mit unterschiedlicher Betonung hervorgehoben:

In *Alexandrien* sieht man die Hauptaufgabe im Dienst am Wort. Der Amtsträger erscheint primär als Lehrer und Missionar.

In *Antiochien* dagegen liegt der Akzent mehr auf der Darbringung des eucharistischen Opfers.

In *Rom* wird schließlich stärker die Aufgabe der Gemeindeleitung betont.

Wie auch in dieser frühesten Zeit die «Dienstämter» im einzelnen gewesen und interpretiert worden sind, eines scheint festzustehen, daß man das «Amt» als wesentliches Ordnungsprinzip der christlichen Gemeinde (neben der Liebe, die das größere Charisma ist [1 Kor 12,31]) gesehen und gefordert hat. Jedoch wird das kirchliche Amt nicht vom «Priestertum» her verstanden, wie denn auch der Hebräerbrief nur ein *einziges* Priestertum, das Priestertum Christi, kennt. Die Schriften des Neuen Testamentes nennen an keinem Ort einen Amtsträger der Kirche mit dem üblichen Wort «hiereus» (= Priester), das den Diener der Gottheit bezeichnete, der zwischen Gott und den Menschen in einzelnem und ausschließlichem Dienst sühnend vermittelte, insbesonders kultisch opferte. So wurde denn auch der «Priester»-Titel erstmals um 200 einem kirchlichen Amtsträger gegeben. *Tertullian* nennt einmal den Bischof «summus sacerdos». Aber erst *Eusebius* († 339) spricht in einer Festrede die Kleriker der Kirche als «hiereis» (Priester) an (H.E. 10,4,2). *Paulus* konnte gelegentlich seinen apostolischen Dienst am Evangelium einen «priesterlichen Dienst» (Rö 15,16) nennen, vermied aber jede sakralkultische Titulatur für sein Apostelamt.

Es dürfte deshalb auch nicht ratsam sein, das neutestamentliche Amt von der Vollmacht der Leitung der *eucharistischen* Feier oder der *Sündenvergebung* her zu verstehen *(K. Rahner)*. Jedenfalls läßt sich «ein Zusammenhang des Presbyter- und Episkopenamtes mit der Leitung der Eucharistiefeier aus dem Neuen Testament nicht nachweisen».[76] Erst um das Jahr 100 n.Chr. steht für manche Regionen fest, daß die Amtsträger den Vorsitz in der Eucharistiefeier haben. Ähnliches gilt für die Vollmacht der «Sündenvergebung». «Es bedurfte eines langen Prozesses durch wechselnde Formen einer Bußdisziplin, bis man erkannte, daß die Vollmacht dazu den Bischöfen und den von ihnen ordinierten Presbytern zu priesterlicher Verwaltung zusteht.»[77]

Im Vordergrund standen Verkündigungsauftrag und Vorsteheramt. Die von den Aposteln her nachweisbare Kette der *Nachfolger auf der Lehr-Kathedra* – wobei Vorsteher und Gemeinde als eine untrennbare Einheit gesehen werden – ist denn auch für die frühen Jahrhunderte *das* Anliegen ihrer Verteidigung der Rechtgläubigkeit gegen Irrlehrer und Neuerer. Darin wird vor allem der Sinn der Sukzession im Amt gesehen.

b) Die Sukzession der Bischöfe (Presbyter)

Der entscheidende Schritt in der Entfaltung des Überlieferungsgedankens geschah um die Mitte des 2. Jahrhunderts, indem der Begriff der apostolischen Überlieferung (Paradosis) mit dem Diadoche- oder Sukzessionsgedanken gekoppelt wird. Treibendes (oder auslösendes?) Moment war der Abwehrkampf gegen gefährliche häretische Bewegungen, gegen den *Gnostizismus* mit seiner dualistischen Welterklärung und doketischen Christusdeutung, gegen den *Marcionitismus* mit seiner Verwerfung des Alten Testamentes, seiner radikalen Beschneidung der apostolischen Schriften und seinem einseitigen Paulinismus, gegen den *Montanismus* mit seinem überhitzten Prophetismus und seiner fast schwärmerischen Geisttheologie.

Alle diese Bewegungen und Geistesströmungen beriefen sich auf die Urverkündigung und erhoben Anspruch auf die wahre Auslegung der apostolischen Lehre. Der Marcionitismus anerkannte nur das gereinigte Lukasevangelium und 10 (teilweise ebenfalls beschnittene) Paulusbriefe. Der Montanismus berief sich auf prophetische Traditionen. Die sozusagen technische Neufassung des Überlieferungsbegriffes – die einzelnen Elemente lagen gewiß schon früher vor (vgl. 1. Klemensbrief c. 44) – wird denn auch literarisch zuerst bei einem Gnostiker namens *Ptolemäus* greifbar. In seinem Brief an Flora (um 165) spricht er ausdrücklich von der «apostolischen Überlieferung» (Paradosis), die auch wir auf dem «Wege der Nachfolge»

[76] Schreiben der deutschen Bischöfe über das priesterliche Amt, 1969, 34.
[77] Ebd., 35 f.

(Diadoche) empfangen haben. «Paradosis» bedeutet das Weiter*geben* von einem zum andern, «Diadoche» das Weiter*empfangen* von Hand zu Hand. Diese Vorstellungen waren innerhalb der Gnosis geläufig. Sonderlehren wurden auf alte, nicht jedermann zugängliche Überlieferung zurückgeführt, die von bestimmten Aposteln bestimmten erwählten Personen mündlich oder schriftlich übergeben sein sollen. Man war kaum verlegen, diese ursprünglichen Zeugen und auch die Mittelsmänner und Zeugenreihen zu nennen, durch die solche geheime Traditionen sich fortgepflanzt haben sollen. *Basilides* berief sich auf Glaukias, den Dolmetscher des Petrus, und damit auf Petrus selbst. *Zalentin* will von Theodas, einem Schüler des Paulus, unterwiesen worden sein.

Den Begriff der Überlieferung im Sinne der «Übergabe» und «Übernahme» einer ursprünglichen Lehre hatten die gnostischen Lehrer nicht neu geschaffen. Seit Jahrhunderten spielten die beiden Begriffe der «Paradosis» und «Diadoche» im antiken philosophischen Schulwesen ihre Rolle, um die gleichsam genealogische Fortpflanzung der Lehrüberlieferung vom ursprünglichen Lehrer zu dessen Schülern und späteren Schulvorstehern zu erläutern. Die antike Philosophie kennt so wenig wie die Kirche eine Lehrvermittlung ohne die Vorstellung einer sie tragenden Gemeinschaft oder zum mindesten einer persönlichen Berührung des Vorgängers mit den Nachfolgern. Es werden gegebenenfalls die «Diadochen» (Nachfolger) nach ihren Abständen vom Stifter der Schule gezählt. Die «Diadoche» bezeichnet dabei nicht so sehr den Inhalt der Lehre, sondern den Zusammenhang der Lehre, der durch das Übergeben und Übernehmen geschaffen wurde *(H.v.Campenhausen)*.

Eine entsprechende Entwicklung ist nun im Abwehrkampf in der Kirche festzustellen. Der Begriff der Überlieferung wird mit dem Begriff der Nachfolge (griechisch: Diadoche; lateinisch: successio) eng verbunden. Um die behauptete Überlieferung der häretischen Gemeinschaften und Lehrsysteme zu entkräften, sucht man die wahre Tradition durch ein weit zuverlässigeres Zeugnis darzutun. Man beginnt, die «apostolische Tradition» (traditio quae est ab apostolis) durch die lückenlose Nachfolge der Bischöfe (oder Presbyter) nachzuweisen und dafür Zeugenketten herzustellen, d.h. Bischofsreihen anzuführen und Bischofslisten aufzustellen.

Allem Anschein nach war *Hegesipp*, ein christlicher Literat aus dem Orient, der erste, der auf dem Weg der Sukzession (Diadoche) «die unverfälschte Überlieferung der apostolischen Predigt» festzustellen suchte. Zur Zeit des römischen Bischofs *Anicetus* (154–166) war er über Korinth nach Rom gereist. In seinen «Erinnerungen» hält er fest: «In Rom machte ich mir eine Nachfolge (der Bischöfe) bis Anicet.» Dasselbe tat er in Korinth. So war sein Schlußergebnis: «In jeder Nachfolge und in jeder Stadt verhält es sich so, wie es das Gesetz und die Propheten (Altes Testament) und der Herr verkündet.» Er konnte nicht nur den historischen Nachweis des Nachfolgezusammenhangs führen, sondern auch überall die einmütige Übereinstimmung mit der Schrift und der Lehre des Herrn feststellen: ein kombinierter Beweis, daß die wahre apostolische Lehre bewahrt worden ist.

Nur wenig später entwickelte der bedeutendste Theologe des 2. Jahrhunderts und der erste Schrifttheologe, *Irenäus*, Bischof von Lyon, (um 180/185) das klassische Traditionsprinzip, das in seinen Grundlinien von der nachfolgenden Zeit kaum mehr in Frage gestellt werden wird. Zur Feststellung der «apostolischen Überlieferung» – ein Schlüsselbegriff, der sechzehnmal bei Irenäus auftaucht – stützt er sich auf die Sukzession der Bischöfe (oder Presbyter). Er prägt erstmals den Ausdruck: «*bischöfliche* Nachfolge» (Adv. haer. I, 27, 1; ähnlich IV, 26, 2).

Irenäus sah sich «aalglatten Gegnern» (III, 2, 3) gegenüber, die bald die überkommenen Schriften als verderbt oder apokryph oder widersprüchlich taxierten und sie nach «ihrem Kopf» oder philosophischem System auslegten, bald sich auf geheime mündliche Tradition beriefen, die die Apostel nur den Vollkommenen anvertraut hätten, wie geschrieben stehe: «Weisheit reden wir unter Vollkommenen» (1 Kor 2, 6) (III, 2, 1. 2.).

Dagegen führt *Irenäus* in dem umfangreichen Werk «Entlarvung und Widerlegung der falschen Gnosis» (gewöhnlich Adversus haereses genannt) zum Erweis der «einen und einzigen von den Aposteln empfangenen Wahrheit», und zwar der «Wahrheit in Fülle» (III, 3, 4; III, 4, 1) ins Feld: «Die von den Aposteln in der ganzen Welt verkündete Überlieferung können alle, die die Wahrheit sehen wollen, in jeder Kirche finden. Wir können die von den Aposteln in den einzelnen Kirchen eingesetzten Bischöfe und ihre Nachfolger bis auf den heutigen Tag aufzählen, die nichts von den Hirngespinsten (der Gegner) gelehrt oder gekannt haben. Wenn die Apostel ‹verborgene Geheimnisse› gewußt hätten, die sie nur den ‹Vollkommenen› im geheimen mitgeteilt hätten, dann hätten sie die Geheimnisse am ehesten denen übergeben, denen sie sogar die Kirchen anvertraut haben» (III, 3, 1). Irenäus bringt dann die ausführliche Bischofsliste der «großen und alten und allbekannten Kirche von Rom, die durch die beiden ruhmreichen Apostel *Petrus* und *Paulus* begründet und errichtet wurde» (III, 3, 2 ff). Aber er könnte auch die Kirche von Smyrna in Asien anführen, wo *Polykarp* von den Aposteln bestellt wurde, oder die Kirche von Ephesus in Kleinasien, die von *Paulus* begründet wurde (III, 3, 4). Bei Meinungsverschiedenheiten in einer untergeordneten Frage, meint *Irenäus*, muß man auf die «ältesten Kirchen, wo die Apostel gelebt haben, zurückgehen» (III, 4, 1).

Wie schon *Hegesipp* legt auch *Irenäus* noch Gewicht darauf, daß es sich um einen wirklichen *Lehr*zusammenhang handelt, nicht bloß um eine formell unanfechtbare Reihe von Bischofsnamen. An den bischöflichen «*Rang*» der Traditionsträger ist ihm offenbar nicht besonders gelegen. Er gebraucht sozusagen auswechselbar Bischof und Presbyter (Ältester).[78] Damit gewinnt er auch die Möglichkeit, die «Bischöfe» nicht nur mit dem ganzen Kreis der lehrenden Kleriker, sondern auch mit den geehrten «Presbytern» des apostolischen und nachapostolischen Zeitalters unmittelbar zusammenzuschließen. Der Ton liegt also nicht so sehr auf der Nachfolge im «Amt», sondern auf der Nachfolge auf dem Lehrstuhl. Seit dem 2. Jahrhundert bezeichnet das Wort «Cathedra» (Lehrkanzel) die Befugnis und die Funktion, die der Bischof in der Kirche kraft der apostolischen Sukzession innehat. Bis Konstantin war der Lehrstuhl das einzige äußere Zeichen episkopaler Würde. Der Bischof muß sich natürlich selber an dem schriftlichen und mündlichen Zeugnis ausrichten und sich daran messen lassen. Symbol dafür ist die seit dem 4. Jahrhundert bei der Bischofsweihe vollzogene Zeremonie, dem Ordinanden das Evangelienbuch auf das Haupt zu legen zum Zeichen, daß er sich unter dieses Evangelium zu beugen hat. Von einem Bischof, der selber von der authentischen Lehre abweicht, müssen sich die Gläubigen abwenden (IV, 26, 2), «anhangen aber denen, die sowohl mit der Lehre der Apostel als auch mit ihrem Stand des Presbyters eine gesunde Lehre und einen untadeligen Lebenswandel bewahren zur Stärkung und Zurechtweisung der andern» (IV, 26, 4). Dabei ist die Übereinstimmung mit der Verkündigung anderer Bischofssitze ein wesentliches «Zeichen der Wahrheit», wie besonders *Tertullian* betont (De praescr. 21). Zum historischen Element der Sukzession muß das sozusagen geographische Element der Katholizität treten. Für *Origenes* († 253/54) wird die Einheit im Glauben zu einer wichtigen Norm der wahren Lehre.

Das Traditions- und Sukzessionsprinzip war Ende des 2. Jahrhunderts bereits so allgemein, daß der erste große Kirchenhistoriker *Eusebius von Caesarea* († 339) seine Kirchengeschichte mit dem Zielgedanken einleitet: «über die Nachfolgen der heiligen Apostel» berichten zu wollen. Er bringt vollständige Bischofslisten von Rom, Antiochien, Alexandrien und Jerusalem. Es ist aber schon bei Eusebius festzustellen, daß man im Westen mehr

[78] Vgl. III, 3, 1.2 und III, 2, 2; IV, 32, 1. In IV, 26, 2 wechseln «episcopus» und «presbyter» im gleichen Satz. Vgl. auch Eusebius, H.E. V, 24, 14f.

die Kontinuität des apostolischen Amtes, im Osten mehr die Identität der Lehre betonte. *Eusebius* will nicht nur Reihen von Bischöfen geben, sondern auch von Lehrern (III,3,3). Von *Papias* bis *Klemens von Alexandrien* liegt ein besonderes Interesse an der Überlieferung der Presbyter und an ihrer Lehrnachfolge (Stromata VI,61,3). Der Osten wird in diesem Stück ein Korrektiv der westlichen Entwicklung sein. Aber auch in der Wertung der «bischöflichen» Sukzession im Westen dürfen nicht heutige *sakramentale* Auffassungen über das Bischofsamt in die früheren Dokumente hineingetragen werden. Die abendländische Theologie und das Kirchenrecht haben «Bischöfe» und «Presbyter» (Priester) hinsichtlich ihrer Weihegewalt auf *eine* Linie gestellt. Der Bischof ist nach damaliger Auffassung einfach ein als Leiter an der Spitze des Presbyterkollegiums gestellter Priester. Er ist der ranghöchste Priester im Presbyterium. Der Vorrang des Bischofs gegenüber dem «einfachen Priester» besteht nur in der Leitungsgewalt, die ihre Quelle nicht in einer sakramentalen Weihe hat, sondern im kirchlichen Recht. So bestand in der Kirche von Alexandrien bis in die Mitte des 3. Jahrhunderts die Sitte, daß die Presbyter den Bischof einfach aus ihrer Mitte erwählten und inthronisierten, ohne ihn durch Bischöfe der Kirchenprovinz weihen zu lassen. Durch die Übernahme des Amtes bekam er den Vorrang an Autorität und Leitungsgewalt im Presbyterkollegium. Das Motiv für die Einführung des Bischofsamtes sah man hauptsächlich darin, um Spaltungen in der Kirche zu vermeiden, also um der Ordnung willen (vgl. 1. Klemensbrief c. 44). Diese kirchenrechtliche, nichtsakramentale Sicht des Bischofsamtes blieb im Westen bis zum 11. Jahrhundert vorherrschend. Das Trienterkonzil (1545–1563) neigte wohl dazu, zwischen Bischof und Priester auch einen Unterschied in der Weihegewalt zu sehen, ließ aber im Weihedekret die prinzipielle Frage letztlich offen. Erst recht entschied es nicht, ob die «jetzigen» bischöflichen Vorzüge (z. B. Recht zur Weihe von Priestern) von Christus oder erst von den Aposteln her oder gar erst von der späteren kirchlichen Autorität geschaffen wurden.[79]

Diese Feststellung hat ihre Konsequenzen auch für die Beurteilung der «Sukzession im Dienstamt» in den *Reformationskirchen*. Wenn nämlich dort gemäß dem Amtsverständnis der Schrift und nach der Ordnung der jeweiligen Kirche von Generation zu Generation «Vorsteher» oder «Hirten» bestellt wurden, dann kann eine «Sukzession im Dienstamt» kaum bestritten werden, mag man diese «Vorsteher» nun Presbyter oder Pastoren oder sonstwie genannt haben. Es kommt nicht auf den Namen, sondern auf die

[79] G. Fahrnberger, Bischofsamt und Priestertum in den Diskussionen des Konzils von Trient, 1970.

gemeinte Sache an. Auf die Sache gesehen wollten aber die Reformationskirchen stets das wahren, was die Schrift als Amt und Auftrag besonderer Dienste verstand. Man hatte selbst im reformierten Raum – noch weniger im lutherischen – keine Hemmung, auch den Bischofstitel zu gebrauchen.

Huldrych Zwingli konnte die Pfarrer von Stadt und Land, die zur 2. Zürcher Disputation (28. Okt. 1523) im Großmünster versammelt waren, mit «Bischöfen, Hirten oder Wächtern» bezeichnen. In der Briefanschrift an Pfarrer, denen er diese berühmte Predigt «Der Hirt» hernach zusandte, konnte er unumwunden mit «Bischof» (Bischof uff Gäß; Bischof zu Tüffen in Abbtzell) anreden.[80] So konnte auch *Conzenius* ohne Beleidigung an *Johannes Calvin*, den «wachsamen Bischof von Genf» schreiben (20. 3. 1543). Oder *Farel* wird den «wachsamen Diener des Wortes, *Huldrych Zwingli*», mit «Bischof von Zürich» betiteln (12. Sept. 1525 und 9. Juni 1527). *Theodor Beza* wird in seiner polemischen Schrift gegen *Hadrian Saravia* ruhig sagen können: «Wir nennen alle Pastoren Bischöfe.»[81]

Wer dieser Folgerung mit dem Hinweis begegnen wollte, daß für die Sukzession wenigstens das Grundsakrament, nämlich die priesterliche Weihegewalt vorausgesetzt ist, der muß zwei Dinge bedenken:
– daß die Kirche der Frühzeit auch nicht zu «Priestern» – im kultischen Sinn verstanden – weihen, sondern zum Amt des Diakons, des Presbyters, des Bischofs ordinieren wollte.
– daß die Kirchen der Reformation ihrerseits auch zum Amt des Presbyters, oder Pastors oder Bischofs, wie es die Schrift meinte, bestellen wollten und durch Handauflegung von einer Generation zur andern bestellt haben. Diese Ämter wurden keineswegs als bloße Ausübung des allen Getauften zukommenden allgemeinen Priestertums verstanden. Ein Calvin wollte die «Diener der Kirche» gerade nicht Priester nennen. Sie üben ein besonderes Amt aus, das von Christus oder den Aposteln gesetzt ist und also nicht einfach im allgemeinen Priestertum aufgeht. Noch das II. Helvetische Bekenntnis (1566) betonte: «Das Priestertum und das Amt sind voneinander ganz verschieden; denn das Priestertum ist allen Christen gemeinsam, ... nicht aber das Amt» (Kap. XVIII). Auch nach lutherischer Tradition sind zwar alle Getauften «Priester», aber nur die haben ein Amt, die dazu berufen und ordiniert sind.

80 Zwingli, Hauptschriften I, hrsg. von Blanke/Farner/Pfister, 169 ff.

81 Cf. J. von Allmen, Le saint ministère selon la conviction et la volonté des Réformés du XVIe siècle, 1968.

Einige neutestamentliche Texte sprechen im Zusammenhang mit der Übertragung eines Dienstamtes von einer «*Handauflegung*». Die «Handauflegung» war ein im *Judentum* sehr verbreiteter Ritus. In Nm wird der ganze Stamm Levi durch Handauflegung für den Bundesdienst im heiligen Zelt ausgesondert (8,5 ff), nicht aber der einzelne jüdische Priester. Im 1. und 2. Jahrhundert n. Chr. war es nachweislich jüdischer Brauch, daß ein Rabbi den Schüler, nachdem er ihm den ganzen Reichtum von Schrift und Tradition übergeben hatte, durch Handauflegung (Ordination) für mündig erklärte, nun fortan selbständig zu lehren und zu entscheiden.

Ob es sich bei der Handauflegung in Apostelgeschichte 13,1 ff; 6,1 ff; 14,22 f; 20,28 um eigentliche Ordinationen handelte, ist noch immer eine strittige Frage. Fast als sicher ist anzunehmen, daß sich in den Pastoralbriefen 1 Tim 4,14 und 2 Tim 1,6 und vielleicht auch Tit 1,5 die Handauflegung auf eine Ordination bezieht. Mit genügender Sicherheit kann der Weiheritus durch Handauflegung erst im 3. Jahrhundert nachgewiesen werden. Weder *Irenäus* noch *Cyprian* bezeugen ausdrücklich die Handauflegung, wohl aber *Hippolyt* in seiner um 215 in Rom verfaßten «Apostolischen Überlieferung».

Mehr und mehr taucht heute die Frage auf, ob (unter der Voraussetzung des allgemeinen Priestertums und der charismatischen Struktur der Kirche) die besondere apostolische Nachfolge über die Kette der Handauflegungen als der *einzige* Weg ins Dienstamt der Presbyter und Bischöfe betrachtet werden muß. Wenn die ununterbrochene Kette der Handauflegungen durch die kirchliche Tradition auch als «Normalfall» angesehen werden muß, ist doch zu fragen: Könnte nicht in einer außerordentlichen Notsituation (Gefangenschaft ohne Ausweg, Christengemeinden ohne Priester und Bischof in Verfolgungszeiten usw.) sich wieder einmal das ereignen, was sich (wahrscheinlich) in Korinth oder andern paulinischen Missionsgemeinden ereignet hat, daß durch die Freiheit des Geistes Gottes die Gnadengabe der Leitung und des Lehrens aufbricht und gültige Eucharistiefeiern und die Spendung anderer Sakramente (Lossprechung) möglich würden? «Im 1. Jahrhundert bedurfte es nicht unbedingt einer Ordination, um einem liturgischen Dienst welcher Art auch immer vorstehen zu können.»[82] «Es ist in der Tat an keiner Stelle des NT klar ausgesprochen, wer notwendigerweise dem eucharistischen Mahl vorstehen muß.»[83] In diesem Zusammenhang

[82] P. Fransen, in: Sacramentum Mundi IV, 1260.

[83] Ebd.

stellt sich aufgrund der neuen sozialen Stellung der Frau auch die Frage nach der Ordination von Frauen.

c) Die Nachfolge im «Petrusamt»

Die Nachfolge im «Petrusamt» wird heute mit dem Wort «Primat» bezeichnet. Man versteht darunter die Machtbefugnis, daß der «Nachfolger des Petrus» Leiter der Gesamtkirche ist und über eine Verantwortlichkeit und Autorität verfügt, die über die jeder andern Ortskirche und jedes andern Bischofs hinausgeht. Gehört ein solcher Primat nach dem Selbstverständnis der ungeteilten Kirche zur notwendigen Struktur der Gemeinde Christi auf Erden?: das ist heute die entscheidende Frage zwischen den getrennten Kirchen, wenn sie auch – und das muß betont werden – nicht zu den fundamentalen Wahrheiten des Christusglaubens gehört.

1. Das Wort «Primat» (griechisch: proteia) taucht, so weit bekannt ist, im Zusammenhang mit der Funktion des Römischen Stuhles erstmals im Kanon 6 des Konzils von Nizäa (325) auf, wo es aber bezeichnenderweise in der Mehrzahl steht und nicht nur die Funktion Roms, sondern gleichzeitig die von Alexandrien und Antiochien schildert, also noch kein ausschließlich auf den Römischen Stuhl bezogenes Problem zum Ausdruck bringt. Das Konzil von Nizäa setzt *drei* «Primate – von Rom, Alexandrien und Antiochien – als «alte Gewohnheit» voraus. Es waren gleichsam die drei «Hauptkirchen», die auf Synoden und Konzilien einen gewissen Vorrang und auf ihrem Kirchengebiet eine gewisse administrative und disziplinare «Oberhoheit» ausübten. Rom galt als «prima sedes» (erster Sitz) innerhalb der Kirchengemeinschaft.

2. Es muß überraschen, daß der «Vorrang Roms» zunächst keineswegs damit begründet wurde, daß der römische Bischof Nachfolger des Apostels *Petrus* sei. Man berief sich – mit andern Worten gesagt – nicht darauf, daß der Bischof der Gemeinde Roms die *Prärogativen* des Petrus, wie sie in Matthäus 16,18f in Erscheinung treten, übernommen habe.

Tertullian († nach 220) ist der erste, der nachweislich das sogenannte Felsenwort von Mt 16,18.19 bezeugt. Er benützt es für eine Antwort auf eine gnostische Meinung, die Paulus allein die Kenntnis der vollen Offenbarung zuschrieb. Tertullian stellt die Frage: «Ist dem Petrus etwas verborgen geblieben, jenem, der der Fels der zu erbauenden Kirche genannt wird und der die Schlüssel des Himmelreiches und die Gewalt zu binden und zu lösen empfangen hat?» (De praescr. 22,4). Die Antwort kann nur nein lauten. Wer einen solchen Auftrag bekommen, hat auch sicherlich die volle und ganze

Offenbarungswahrheit empfangen. Aber im folgenden Satz will Tertullian gegenüber den Gnostikern dasselbe vollkommene Wissen ebenso Johannes, dem «Liebesjünger, der an der Brust des Herrn geruht», zusprechen. Nach diesem ersten Zeugnis wurde also in Sache Lehre dem Petrus – und entsprechend seinen «Nachfolgern» – kein besonderer Vorrang zugesprochen. Was die Schlüsselgewalt betrifft, beanspruchte nach dem Zeugnis *Tertullians* aber «jede Kirche, die mit Petrus verwandt ist» die Binde- und Lösegewalt. *Tertullian* selber wollte diese überhaupt nur für Petrus persönlich, als einem «spiritalis homo» (Geistesmann) und, in seiner Nachfolge, für Propheten und Bekenner gelten lassen.[84]

Bischof *Cyprian von Carthago* († 258), der Vorkämpfer des Einheitsgedankens der Kirche und «Klassiker» des Bischofsamtes, der bis zur Zeit Augustins und Gregors des Großen die theologische Autorität der abendländischen Kirche war, ist wie sein «Meister» Tertullian der Meinung, daß die «Cathedra Petri» nicht nur in der römischen Kirche, sondern in jeder andern Kirche, der ein rechtmäßiger katholischer Bischof vorsteht, sich befindet. Das Primatswort Matthäus 16, 18 ist für ihn die Stiftungsurkunde des monarchischen Episkopats (ep. 33, 1). Die Bevollmächtigung, die bei Matthäus 16, 18 zuerst dem Petrus gegeben wird, bei Johannes 20, 21 aber allen andern Aposteln zugesprochen wird, besagt nach *Cyprian*, daß nach dem Willen Christi alle Apostel an dem in Petrus errichteten «einen Vorsteheramt» (unus episcopatus) Anteil erhielten (eccl. unitatis, 5). Das Wort «Primatus» bedeutet für Cyprian die zeitlich frühere Berufung. Mit dem viel zitierten (vielfach falsch gedeuteten) Satz: Petrus wird der «Primat gegeben» will Cyprian nur den Gedanken der *zeitlich* früheren Berufung des Petrus, des «Erstapostels» zum Ausdruck bringen. Der dem Petrus zukommende Primat ist Ehrenprimat im Sinne des «ersten unter gleichen» (ep. 71, 3). Einen Jurisdiktionsprimat Petri über die andern Apostel hat Cyprian schon für die Urkirche nicht angenommen. «Was Petrus war, waren auch die andern Apostel. Sie hatten gleichen Anteil der Würde wie der Vollmacht» (eccl. unitatis, 4). Im Blick auf Rom schreibt er, daß er erwarte, daß Rom sich nicht in die Streitigkeiten seiner Diözese einmische und sich nicht als Bischof der Bischöfe aufspiele, denn «den einzelnen Hirten ist ein Teil der Herde anvertraut, die jeder einzelne leitet und dafür einmal dem Herrn Rechenschaft ablegen wird» (ep. 59, 14; sentent. episc. prol.). Dieser Theorie entspricht das praktische Verhalten Cyprians. Als Papst *Stephan I.* (254–257)

[84] Wie man historisch gesehen heute allgemein annimmt, betraf die Kontroverse Tertullians über die Schlüsselgewalt nicht den Bischof von Rom, sondern den Bischof von Carthago, Agrippinus (vgl. Cyprian, ep. 71, 4) (Altaner/Stuiber, Patrologie, 1966, 159. 162f).

im Ketzertaufstreit den Standpunkt der afrikanischen Kirche, daß ein Ketzer nicht gültig taufen kann, verwarf, verharrte Cyprian mit seiner Synode bei seiner eigenen Auffassung, was *Augustinus* später nicht hinderte, *Cyprian* trotzdem mit Nachdruck als «katholischen Bischof» zu verteidigen.

Augustinus (354–430) selber denkt bei seiner Auslegung von Matthäus 16 keineswegs an Prärogative, die auf den Bischof von Rom übergegangen wären. Petrus stellt «sinnbildlich» dar, was die Kirche von Christus als ihr Eigen besitzt (in Jo Evang. 7,14; Sermo 76,1). Die Schlüsselgewalt liegt «in den Händen der Kirche, wo die Sünden täglich nachgelassen werden» (Sermo 149,7).

3. Der Beweisgrund für eine hervorgehobene Stellung der Gemeinde Roms wird in den frühen Zeugnissen stets in ihrer Gründung und Konstituierung durch die beiden Apostel Petrus *und* Paulus gesehen. In einer berühmt gewordenen Stelle hebt *Irenäus* die Kirche Roms hervor, «mit der jede Kirche wegen ihres gewaltigeren Ursprungs übereinzustimmen hat».[85] Den Grund sieht er aber nicht in einem «Primat» des Petrus und seiner Nachfolger, sondern darin, daß die Kirche Roms «von den beiden ruhmreichen Aposteln Petrus *und* Paulus gegründet und errichtet worden ist» (III,3,2). Durch diese doppelte Apostolizität war sie in einem hervorragenden Sinn im Besitze der «apostolischen Tradition», mit der darum jede andere apostolische Tradition anderer Kirchen *faktisch* übereinzustimmen hat. Daß Irenäus an dieser Stelle nicht von einer *rechtlichen* Verpflichtung der andern Kirchen, ihren Glauben an Rom zu normieren, spricht und darum noch keinen Primat im Auge hat, geht schon daraus hervor, daß er seine Gedanken nicht auf die Verfassungsfrage, sondern auf den allen Kirchen gemeinsamen Glauben konzentriert und auf jede theologische Argumentation aus Matthäus 16,18ff verzichtet. Ausdrücklich vermerkt *Irenäus*, daß auch andere apostolische Sitze – er nennt Ephesus und Smyrna – genügen, um die apostolische Tradition zu haben. Irenäus könnte nie sagen, daß die Cathedra Petri praktisch der alleinige Besitzer der maßgeblichen Apostolizität ist (cf. III,3,4).

Die Elemente in der Darstellung des Irenäus sind aber schon «faßbar» bei *Ignatius von Antiochien*, der neben der bischöflichen Ortskirche sehr stark die

[85] «propter potentiorem (potiorem) principalitatem» heißt es in der nur lateinisch erhaltenen Übersetzung. Die «principalis successio» ist bei Irenäus synonym mit der Sukzession, die von den Aposteln her kommt (cf. IV,26,2). Die «potentior principalitas» ist eine «mächtigere» oder «gewaltigere» Apostolizität. Irenäus sieht sie in der doppelten Apostolizität, nämlich von Petrus und Paulus, die als die Hauptapostel galten, gegeben.

Gesamtkirche betont. Er prägte bekanntlich erstmals das Wort «*katholische* Kirche» zur Bezeichnung der Gesamtheit aller Gläubigen (Smyr. 8, 2), wie er auch erstmals den Begriff «Christentum» als Abgrenzung gegen den Judaismus gebraucht hat (Magn. 10, 1). In seinem Brief an die Gemeinde in Rom rühmt er in «hohen Tönen» – wohl im Anklang an den Römerbrief des Apostels Paulus (1, 8) – die Reinheit ihres Glaubens und ihre besondere Liebe[86] (Grußwort), und er vermerkt erstmals, daß «Petrus und Paulus ihr gepredigt haben» (IV, 3). Eine Anspielung auf ein Martyrium des Petrus und Paulus in Rom findet sich bereits im *1. Klemensbrief* (c. 5 u. 6).

4. Wenn während des ganzen 2. Jahrhunderts weder Rom noch irgendeine andere Kirche von einem römischen Primat im Sinne eines «Petrusamtes» spricht, so möchten manche Autoren wenigstens einen *Tatsachenbeweis* einer Primatsausübung im berühmten Osterfeststreit gegen Ende des 2. Jahrhunderts sehen. Nach der Darstellung des *Eusebius v. Caesarea* war zwischen Rom und Kleinasien eine Kontroverse über das Datum der Osterfeier ausgebrochen. Beide Partner beriefen sich zur Verteidigung ihrer Tradition auf ihre «großen Sterne». Als Kleinasien sich weigerte, sich der Entscheidung Roms zu unterwerfen, exkommunizierte der römische *Viktor* (189–198) die Kirchen Kleinasiens. Manche Forscher nehmen an, daß Eusebius seine Quellen mißverstanden hat. Aus den Bemerkungen des Irenäus (Eusebius H. E. V, 24, 14ff) möchten sie entnehmen, daß *Viktor* nur Christen exkommunizierte, die aus Kleinasien nach Rom gekommen waren und sich der römischen Tradition nicht beugen wollten. Wenn diese Deutung stimmt, ist der Osterfeststreit für die Frage nach dem römischen Primat vollständig bedeutungslos. Aber selbst wenn sie nicht stimmen sollte, muß man sich bewußt sein, daß zur Väterzeit die Exkommunikation keine Primatsgewalt voraussetzte oder in sich schloß. Sie war etwas, was zwischen Gleichgestellten oft vorkam.[87]

Wohl ist nicht zu verkennen, daß Rom mit der wachsenden regionalen Strukturierung der Kirche auch zunehmenden Einfluß auf das kirchliche Leben in der näheren und weiteren Umgebung gewann, was einerseits aus dem hohen Ansehen der von Petrus und Paulus errichteten Gemeinde,

86 Die vielfach übliche Übersetzung «Vorsteherin des Liebesbundes» (griechisch: prokathemene tes agapes), wobei unter «Liebesbund» die «Gesamtkirche» verstanden wird, dürfte unter Berücksichtigung des Zusammenhanges und der Gedankenwelt des Ignatius kaum den richtigen Sinn treffen. Dagegen sprechen die alten lateinischen, syrischen und armenischen Übersetzungen, vor allem aber die Parallelstelle im gleichen Brief, wo ebenfalls von der «Liebe der Kirchen» (9, 3), die ihn bei der Fahrt nach Rom im Namen Christi aufgenommen haben und die die römische Gemeinde grüßen lassen, die Rede ist (cf. Altaner/Stuiber, Patrologie, 1966, 49).

87 J. McCue, Der römische Primat in den drei ersten Jahrhunderten, in: Concilium 7 (1971) 247.

anderseits aus der natürlichen Bedeutung Roms als des damaligen Reichszentrums ergibt. Im 3. Jahrhundert wurde Rom öfters aufgefordert, bei interdiözesanen Streitigkeiten in verschiedenen Ortskirchen des Westens zu intervenieren. Beim Ausbruch des Donatistenstreites in Nordafrika zu Beginn des 4. Jahrhunderts wurde in erster Linie die Kirche Roms – wenn auch nicht sie allein – gebeten, darüber ihr Urteil zu fällen. Rom entwickelte sich allmählich zum unangefochtenen ersten Sitz des Westens, der im Namen des Westens mit dem Osten verhandelte, bei dem im 1. Jahrtausend das theologische Hauptgewicht lag. Alle ökumenischen Konzilien des ersten Jahrtausends fanden im Osten statt, wo auch die großen Theologen lebten.

5. Eine «ungeahnte Entwicklung» (W. de Vries) nahm die römische Primatsidee nach der konstantinischen Wende (313), da das bisher verfolgte Christentum den Status der Reichsreligion bekommen hatte. Der 3. Kanon des I. Konzils von Konstantinopel (381) – das im wesentlichen eine Angelegenheit des Ostens war – gestand Rom, der alten Reichsstadt, den *ersten Platz* (prima sedes) zu, beanspruchte jedoch für Konstantinopel, das «neue Rom», den zweiten Ehrenplatz. Die Ostkirche scheint dabei von dem Gedanken ausgegangen zu sein, daß die Organisation der Kirche der Organisation der politischen Gesellschaft gleichgestaltet sein solle. Demgegenüber begründete Rom seine Vorrangstellung auf einer Synode von 382 – unter Papst *Damasus* – nicht mit positiven Synodalbeschlüssen, sondern mit dem theologischen Argument, daß der Herr zu Petrus gesprochen: «Du bist Petrus, und auf diesen Felsen will ich meine Kirche bauen ...» Der Vorrang Roms wurde damit auf eine «göttliche Anordnung» zurückgeführt. Mit *Siricius* (384–399), dem Nachfolger von Damasus, begann das Zeitalter der päpstlichen «Dekretalen» (Anordnungen) für die kirchliche Gemeinschaft. Aus dem Gedanken der Rechtsnachfolge Petri erhob *Innozenz I.* (401–417) mit der später immer wiederkehrenden paulinischen Formel der «Sollicitudo omnium ecclesiarum» (Sorge um alle Gemeinden) (2 Kor 11,28) den Anspruch auf Autorität über die ganze Kirche. *Bonifaz I.* (418–422) sprach die Idee aus: Wenn dem Bischof von Rom die Fülle der Gewalt in der Kirche zukommt, dann ist Rom das Haupt aller Kirchen. Er verband den aus der römischen Kaisergeschichte bekannten Begriff «principatus» (Oberhoheit) mit dem apostolischen Stuhl. *Leo d. Gr.* (440–461) beanspruchte als «Erbe Petri» die *Vollgewalt* (plenitudo potestatis) in der Kirche. Es ist dies eine Rechtsformel, die bekanntlich auch vom I. Vatikanischen Konzil aufgenommen wurde. Seine Legaten vertraten auf dem Konzil von Chalkedon (451) die These, daß der Bischof von Rom «Bischof aller Kirchen» oder

«Bischof der universalen Kirche» ist.[88] *Gelasius I.* (492–496) folgert aus der «Vollgewalt» die Vollmacht, in der Gesamtkirche Recht zu schaffen. Er ließ als erster den Rechtssammlungen der Synoden seine Dekretalen wie die seiner Vorgänger beifügen und maß ihnen eine ähnliche rechtschaffende Kraft zu wie den Beschlüssen von Synoden.[89] *Nikolaus I.* (858–867), der die gefälschten Pseudo-Isidorischen Dekretalen (um 850 in Frankreich entstanden) für echt ansah, stellte auf der römischen Synode von 864 das Prinzip auf, daß keine «Generalsynode» (National- oder Reichskonzil) ohne die Genehmigung Roms abgehalten werden dürfe.

6. Es muß natürlich gefragt werden, was an diesen Ansprüchen in dem eigentlichen «Petrusamt» begründet ist und was nur auf positiv gesetztem Recht beruht. Von größter Bedeutung ist die «Rezeption» von der Gesamtkirche, denn sie ist «Säule und Fundament der Wahrheit» (1 Tim 3,15). Die geschichtlichen Fakten zeigen nun, daß durch alle Jahrhunderte ein vielfaches Ringen herrscht zwischen einer zum Absolutismus tendierenden Auffassung vom Primat, wie sie von Rom vertreten wird, und einem kollegialen Verständnis der höchsten Autorität in der Kirche, wie sie auf Synoden und Konzilien vorherrschte. Der absolute Jurisdiktionsprimat des Bischofs von Rom wurde in der *noch ungeteilten Kirche* nie, weder im Westen noch viel weniger im Osten allgemein «angenommen», ja der Osten lehnte sehr eindeutig ab.

Der Westen

Trotz der nicht zu verkennenden ständigen Tendenz, den ursprünglich sehr begrenzten römischen Metropolitanbereich auf den ganzen Westen auszudehnen – wobei auch politische Gründe und Konstellationen eine nicht unwichtige Rolle spielten –, gab es auch im Westen, genau wie im Osten, ursprünglich autonome Kirchen, in denen der römische Einfluß trotz aller theoretischen Ansprüche der Päpste sehr gering war. Von jeher kam der Kirche Afrikas eine sehr weitgehende Autonomie zu. Das Konzil von Carthago des Jahres 418 verbot sogar jede Appellation an Rom. Die Kirche des

[88] Der Name «Stellvertreter Christi» für Petrus und seine Nachfolger taucht in dieser Zeit auf, nachweisbar erstmals im Kommentar zum Hohen Lied von Apponius (1. Hälfte des 5. Jahrhunderts).

[89] Auf der Palmensynode (502) wurde der Grundsatz aufgestellt: «Prima sedes a nemine iudicatur» (Der Papst wird von niemandem gerichtet). Seit Gregor d. Gr. (590–604), der sich «servus servorum Dei» nannte, wurde das Beiwort «apostolisch», das seit Tertullian den von den Aposteln ihren Ursprung herleitenden Kirchen gegeben wurde, praktisch für die römische Kirche und den Papst reserviert. Das Wort «Papa» (= Vater) kam in altkirchlicher Zeit den Bischöfen zu und wurde seit dem 6. Jahrhundert auf den Bischof von Rom beschränkt. Gregor VII. erhob auf der römischen Synode von 1073 diesen Brauch zum gültigen Recht.

Reiches der Merovinger im Fränkischen Reich wie das Reich der Wisigoten in Spanien standen in sehr losem Zusammenhang mit Rom. Die Synoden, die zu dieser Zeit in Gallien und Spanien abgehalten wurden, standen unter der Kontrolle der Könige und nicht des Papstes.

Es haben aber auch bedeutende Bischöfe ihren grundsätzlichen Widerspruch gegen ein Petrusamt im Sinne einer pontifikalen Monarchie geäußert. Bischof *Hinkmar von Reims*, der bedeutendste Kirchenfürst des Fränkischen Reiches und Erzbischof von Reims (845–882), sprach sich zwar sehr positiv über den Primat göttlichen Rechtes aus, forderte aber, daß der Primat mit dem gebührenden Respekt vor den Strukturen der Kirche und der gottgesetzten Ordnung ausgeübt werde. Rechtsentscheidungen des Papstes sind nach ihm nur dann gültig, wenn sie von der ganzen Kirche rezipiert werden. Ähnlich dachte, neben vielen andern, *Gerbert von Aurillac*, der spätere Papst Silvester II. (999–1003), demzufolge der Bischof von Rom das Privileg des Petrus verliert, wenn er die «Billigkeit (aequitas) nicht beachtet». In der Kirche geht nicht alles vom Haupt des Papstes aus.

Welche Reserve selbst in Italien dem römischen Primatsanspruch entgegengebracht wurde, zeigt deutlich das kirchenpolitische Verhalten des Bischofs *Ambrosius von Mailand* († 397). Angesichts der Nachwehen aus dem arianischen Streit im Westen und in Anbetracht rivalisierender Kirchengruppen erklärt er sich wohl dahin, daß von Rom als der Hauptkirche des Römischen Reiches die Rechte der Kirchengemeinschaft auf alle übergehen (Brief 11,4), macht aber in der berühmten Predigt über das Geheimnis der Menschwerdung des Herrn die klare Einschränkung, daß Petrus «den Primat des Bekennens, nicht aber der Ehre, den Primat des Glaubens, nicht den der Jurisdiktion (ordinis) einnehme» (4,32). «Für einen Mann, der selbst die ganze Ämterlaufbahn des Staates durchmessen hat, ist dieser Vorbehalt aufschlußreich» (Peter Stockmeier).

Der Osten

Sehr viel weniger als im Westen konnte sich die römische Konzeption vom Primat im Osten durchsetzen. Die Patriarchate von Konstantinopel, Alexandrien, Antiochien und Jerusalem behaupteten stets eine sehr weitgehende Autonomie. Bischöfe und Synoden, vor allem aber die Ökumenischen Konzilien, die in der ungeteilten Kirche alle im Osten abgehalten wurden, hatten eine sehr andere Auffassung vom «Petrusamt».

Basilius der Große (* um 330, † 379), der auf die kirchliche Entwicklung im Osten großen Einfluß nahm und zur Sicherung der Orthodoxie bessere

Beziehungen und ein einmütiges Vorgehen der abendländischen und morgenländischen Bischöfe zu erreichen suchte, zuerkannte dem Bischof von Rom eine maßgebende Rolle in allen dogmatischen Fragen, sah in ihm aber keineswegs die jurisdiktionelle Spitze der Gesamtkirche. Die Einheit und Einigkeit soll in einer durch steten Brief- und Botenverkehr verbundenen Gemeinschaft gleichgesinnter Bischöfe bestehen, zu denen er auch den Bischof von Rom, aber mitten unter den andern und als Führer der *abendländischen* Bischöfe, zählte.

Johannes Chrysostomus, der von 386–392 auf der Kanzel der ehrwürdigen Bischofskirche von Antiochien, wo einst Petrus gewirkt, predigte, war der Ansicht, daß die Kathedra Roms keine höhere Lehrautorität habe als die Kathedra Antiochiens.[90]

Die ökumenischen Konzilien beanspruchten entscheidende Lehrautorität. Sie wollen den Glauben der Väter, aller Orthodoxen (Rechtgläubigen), also der ganzen Kirche, authentisch und für jedermann verbindlich auslegen, und sie verteidigen dieses Recht.

Leo der Große (440–461), der die Tendenz zeigte, dogmatische Fragen im Alleingang zu entscheiden, hatte auf dem Konzil von Chalkedon 451 mit Berufung auf seine Nachfolgerschaft Petri und den Beistand des Heiligen Geistes diskussionslose Annahme seiner Entscheidung in der dogmatischen Streitfrage über das Geheimnis Christi gefordert. Diese Forderung stieß auf den energischen Widerstand der Konzilsväter. Sie wollten in eigener Verantwortung und Autorität untersuchen, ob die Auffassung Leos mit dem allgemeinen Glauben und den Lehrautoritäten übereinstimmt. Erst als sie nach eigener sorgfältiger Untersuchung zur gleichen Überzeugung gekommen waren, nahmen sie «unter Beifall» die Entscheidung Leos an. Die berühmte Akklamation der Konzilsväter: «Durch Leo hat Petrus gesprochen», bedeutet nur: Die Lehre Leos stimmt tatsächlich mit der Glaubenstradition und damit mit dem Bekenntnis des Petrus überein. Nirgends verweist das Konzil auf eine unbedingte Lehrautorität des Nachfolgers Petri.

Papst Agatho (678–681) hatte auf dem III. Ökumenischen Konzil von Konstantinopel (680/81) diskussionslose Annahme seines Lehrschreibens über den Willen Christi verlangt. Trotzdem betrachtete das Konzil die Frage zu Beginn der Synode noch als völlig offen und stellte das Lehrschreiben ausdrücklich zur Diskussion.

90 Aus seinem ersten an Papst Innozenz I. (404) gesandten Schreiben kann nicht die Anerkennung des Papstes als oberste Appellationsinstanz herausgelesen werden, da er den genau gleichen Brief zugleich an die Bischöfe von Mailand und Aquileja geschickt hat und sie bittet, die kirchliche Gemeinschaft mit ihm nicht aufzuheben.

Hadrian I. (772–795) forderte auf dem II. Konzil von Nizäa (787) ebenso, daß seine Lehrmeinung über die Bildverehrung diskussionslos angenommen werde. Das Konzil stellte aber monatelange Beratungen an, bis der endgültige Beschluß gefaßt wurde, daß die Bildverehrung der Tradition der Kirche entspreche. Nach Auffassung der Konzilsväter ist für eine die ganze Kirche bindende Entscheidung in Glaubenssachen das allgemeine Konzil notwendig, was schon die Meinung des Konzils von Chalkedon war.

Hadrian II. (867–872) hatte auf dem 4. Konzil von Konstantinopel (869/870) die bloße Bestätigung seiner Verurteilung des *Photius* verlangt. Das Konzil lehnte aber die Vorentscheidung Roms ab. In seinem Rundschreiben an die gesamte Kirche vertritt das Konzil mit aller Klarheit den Standpunkt, daß seine Entscheidung nicht bloß eine Bestätigung der römischen Sentenz sei, sondern ein durchaus eigenständiges Urteil aufgrund einer neuen Untersuchung des Falles.

Selbstverständlich hat auf all diesen Konzilien die Stimme des Bischofs von Rom, der Stadt des Petrus und Paulus und des anerkannten «ersten Sitzes» in der Christenheit, eine wichtige Rolle gespielt. Gegen Rom wäre eine wirklich ökumenische, allgemeine Glaubensentscheidung gar nicht denkbar gewesen. Auf keinem Ökumenischen Konzil des 1. Jahrtausends hat sich der Osten gegen die römische Glaubenstradition selber aufgelehnt. Er anerkannte den Petrusdienst im Glauben. Aber er war mit der römischen Verfahrensweise, mit der Überspitzung des monarchischen Prinzips durch Rom nicht einverstanden. Glaubensentscheidungen, die die ganze Kirche betreffen, können nach Auffassung der östlichen Tradition und der Konzilien des 1. Jahrtausends nur *kollegial* durch die Vertreter der Gesamtkirche getroffen werden. Das war der Glaube der ungeteilten Kirche. Da nicht anzunehmen ist, daß unaufgebbare *wesentliche* Elemente der kirchlichen Strukturen der Kirche Christi erst tausend Jahre nach ihrer Stiftung, ja erst nach der Spaltung von Ost und West, völlig neu auftauchen, wird man die Definition über das Petrusamt auf dem 1. Vatikanum 1870 im Lichte der alten Tradition sehen und interpretieren müssen.

VI. COMMUNIO UND KOLLEGIALITÄT

Die Gemeinde Christi ist von ihrem apostolischen Urverständnis her wesentlich Gemeinschaft. Das neutestamentliche Zeugnis hat sie mit dem organischen Bild vom «Leib», dessen Haupt Christus ist, genauer umrissen. Durch die Taufe, die das Glaubensbekenntnis zum Heil in Christus zum Fundament hat, werden «alle durch denselben Geist zu *einem* Leib getauft» (1 Kor 12,13). «Der Leib besteht jedoch nicht aus *einem* Glied, sondern aus vielen» (Vers 14). Keines darf sich daher isolieren oder verabsolutieren. «Das Auge darf nicht zur Hand sagen: ‹Ich brauche dich nicht›» (Vers 21). Es gibt keine «Alleinherrschaft». Zum Besten des Ganzen haben alle Glieder «gleicherweise für einander Sorge zu tragen» (Vers 25). So mahnt auch der 1. Petrusbrief: «Dienet einander, ein jeder mit der Gnadengabe, wie er sie empfangen hat, als gute Verwalter der vielfältigen Gnadengabe Gottes» (4,10). Für diese kirchliche Einheit, die Einheit in Verschiedenheit und Verschiedenheit in Einheit ist, hat die Urkirche das Wort «koinonia» (lateinisch: Communio) gebraucht.[91] Es ist ein Schlüsselbegriff der alten Kirche. Drei Dinge werden damit bezeichnet:

- Die Gemeinschaft der Gläubigen mit Christus;
- Die gemeinsame Teilhabe an den geistlichen Gütern, vor allem an Leib und Blut Christi (1 Kor 10,16) und am Geist (2 Kor 13,13), die das Prinzip der Einheit sind;
- Die Gemeinde, die die Christen aufgrund von all dem bilden (1 Jo 1,3.6).

Der Geist der Communio drückt sich aus in der Bruderschaft (1 Pt 2,17; 5,9). Die Gläubigen sprechen sich als «Brüder» oder «Schwestern» an (vgl. Röm 12,1; 16,1.14.23). Die Bruderschaft geht über die eigene Gemeinde hinaus. Sie äußert sich in der Gastfreundschaft, in der Kollekte für arme Gemeinden, in Trost- und Mahnschreiben zwischen den Gemeinden (siehe 1. Klemensbrief und die Briefe des Ignatius von Antiochien). Ohne diese Gemeinschaft der Liebe wäre die Kirche nicht Kirche Christi (vgl. 1 Kor 13).

Die Communio muß erst recht die Träger der kirchlichen Dienstämter «beseelen». Der *kollegiale* Charakter gehört zum Wesen des apostolischen Dienstamtes. Von den zwei fundamentalen Begriffen «Die Zwölf» und die «Apostel» zeigte sich der Begriff «Die Zwölf» als der Ursprünglichere.[92] Erst in der lukanischen Theologie wurden sie zur Deckung gebracht, so daß der Grundbegriff der «zwölf Apostel» fortan die geschichtliche Vorstellung der Christenheit prägte. Damit wurde zum Ausdruck gebracht, daß ihr Amt *Zeichencharakter* (für die Sammlung des Volkes Gottes) und zugleich *Gemeinschaftscharakter* hatte. Es war nur eine Auslegung dieses Gemeinschaftscharakters des «apostolischen Amtes», wenn die kirchliche Überlieferung die Apostel als ein «Kollegium» bezeichnet hat.

Es war logisch – und entspricht auch dem historischen Prozeß –, daß in der

[91] Cf. Koinonia. Kirche und Brüderlichkeit, hrsg. v. Hesse Erharter, 1969.
[92] Siehe S. 32 ff.

Folgezeit auch das Amt der *Bischöfe* (als den «Nachfolgern» der Apostel) kollegial verstanden wurde. Jeder einzelne Bischof hat sein Amt nur dadurch, daß er dem Kollegium zugehört, welches die nachapostolische Fortsetzung des Kollegiums der Apostel darstellt. Der Bischof ist nur Bischof dadurch, daß er in der Gemeinschaft mit den andern Bischöfen steht. Bei der Übertragung des Amtes muß sich die Kirche der Gemeinschaft des Glaubens und der Liebe der «Kandidaten» vergewissern, wie umgekehrt ein Bischof ohne diese Gemeinschaft sein Bischofsamt nicht ausüben kann. Zeichen dieser Tatsache ist der seit früher Zeit belegbare Brauch, daß bei der Weihe drei Bischöfe, die das Kollegium der Bischöfe repräsentieren, mitwirken. Seit dem 3. Jahrhundert taucht auch ausdrücklich das lateinische Wort «collegium» auf. Es bezeichnet sowohl die Gemeinschaft der Bischöfe wie auch Teilgemeinschaften innerhalb des Episkopates. Im 4. und 5. Jahrhundert ist es die geläufige Bezeichnung für die Gemeinschaft der Bischöfe.

Darin kommt zum Ausdruck, daß das Apostolische ohne das Katholische nicht denkbar ist und umgekehrt. Die Einheit der Gesamtkirche beruht auf den Querverbindungen der Ortskirchen (und ihrer Bischöfe) untereinander, die das eigentliche Wesen der Katholizität ausmachen. Ausdruck davon sind die früh einsetzenden bischöflichen Synoden, die ihr Vorbild im Jerusalemer Konzil (Apg 15) hatten. Alle wichtigeren Angelegenheiten wurden auf den Synoden auf kollegiale Weise behandelt.

Das Ursprungsland der Synoden ist der Osten. Dort wurden Synoden gehalten, als es noch gar kein positives Kirchenrecht darüber gab und – vielleicht von Ägypten abgesehen – auch noch keine Gebietsorganisation bestand. Nach dem 2. Jahrhundert beginnen die Berichte über Synoden in Afrika und in Rom. Auch die Päpste fassen die wichtigsten Beschlüsse zusammen mit ihrer römischen Synode. So handelte noch ein Leo d. Gr., der die «Räubersynode» von Ephesus (449) im Einvernehmen mit seiner römischen Synode verurteilte. Er schrieb an Kaiser Theodosius II. (449): «Leo der Bischof und die hl. Synode, die in der Stadt Rom zusammengekommen ist.»[93]

Die großen Glaubensentscheidungen in der ungeteilten Kirche, die dem christlichen Glauben seine klassische Formulierung gegeben haben, ge-

[93] Merkwürdig ist eigentlich, daß Leo zögerte, dieses synodale Prinzip, das er auf regionaler Ebene gelten ließ, auf die Gesamtkirche zu übertragen, und vom Ökumenischen Konzil diskussionslose Annahme seines Lehrschreibens verlangte. Mehr und mehr setzte sich in Rom die Alleinbestimmung durch den Papst durch. Die römische Synode wurde im 12. Jahrhundert durch das Konsistorium der Kardinäle ersetzt. Auch ihm kam ursprünglich Entscheidungsgewalt zu. Später wurde die traditionelle Frage an die Kardinäle «Quid vobis videtur?» (Was scheint euch?) auch noch zur leeren Formel.

schahen auf den allgemeinen oder ökumenischen Konzilien. «Die Konzilien waren der Auffassung, daß endgültige Entscheidungen in Glaubensfragen und auch in wichtigen disziplinären Angelegenheiten nur kollegial getroffen werden können» *(W. de Vries)*. «Synodal» und «regulär» ist zur Zeit des IV. Konzils von Konstantinopel (869) eine stereotype Formel, so daß man den Eindruck gewinnt, nur die synodale Beschlußfassung werde für regulär gehalten.

Hinter der Idee der Ökumenischen Konzilien steht die Überzeugung, daß das letzte Kriterium in Glaubenssachen der Glaube der Gesamtkirche ist. Die Bischöfe sind Repräsentanten ihrer Ortskirchen und Zeugen des Glaubens ihrer Gemeinden. «Eine gewissermaßen desinkarnierte Auffassung des Bischofskollegiums, wonach dieses über der Gemeinschaft der Ortskirchen stände, ja letzten Endes unabhängig von diesen wäre, ist für den Orient gänzlich unverständlich. Nicht lediglich die versammelten und vereinzelten Bischöfe bilden das Kollegium, sondern die Bischöfe als Hirten der ihnen anvertrauten Kirchen» *(E. Lanne)*. So wird auch die apostolische Sukzession nicht unterbrochen, wenn eine Kirche – Rom nicht ausgeschlossen – für längere Zeit ohne Bischof bleibt. Sie bleibt eben bestehen im Kollegium der Bischöfe, das wiederum in Einklang stehen muß mit allen Gläubigen, die den Schatz des Wortes Gottes bewahren. Letzter Träger des Glaubens ist die «Communio» aller Gläubigen, das «Volk Gottes». In ihrem Zeugnis, das keinen andern Grund hat als das Zeugnis Christi und der Urapostel, sind die Amtsträger umgeben von dem Zeugnis aller, die den Geist empfingen. Nach dem christlichen Glaubensverständnis bewirkt der erhöhte Herr durch den verheißenen Geist, der sowohl dem besonderen Dienst des Amtes als auch der Gemeinschaft der Gläubigen Beistand verleiht, eine unantastbare *Übereinstimmung* zwischen dem amtlichen Lehren, Heiligen und Leiten der Amtsträger einerseits und dem gläubigen Bekenntnis und der Ausübung des königlichen Priestertums aller Gläubigen anderseits. Das impliziert eine Art Kontrolle von seiten der *ganzen* Kirche und eine bestimmte Weise der Rezeption, d.h. der gläubigen Annahme der verkündeten Botschaft. Es sind dies Wirklichkeiten, bemerkt *Y. Congar* mit Recht, «die von der Geschichte reichlich bezeugt werden, und die nur aus der reflexen Theologie verschwinden konnten, weil man die Sachen zu ausschließlich vom juristischen Aspekt her betrachtet hat». Eine Repräsentation des «Volkes Gottes» durch Bischöfe, Priester und Laien könnte auf einem kommenden Konzil der Idee der «Communio» wohl mehr Ausdruck verleihen.

Die Kirche als das «Volk Gottes» des Neuen Bundes und die auf dem Eckstein Christi gebaute Messiasgemeinde ist eine Mysterienwirklichkeit der Gnade und des Glaubens, die einerseits eine *sichtbare* Seite hat (Bekenntnis – Gemeinschaft der Gläubigen – Dienstämter usw.) und anderseits wesentlich eine unsichtbare Größe ist (Reich Gottes – Leib Christi usw.). In Analogie zum gottmenschlichen Geheimnis Christi enthält sie ein göttliches und ein menschliches Element.

In der *gegenreformatorischen* Auseinandersetzung war man versucht, zwischen wahrer und falscher Kirche möglichst klare Grenzen zu ziehen. Aus diesem Anliegen heraus hat man möglichst die *sichtbaren* Elemente der Kirche betont. Für den berühmten Kontroverstheologen Kardinal *Bellarmin* (1542–1621) ist die Kirche «so sichtbar und greifbar wie die Vereinigung des römischen Volkes oder das Königreich Frankreich oder die Republik Venedig». Die Kirche wurde definiert als «die Vereinigung der Menschen, die durch das dreifache Band desselben *Glaubensbekenntnisses*, derselben *Sakramente* und der Leitung der *rechtmäßigen Hirten* und besonders des einen Statthalters Christi auf Erden, des römischen Papstes, verbunden sind» (De Conciliis III, c. II). Bellarmin wußte natürlich um das innere und entscheidende Element der Gnade. Es ging ihm und vielen seiner Zeitgenossen aber um die Feststellung der sichtbaren Zugehörigkeit zur Kirche, was zur Folge hatte, daß eine positive Wertung der von Rom getrennten Gemeinschaften kaum gesehen wurde. Die juridische, institutionelle Seite der Kirche beherrschte so die Betrachtung, daß die sakramental-pneumatische Seite zurücktrat und zu wenig in Rechnung gestellt wurde.

Erst das *II. Vatikanische Konzil* hat im Zuge der biblischen und liturgischen Bewegung wieder mehr den «Geheimnischarakter» der Kirche, die als das «universale Zeichen des Heiles» bezeichnet wird, herausgestellt. Als solches Heilszeichen umfaßt die Kirche «vielfältige Elemente der Wahrheit und Heiligung», die – mehr oder weniger – *auch bei andern christlichen Gemeinschaften* verhanden sind und zum Heile führen können. Die Konstitution «Lumen Gentium» hat als Leitbild wohl immer die *Vollverwirklichung* der Kirchengemeinschaft, sowohl auf der institutionellen als auch der innerlich-geistigen Ebene, vor Augen. Die *äußere* Eingliederung in die Kirche als Gemeinschaft in der vollen Lehre, dem vollen sakramentalen Leben und der Einheit durch das Apostel- und Petrusamt, gliedert in die *innere* Communio der Familie Gottes und Christi im Heiligen Geiste ein. Die innere Heilswirklichkeit in Christus wächst jedoch nur in dem Maße, als das äußere

Heilszeichen auch subjektiv in glaubend-liebendem Vollzug vom einzelnen verwirklicht wird. So kann es natürlich geschehen, daß durch Gottes Führung auch ein *Teil*zeichen, so weit es echte Stiftung Christi ist (z. B. Taufe und lebendiger Christusglaube), zur vollen Gnadenwirklichkeit hinführt, wo jemand nach seinem besten Wissen und Gewissen lebt. Der Ruf zur Verwirklichung der vollen äußeren Gemeinschaft behält trotzdem seine Gültigkeit und bleibt Ziel der Ökumene. Dies liegt im Sinne jeder echt verwirklichten Christlichkeit. Denn sie lebt aus dem Geiste Christi, der immer zur Ganzheit und zur Einheit treibt. Das Konzil erklärte: «Mit jenen, die durch die Taufe der Ehre des Christennamens teilhaftig sind, den vollen Glauben aber nicht bekennen oder die Einheit der Gemeinschaft unter dem Nachfolger Petri nicht wahren, weiß sich die Kirche aus mehrfachem Grunde verbunden. Viele halten die Schrift als Glaubens- und Lebensnorm in Ehren, zeigen einen aufrichtigen religiösen Eifer, glauben in Liebe an Gott, den allmächtigen Vater, und an Christus, den Sohn Gottes und Erlöser, empfangen das Zeichen der Taufe, wodurch sie mit Christus verbunden werden; ja sie anerkennen und empfangen auch andere Sakramente in ihren eigenen Kirchen (!) oder kirchlichen Gemeinschaften. Mehrere unter ihnen besitzen auch einen Episkopat, feiern die heilige Eucharistie und pflegen die Verehrung der jungfräulichen Gottesmutter. Dazu kommt die Gemeinschaft im Gebet und in anderen geistlichen Gütern; ja sogar eine wahre Verbindung im Heiligen Geist, der in Gaben und Gnaden auch in ihnen mit seiner heiligen Kraft wirksam ist und manche von ihnen bis zum Martyrium bestärkt hat» (Lumen Gentium, Art. 15).

Das Verhältnis zwischen katholischer Kirche und den anderen Kirchen oder kirchlichen Gemeinschaften ist also bestimmt von dem Wissen um echte christusgestiftete *sichtbare Zeichenelemente*, die auch bei den anderen bewahrt worden sind, und um die *Heilsbedeutsamkeit* dieser bei ihnen bewahrten Zeichenelemente, d. h. mit anderen Worten von dem Wissen um die wahre *Christus- und Geistwirklichkeit in diesen Kirchen*. Je nach der verschiedenen Verfaßtheit einer jeden dieser kirchlichen Gemeinschaften können auch sie «tatsächlich das Leben der Gnade zeugen, und müssen als geeignete Mittel für den Zutritt zur Gemeinschaft des Heiles angesehen werden».[94] Darum sind auch die «getrennten Kirchen und kirchlichen Gemeinschaften ... nicht ohne Bedeutung und Gewicht im Geheimnis des Heiles. Denn der Geist Christi hat sich gewürdigt, sie als Mittel des Heiles zu gebrauchen.»[95]

[94] Ökumenismus-Dekret, Art. 3.

[95] Ebd.

Kirche Christi und römisch-katholische Kirche können also nicht einfach identifiziert werden. In einer entscheidenden Stelle hat das II. Vatikanische Konzil diese Identifikation bewußt aufgegeben, indem die Identitätspartikel «ist» (lateinisch: est) des Textentwurfes ersetzt wurde durch ein «subsistit». Es hieß nun nicht mehr schlechthin: Die Kirche Christi *ist* die römisch-katholische Kirche, sondern: «ist *verwirklicht* in der katholischen Kirche» (subsistit in Ecclesia catholica),[96] wobei zunächst offen gelassen wurde, wie weit auch außerhalb der sichtbaren Grenzen der katholischen Kirche «vielfältige Elemente der Heiligung und der Wahrheit zu finden sind». Dies wurde dann im positiven Sinne im späteren (oben zitierten) 15. Artikel und im Ökumenedekret ausgeführt, wo der kirchliche Charakter der nichtkatholischen christlichen Glaubensgemeinschaften (in verschiedener Stufung) anerkannt wurde. Die Trennung war also keine totale, und die Einheit ist nicht radikal zerstört worden. Ja, das verbliebene Gemeinsame ist größer als das Trennende.

Das Konzil brachte ein wichtiges Prinzip zur Anwendung, das in der jüngeren Vergangenheit zu wenig beachtet wurde, in der alten Kirche aber in der Formulierung der «Glaubensartikel» noch präsent war. «Beim Vergleich der (kirchlichen) Lehren miteinander», mahnt das Konzil, «soll man nicht vergessen, daß es eine Rangordnung oder ‹*Hierarchie*› der Wahrheiten ... gibt, je nach der verschiedenen Art ihres Zusammenhanges mit dem Fundament des christlichen Glaubens».[97] Nicht alle «Wahrheiten» sind inhaltlich von gleicher Bedeutung. Der Lehre von der Amtsstruktur der Kirche kommt z. B. im Glaubensdenken und -leben nicht der gleiche Rang zu wie der Lehre über die Menschwerdung Gottes und das Heil in Christus; oder Heiligenverehrung ist nicht gleich wichtig wie Christusverehrung. Das *Kriterium* der Rangordnung ist die größere Nähe zum Zentrum, zum Mysterium Christi, das das Mysterium des dreieinigen Gottes einschließt. Die Beachtung dieser Rangordnung ist gerade für den ökumenischen Dialog wichtig, damit nicht über den Kontroversen in Fragen zweiten und dritten Ranges die Einheit in den erstrangigen christlichen Wahrheiten übersehen wird.[98]

Der Großteil der gläubigen Christenheit ist eins im Glauben an die erstrangigen Wahrheiten: über den dreieinigen Gott, die Erlösung in Christus und das ewige Leben.

[96] Lumen Gentium, Art. 8.
[97] Ökumenismus-Dekret, Art. 11.
[98] Vgl. Thomas v. Aquin, De veritate, qu. 14 a. 11.

Die Anerkennung einer Hierarchie der Wahrheiten im christlichen Glaubensleben hat – wenn sie wirklich ernst genommen wird – große Konsequenzen gerade für die Frage der Wiedervereinigung der Kirchen, für das Gespräch über eine gemeinsame Basis, für das Problem eines Unionsbekenntnisses und einer gemeinsamen Glaubensregel. Seit dem Bruch mit dem Osten, vor allem aber seit der Reformation ging die Tendenz in der römisch-katholischen Kirche dahin, die Grenzen des Bekenntnisses möglichst auszuweiten, d.h. mehr und mehr differenzierte Glaubensinhalte als ausdrücklich zu glaubende und zu bekennende «Wahrheiten» vorzuschreiben und sich von andern Bekenntnissen schärfer abzugrenzen. Es wurden nicht nur fundamentale Glaubensdifferenzen, sondern mehr und mehr auch theologische Lehrdifferenzen Grund der Abgrenzung und der Trennung.[99] Die Entwicklung ist heute so weit, daß ausgerechnet das Petrusamt, das wesentlich eine Einheitsfunktion hat und in der Urkirche tatsächlich zwischen den Juden- und Heidenchristen eine Vermittlerrolle zur Einheit hin gespielt hat, heute «für fast alle getrennten Brüder eines der Haupthindernisse der von Christus gewollten Wiedervereinigung aller in einer Kirche ist» *(Paul VI.)*.[100] Das fordert zum Nachdenken heraus, wie auch Paul VI. selber in einer Ansprache an seine Kardinäle (23.6.1969) bemerkte, daß «wir gegenüber diesen (kritischen) Stimmen nicht unempfindlich bleiben können».

Es muß heute ernsthaft die Frage gestellt werden: Was gehört heute zum unbedingt Notwendigen einer kirchlichen Einheit. *Man sollte meinen, daß dazu nicht mehr gehört, als was die ungeteilte Kirche von ihrem Ursprung her als Wesensaussagen ihres Glaubens betrachtet und in Taufliturgien und Glaubensbekenntnissen der allgemeinen Konzilien zur «Glaubensregel» erhoben hat.* Was die Kirche in ihrem Ursprung und im ganzen 1. Jahrtausend gekonnt hat, das kann sie gewiß auch heute in der für das christliche Zeugnis so verhängnisvollen *Not*situation einer gespaltenen Christenheit.

Noch die klassische mittelalterliche Theologie, z.B. ein *Thomas von Aquin*, rechnete nicht jede (zum Teil erst durch theologische Schlußfolgerungen) erkannte Offenbarungswahrheit zu den «Glaubensartikeln», die das Gebiet des primär und ausdrücklich zu Glaubenden darstellen. Für Thomas umfaßt das Wesen des Glaubensartikels drei Momente:

– eine unmittelbar und formell von Gott geoffenbarte Wahrheit (was für Thomas nur eine klare Aussage der Schrift sein kann);

99 Höhepunkte dieser Entwicklung waren der Antimodernisten-Eid und das Credo Pauls VI.
100 Ansprache in der allgemeinen Audienz vom 18.1.1969.

- die fundamentale religiöse Bedeutsamkeit der betreffenden Wahrheit für den Glauben der Kirche und das Glaubensleben der Christen;
- Die Aufnahme in ein allgemeines kirchliches Bekenntnis (Thomas rechnet daher nicht einmal die Lehre vom Abendmahl zu den ausdrücklichen «Glaubensartikeln»).

Auf Grund dieses Maßstabes muß nicht alles, was von einer Glaubensgemeinschaft als «wahr» erkannt und gelehrt wird, auch zum glaubentrennenden Bekenntnis erhoben werden. *Thomas* ist im Verhältnis zu den Vorstellungen mancher heutiger Theologen und kirchlicher Vorsteher geradezu «großzügig» in der Frage, was von einem Christen an «ausdrücklichem Glauben» zu seinem Heil gefordert werden muß. Ausdrücklich zu glauben hat der Christ die «erstrangigen Wahrheiten» (prima credibilia), die in den Glaubensartikeln des apostolischen Glaubensbekenntnisses genannt sind. Die andern Wahrheiten hat er nicht «ausdrücklich» zu glauben, sondern nur «einschlußweise», insofern sie in den Hauptartikeln enthalten sind, oder «dispositionsmäßig», «indem er bereit ist zu glauben, was die Heilige Schrift lehrt», wobei er etwas erst dann «ausdrücklich zu glauben hat, wenn für ihn feststeht, daß es in der Glaubenslehre der Schrift enthalten ist».[101]

Zum notwendigen *Inhalt* des ausdrücklichen Glaubens rechnet *Thomas* das, wodurch er sein seliges Heil erreicht, und das heißt konkret: der dreieinige Gott und das Erlösungsgeheimnis in Jesus Christus.[102] Aufgrund von etwas Psychologie und seelsorgerlicher Erfahrung nimmt Thomas aber nicht den «Glauben der Theologen» zum Maßstab für den Glauben des Volkes. Die einfachen Gläubigen haben «ausdrücklich» nur die allgemeinen Artikel zu glauben: daß Gott einer ist und dreifaltig, daß der Sohn Gottes für uns Mensch geworden und gestorben und auferstanden ist. Praktisch handelt es sich hauptsächlich um die Glaubensgeheimnisse, «die die Kirche mit ihren Festen feierlich begeht».[103] «Andere subtile Betrachtungen über die Glaubensartikel der Menschwerdung haben jene mehr oder weniger ausdrücklich zu glauben, denen es durch Stand oder Amt zukommt.»[104]

Einsichtige an allen Fronten haben inzwischen auch erkannt, daß zwischen dem unausschöpfbaren Offenbarungsgeheimnis Gottes und den begrenzten und zeitgebundenen Formulierungen der Menschen stets eine große Kluft bleibt. Die Grenzen von Wahrheit und Irrtum fallen nicht im-

101 S.Th., 2, II, qu. 2 a. 5.
102 S.Th., 2, II, qu. 2 a. 7 u. 8.
103 De veritate, qu. 14 a. 11; S.Th., 2, II, qu. 2 a. 7.
104 S.Th., 2, II, qu. 2 a. 7.

mer so eindeutig mit den Grenzen der Bekenntnisse zusammen. Manche in sich richtige Sätze können falsch werden, wenn sie isoliert werden. Manche biblische Wahrheit kann nur in zwei unvereinbar scheinenden Sätzen ausgesagt werden, wie z. B. die Lehre von der Rechtfertigung des Sünders durch Glauben allein ohne Werke bei Paulus (Röm 3) und die Rechtfertigung des Menschen «nicht aus Glauben allein, sondern aufgrund von Werken» bei Jakobus (2), oder die Lehre vom Wirken des Heils «in Furcht und Zittern» im Philipperbrief (2, 12) und «in der Liebe ohne Furcht» im 1. Johannesbrief (4, 17f). Wie oft wurde in der Kontroverse der «katholische» Jakobus mit seiner Werklehre gegen den «protestantischen» Paulus mit seiner Gnadenlehre ausgespielt und umgekehrt! In den meisten Fällen hat aber das christliche Leben in der *praktischen Tat* die richtige Antwort schon gefunden, wo eine spekulative Theologie mit viel Dialektik heute noch um die Synthese ringt. Und hat nicht die Dogmengeschichte auf Schritt und Tritt bewiesen, wie sehr die Kirche mit ihrer Glaubenserkenntnis «unterwegs» ist und sicher auch bleiben wird, bis sie am Ziel ihrer Wanderschaft, im himmlischen Jerusalem, angekommen ist?

Würde für den *ersten Schritt* einer Wiedervereinigung, die eine Einheit nicht um menschliche Autoritäten, sondern um Christus und seine Heilswahrheit bringen muß, nicht genügen, wenn man sich auf ein *Basis-Bekenntnis* einigte? Eine solche Basisformel müßte von selbst offen bleiben für weitere zukünftige, gemeinsame Erkenntnis. Ein Verzicht der einzelnen Kirche auf die Bekenntnisforderung ihres eigenen heutigen Bekenntnisstandes wäre gewiß nicht identisch mit dem Verzicht auf eine erkannte Wahrheit, auf die vor dem Gewissen und vor Gott nicht verzichtet werden kann. Jede Kirchengemeinschaft behielte für ihre Glieder die als unaufgebbar erkannten Wahrheiten. Aber sie würden nicht zum Maßstab der Zugehörigkeit zur *Gesamtkirche* gemacht. Gefordert wäre nur, daß die einzelne Kirche sich prinzipiell offen hielte für die «Wahrheit» und den «geistigen Reichtum» in den andern Mitgliedkirchen. Man würde also ähnlich wie das II. Vatikanische Konzil *positiv* vorangehen und keine Anathemen gegen andere aussprechen. Vielleicht kann auch hier ein Satz von *Thomas von Aquin* hilfreich sein, den er für die eigene Kirchengemeinschaft aufstellt: «Wenn einfache Gläubige (in subtileren Glaubensfragen) nicht aus Hartnäckigkeit, sondern wegen ihres einfachen Denkens einer falschen Lehre anhangen, so soll ihnen das nicht angerechnet werden.» [105]

Überhaupt warnen die *Ostkirchen*, bei denen im 1. Jahrtausend das Haupt-

[105] S. Th., 2, II, qu. 2 a. 6 ad 2.

gewicht der christlichen Theologie lag, die westlichen Kirchen, die katholische und die evangelischen, vor einem Rationalismus und Juridismus, die die Geheimnisse der christlichen Heilsordnung allzu sehr in bestimmte menschliche Formeln pressen möchten. Die Heilige Schrift selbst hat es bekanntlich nicht getan. Eine konsequentere Rückkehr zur Heiligen Schrift, die nach den Worten des II. Vatikanums «Fundament», «Seele» und «verjüngende Kraft» der Theologie ist,[106] würde in der Tat über manchen Graben der heutigen Lehrunterschiede hinweghelfen. Sie würde sehr bald die große Nähe zu all jenen Kirchen zeigen, die die Heilige Schrift für Quellort und Mitte der apostolischen Botschaft halten. Das kirchliche «Bekenntnis» ist ja nicht ein «Zusatz» zur Heiligen Schrift, sondern eher ein «Auszug» aus der Heiligen Schrift.[107] Die klassische Theologie des Mittelalters nannte die Heilige Schrift «Fundament des Glaubens»,[108] ja sogar «Regel des Glaubens», wenigstens bei gelehrten Christen.[109]

Die primäre Trennungslinie verläuft heute schon eigentlich nicht mehr zwischen den Konfessionen, sondern zwischen den wahrhaft an Christus Glaubenden und jenen Menschen, die – obwohl getauft – Christus nicht mehr kennen und auch im Leben nicht bezeugen. Diese bereits bestehende Gemeinschaft der Glaubenden muß nur noch stärker ins allgemeine Bewußtsein dringen. Dann ist sie die realste Hoffnung und Chance einer Wiedervereinigung der getrennten Kirchen.

106 Konstitution über die göttliche Offenbarung, Nr. 24.
107 S. Th., 2, II, qu. 1 a. 9 ad 1.
108 S. Th., III, qu. 55 a. 5.
109 S. Th., 2, II, qu. 1 a. 9.

2. TEIL

DER GOTT DES CHRISTLICHEN GLAUBENS

PIETRO SELVATICO

I. DAS REDEN VON GOTT IN DER FUNDAMENTAL-THEOLOGISCHEN FRAGESTELLUNG

Die ganze Theologie ist Rede von Gott, eben theo-logia. Und zwar ist die ganze Theologie, genauer gesagt, ein Reden von Gott als Grund des Glaubens. Die Theologie muß «unvermeidlich immer aufs neue in einer sie absorbierenden Weise die letzten Fragen einer personalen Entscheidung für Gott» stellen.[1] Dabei sind in der ganzen Theologie, auf Schritt und Tritt, Glaubensanfechtung und Gottlosigkeit durchzustehen. Die Religionskritik kann ja nicht, wie man es sich allerdings noch häufig erträumt, in einem apologetischen Vorfeld liquidiert werden, woraufhin man sich dann – in einem ungestörten Eldorado – dem theologischen Räsonieren ergeben könnte.

Muß oder kann man dann aber noch von einer speziell *fundamental*theologischen Rechenschaft über das Reden von Gott sprechen? Was G. Ebeling einmal von der Fundamentaltheologie im allgemeinen sagt, gilt auch für unsere Frage: «Ihre Berechtigung als gesonderte Disziplin kann sich bloß dem Notstand verdanken, daß es der Theologie bei ihrer Geteiltheit in verschiedene Disziplinen so schwerfällt, bei ihrer Sache und in *deren* Disziplin zu bleiben. Deshalb hat die Fundamentaltheologie eine Besinnung auf das Wesen von Theologie durch Besinnung auf deren Fundament zu sein und damit aller theologischen Arbeit das Kriterium einzuschärfen.»[2] Die Fundamentaltheologie will freilich nicht eine Art von theologischer Militärpolizei spielen. Sie gleicht eher – als Rechenschaft über unser Reden von Gott – einer Sprachschule; einer Sprachschule, in der es ganz elementare Dinge einzuüben gilt, und die uns nie entläßt, weil wir nie ein Reifezeugnis ausgestellt erhalten.

Wir beginnen unsere fundamentaltheologischen Erwägungen zur Gottes-

[1] K. Rahner, Über die künftigen Wege der Theologie, in: Bilanz der Theologie im 20. Jahrhundert, hrsg. v. H. Vorgrimler u. R. Vander Gucht, III, Freiburg 1970, 536.

[2] G. Ebeling, Erwägungen zu einer evangelischen Fundamentaltheologie, in: Zeitschr. f. Theol. u. Kirche 67 (1970) 517f. Vgl. ebd., 518.

frage mit einer Besinnung auf unser Reden von Gott und beschränken uns dabei auf eine kritische phänomenologische Beschreibung, ohne jetzt schon mit der gebotenen Sorgfalt nach verständlichmachenden Erklärungen oder Gründen zu fragen. Vielleicht ist es besser, vorerst unserer ganz persönlichen Erfahrung in der «Sache mit Gott» ein Augenmerk zu widmen. Notwendigerweise nehmen wir in Kauf, daß für manche dieses Präludium etwas besorgt oder gar trist gestimmt sein mag.

1. Die verwirrende Vielfalt des Redens von Gott

a) Die Leichtfertigkeit im Reden von Gott und deren Folgen

Karl Rahner meinte vor einiger Zeit in einem Vortrag: «Das Einfachste und Unausweichliche in der Gottesfrage ist für den Menschen die Tatsache, daß in seinem geistigen Dasein das Wort ‹Gott› gegeben ist.» Doch bald stellte er fest: «Über Gott sagt mindestens das deutsche Wort (‹Gott›) gar nichts aus.» Man müsse anderswoher wissen, was damit gemeint sei, und er klagte dann, daß dieses Wort «uns anblicke wie ein erblindetes Antlitz», in einer «schrecklichen Konturlosigkeit».[3]

In der Tat: Was meint dieses Wort «Gott»? Ist dieses Wort «Gott» etwa, wie heute viele meinen, zu einer hohlen Chiffre geworden, zu einer Leerformel, die mit Beliebigem gefüllt werden kann, wenn Menschen von «Gott» sprechen, und die nun fürwahr in ihrem Lauf durch den Strom der Geschichte auch mit Beliebigem aufgeschüttet worden ist? Das Reden von Gott hat auf alle Fälle seine Verständlichkeit von ehedem heute weitgehend eingebüßt und ist vielfach, statt Grund für Verstehen und Glauben zu sein, Anlaß für Mißverständnis oder Streit. In einem so gearteten Zusammenhang schildert ein Psychoanalytiker seine Erfahrungen folgendermaßen: «In psychoanalytischen Behandlungen und außerhalb ihrer kommt es nun nicht selten vor, daß Menschen dieser Situation beunruhigt innewerden. Sie fragen sich dann, ob nicht auch ihr Glaube oder Unglaube, ihre Weltanschauung, ihre Gottestheorie oder ihr Atheismus aus solchem zusammengelesenen Meinungsgerümpel bestehen könnte; ob ihre Theologie oder Antitheologie nicht das Produkt von Vorurteilen, Interessen und Fremdsuggestionen, ein

[3] K. Rahner, Meditation über das Wort «Gott», in: H. J. Schultz (Hrsg.), Wer ist das eigentlich – Gott?, München 1969, 14f.

[4] A. Görres, Gesichtspunkte der Tiefenpsychologie, in: Wer ist das eigentlich – Gott? (s. Anm. 3), 26.

Steckenbleiben in kindlicher Leichtgläubigkeit oder im mißtrauischen Trotz der Pubertät sein mag.»[4]

Auch wir alle haben in unserem Sprechen von und zu Gott so oder so Verwirrung und Not erfahren:

– Viele finden kaum noch Worte zum Gebet.

– Eltern und Religionslehrer suchen mühsam nach der Sprache, um mit ihren Kindern von Gott zu reden.

– Fade Predigten (Verkündigungsnot!) sind vielfach die wirkungsvollste Gegenpropaganda wider das eigentliche Anliegen des Evangeliums.

– Die erneuerte Liturgie hat die religiöse Sprachnot für breite Kreise der Christen nur noch offenkundiger gemacht als ehedem.

– Manche Theologen können es nicht mehr verantworten, von Gott zu sprechen, wobei dies doch gerade ihre Aufgabe wäre, denn Theologie heißt ja «Reden von Gott».

– Das mißbräuchliche Reden «im Namen Gottes» durch Kirchenführer läßt sich vielfach nicht bestreiten: wenn z.B. zur Aufrechterhaltung von fragwürdiger Kirchendisziplin oder zur Stützung zeitbedingter religiöser Anschauungen von gestern vorschnell der Heilige Geist bemüht wird; oder wenn mit dem Hinweis auf «geistliche Autorität» das legitime und notwendige Glaubensgespräch kurzerhand abgewürgt wird.

– Der anmaßende und zynische Mißbrauch des Namens Gottes findet sich häufig auch in der Politik: wenn z.B. von seiten christlicher Parteien unkritisch und oft nicht ganz selbstlos nach fadenscheinigen ideologischen Rezepten verfahren wird; oder wenn politische Thesen verfochten werden, deren Rückführung auf christliche Prinzipien willkürliche Annahme ist. Solch bodenlose Behauptungen findet man besonders kraß etwa in totalitären Systemen christlicher Nationen, in einem primitiven Militarismus und Antikommunismus, in der Sozialpolitik, im Eherecht, im Recht der Frau usw.

Zu dieser stichwortartigen Aufzählung wären vor allem die Religionssoziologen und Kirchengeschichtler zu hören. «Im Blickfeld der Gesellschaftswissenschaften ist der Begriff ‹Gott› so endlos zur Tarnung grober und feinster Interessen verwendet, daß er zu den am meisten verdächtigen gehört.»[5]

Angesichts solcher Verwirrung und Not in unserem Sprechen von Gott hat es sich herumgesprochen, daß Skepsis geboten ist, wenn von Gott ge-

[5] H. J. Wallraff, Gesichtspunkte der Sozialwissenschaft, in: Wer ist das eigentlich – Gott? (s. Anm. 3), 85.

redet wird. Hier ist Selbstkritik für jeden Christen unabdingbar. Denn: ein unkritisches Reden von Gott, d.h. ein Reden, das ungeprüft einfach die aus der Tradition üblichen Sprachformeln repetiert oder gar gedankenlos die gewohnten Sprachfetzen daherredet, mißbraucht nicht nur die Worte. Mißbraucht wird dabei Gott selbst. Ein gleichgültiges Reden von Gott liefert in der Tat Gott selbst der Gleichgültigkeit aus, macht *ihn* gleichgültig und ist so, genau gesehen, *die* Sünde schlechthin: Blasphemie.

Hierfür kann die Begründung jetzt nur angedeutet werden: *Gott vergegenwärtigt sich für uns im Wort.* Im Sprechen von Gott ist das Gemeinte oder «die Sache selbst» gegenwärtig. K. Rahner sagt einmal diesbezüglich (in der Möglichkeitsform, was, recht verstanden, in die Wirklichkeitsform übersetzt gehört), daß es «ja sein könnte, daß im Unterschied zu tausend anderen Dingen, die sich auch ohne Wort Gehör verschaffen können, in unserem Fall das Wort allein imstande ist, das, was es meint, für uns zu vergegenwärtigen».[6] Verdeutlichende Analogien zu diesem Sachverhalt könnten in reicher Fülle in der heutigen Sprachphilosophie gefunden werden, die immer wieder zeigt, wie sich die Sprache nicht in der Mitteilung einer Information oder in einer Beschreibung erschöpft, sondern ein *Geschehen* zwischen Menschen ist. So spricht man in der sprachanalytischen Schule etwa von performativen Sätzen, die einen Sachverhalt nicht bloß beschreiben, sondern schaffen. Oder man könnte das «Geschehen des Wortes» sich veranschaulichen an Hand ganz elementarer Lebenserfahrungen: Ein Wort der Liebe – in dem etwas geschieht – ist völlig verschieden von einer bloßen Mitteilung über Liebe.

Deshalb sprechen von einem solchen adäquaten Wortverständnis her heute manche Theologen davon, daß Gott selbst in unserer Sprache stirbt, wenn die Rede von Gott mißbraucht wird. Oder man sagt in deutlicher Anspielung auf Nietzsches Sprechen vom Tod und Verwesen Gottes, daß «Gott in unserer Sprache verwest».[7]

b) Biblizismus und Dogmatismus

Wer mit solcher Einsicht, in einem geistigen und geistlichen Erschauern ob der Würde und Macht des Redens von Gott, sich aufraffen möchte, um fortan nur noch besonnen und grundehrlich von Gott zu sprechen, der wird in ein neues Fegefeuer gestoßen. Er wird entdecken, daß außer der steten

[6] K. Rahner, a.a.O., 13.
[7] Vgl. G. Ebeling, Gott und Wort, Tübingen 1966, 7. Auch in: ders., Wort und Glaube II, 397.

menschlichen Leichtfertigkeit und Sündhaftigkeit unbewältigte Sachprobleme unser Reden von Gott verwirren. Diese Sachprobleme, zum Teil seit Jahrhunderten anstehend und verdrängt, entspringen hauptsächlich der seit der Neuzeit immer stärker bewußt und virulent gewordenen Geschichtlichkeit der Rede von Gott.

Da das Wort Gottes sich in die menschliche Sprache hineinverleiblicht hat, gilt für das Sprechen von Gott genau dasselbe wie für die menschliche Sprache im allgemeinen: Das Sprechen von Gott stellt kein ein für allemal fertiges Instrumentarium dar, sondern entsteht – bei aller Traditionsgebundenheit – immer wieder neu und will auch immer wieder von neuem gelernt sein. Diese Mühe blieb und bleibt keiner Zeit und niemandem erspart. Die verschiedenen neutestamentlichen Theologien (= Reden von Gott), die einer Harmonisierung eindeutig widersprechen, sind ein augenfälliger und authentischer Beweis dafür.

Die Exegese – die evangelische wie die katholische – hat nun den Biblizismus zwar grundsätzlich überholt: die Meinung nämlich, die Bibel sei «ein vom Himmel gefallenes Buch», es sei «jedes Wort zwischen den beiden Buchdeckeln» unterschiedslos und uninterpretiert als Wort Gottes zu deklarieren und zu proklamieren und als solches verbindlich. Aber das biblizistische Mißverständnis ist noch weit verbreitet und bereitet unserem Reden von Gott heute schier unüberwindliche Schwierigkeiten, zumal es meist gepaart ist mit einem positivistisch-dogmatistischen Traditionsverständnis, d.h. mit dem sogenannten Dogmatismus. Der Dogmatismus begnügt sich «mit dem bloßen Verweis auf autoritative spätere Lehrformeln, ohne deren Aufweis aus der ursprünglichen Glaubensquelle nach bester Möglichkeit zu leisten».[8] Man denke zur Veranschaulichung des Biblizismus an die Diskussion um die sogenannte Entmythologisierung und dabei, um einige Reizworte zu nennen, etwa an Schöpfung, Sündenfall, Erbsünde, Jungfrauengeburt, Auferstehung und leeres Grab, Apokalyptik.

Hier müssen Theologie und Verkündigung in mühsamem Buchstabieren der Texte beharrlich und mutig immer wieder lernen, Glaubenseinsichten von deren sprachlicher Mitteilung und historische Feststellungen von bildhaft-symbolischen Glaubensaussagen zu unterscheiden. Biblizismus und Dogmatismus wollen dabei à tout prix nicht mittun. Sie haben den Fall Galilei glücklich vergessen und kümmern sich auch weiterhin wenig um Nuancen: Sie lesen schlicht und «fromm», um auf die eben genannten Beispiele zurückzukommen, die Erzählungen über Schöpfung, Adam und Eva

8 W. Kern, Dogmatismus, in: Sacramentum Mundi I, Freiburg 1967, 926.

und Sündenfall als historisch einmalig zu datierende Berichterstattungen; sie lassen Gott sozusagen in leibhaftiger, photographierbarer Gestalt mit Abraham, Moses und anderen Offenbarungsempfängern reden; sie verstehen Wunder als Mirakel: die Jungfrauengeburt z.B. gynäkologisch, den Auferstehungsleib Jesu physikalisch und den Ruf der Posaune vom Jüngsten Tag fein säuberlich chronologisch. So dürften Biblizismus und Dogmatismus der Gefahr kaum entgehen, Gott und Jesus von Nazareth für unser heutiges Denkgeschick zu mythischen Fabelwesen zu verfälschen.

c) Die Dialektik von Nötigung und Unmöglichkeit, von Gott zu reden

Wir wollen hier kurz innehalten und uns fragen, ob wir nicht Schwarzmalerei betrieben haben. Haben wir etwa das Gehör verloren für so manch unbeschwertes und problemloses Gotteslob, das es, Gott sei Dank, doch immer noch gibt, und für so manch stilles oder vereinzelt gar weltweit ansteckendes Zeugnis der Liebe (und d.h. doch Zeugnis für Gott)? Doch dürfte der Rechenschieber hier fehl am Platz sein: In unserem Reden von Gott können die bis zum Verstummen beengende Sprachnot einerseits und der gewiß stets unerwartet neu geschenkte Sprachgewinn anderseits nicht in eine mathematische Proportion gekleidet werden. Wer aber heute auch nur mit einem leisen Anflug von selbstsicherem Triumphalismus die Sprach- und Verstehensnot des benachbarten Bruders überboten haben möchte, wird am Kreuz von Golgotha vielleicht einmal inne, daß Gottverlassenheit und Gewißheit von Gott nach dem Lebens- und Wirklichkeitsverständnis Jesu von Nazareth und vieler neutestamentlicher Christen dialektisch zusammengehören. Der Todesschrei (Mk 15,34) und der Ergebungsruf (Lk 23,46) Jesu am Kreuz sind ja – als Deutung des Lebens Jesu – in einer für uns Menschen nicht auflösbaren Dissonanz zusammenzuhören. Daran darf man nicht mit dogmatischen Scheuklappen vorbeigehen.

In der Gewißheit von Gott aber, die auch heute wie stets als Gabe geschenkt wird, hat der Ruf 1 Pt 3,15f seinen Grund: «Seid allezeit bereit zur Verantwortung gegen jeden, der von euch Rechenschaft fordert über die Hoffnung, die in euch ist, jedoch mit Sanftmut und Ehrerbietung! Und habet ein gutes Gewissen!» Ehe wir dieser Aufforderung – gleichsam einem fundamentaltheologischen Motto – auf der Ebene der Reflexion zu entsprechen versuchen, können wir den Weg, den wir bis hierher beschritten haben, nochmals zusammenfassen. Vorerst mit einer bekannten Äußerung von Karl Barth aus dem Jahre 1922: «Ich möchte diese unsre Situation in folgenden drei Sätzen charakterisieren: *Wir sollen als Theologen von Gott reden. Wir sind aber Menschen und können als solche nicht von Gott reden. Wir sollen Beides*, unser Sollen und unser Nicht-Können, *wissen und eben damit Gott die Ehre geben.* Das ist unsre Bedrängnis. Alles Andre ist daneben Kinderspiel.»[9] Diese Dialektik von Nötigung und Unmöglichkeit von Gott zu reden, wurde auch von R. Bultmann immer wieder betont, der «die tatsächliche Situation des Menschen» darin sieht, daß sie «die des Sünders ist, der von Gott reden möchte und es nicht kann».[10] Auch in der katholischen Theologie wird diese Problemstellung nach längeren Perioden theologischer Geschwätzigkeit in der Neuscholastik wieder präziser gesehen und formuliert: «Von Gott nicht nur zu schweigen, sondern reden zu müssen und doch nicht adäquat reden zu können – das zu betonen ist ein Gesichtspunkt der Theologie.»[11] Die Dialektik von Nötigung und Unmöglichkeit, von Gott zu reden, hat M. Buber in seiner geballten Sprache so geschildert:

«Ja ... es ist das beladenste aller Menschenworte. Keines ist so besudelt, so zerfetzt worden. Gerade deshalb darf ich darauf nicht verzichten. Die Geschlechter der Menschen haben die Last ihres geängstigten Lebens auf dieses Wort gewälzt und es zu Boden gedrückt; es liegt im Staub und trägt ihrer aller Last. Die Geschlechter der Menschen mit ihren Religionsparteiungen haben das Wort zerrissen; sie haben dafür getötet und sind dafür gestorben; es trägt ihrer aller Fingerspur und ihrer aller Blut. Wo fände ich ein Wort, das ihm gliche, um das Höchste zu bezeichnen! Nähme ich den reinsten, funkelndsten Begriff aus der innersten Schatzkammer der Philosophen, ich könnte darin doch nur ein unverbindliches Gedankenbild einfangen, nicht aber die Gegenwart dessen, den ich meine, dessen, den die Geschlechter der Menschen mit ihrem ungeheuren Leben und Sterben verehrt und erniedrigt haben. Ihn meine ich ja, ihn, den die höllengepeinigten, himmelstürmenden Geschlechter der Menschen meinen. Gewiß, sie zeichnen Fratzen und schreiben ‹Gott› darunter; sie morden einander und sagen ‹in Gottes Namen›. Aber wenn aller Wahn und Trug zerfällt, wenn sie ihm gegenüberstehn im einsamsten Dunkel und nicht mehr ‹Er, Er› sagen, sondern ‹Du, Du› seufzen, ‹Du› schreien, sie alle das Eine, und wenn sie dann hinzufügen ‹Gott›, ist es nicht der wirkliche Gott, den sie alle anrufen, der Eine Lebendige, der Gott der Menschenkinder?! Ist nicht er es, der sie *hört?* Der sie – erhört? Und ist nicht eben dadurch das Wort ‹Gott›, das Wort des Anrufs, das zum *Namen* gewordene Wort, in allen Menschensprachen geweiht für alle Zeiten? Wir müssen die achten, die es

9 K. Barth, Das Wort Gottes und die Theologie. Ges. Aufsätze, München 1924, 158. Jetzt auch in: Anfänge der dialektischen Theologie, hrsg. v. J. Moltmann, I, München ²1966, 199.

10 R. Bultmann, Glauben und Verstehen I, Tübingen ⁶1966, 30.

11 H. Fries, Gesichtspunkte der Theologie, in: Wer ist das eigentlich – Gott? (s. Anm. 3), 90. Vgl. auch L. Scheffczyk, Gott, in: Sacramentum Mundi II, Freiburg 1968, 491–510, bes. 491 f.

verpönen, weil sie sich gegen das Unrecht und den Unfug auflehnen, die sich so gern auf die Ermächtigung durch ‹Gott› berufen; aber wir dürfen es nicht preisgeben. Wie gut läßt es sich verstehen, daß manche vorschlagen, eine Zeit über von den ‹letzten Dingen› zu schweigen, damit die mißbrauchten Worte erlöst werden! Aber *so* sind sie nicht zu erlösen. Wir können das Wort ‹Gott› nicht reinwaschen, und wir können es nicht ganzmachen; aber wir können es, befleckt und zerfetzt wie es ist, vom Boden erheben und aufrichten über einer Stunde großer Sorge.»[12]

2. *Das fundamentaltheologische Anliegen in der Gottesfrage: Die Verifikation (= Bewahrheitung) des Redens von Gott durch die Unterscheidung von «Gott» und Gott*

Wir versuchen nun, in der Gottesfrage das fundamentaltheologische Anliegen zu skizzieren. Es besteht, wie wir sehen werden, darin, «Gott» von Gott, d.h. jeden beliebigen «Gott» vom christlichen Gott unterscheiden zu lernen. So erst kann sich das Reden von Gott als wahr erweisen. – Wir beginnen mit einigen Erwägungen zum Wahrheitsproblem bzw. zum Problem der Verifikation und sprechen dann, in einem zweiten Schritt, von der Unterscheidung von «Gott» und Gott.

Der Begriff «Verifikation» gehört noch nicht zu den Grundbegriffen des theologischen Wortschatzes. So fehlt er z.B. noch im «Lexikon für Theologie und Kirche». Doch wird er in den letzten Jahren immer häufiger gebraucht. «Verifikation» bedeutet der Etymologie nach «Wahr-machen» (von «verum» und «facere»). In einem sehr weiten Sinn kann damit jedes Geschehen von Wahrheit gemeint sein. Man übersetzt dann gewöhnlich «Verifikation» mit «Bewahrheitung» oder mit «Sich-bewahrheiten». In einem spezielleren Sinn ist Verifikation ein schwieriger philosophischer Begriff. Wir verfolgen kurz dessen Geschichte, weil die Fragen um die Verifikation in den letzten Jahrzehnten für die Fundamentaltheologie zunehmend akut geworden sind.[13]

[12] M. Buber, Gottesfinsternis. Betrachtungen zur Beziehung zwischen Religion und Philosophie, Zürich 1953, 13–15.

[13] Vgl. zum Folgenden: Y. Nolet, Die analytische Philosophie, in: Bilanz der Theologie I, 1969 (s. Anm. 1), 338–344; K.-O. Apel, Heideggers philosophische Radikalisierung der «Hermeneutik» und die Frage nach dem «Sinnkriterium» der Sprache, in: O. Loretz u. W. Strolz (Hrsg.), Die hermeneutische Frage in der Theologie, Freiburg 1968, 86–152; J. Macquarrie, Die religiöse Sprache und die neuere analytische Philosophie, in: Concilium 5 (1969) 487–493; E. Schillebeeckx, Glaubensinterpretation. Beiträge zu einer hermeneutischen und kritischen Theologie, Mainz 1971, bes. 20–47 («Sprachanalyse, Hermeneutik und Theologie»); W. A. de Pater, Theologische Sprachlogik, München 1971.

a) Die Verifikation in der sprachanalytischen Philosophie

Von Verifikation begann man im 20. Jahrhundert wieder eingehender zu sprechen in der Anfangsphase der sprachanalytischen Philosophie. Anhand der philosophischen Position des jungen L. Wittgenstein (1889–1951) kommen wir diesem Begriff auf die Spur.

In seinem «Tractatus logico-philosophicus» (1921) teilt der junge Wittgenstein den sogenannten «logischen Atomismus» seines berühmten Lehrers B. Russel. Danach muß man, will man über die Welt Auskunft erhalten, die komplexen Fakten der Wirklichkeit in ihre letzten (eben die «atomaren») Bestandteile zerlegen. Diesen letzten, irreduktiblen Elementen der Wirklichkeit entsprechen in der menschlichen Sprache, so kompliziert sie sich auch anhören mag, ganz einfache, elementare Sätze.

Will man nun die *Wahrheit* über die Welt erfassen, muß man die Elementarsätze (als Tatsachenprotokolle, statements of fact) mit den elementaren Tatsachen der Wirklichkeit vergleichen. Den *Sinn* der menschlichen Rede hingegen – Wahrheit und Sinn sind streng zu unterscheiden! – kann man viel einfacher gewinnen: ohne den Vergleich von Elementarsatz und elementarer Tatsache – allein durch die Analyse der logischen Form der Sprache. Und dies ob des vermeintlich so glücklichen Umstandes, daß die logische Struktur der Sprache alle überhaupt möglichen Sachverhalte der Welt getreulich abbildet (sogenannte Abbildtheorie, picture theory). Sprache und Welt seien nämlich von der identischen «logischen Form» geprägt. Einer der berühmtesten Sätze des «Tractatus» kann deshalb lauten:

«Einen Satz verstehen, heißt, wissen was der Fall ist, wenn er wahr ist.
(Man kann ihn also verstehen, ohne zu wissen, ob er wahr ist.)
Man versteht ihn, wenn man seine Bestandteile versteht.»[14]

Diese Methode nun, den Sinn eines Satzes allein durch die Analyse seiner logischen Form zu verstehen, nannten Wittgenstein und seine neopositivistischen Nachfolger die «*Methode der Verifikation*».[15] «Verifikation» besagt also in dieser Frühphase der sprachanalytischen Philosophie Sinnaneignung oder Sinnerfassung, wobei nie vergessen werden darf, daß es sich hier um den rein *logischen* Sinn der Sprache handelt, der verifiziert wird, oder, anders gewendet, daß «Sinn» Sache allein der Logik ist. Wir können jetzt schon ahnen, daß dies für die fundamentaltheologische Frage nach dem Sinn des Redens von Gott eine äußerst verhängnisvolle These ist.

Widmete sich die sprachanalytische Philosophie des 20. Jahrhunderts in

[14] L. Wittgenstein, Tractatus logico-philosophicus, Nr. 4.024, in: Schriften I, Frankfurt 1960, 28.
[15] Vgl. K.-O. Apel, a. a. O., 125 f.

ihrer eben charakterisierten ersten Phase des sogenannten «Logischen Atomismus» vorwiegend den Problemen der «logischen Syntax» (die danach fragt, wie sich die logischen Zeichen formieren), so besteht für die beiden folgenden Perioden der Leitfaden vorerst in der «logischen Semantik» (die die Beziehungen der Zeichen zu den Dingen untersucht) und in der sogenannten «Pragmatik» (die den Gebrauch der Zeichen in der Praxis des Senders oder Empfängers analysiert). Die Legende des «Logischen Atomismus», daß Sprache und Welt die gleiche «logische Form» hätten, zeitigte aber auch hier noch ihre sauren Früchte. Diese utopische Legende von der in der Logik gestochen scharf photographierten Wirklichkeit ist es nämlich, die die immer wieder versuchte Wende zur «Pragmatik», d.h. zu einer an der Praxis orientierten Sprachanalyse, verzögerte oder um ihren entscheidenden Gewinn brachte. So kann man vielleicht auch verstehen, warum die Suche nach den Kriterien von Verifikation und Sinn – ein in der Geschichte der sprachanalytischen Philosophie besonders dramatisches Kapitel – dürftig oder gar erfolglos blieb. Zur Veranschaulichung orientieren wir uns noch kurz über die heute viel diskutierte Konzeption der «*Sprachspiele*» (language-games) beim späten Wittgenstein.

Der leitende Gedanke in der Sprachspielkonzeption liegt im Sachverhalt, daß, ähnlich wie bei den verschiedenen Unterhaltungsspielen, jede Art von Sprache (wie Befehlen, Bitten, Danken, Fluchen, Grüßen, Beten usw.)[16] ihre eigenen Gesetze, d.h. ihre eigene Logik hat. So sprechen etwa Möbeltransporteure innerhalb eines besonderen Sprachspiels, wenn sie nach den Bestandteilen von Möbeln fragen, um diese richtig zu zerlegen und so fachgerecht ihren Auftrag auszuführen. Hier funktioniert das Sprachspiel – und es zeigt sich jetzt die für uns wichtige Definition von Sprachspiel! – als *Einheit von Sprachgebrauch, Verhaltenspraxis und Situations- bzw. Weltverständnis.*[17] Für ein philosophisches Fragen aber gibt es nach Wittgenstein kein praktisch funktionierendes Sprachspiel: Die Frage etwa nach dem metaphysischen Wesen von Möbeln hat keinen Erfahrungsanhalt an der Praxis, paßt in kein funktionierendes Sprachspiel hinein und kann deshalb nicht funktionieren. Genau deshalb ist ein religiöses Sprachspiel ebenfalls Leerlauf.

Die praktische Funktionsfähigkeit ist also nach Wittgenstein das Kriterium dafür, ob ein Sprachspiel (oder ein einzelnes Element daraus) sinnvoll ist. Wie gebraucht Wittgenstein dieses sein Kriterium? Seine Behauptung von der Funktionsunfähigkeit philosophischer und religiöser Sprachspiele

[16] Vgl. L. Wittgenstein, Philosophische Untersuchungen I, § 23, in: Schriften I, 300f.
[17] Vgl. K.-O. Apel, a.a.O., 136–141.

entbehrt gewiß nicht der Willkür. Daß in einem genuin christlichen Zeugnis auch heute noch Wort, Verhalten und Weltverständnis sich in eine lebensfähige Einheit verweben können, dürfte nicht leichthin wegdisputiert werden. Und daß das religiöse Sprachspiel in seiner Negativform oft allzu eindrücklich funktioniert, wird man auch nicht bestreiten wollen; man denke z. B. an gelegentliche kirchenamtliche Schreiben und deren perfekte Funktionseinheit von ideologischem Sprachgebrauch, repressiver Verhaltenspraxis und konsequentem Welt(miß)verständnis.

Man kann Wittgenstein gewiß nur zustimmen, daß oft das religiöse Reden und «die Ergebnisse der Philosophie ... die Entdeckung irgend eines schlichten Unsinns und Beulen (sind), die sich der Verstand beim Anrennen an die Grenze der Sprache geholt hat» und daß sie deswegen «vollkommen verschwinden sollen».[18] Doch das Kriterium, über Sinn oder Unsinn von Sprachspielen zu befinden, kann nicht bloß im Funktionieren des Sprachspiels bestehen, weil auch sinnloses Sprachspiel leider funktionieren kann. Mit welchen Kriterien unterscheidet man dann aber bei den funktionierenden Sprachspielen ein sinnvolles von einem sinnlosen? Wittgensteins Kriterium von der Funktionsfähigkeit des Sprachspiels muß also nochmals hinterfragt werden. Es ist zu verfeinern.

b) Der sprachanalytische Sinnlosigkeitsverdacht als Herausforderung an die Theologie

Das entscheidende Verdienst Wittgensteins dürfte gewesen sein, für die Sinnfindung mit hartnäckigem Nachdruck auf die Praxis als maßgebendes Kriterium verwiesen zu haben; auch hat er die sprachliche Vermittlung jeder Sinnerfahrung eingeschärft. Dies zeigte uns schon seine Definition von Sprachspiel als Funktionseinheit von Sprachgebrauch, Verhaltenspraxis und Weltverständnis. Wittgenstein hat so in hartem Gegenschlag gegen die frühe sprachanalytische Position (die ehemals auch die seine war) die Sinnfindung dem Primat der Logik entnommen. Sinnerfahrung geschieht nicht mehr in der abstrakten Sprache des Kalküls. Sinnfindung – Bewahrheitung, Verifikation – geschieht jetzt beim späten Wittgenstein in ganz neuen Dimensionen: eben durch Lebenspraxis und sprachliche Vermittlung.

Soweit ist die Intuition Wittgensteins auch christliches Gedankengut. E. Schillebeeckx sprach in einer Auseinandersetzung mit der sprachanalytischen Philosophie von der allein noch möglichen indirekten Verifikation:

[18] Wittgenstein, a. a. O., § 119 u. § 133, 344 u. 347.

«Als Antwort auf die heutige Frage nach der Legitimation des Christentums und auch auf die stets dringender werdende Frage nach dem ‹Verifizierungsprinzip› des christlichen Glaubens, vor das die Sprachanalytiker uns stellen (und dem gegenüber eine rein theoretische Theologie oft machtlos erscheint), kann man vom Glauben an Gott als unsere Zukunft aus sagen: Der Glaube beruht nicht auf dem empirisch und objektiv Kontrollierbaren, sondern fällt unter die Kategorie menschlicher Existenzmöglichkeit; deshalb wird sich das Verifizierungsprinzip des christlichen Glaubens und seiner eschatologischen Hoffnung nur *indirekt* geben lassen: Es wird in der Tatsache bestehen, daß die Christen – ‹als Gemeinschaft derer, die hoffen› – in der Praxis ihres Lebens zeigen, daß ihre Hoffnung *imstande* ist, jetzt schon die Welt zu verändern und unsere Geschichte, die der Mensch zur Unheilsgeschichte entstellt, wirklich zur Heilsgeschichte zu machen, die allen Wohl bringt ... Der Einsatz für die Welt aus Sorge um den Menschen wird deshalb die Exegese oder Hermeneutik des neuen Gottesbegriffs sein, in dem Gott in der Tat als der ‹ganz Neue› aufgewiesen wird... Die Hermeneutik, die eben in der christlichen Lebenspraxis besteht, ist deshalb die *Grundlage für* die rechte Auslegung der alten biblischen oder lehramtlichen Texte.»[19]

Doch, warum ist es so schwer, sich über die Verifikation zu verständigen – auch und gerade besonders über die «indirekte» Verifikation aus der Praxis? Etliche der an der Praxis orientierten Sprachanalytiker wollen heute gar nicht mehr von Verifikation sprechen; andere versuchen vorsichtig, die Praxis als Verifikationsprinzip, d.h. als Ort der Wahrheitsfindung, zu differenzieren.[20] Könnte nicht (auch) deren Erfahrung die Christen mahnen, daß ein salto mortale hinein in die Praxis im buchstäblichen Sinn tödlich verlaufen kann? Gerade beim Ernstmachen damit, daß die Wahrheit zu *tun* ist, um sie erfahren und verkünden zu können, droht sogleich die Gefahr einer neuen Variante von illusionärer Werkgerechtigkeit: Diese vergäße, daß Wahrheit primär und grundsätzlich eine Gabe ist, daß der Mensch letztlich nicht Täter, sondern Empfänger von Wahrheit ist. Es könnte der homo faber – der raffiniert Informationen fabriziert und via Satelliten durch die Welt jagt – das rechte Hören verlernen. Schon ist sein Verstehen, mehr als wir vielleicht ahnen, von der vitalsten Tiefe her gestört. So wären die Schwierigkeiten, in Philosophie und Theologie von Wahrheit und Verifikation zu sprechen, sozusagen «nur» der sprachliche Niederschlag eines von uns allen schmerzhaft erfahrenen – wenn auch schwer namhaft zu machen-

[19] E. Schillebeeckx, Gott – Die Zukunft des Menschen, Mainz 1969, 154–156.
[20] Vgl. J. Macquarrie, a.a.O.

den – Sinnverlustes? Einiges scheint dafür zu sprechen, wenn man etwa in der hermeneutischen Philosophie (Heidegger) die unruhige Frage nach dem Sinn des Seins hört.[21] Oder wenn ein erregendes Buch aus der Schule der Logotherapie in sachlicher Phänomenologie den Menschen definiert als ein Wesen, «das letztlich und eigentlich auf der *Suche* nach Sinn ist».[22]

Der sprachanalytische Sinnlosigkeitsverdacht ist deshalb für die Fundamentaltheologie eine Herausforderung, weil es um die Gottesfrage geht. «Die Sinnfrage ist die Gottesfrage», überschreibt H. Gollwitzer ein zentrales Kapitel eines neuen Buches, «sofern mit dem Worte ‹Gott› jeweils diejenige Instanz bezeichnet wird, von der Sinngebung erhofft wird. Im christlichen Glauben wird das Wort ‹Gott› reserviert für eine Stimme, die in der Geschichte Israels und in der Erscheinung Jesu Christi gehört wird. Dieses Hören hat eine neue und eigenartige Stellung, Verschärfung und Beantwortung der Sinnfrage zur Folge.»[23] Für viele ist es heute allerdings ein mühsamer Weg, bis sie wieder «das Evangelium als überwindende Antwort auf die Sinneskrise und als Begründung zuversichtlichen Wirkens in der Welt»[24] zu hören vermögen und zu der dem Glauben verheißenen Gewißheit gelangen.

Ehe wir nach unseren Erwägungen zur sprachanalytischen Verifikation auf detailliertere Fragen der theologischen Verifikation eingehen, wollen wir noch kurz die drei Dimensionen der sprachlichen Verständigung bzw. Wahrheitsvermittlung nennen. Sie zu unterscheiden und recht in Beziehung zu setzen, ist für Philosophie und Theologie gleicherweise unerläßlich, will man sich über die Verifikation verständigen.

a) Das *Erklären* hat es mit dem technisch-instrumentell Verfügbaren zu tun. Es geht um die Wahrnehmung und Bezeichnung von Vorhandenem, von Faktizität (Naturwissenschaften, Technik). Wer erklärt, der denkt und spricht in der Subjekt-Objekt-Relation, in der die objektivierende, abstrahierende und verallgemeinernde Distanz unerläßlich ist.

b) Das *Verstehen* bzw. verstehende Sprechen geschieht zwischen Menschen. Menschen dürfen nie schlechterdings zum Verfügbaren geschlagen werden. (Vom Arzt z. B. werden sie allerdings partiell objektiviert.) Es geht hier um die personale Relation zum Du und zur Gemeinschaft, die artiku-

21 Vgl. zum Beispiel M. Heidegger, Sein und Zeit, Tübingen [10]1963, bes. § 1 u. 5.

22 V. E. Frankl, Psychotherapie für jedermann. Rundfunkvorträge über Seelenheilkunde, Freiburg 1971, 174; vgl. bes. 174–185.

23 H. Gollwitzer, Krummes Holz – aufrechter Gang. Zur Frage nach dem Sinn des Lebens, München 1970, 176.

24 Ebd., 297. Vgl. ebd. 297–325 (= «IX. Sinnempfang und Sinngebung»).

liert wird. In dieser Dimension des Sprechens ist ganzmenschliche, engagierte und situationsgerechte Kommunikation unerläßlich.

c) Das *historische Interpretieren* fluktuiert zwischen Erklären und Verstehen, d.h., genauer, zwischen partieller Objektivierung und personaler Kommunikation.

Zur Erklärung der methodisch betriebenen historischen Interpretation kann das Erkenntnismodell der Psychotherapie beigezogen werden:[25] Im therapeutischen Prozeß verläßt der Arzt in einem bestimmten Moment (in einem «ersten Arbeitsgang») die Ebene der einfühlenden zwischenmenschlichen Kommunikation. Er suspendiert die Kommunikation, um aus quasi-objektivierender Distanz den verdrängten Sinnmotiven des Patienten nachzugehen. Er darf also in diesem Teil seiner Arbeit nicht scheuen, den Patienten zum Objekt zu machen. Die gefundene theoretische Erklärung dient dann aber in einem «zweiten Arbeitsgang» einer erneut wieder intensivierten Kommunikation. Mittels der gefundenen und «aufgehobenen» Erklärung von Sinnmotiven kann jetzt der Patient z.B. zur Revision seines Selbstverständnisses provoziert werden, was freilich nur auf der Ebene personaler Kommunikation möglich ist.

Ähnlich wird auch der Historiker nicht nur vom intentionalen Einswerden mit früheren historischen Persönlichkeiten träumen, wie es noch das Ideal der klassischen Hermeneutik war (Schleiermacher, Dilthey). Er wird, analog zum ersten Arbeitsgang des Psychotherapeuten, zur Geschichte auch in quasi-objektivierende Distanz treten müssen; mit dem methodischen Instrumentarium der Gesellschaftswissenschaften (besonders der Soziologie und Sozialpsychologie) spürt er den großenteils verborgenen und interessegesteuerten Sinnintentionen der historischen Subjekte nach. Analog zum zweiten Arbeitsgang des Psychotherapeuten sucht er dann die unbewußten Vorgänge in der Geschichte, die von der Art kausaler «Naturvorgänge» sind, ideologiekritisch bewußt zu machen, damit sie in ein verstehbares und humaneres Handeln verwandelt werden können. So betriebener Ideologiekritik gelingt eine «dialektische Vermittlung von objektiv-szientistischen und hermeneutischen Methoden»;[26] in der Interpretation der Geschichte und deren Sinnintentionen sind dann das objektivierende Erklären und das kommunikative Verstehen nicht mehr disparate Größen.

Als Beispiel für eine solche historische Interpretation könnte der bekannte Syllabus Pius' IX. (1864) dienen, «eine grundsätzliche Auseinandersetzung der Kirche mit der modernen Geisteskultur und dem modernen Staat im Sinne einer scharfen, noch undifferenzierten Absage», von der «entschieden zu betonen (ist), daß die Art und Weise, wie Papst Pius IX. in dieser entscheidenden Verlautbarung dem Liberalismus und der modernen Welt begegnete, die Haltung der beinahe

[25] So K.-O. Apel, Szientistik, Hermeneutik, Ideologiekritik, in: Hermeneutik und Ideologiekritik, hrsg. v. J. Habermas u.a., Frankfurt 1971, 7–44, bes. 36ff.

[26] Ebd., 36.

gesamten katholischen Kirche für Jahrzehnte bestimmt hat, aber dies durchaus nicht nur zu ihrem und der Menschheit Nutzen».[27] Hier könnte die Leitfrage des «ersten Arbeitsganges» etwa lauten: Ist die deklamatorische Berufung auf die gottverliehene Einsicht und auf das Seelenheil nicht letztlich motiviert und diktiert von ideologischer Befangenheit und triumphalistischem Machtstreben? Wie haben sich diese pseudotheologischen Voraussetzungen ausgewirkt? Die Leitfrage des «zweiten Arbeitsganges» könnte dann sein: Wie ließen sich die (leider überwucherten) legitimen Intentionen lauterer verwirklichen?

c) Zum theologischen Begriff der Verifikation (geschichtlicher Rückblick)

Der Sinnlosigkeitsverdacht dem Reden von Gott gegenüber brachte die Theologie in Bewegung. Selbst dort, wo dieser Sinnlosigkeitsverdacht noch nicht artikuliert wird, ist er zu etwas Atmosphärischem geworden, das die Substanz des Christlichen gleichsam bis in die letzten Poren hinein zu durchdringen beginnt.

Deshalb ist innerhalb der theologischen Verifikation des Redens von Gott eine Antwort darauf zu geben, welchen Sinn es hat, von Gott zu reden. Ist das Reden von Gott, so spitzt sich der Sinnlosigkeitsverdacht in schärferer Formulierung zu, überhaupt noch notwendig? Wenn ja, warum? Wie vermag sich das Reden von Gott denn zu bewahrheiten? Mit anderen Worten, wie gelangt es zur Evidenz? Welchen Anhalt hat das Reden von Gott an der allgemeinmenschlichen Erfahrung? Kann sich in unserem Reden von Gott der von uns aus unerfahrbare Gott selber so mitteilen, daß wir ihn erfahren? Und wie? Kann er unserem täglichen und nicht alltäglichen Leben einen neuen Sinn verleihen? Was und wie hilft hier die Berufung auf Jesus von Nazareth weiter? Wie kann der Glaube von der Wahrheit so erfaßt werden, daß im Rechenschaftgeben darüber Wahrheit immer wieder neu zur Sprache kommt? So etwa lautet in einer ersten Annäherung das theologische Verifikationsproblem.

Mit dem Fragwürdigwerden des Redens von Gott und des Redens Gottes ist keineswegs nur ein Teilbereich der Theologie, sondern die ganze Theologie getroffen. Die ehedem grundlegendsten Selbstverständlichkeiten (wie: Gott in sich, Gottes Trinität, Gottes Autorität, die einzigartige Offenbarung in Jesus von Nazareth, fundamentale ethische Evidenzen usw.) geraten in ein gespenstisch skeptisches Licht. Das ganze theologische Gebäude gerät

[27] J. Lortz, Geschichte der Kirche in ideengeschichtlicher Betrachtung II, Münster [21]1964, 333 und 372.

von seinen Grundlagen her ins Wanken. In der theologischen Verifikation zentrieren sich so, wie durch ein Brennglas gebündelt, die elementarsten Fragen.

Etwas problemloser verstand man *die Verifikation des Redens von Gott in der «traditionellen Apologetik»*, d.h. in der im 19. Jh. zu einem geschlossenen System ausgebauten Form der Glaubensverteidigung, die auch im theologischen Lehrbetrieb des 20. Jh.s vorherrschend blieb. Hier wird der Glaube fast ausschließlich lehrhaft verstanden: als intellektuelle Zustimmung zu den von Gott in der Offenbarung mitgeteilten und von der Kirche vorgelegten Geheimniswahrheiten. Das charakteristische und entscheidende Ungenügen dieser Konzeption besteht darin, daß für das Glaubwürdigkeitsurteil, d.h. für die Unterscheidung einer echten Offenbarung von deren Pseudoform, letztlich allein auf objektiv-äußere Kriterien abgestellt wird: auf den Wunder- und Weissagungsbeweis. Deswegen spricht man auch von «objektiver Apologetik». Diese «objektive Apologetik» ist auch heute noch stark verbreitet, obgleich sowohl das vorausgesetzte Wahrheitsverständnis wie auch der Wunder- und Weissagungsbeweis als Kriterien seit etwa hundert Jahren theologisch immer unhaltbarer wurden.[28]

Seit der *Wende zur «subjektiven Apologetik» (= «Immanenzapologetik»)* gegen Ende des 19. Jh.s wird der subjektiven Seite der Offenbarung wieder vermehrte Aufmerksamkeit gewidmet. Den größten Einfluß hat dabei M. Blondel (1861–1949) ausgeübt. Gegenstand seines fundamentaltheologischen Fragens ist nicht mehr bloß die menschliche Vernunft, sondern die «action», der ganze Lebensvollzug als Tat-Geschehen. Hier stellt die stets unüberwindliche Differenz zwischen «volonté voulue» und «volonté voulante» (d.h. zwischen selbstgesetzten Zielen des Menschen einerseits und seiner viel weiteren geistigen Dynamik anderseits) vor die Frage nach der Transzendenz und erfordert eine entsprechende Entscheidung.

«Wenn wir die enge Lehre vermeiden wollen, die im Übernatürlichen nur eine servile Heteronomie sieht und uns die Gabe Gottes nach Art eines Jochs auflegt – so, als ob unserem Leib ein weiteres Auge oder ein dritter Arm schmerzlich aufgepfropft werden sollte – brauchen wir nicht in den gegenteiligen Irrtum zu verfallen und im Namen eines ‹Immanenzprinzips› versuchen, das Übernatürliche auf die Funktion einer höchsten Ausdehnung unseres Seins zu reduzieren, als ob die offensichtliche Heteronomie durch eine totale menschliche Autonomie aufgelöst werden müßte ... Der Sinn der *Methode* der Immanenz liegt darin, uns vor beiden

[28] Vgl. J. Schmitz, Die Fundamentaltheologie im 20. Jahrhundert, in: Bilanz der Theologie II, 1969 (s. Anm. 1), 197–245.

Extremen zu bewahren: sie bringt uns vor uns selbst und vor Gott; sie läßt uns das unendliche Mißverhältnis zwischen unserer Natur und unserer Bestimmung ermessen; sie führt uns die notwendige und heilbringende Heteronomie in ihrer ganzen Strenge vor Augen ...»[29]

Ohne eine gebührende Berücksichtigung der subjektiven Dispositionen – Gott spricht ja einen denkenden und fühlenden Menschen an und nicht einen Stein – kommt auf alle Fälle kein stichhaltiges Glaubwürdigkeitsurteil zustande. Hier liegt die entscheidende Differenz zur «objektiven» Apologetik. Das personale Moment wird in unserem Jahrhundert stark betont besonders von P. Rousselot (Les yeux de la foi, 1910), J. Mouroux (Je crois en toi, 1949), H. Bouillard (Logique de la foi, 1964, deutsch 1966), H. Schell, A. Brunner, G. Söhngen, H. U. von Balthasar, B. Welte, K. Rahner. Im allgemeinen jedoch dürfte für die kath. Theologie auch heute noch die Feststellung von K. Rahner gelten: «Das apriorische Vermögen des Glaubens selbst wird in der Theologie kaum bedacht.»[30]

Um noch kurz *das Verständnis der Verifikation des Redens von Gott im transzendental-anthropologischen Ansatz K. Rahners* aufzuzeigen, muß zuerst von Rahners Unterscheidung zwischen transzendentaler und kategorialer Offenbarung gesprochen werden.

Die Offenbarung im sogenannten transzendentalen Aspekt ist eine übernatürliche Grundbefindlichkeit des Menschen. Der transzendentale Aspekt der Offenbarung meint «die Konstitution der übernatürlich erhobenen Transzendenz des Menschen als sein bleibendes, wenn auch gnadenhaftes, aber immer und überall wirksames, auch im Modus der Ablehnung noch vorhandenes Existential, die transzendentale Erfahrung der absoluten und vergebenden Nähe Gottes, auch wenn sie nicht für jeden und in einer beliebigen Weise gegenständlich objektiviert werden kann».[31] Mit anderen Worten, es handelt sich um das, «was allen Sätzen des Glaubens als die Bedingung ihrer Möglichkeit zugrunde liegt und sie allererst zu wirklichen Worten Gottes machen kann»; die transzendentale Offenbarung ist «der übernatürliche Erfahrungshorizont apriorischer Art, das Licht des Glaubens als solches, wie die Tradition sagt».[32] Dieser transzendentale Aspekt der Offenbarung wird von Rahner immer wieder konkretisiert: etwa als «das Erlebnis der unendlichen Sehnsucht, des radikalen Optimismus, der unstillbaren Unzufriedenheit, der Qual der Unzulänglichkeit alles Greifbaren, der radikale Protest gegen den Tod, die Erfahrung, einer absoluten Liebe gegenüberzustehen, gerade dort,

[29] B. de Sailly (= Blondel), La Notion et le Rôle du Miracle, in: Annales de philosophie chrétienne, 1907, 346f. Zit. nach A. Dulles, Was ist Offenbarung?, Freiburg 1970, 101f.

[30] K. Rahner, Offenbarung, in: Sacramentum Mundi III, Freiburg 1969, 840.

[31] Ebd., 834.

[32] Ebd., 836.

wo sie von tödlicher Unbegreiflichkeit ist und von schweigender Verschlossenheit zu sein scheint, die Erfahrung einer radikalen Schuld und einer dennoch bestehenden Hoffnung usw.».[33]

Die Offenbarung im kategorialen Aspekt ist nun – anderseits – die Art und Weise, wie der Mensch seine übernatürliche Grundbefindlichkeit (= eben die Offenbarung im transzendentalen Aspekt) je nach den geschichtlichen Bedingungen zu artikulieren vermag. Der kategoriale Aspekt des Offenbarungsereignisses meint «die geschichtliche Vermitteltheit, die gegenständliche Objektivierung (der) übernatürlich transzendentalen Erfahrung ..., die in der Geschichte geschieht, als ganze die ganze Geschichte ausmacht ... und die im üblichen Sinn dort Offenbarungsgeschichte heißt, wo sie *wirklich* Geschichte der wahren Selbstauslegung dieser übernatürlich transzendentalen Erfahrung ist und nicht deren Mißdeutung und wo sie darum wirklich Ergebnis dieser transzendentalen Selbstmitteilung Gottes in der Gnade ist, darum unter dem Willen dieser Selbstmitteilung, also unter einer übernatürlichen Heilsprovidenz Gottes, geschieht und überdies als solche erfaßt wird».

K. Rahner bemüht sich dann, «die Einheit und das gegenseitige Bedingungsverhältnis zwischen transzendentaler und kategorial-geschichtlicher Offenbarung»[34] zu klären. Eine Verifikation des Redens von Gott würde nach seinem Verständnis nun dort gelingen – und dies wollen wir als entscheidenden Beitrag Rahners zu unserer Frage festhalten –, wo die «Geschichte der Selbstauslegung» des Menschen seiner «übernatürlichen Erfahrung Gottes» entspricht bzw. diese unverstellt zur Sprache bringt.

Hier ist also mit einer seltenen Deutlichkeit das Verifikationsproblem formuliert. Auf der Linie Rahners wäre nun näherhin zu fragen, wie die wahre Selbstauslegung der übernatürlich transzendentalen Erfahrung geschieht. Gelingt sie, so erweist sich offenbar das Reden von Gott als wahr. Wo läge anderseits eine Mißdeutung der übernatürlich transzendentalen Erfahrung vor? Welches sind die Kriterien für eine Unterscheidung von wahrer und mißdeutender Selbstauslegung? Wie verhält sich die übernatürlich transzendentale Erfahrung zu dem je neu und entscheidend in Jesus von Nazareth geschichtlich ergehenden Wort Gottes?

d) Die theologische Verifikation innerhalb des metaphysischen und des geschichtlichen Wirklichkeitsverständnisses (Exkurs)

Nach den bisher eher historischen Notizen zu den «epochalen Veränderungen in der Offenbarungsidee» (Avery Dulles) und damit im Verifikations-

33 K. Rahner, Schriften zur Theologie IV, Einsiedeln ⁴1964, 231.
34 K. Rahner, Offenbarung, a. a. O., 834.

anliegen versuchen wir nun, in einem Exkurs, dieses sehr komplizierte geistes- und theologiegeschichtliche Umbruchsgeschehen von der Wurzel her etwas besser zu verstehen. Im Sinne etwa von Walter Schulz, Friedrich Gogarten, Gerhard Ebeling u.a. darf man wohl sagen, daß die heutige Verschärfung in der Verifikationsproblematik nebst anderen Faktoren vornehmlich dadurch verursacht ist, daß immer deutlicher und in breiterem Umfang der Gegensatz von metaphysischem und geschichtlichem Wirklichkeitsverständnis wirksam und bewußt zu werden beginnt.

Doch, was heißt nun «metaphysisches» und «geschichtliches» Wirklichkeitsverständnis? In Schlagworten redet man zwar landauf, landab vom «Ende der Metaphysik» oder vom «Tod des metaphysischen Gottes». Aber die gemeinten Sachverhalte sind kaum erfaßt. An deren möglichst präzisem Verständnis ist aber viel gelegen. Je nachdem, ob man im metaphysischen oder im geschichtlichen Verstehenshorizont von theologischer Verifikation spricht, sind zwei grundverschiedene Geschehen gemeint. Wir sprechen deshalb hier kurz vom ursprünglichen vorphilosophischen Sprach- und Wahrheitsverständnis und skizzieren daraufhin, in zwei getrennten Schritten, das Sprach-, Wahrheits- und Gottesverständnis im Horizont der Metaphysik und im Horizont der Geschichte.

Zur Klärung der Begriffe sei vorausgeschickt: 1. «Metaphysik» besagt hier nicht etwa Ontologie oder gar Philosophie im allgemeinen. Gemeint ist mit «Metaphysik» vielmehr die dominierende Grundstruktur der griechisch-abendländischen Philosophie. – 2. Wir sprechen von einem Gegensatz zwischen Metaphysik und Geschichte, zwischen metaphysischem und geschichtlichem Denken oder Verstehen, zwischen metaphysischem und geschichtlichem Wahrheits- oder Wirklichkeitsverständnis usw. Wir sprechen aber nicht von einem Gegensatz zwischen biblischem und griechischem Denken oder von «einem alttestamentlichen und einem griechischen Quellenbereich der Wahrheit». Die letztgenannten Formeln, in der herrschenden Überzeugung von den zwei Wurzeln des Abendlandes vielgebraucht, sind sehr ungenau. Bereits in der Bibel nämlich, schon im Alten Testament und erst recht im Neuen Testament, beginnt die Verflechtung von hebräischem und griechischem Wahrheitsverständnis.

Unsere Zeit beginnt die Sprachgebundenheit des Denkens wieder zu entdecken. Damit wird aber auch der *Ursprung der Wahrheit* nicht mehr einseitig bloß in das Denken verlegt, sondern, adäquater, *in der Sprache* gesehen. Dabei zeigen die Philosophie, die sich kritisch auf ihre metaphysischen Anfänge rückbesinnt (M. Heidegger), und vor allem die Ethnologie, die Sprachwissenschaft, die Religionswissenschaft und die Kulturanthropologie, daß im vorphilosophisch-mythischen und in jedem uns bekannten nichtgriechischen Wirklichkeitsverständnis der Logos (= Rede, Wort) ursprünglich «familiär» verstanden wurde und auch das Sein-*Können* bzw. das *Werden* ausspricht. Mit anderen Worten: Der «gemeinschaftsbezogene Sprachgebrauch ... wurzelt ... in der primär aus Mann und Frau bestehenden häuslichen *Familie*. In der männlich-weiblichen Familiengemeinschaft wird jenes Sein-*können* des ganzen, Möglichkeiten und Grenzen erfahrenden Menschen eingeübt, das die Griechen als Geben und Nehmen des Logos (dunai kai dexasthai) bezeichneten. Erst aus diesem in der Gemeinschaft der Liebe (charis) zwischen Mann und Frau, in ihrem wechselseitigen *Sich*-geben und -nehmen sich vollziehenden Logos gliedern sich gleich ursprünglich oder nachträglich andere Weisen des Logos, z. B. das Geben und Nehmen von Recht, das Rechenschaftgeben über eine (Streit-) Sache, das dialektische Lehrgespräch der Philosophen, das Gespräch über den Tod, das Wechselgespräch schuldverstrickter Menschen (wie in der attischen Tragödie), ja sogar die Erfahrung eines Gesprächs ... der Götter mit den Menschen usw., aus ... Dieser dialektische Aus- und Rückgang des Geistes vollzieht sich aber im Medium des dialégesthai, der menschlichen Sprache.»[35]

Im metaphysischen Wirklichkeitsverständnis der Griechen hingegen werden *Sein und Werden getrennt*. Das Sein wird für höher erklärt als das Werden. Der Logos als «Denken» des Seins bzw. der unveränderlichen, ewigen Ideen steht weit über dem Logos als «Ansprechen» oder «Andeuten» des bloß Besonderen und Individuellen an den Dingen. Damit verarmt auch das Sprechen, indem es mit Urteilen identifiziert wird. Der Ort der Wahrheit ist dann, in notwendiger Konsequenz, ausschließlich die bejahende oder verneinende Aussage.

G. Ebeling charakterisiert das metaphysische Wirklichkeitsverständnis einmal so: «Metaphysik ist das Grund-Verständnis im Horizont der Vernunft, dementsprechend der *Mensch* als vernünftiges und gemäß seiner Rationalität (als Herr auch seiner selbst) tätiges Subjekt außer Frage steht, das *Sein* als dem Denken korrespondierendes Vorhandensein des gegenständlich Selbständigen unter Absehen von der Zeit vorausgesetzt ist, die *Sprache* als Aussage- («Kategorien») und Bezeichnungsfunktion verstanden wird und deshalb *Wahrheit* ihren Ort hat im Bereich des Vorgestellten.»[36]

Dieses metaphysische Wirklichkeitsverständnis dürfte ungefähr mit Par-

[35] F. K. Mayr, Sprache, Sprachphilosophie, in: Sacramentum Mundi IV, Freiburg 1969, 695 f.
[36] G. Ebeling, Theologie und Philosophie, in: RGG³ VI, Tübingen 1962, 825.

menides (gest. ca. 450 v. Chr.) seine ersten Anfänge gehabt haben, wurde dann für das abendländische Denken bestimmend und ist auch heute noch das vorherrschende. Für die Verifikation des Redens von Gott ist es unerläßlich, zu sehen, wie die hebräisch-geschichtliche Wirklichkeits- und Gotteserfahrung in der abendländisch-christlichen Tradition diesem metaphysischen Wirklichkeitsverständnis eingepaßt wurde. Die geschichtliche Gotteserfahrung der Bibel, von der wir gleich noch sprechen werden, wird überwuchert vom Gott der Metaphysik, der etwa folgendermaßen charakterisiert werden kann: «Der metaphysische Gott ist das erschlossene Weltprinzip, dessen ‹Natur› es ist, der ewige, dem Zeitlichen ferne, unveränderliche, eigenschaftslose, unbegreifliche, unpersönliche Grund der Welt zu sein, den zu erkennen die Rückkehr aus dem Vergänglichen über die zeitlosen Wahrheiten in den wahren Seinsgrund ist.»[37]

In einem *geschichtlichen Wirklichkeitsverständnis* besinnt sich heute die Theologie wieder vermehrt auf die ursprüngliche hebräisch-biblische Gotteserfahrung zurück. Im Gegensatz zum metaphysisch-statischen Verständnis der Griechen wird die Wahrheit von den Hebräern dynamisch-geschichtlich erfahren. Ämät (= Wahrheit) wird abgeleitet von einem Verb, das «fest sein, tragfähig sein» bedeutet. Wahr ist das, was allen Wandel des Geschehens übersteht. Fragt der Hebräer nach Wahrheit, dann wirft er je einen Blick auf das gegenwärtig Geschehende einerseits und das in der Zukunft Bevorstehende anderseits und fragt sich dann: «Was wird vom heute Erfahrenen, Geschehenen oder Gesprochenen morgen wohl noch Bestand haben?» Wird die Wahrheit derart dynamisch erfahren, dann ist sie ob ihrer Zukunftsperspektive nie ganz zu übersehen und erfordert deshalb Vertrauen. Sie ist zwar eine Sache des Nachsinnens, vor allem aber der Tat.

Wird nun Wahrheit von Gott ausgesagt – z. B. ämät sind die Werke seiner Hände (Ps 111,7f); Gottes Weg ist ämät (Ps 25,10 und öfter) –, dann sind analog die gegenwärtigen Schöpfungstaten Gottes gemeint im Sinne des Zukunftsträchtigen und Verläßlichen. Die Schöpfungstaten Gottes sind wiederum nicht berechenbar, sondern stets überraschend neu. Einsicht, Gewißheit oder Freude über das Handeln Gottes im Heute dispensieren deshalb wiederum nicht vom Vertrauen auf seine Tat in der Zukunft.[38]

[37] Ebd., 798.

[38] Vgl. K. Koch, Der hebräische Wahrheitsbegriff im griechischen Sprachraum, in: Was ist Wahrheit? Hamburger theologische Ringvorlesung, hrsg. v. H.-R. Müller-Schwefe, Göttingen 1965, 47–65.

e) Das Unterscheiden von «Gott» und Gott

Das metaphysische Reden von Gott – als von dem höchsten Seienden, dem Ewigen und allem Zeitlichen Fernen – und das biblisch-geschichtliche Reden von Gott – als von dem Zeitlichen, d.h. in der Geschichte erfahrbar Handelnden – bilden nun etwa nicht zwei säuberlich getrennte Sprachbereiche. Diese zwei grundverschiedenen Typen des Redens von Gott haben in unserer Tradition vielmehr eine Mischsprache gebildet.

Diese Sprachvermischung und ihre schweren Folgen lassen sich in Kürze wohl folgendermaßen charakterisieren: «Die Verkündigung ist jederzeit Anfechtungen ausgesetzt und von Mißverstehen bedroht, auch in Zeiten scheinbar problemloser Verstehensmöglichkeit. Trotzdem gilt in bestimmter Hinsicht: Das Predigen ist heute schwerer geworden, weil die Verstehenssituation in bezug auf die christliche Verkündigung problematischer geworden ist. Wir bringen einen hochkomplizierten, umfassenden geistesgeschichtlichen Umbruch auf eine vielleicht allzu einfache Formel, die sich aber dem Nachdenken als zuverlässiger Wegweiser bewährt, wenn wir sagen: Das traditionelle metaphysische Wirklichkeitsverständnis wird abgelöst durch das geschichtliche Wirklichkeitsverständnis. Ich formuliere präsentisch, weil der Vorgang, obschon Jahrhunderte im Gang, immer noch nicht ausgetragen ist, viele Mischformen erzeugt und seine Erfassung immer noch strittig ist. Alle Schwierigkeiten, mit denen heute die Verkündigung zu tun hat, hängen in irgendeiner Weise mit diesem Umbruch zu radikal geschichtlichem Denken zusammen. Als Aussage über das Geschehen an der Wurzel erhebt sie freilich nicht den Anspruch, die Oberflächenerscheinungen zu beschreiben. Aber auch diese verraten, daß in der Tiefe ein Faktor aufgetreten ist, der nur noch ein gebrochenes Verhältnis zur christlichen Sprachtradition zuzulassen scheint.»[39]

Doch hier darf die Theologie nicht resignieren. Sie muß, ob der enormen Konsequenzen für das christliche Leben, unterscheiden lernen zwischen dem letztlich unchristlichen metaphysischen Gott und dem Gott der biblisch-geschichtlichen Offenbarung. Offenbart sich huldreich der metaphysische Gott, dann wird er manifest, handgreiflich; die Vernunft kann ihn gleichsam photographieren. Gibt sich hingegen der biblisch-geschichtliche Gott kund, dann bleibt er in seiner Offenbarung dialektisch der stets Verborgene. Erst durch ein Unterscheiden zwischen dem metaphysischen und

[39] G. Ebeling, Theologie und Verkündigung, Tübingen ²1963, 2f.

dem biblisch-geschichtlichen Gott kann unser christliches Reden von Gott sich wieder entwirren und verständlicher werden.

Das genannte Unterscheiden ist nur ein Anwendungsbereich der traditionellen Tugend der discretio spirituum, der Unterscheidung der Geister. In der Verantwortung des Glaubens (1 Pt 3, 15 f) ist der christliche Gott von einem jedem anderen Gott (= «Gott» in unserer Kapitelüberschrift) zu unterscheiden. Einen Gott hat ja jeder Mensch, auch wenn er nicht von Gott reden kann oder will. «Worauf du nun ... dein Herz hängest und verlässest, das ist eigentlich dein Gott» (M. Luther). So ist etwa im Gespräch mit der heutigen Religionskritik, wie sie hauptsächlich durch K. Marx, S. Freud und Fr. Nietzsche neue Impulse erhielt, nach dem supponierten Gottesverständnis zu fragen und davon der Gott des Jesus von Nazareth zu unterscheiden. Der Gott Jesu von Nazareth ist aber auch, in einer stets neu erforderten christlichen Selbstkritik, jedem Reden von Gott in der christlichen Tradition (selbst der biblischen Tradition) gegenüberzustellen. Die jeweils zeitbedingten Vorstellungen der verschiedenen christlichen Traditionen, die wir aus der Geschichte zu Gehör bekommen, tun nämlich den Gott Jesu von Nazareth nicht nur kund, sie übermalen und verfremden ihn auch für Menschen anderer Zeiten.

Aber wie geschieht nun dieses Unterscheiden von «Gott» und Gott? Welches ist, präziser gefragt, das Kriterium (= die Norm, der Maßstab, die Regel) eines rechten Unterscheidens? Darauf können wir thesenförmig einstweilen antworten: Das Kriterium zu einem rechten Unterscheiden zwischen christlichem und nichtchristlichem Reden von Gott ist die Gotteserfahrung oder, mit anderen Worten, das Gottesverständnis oder der Glaube des historischen Jesus von Nazareth.

Beobachtet man vorerst einmal anhand ganz elementarer Sachverhalte, wie wir zur Wahrheitsfindung stets unterscheiden müssen, dann stellt man leicht fest, daß wir dabei immer auf eine letzte, nicht mehr hinterfragbare Erfahrung verwiesen werden. Wer etwa Salz von Zucker unterscheiden will, ist auf die Erfahrungen seines Geschmacksinnes verwiesen. In seinem sprichwörtlich gewordenen Urteilspruch über die zwei Dirnen bestand für Salomon (nach 1 Kg 3, 26) das Kriterium in der Liebe zum Kind. Eine Erfahrung ist in diesen Fällen also stets das Kriterium rechten Unterscheidens.

Ähnlich verdankt sich nun auch das rechte Reden von Gott einer Erfahrung. Diese Erfahrung besteht, primär, in der Erfahrung Gottes von seiten Jesu, die wir dann, sekundär, in unserem Glauben mit Jesus teilen dürfen, sofern wir als Christen in seiner Nachfolge zu stehen versuchen. Gelangt die Gotteserfahrung Jesu von Nazareth nämlich auch für uns zur Evidenz, d.h.

vermag sie unser eigenes Gewissen zu behaften, dann wird diese Gotteserfahrung Jesu – mittels unserer Gewissensbehaftung, mittels unserer Gotteserfahrung – auch zur Richtschnur der sprachlichen Artikulation in unserem Reden von Gott. Und dies inmitten alles anderen, verwirrenden und anfechtenden Redens von Gott. Theologisch kann man dann in einer Abbreviatur von der *Verifikation unseres Redens von Gott durch den Erfahrungsanhalt an Jesus von Nazareth* sprechen.

Man darf sich übrigens nicht durch dogmatische Vorurteile davon abhalten lassen, vom Glauben Jesu zu sprechen. «Es gibt, geschichtlich gesehen, einen ganzen Zug von Gestalten des Glaubens, in denen diese von Ihnen geschilderte Möglichkeit» einer vollendeten, personalen Beziehung zu Gott «uns als Realität exemplarisch vor Augen steht; denken Sie an Jesus von Nazareth allen voran. Es war merkwürdigerweise in der Dogmatik üblich zu sagen, Jesus habe nicht geglaubt, sondern habe immer in der Anschauung des Vaters gelebt. Sehen Sie, das ist ein Musterbeispiel für eine verengte Glaubensvorstellung. Wenn man Glauben ... versteht ... als radikales existentielles Gründen, als dialogische Entscheidung und personale Geschichte, dann war Jesus der Glaubende schlechthin. Sein ganzes Leben besteht nur im Leben jener Beziehung zwischen dem Vater und ihm auf die Menschen hin. Er war der radikal Glaubende, und deshalb wird er auch im Hebräerbrief der Anführer und der Vollender des Glaubens genannt. Wer also wissen will, was Glauben konkret in einem menschlichen Dasein bedeutet, muß hinschauen auf das, was uns von Jesus von Nazareth bezeugt wird.»[40]

Ist nun der Glaube Jesu das Kriterium unseres Sprechens von Gott, so stehen wir vor der Frage, wie sich dieser Glaube Jesu für uns vergegenwärtigt, wie er aus der Tradition von Jesus her uns zugesprochen wird. Diese eine Frage fächert sich allerdings wieder auf in vielfältige und heikle hermeneutische Detailfragen, die man etwa unter den Stichwörtern «existentiale Interpretation» oder «Entmythologisierung» zu resümieren pflegt,[41] die hier aber nicht mehr weiter erörtert werden können. Wichtig ist es für uns jetzt, vor allem zu verstehen und daran festzuhalten, daß dort, wo das Gottesverständnis Jesu als entscheidendes Kriterium unseres Redens von Gott genannt wird, die Übereinstimmung mit Jesus nicht auf der Ebene der zeitbedingten Vorstellungen oder Verhaltensregeln gesucht wird. Hätte Jesus z. B. in seiner Naherwartung mit einem zeitlich-nahen Termin des

[40] H. Fries, in: H. Fries antwortet E. Simons. Was heißt glauben? Glaubensverständnis in einer säkularisierten Welt, Düsseldorf 1969, 53.

[41] S. unten S. 189–191.

Weltendes gerechnet – was mindestens sehr wahrscheinlich ist[42] –, könnten wir diese Vorstellung Jesu gewiß nicht mehr teilen. Die sachliche Identität des Glaubens liegt, soweit sie überhaupt möglich ist, primär im Bereich einer Erfahrung, eben jenes vitalen Hangens an Gott, das wir von Jesus lernen möchten. Vielleicht kann das gleich folgende Beispiel für die fundamentaltheologische Rechenschaft in der Gottesfrage auch dazu ein Hinweis sein.

f) Zum «erloschenen Vaterbild» (ein Beispiel)

In den verschiedensten Disziplinen wird heute von der Krise des Vaterbildes gesprochen. Für die Sozial- und Tiefenpsychologie können wir z. B. A. Mitscherlich hören: «Es ist ... an ein Erlöschen des *Vaterbildes* zu denken, das im Wesen unserer Zivilisation selbst begründet ist und das die unterweisende Funktion des Vaters betrifft: Das *Arbeitsbild* des Vaters verschwindet, wird unbekannt. Gleichzeitig mit diesem von geschichtlichen Prozessen erzwungenen Verlust der Anschauung schlägt die Wertung um. Der hymnischen Verherrlichung des Vaters – und des Vaterlandes! – folgt in der Breite ein ‹sozialisierter Vaterhaß›, die ‹Verwerfung des Vaters›, die Entfremdung und deren seelische Entsprechungen: ‹Angst› und ‹Aggressivität›.»[43] «Dann aber taucht der Vater häufig nur noch als ein Schreckgespenst in der Welt des Kindes auf. Jedenfalls ist dies so in unserem vom *väterlichen* Autoritätsgehaben durchsäuerten Kulturmilieu, während in dem in der Vaterverachtung fortgeschritteneren Amerika der Vater eher parodistisch gesehen wird.»[44] Nebst dem Vater als Schreckgespenst ist also vor allem die Entleerung der Vaterautorität zu beachten: «Die heutige amerikanische Kultur wird nicht mehr durch eine Rivalität mit dem Vater bewegt, die aus der Ambivalenz zwischen ‹Vaterverehrung› und ‹Vaterhaß› ihr Gefälle bezöge; es geschieht vielmehr etwas, was ganz anderswo zentriert ist und nebenbei auch eine recht wenig affektbetonte Nichtbeachtung des Vaters in sich einschließt.»[45]

Nun ist aber unsere Gottesvorstellung wesentlich geprägt vom familiären Vatererlebnis. Die «Schwierigkeiten mit dem Vater» betreffen also auch

[42] Vgl. J. Jeremias, Neutestamentliche Theologie. Erster Teil: Die Verkündigung Jesu, Gütersloh 1971, 132–141, bes. 139.

[43] A. Mitscherlich, Auf dem Weg zur vaterlosen Gesellschaft. Ideen zur Sozialpsychologie, München 1963, 180.

[44] Ders., ebd., 192.

[45] Ders., ebd., 187. – Vgl. dazu M. Rijk, Die Rolle des Vaters in der heutigen Kultur, in: Concilium 7 (1971) 304–314; J. David, Die Rolle des Vaters in der heutigen Kultur, in: Orientierung 35 (1971) 199–202.

Gott. Auch wenn man nicht undifferenziert der Meinung S. Freuds ist, Gott sei «psychologisch nichts anderes als ein erhöhter Vater» und vor allem vom Ödipuskomplex her zu beurteilen,[46] wird sich die Theologie nach gut sechs Jahrzehnten freudscher Religionskritik und angesichts der eben angeführten sozialpsychologischen Ergebnisse doch ernsthaft zu fragen haben, wie man weiterhin noch vom Vatergott sprechen kann. Ja, wer ernst macht mit der Inkarnation und damit mit der sozialen und sprachlichen Endlichkeit Jesu, wird unumwunden auch fragen müssen, ob wir überhaupt noch Jesu ureigenstes Reden vom Vater – «Abba» = «mein lieber Vater»[47] – teilen dürfen. Übertrügen sich dabei die dem Vater geltenden Aggressivitäten des Kindes nicht auf den Vatergott? Ließen die Identifizierungen des Kindes mit einem «weichen» oder gleichgültigen Vater nicht einen sentimentalen «lieben Gott» oder einen gleichgültig abwesenden «deistischen» Gott entstehen? «Aber vorläufig müssen wir davon ausgehen, daß auch die zur Zeit üblichen undramatischen Notlösungen, die überforderte, bedrängte oder gleichgültige Väter in immer höherem Maße vorziehen, Arrangements nämlich, die leben lassen, um leben zu können, die religiöse Vaterproblematik eher noch erschweren. Schuf sich der Mensch, der sich bewußt oder unbewußt an seinem Vater orientierte, früher ein falsches Gottesbild, so provoziert dieser sich schlecht und recht arrangierende Vater noch selten einen analogen bequemen Gott, sondern meist gleich seine Leugnung – oder nicht einmal das: das Ende des Problems. – Fazit: Väter sind gefährlich. Sie eignen sich selten dazu, die Gottesvorstellung zu präformieren.»[48]

Für eine strenge Kontrolle unserer Vatervorstellung spricht schon die Bibel. Mt 23,9 – «nur ein einziger ist euer Vater: der im Himmel» – warnt davor, unser abendländisches Vaterbild voreilig mit Gottes Vaterschaft zu identifizieren. Erstaunlich ist des weiteren der sparsame Gebrauch der Vatervorstellung für Gott im Alten Testament. Haben die Frommen des Mittleren Orientes überall und zu allen Zeiten den Vaternamen benützt, wenn sie die Gottheit benannten, so fehlt der auf Gott bezogene Name «Vater» völlig in den älteren Schichten des Alten Testamentes. Dies vielleicht ob der damit in der Umwelt Israels verbundenen Fruchtbarkeitsvorstellungen. Wird dann später Gott biblisch «Vater» genannt, dann sind in einem solchen Vaternamen noch die matriarchal-weiblichen Momente integriert (vgl. Jes

46 Vgl. J. Scharfenberg, Sigmund Freud und seine Religionskritik als Herausforderung für den christlichen Glauben, Göttingen 1968, 140.

47 Vgl. J. Jeremias, a. a. O., bes. 67–73.

48 W. Dirks, Unser Vater. Bemerkungen zur Glaubenskrise, in: Hochland 63 (1971) 21 f.

49,15; 66,13; Mt 23,37). Unter dem Einfluß der griechischen Anthropologie, für die der Vater biologischer Erzeuger und (im besten Fall noch fürsorglicher) Besitzer der Familie ist, wurden die weiblich-mütterlichen Elemente aber bald weitgehend zum Verschwinden gebracht bzw. durch eine bedenkliche Mariologie ersetzt (Maria als Muttergöttin-Ersatz). «So konnte z.B. Thomas von Aquin ... nur dem Männlich-Väterlichen, nicht dem Weiblich-Mütterlichen einen analog zu denkenden Ursprung im innertrinitarischen Leben Gottes zusprechen: ‹In generatione Verbi Dei non competit ratio matris, sed solum patris› (S.c.G. IV c. 11).»[49]

So muß man also in der traditionell-neuzeitlichen Schultheologie ein sehr verarmtes und degeneriertes Vaterbild feststellen. Die verschiedenen Disziplinen, die sich mit ihm beschäftigen (wie Sozial- und Tiefenpsychologie, Soziologie, Ethnologie) machen gerne darauf aufmerksam. Die Theologie wird aber ihrerseits darauf hinweisen müssen, wie der besonders von Freud und seinen Nachfahren bekämpfte Vatergott eine noch weit schlimmere Karikatur des biblischen Vaterbildes darstellt. In seiner großen Freudstudie kommt der Philosoph P. Ricœur nicht um die harte Feststellung herum: «Freud décide une fois pour toutes que seules sont proprement religieuses les représentations qui procèdent manifestement de ce prototype: un être puissant qui commande à la nature comme à un empire, qui annule la mort et qui répare les peines d'ici-bas, voilà tout ce que Dieu peut être, s'il doit être Dieu.»[50]

Nach dem vor allem sozialen und politischen Mißbrauch des biblischen Vaterbildes in Staat und Kirche – die Schwierigkeiten mit dem «Heiligen Vater» z. B. kommen nicht von ungefähr – und nach dem Freudschen Ikonoklasmus sucht man heute wieder nach einem integralen Vatersymbol. Man versucht, die im synkretistischen Vatersymbol verdeckte «umstürzende, *neue* Information» der Parabel vom verlorenen Sohn wieder freizulegen. Dabei soll «die uneigennützige Liebe als definitorisches Element»[51] der Rede Jesu vom Abba wieder zur Geltung gebracht werden. Für eine «seconde naïveté ... post-critique», d.h. für eine «intelligence qui pense selon les symboles»[52] scheinen uns dabei zwei Fragen besonders wichtig.

Zum ersten: Wie läßt sich nach der patriarchalisch-männlichen Fixierung des Vatersymbols das mütterliche Element integrieren? Wie kann der

[49] F.K.Mayr, a.a.O., 704. Vgl. ders., Geschichte der Philosophie I: Antike, Kevelaer 1966, 101–104.

[50] P. Ricœur, De l'interprétation. Essai sur Freud, Paris 1965, 523.

[51] W. Dirks, a.a.O., 17 u. 18.

[52] P. Ricœur, a.a.O., 477f u. 507.

Mensch, der ja nur als Mann *und* Frau Gottes Ebenbild ist (Gn 1,27), an einen väterlich-mütterlichen Gott glauben, ohne daß Gott als Hermaphrodit erneut entstellt würde? Die Mischvorstellung eines Zwitters wäre eine Anomalie.[53]

Zum anderen: Wie finden wir wieder zu dem wirklich sterbenden Gott? Zu einem Gott nämlich, der nicht nur seinen Sohn sterben läßt, sondern der auch selber stirbt. Nur ein selber sterbender Gott kann uns wieder zur Gestalt von Güte und Barmherzigkeit werden. Die Läuterung unserer Begierden – d.h. unserer maßlosen Wunschvorstellungen, die den Konflikt mit dem Vater verursachen und sich im Vatersymbol niederschlagen (Ödipuskomplex) – geschieht in der Annahme der Sterblichkeit des Vaters, gab P. Ricœur in einem programmatischen Vortrag den Christen wieder neu zu bedenken. «La rectification du désir passe par l'acceptation de la mortalité du père.»[54]

II. DAS REDEN VON GOTT IN EINER SÄKULARISIERTEN WELT

Nach unseren bis anhin eher formalen Erörterungen zur Verifikation des Redens von Gott versuchen wir jetzt, konkret unsere heutige Situation ins Auge zu fassen. Wir sprechen zuvor von der Säkularisierungserfahrung, in der das supranaturalistische Gottesbild zerbricht. Von einer Besinnung auf Jesus von Nazareth erhoffen wir uns dann neue Hilfe für ein christliches Reden von Gott heute.

1. Das Zerbrechen des traditionellen Gottesbildes in der Säkularisierungserfahrung

a) Die Säkularisierung als historischer Prozeß

Was heißt Säkularisierung? Diesem vielzitierten Schlagwort droht zunehmend eine Sinnentleerung. «Säkularisierung» und seine Derivate leiten sich ab von saeculum (saecularis), was vorerst Jahrhundert und dann in über-

[53] Vgl. W. Dirks, a.a.O., 23f.

[54] P. Ricœur, Le conflit des interprétations. Essais d'herméneutique (Ges. Aufsätze), Paris 1969, 481. Vgl. ebd. bes. den Aufsatz «La paternité: du fantasme au symbole», 458–486. Und siehe unten S. 144–147.

tragener Bedeutung Weltzeit und Welt meint. Säkularisierung bedeutet somit etymologisch «Verzeitlichung» oder «Verweltlichung».

Begriffsgeschichtlich findet man bei den Verhandlungen zum Westfälischen Frieden 1646 zum erstenmal den politisch-rechtlichen Begriff Säkularisation, der die Einziehung kirchlicher Güter für weltliche Zwecke bezeichnet, dann im frühen 19. Jahrhundert umgeprägt wird zur philosophie- und kulturgeschichtlichen Kategorie (als Bezeichnung und Programm kulturpolitischer Emanzipation) und heute als zeitdiagnostischer, soziologischer und theologischer Begriff verwendet wird.

Wir sollten heute unterscheiden zwischen Säkularisierung, Säkularität und Säkularismus. Mit «Säkularisierung» meint man den Vorgang der Emanzipation der Welt aus religiöser Gebundenheit. Es geht um den Prozeß der Loslösung (oder der Entbindung, oder des Selbständigwerdens) der verschiedenen Elemente des menschlichen Lebensbereiches (wie etwa Anschauungen, Gesellschaftsformen, Sitten usw.) oder des ganzen menschlichen Lebensbereiches aus der Bestimmung durch die Religion. – «Säkularität» bezeichnet das Ergebnis des Säkularisierungsprozesses, d.h. also die Mündigkeit der Religion gegenüber. – «Säkularismus» ist ein wertender Begriff. Er meint eine Verfälschung der grundsätzlich als legitim anerkannten Säkularität dadurch, daß die Mündigkeit der Religion gegenüber zum Prinzip einer Heilslehre, zu einer Weltanschauung oder Ideologie deformiert wird.

Die mangelnde Präzision im Begriff der Säkularisierung weist auf Unklarheiten der Sache hin, auf ungelöste Sachprobleme. Die Säkularisierung ist nämlich ein noch nicht abgeschlossenes Geschehen, dessen eigentliche herausfordernde Zuspitzung uns wahrscheinlich erst noch bevorsteht.[55]

Bis zum Beginn der Neuzeit war die säkularistische Kritik, die es immer in der Religionsgeschichte gab, stets eine vorübergehende und einzelne Erscheinung. Zu sehr waren die Welterklärung und die Deutung des menschlichen Lebens auf die Mythologien angewiesen. Das Zusammenleben brauchte religiös geprägte Formen, und der Umgang mit der Natur war nur zu lernen nach magisch bestimmten Vorschriften. In der Neuzeit aber wird immer radikaler ein Feld der menschlichen Wirklichkeit nach dem andern dem Einfluß der Religion entzogen.

Im Abendland verläuft die Geschichte der Säkularisierung durch drei Hauptstadien: neutestamentliche Zeit – Patristik bis Neuzeit – Neuzeit. Es

[55] Vgl. A. Keller, Säkularisierung, in: Sacramentum Mundi IV, 360–372; E. Schillebeeckx, a.a.O., 49–79. 142–174; G. Ebeling, Profanität und Geheimnis, in: Wort und Glaube II. Beiträge zur Fundamentaltheologie und zur Lehre von Gott, Tübingen 1969, 184–208.

könnte dies genauer veranschaulicht werden anhand der bekannteren Gegensatzpaare unseres Wirklichkeitsverständnisses, die jeweils eine profane und eine religiöse Seite haben: Wissen – Glauben, Natur – Gnade, Staat – Kirche, Diesseits – Jenseits usw. Wie verhalten sich jeweils in den genannten drei Hauptstadien der Säkularisierung Wissen und Glaube zueinander, wie Natur und Gnade usw.? Wir wählen als einziges Beispiel das Verhältnis von Staat und Kirche:

In der neutestamentlichen Zeit herrscht eine klare Einsicht in die Andersartigkeit des profanen und des religiösen Bereiches. Es findet keine gegenseitige Verdrängung statt, wenn auch die weltliche Ebene durch die religiöse stark relativiert wird. Zum Verhältnis Staat–Kirche heißt es: «Gebt dem Kaiser, was des Kaisers ist, und Gott, was Gottes ist» (Mk 12,17). – Von der Patristik bis zur Neuzeit ist eine Vorherrschaft des religiösen über den weltlichen Bereich zu konstatieren. Das Verhältnis Staat–Kirche wird in der Gefolgschaft Augustins so bestimmt, daß die civitas dei der civitas terrena übergeordnet ist. Das weltliche Schwert hat zu dienen. – In der Neuzeit findet zunehmend die Ablösung des weltlichen Bereiches vom religiösen statt. Seit der imperialen Auslegung der Zwei-Schwerter-Lehre im Investiturstreit, die das «Gottesgnadentum» der Fürsten unabhängig von der Kirche begründet, schwindet stetig der politische Einfluß der Kirche.

In diesem Prozeß der Säkularisierung wurde vor allem eine bestimmte Vorstellung vom Verhältnis Glauben–Welt zum Problem: die Meinung nämlich, daß mit dem Schwinden des angeblich unerläßlichen Einflusses, den die institutionalisierte Religion auf den weltlichen Bereich ausübte, für den Glauben überhaupt jeglicher Wirklichkeitsbezug verlorengehen würde. Diese Vorstellung scheint ein geheimer, mehr oder weniger erkannter Grund gewesen zu sein, weswegen die Kirche sich fast durchwegs auch gegen die legitimen Formen der Säkularisierung sträubte.

Ist nun durch die Säkularisierung die Gotteserfahrung der Christen so zusammengeschrumpft, wie gelegentlich Dietrich Bonhoeffer, fast entmutigt, meint feststellen zu müssen? «Ich schreibe gegenwärtig» – in der Haft, 1944 – «die Auslegung der ersten 3 Gebote. Dabei fällt mir das erste besonders schwer. Die übliche Auslegung des Götzendienstes auf ‹Reichtum, Wollust und Ehre› scheint mir garnicht biblisch. Das ist eine Moralisierung. Götzen werden *angebetet*, und Götzendienst setzt voraus, daß Menschen überhaupt noch etwas anbeten. Wir beten aber garnichts mehr an, nicht einmal Götzen. Darin sind wir wirklich Nihilisten.»[56]

[56] D. Bonhoeffer, Widerstand und Ergebung, München 1970, 368 (ältere Ausg. S. 225).

b) Die Gottestod-Theologie

Das augenfälligste Symptom für unsere durch die Säkularisierung zerbrechenden Gottesbilder ist die Diskussion in der «Gott-ist-tot-Theologie». Statt von einer «Gott-ist-tot-Theologie» sprechen wir vielleicht besser von der «Gottestod-Theologie», weil damit (1.) weniger ein statisch schon vollendeter Tod Gottes insinuiert wird und (2.) auch die Vorgeschichte der Theologie des «Todes Gottes» mitbezeichnet werden kann. Zu dieser Vorgeschichte werden gewöhnlich genannt: Jean Paul mit seiner «Rede des toten Christus vom Weltgebäude herab, daß kein Gott sei», G.W.F. Hegel mit seiner Äußerung über den «spekulativen Karfreitag» und Friedrich Nietzsche mit seiner Erzählung «Der tolle Mensch».[57] Die Gottestod-Theologen, von denen wir jetzt sprechen, verstehen sich weiterhin, obwohl ihr Gott gestorben ist, als «Gottesgelehrte». Und sie verstehen sich auch weiterhin als Christen, weil sie sich so oder so auf Jesus oder Christus berufen. Wir lassen nun einige der «harten Radikalen» etwas ausführlicher zu Worte kommen und versuchen dabei zu hören, wie sich die Säkularisierung bzw. der Säkularismus in ihrer Theologie ausgewirkt hat.

William Hamilton, einer dieser Gruppe, gibt folgende Selbstcharakterisierung: «Es lohnt sich vielleicht, zwischen den theologischen oder ‹harten› Radikalen ... und den ‹weichen› Radikalen zu unterscheiden. Weiche Radikale haben meist keine Schwierigkeiten mit der Botschaft, sondern mit den Mitteln, durch die die Botschaft weitergegeben werden soll. Sie sorgen sich um die richtige institutionelle Gestalt, um das Problem der Kommunikation, um Hermeneutik, Säkularismus und um den modernen Menschen. Sie haben das Evangelium, doch sie mögen die alten Worte nicht. Sie haben Gott, doch manchmal reden sie aus strategischen Gründen nicht von ihm. – Die harten Radikalen interessieren die Fragen der Kommunikation wirklich nicht. Es geht ihnen nicht darum, daß die alten Formen überholt sind oder daß man für den modernen Menschen da sein muß, sondern darum, daß die Botschaft in sich selbst problematisch ist. Die harten Radikalen verbindet – trotz der Verschiedenartigkeit ihrer Sprache – ein gemeinsamer Verlust... Dieser Verlust Gottes, der oft mit dem Wort vom ‹Tod Gottes› beschrieben

[57] Vgl. hierzu und zum Folgenden: J. Bishop, Die «Gott-ist-tot»-Theologie, Düsseldorf 1968; F. Buri, Gott in Amerika. Amerikanische Theologie seit 1960, Bern-Tübingen 1970; S. Daecke, Der Mythos vom Tode Gottes. Ein kritischer Überblick, Hamburg 1969; H. Thielicke, Der Evangelische Glaube. Grundzüge der Dogmatik I, Tübingen 1968, 305–565; W. Hartmann, Was kommt nach dem «Tode Gottes»? Dialektische Unterhaltung mit einem Trend theologischen Denkens, Stuttgart 1969.

wird, ist eine einigende Kraft in der radikalen Theologie, aber auch der entscheidende Stein des Anstoßes für ihre Kritiker.»[58]

Für *Paul M. van Buren* ist, von seinem sprachphilosophischen Positivismus her gesehen, jede Metaphysik sinnlos. So ist auch «das *Wort* ‹Gott› tot».[59] Deswegen kann man gar nicht über Theismus oder Atheismus diskutieren. Übrig bleibt allein, die Theologie in Ethik zu verwandeln.

Für die Radikalen *William Hamilton* und *Thomas Altizer* ist nicht nur das Wort «Gott» tot, sondern *Gott selbst* ist gestorben. Wie kommen sie zu dieser Aussage? Es gehe etwas schleierhaft zu, meinte Fritz Buri, als er ironisierte, hier werde «ohne jegliche hermeneutische Hemmung mitten in einer alle Metaphysik und Theologie ausschließenden säkularistisch-positivistischen, entmythologisierten Umgebung die höchst metaphysisch-theologische, mythologische Botschaft vom ‹Tode Gottes› als ein neues Evangelium verkündet. Der Säkularismus dieser ‹Gottestod-Theologie› kommt eben nicht so sehr von der empirisch-logischen, wissenschaftlich-positivistischen Form der Sprachanalyse her ... Der Säkularismus, mit dem wir es hier zu tun bekommen, gründet in einer spezifisch antireligiösen Einstellung, für die die Religion menschliche Erfindung, Illusion, Flucht aus der Wirklichkeit und darum – um der Verwirklichung des Menschseins in der Welt willen – ein zu beseitigendes Truggebilde darstellt.»[60]

Für *William Hamilton* ist also nicht nur ein bestimmtes Gottesbild zerbrochen, etwa das metaphysische oder a-theistische eines Paul Tillich oder John A.T. Robinson. «Die harten Radikalen verbindet ... ein gemeinsamer Verlust. Nicht der Verlust von Idolen oder der Verlust des theistischen Gottes, sondern der wirkliche Verlust von wirklicher Transzendenz. Es ist der Verlust Gottes.»[61] Doch in der Zeit des Todes Gottes wartet Hamilton auf ein neues Kommen Gottes. Deswegen kann man sich Gottes freuen. So sagte, vielleicht etwas widersprüchlich, Hamilton mindestens vor rund zehn Jahren. Wie dem auch sei, auf alle Fälle bleibt man an Jesus gebunden. Theologie soll deshalb in Christologie umgewandelt werden.

Thomas Altizer sieht im Tode Gottes ein zeitlich fixierbares, historisches Ereignis: der Gott der Christenheit ist gestorben. Weil nun der jenseitige Gott tot ist, bleibt allein ein Diesseits übrig: «Ein volles Jasagen zur unmittelbaren Gegenwartswirklichkeit verwandelt Transzendenz in Immanenz, und absolute Immanenz tritt als letzte kenotische Umwandlung des Geistes in Fleisch zutage.» Zu einer solchen Welt ist dann unbedingt Ja zu sagen: so lautet das in der Christologie noch übriggebliebene, von Jesus von Nazareth gelöste und abstrakt-mythische Chri-

[58] W. Hamilton, Die Gestalt einer radikalen Theologie, in: Theologie im Umbruch, hrsg. v. D. Peerman, München 1968, 75.

[59] P.M. van Buren, Reden von Gott – in der Sprache der Welt. Zur säkularen Bedeutung des Evangeliums, Zürich 1965, 98.

[60] F. Buri, a.a.O., 66.

[61] W. Hamilton, a.a.O.

stusprinzip. «Der radikale Christ setzt auf den Christus, der völlig profan ist. Er wettet auf den Christus, der die Totalität des jeweiligen Augenblicks ist, auf den Christus, der uns in die Fülle des Lebens und der Welt zieht.»[62]

Fritz Buri malte ein wohl treffendes Stimmungsbild eines Christentums à la Altizer: «Altizer, mehr in östlicher Religiosität als im Christentum beheimatet, dieses jedenfalls von dorther interpretierend, ist der enthusiastisch-ekstatische Prophet des Ereignisses des Todes Gottes als des in aller Chaotik des Zeitgeschehens sich vollziehenden erlösenden Heilsgeschehens. Bei ihm erweist sich das *Ringen mit der Sinnfrage als das eigentliche Problem des Säkularismus*, die Verzweiflung am Theodizeeproblem als die tiefste Ursache des Atheismus des säkularistischen Menschen und die *leidenschaftliche Bejahung des Sinnwidrigen* als Versuch, zu einer letzten *Sinnerfüllung* zu gelangen. Aus einer östlichen Mystik, persischem Lichtglauben, Nietzsches Lehre von der ewigen Wiederkehr und gewisse Züge christlicher Eschatologie vereinigenden Coincidentia oppositorum-Lehre glaubt er die Gewißheit schöpfen zu können, daß aus dem wagemutigen Ja zu allem Dunklen und Chaotischen im Leben des Einzelnen wie der Völker eine neue lichtvolle Zukunft hervorgehen werde.»[63]

Seit einigen Jahren hat vor allem in deutschsprachigen Ländern das atheistische Christentum *Dorothee Sölles* Aufsehen erregt. «Alle bisher bekannten Formen der christlichen Religion setzen ein unmittelbares Verhältnis zu Gott voraus und sind daher in dem Augenblick bedroht, wo Gott als moralische, politische und naturwissenschaftliche Arbeitshypothese unnötig geworden ist. Sie werden ausgehöhlt in dem Augenblick, da Schicksalsschläge den Menschen nicht mehr naturhaft unvermittelt treffen, und von der Zeit an, da die urtümliche Erfahrung, daß der Mensch an die Mächte der Natur ausgeliefert ist, durch Medizin, Welthandel und eine mindestens der Theorie nach rationale Planung politischer Veränderungen zurückgedrängt und abgeschwächt wird. Die Religion wird ausgehöhlt, weil Gott in der technisierten Welt mit wachsender Geschwindigkeit Terrain verliert. Es entsteht der Eindruck, als sei Gott arbeitslos geworden, weil ihm die Gesellschaft einen Lebensbereich nach dem andern abnimmt ... Unmöglich geworden ist der naive Theismus, das unmittelbare kindliche Verhältnis zum Vater droben überm Sternenzelt ... Jede metaphysische ‹Setzung› Gottes, die das ‹größte neuere Ereignis: daß Gott tot ist› (Nietzsche) nicht bemerkt, weil sie sich simpel darauf beruft, daß Gott lebendig sei, bleibt der Privatheit bestimmter religiöser Anlagen oder Erfahrungen verhaftet.»[64]

Doch, «die Abwesenheit Gottes kann verstanden werden als eine Weise seines Seins-für-uns. In diesem Fall ist man darauf angewiesen, daß einer den unersetzlichen Gott vertritt. Damit verschiebt sich Nietzsches Aussage, daß Gott tot sei,

[62] Th. J. J. Altizer, ... daß Gott tot sei. Versuch eines christlichen Atheismus, Zürich 1968, 176 und 183.

[63] F. Buri, a.a.O., 73f. Unterstreichungen von uns.

[64] D. Sölle, Stellvertretung. Ein Kapitel Theologie nach dem «Tode Gottes», Stuttgart [5]1968, 176f. Die folgenden Zit. ebenfalls aus «Stellvertretung».

zu einem ‹Gott muß vertreten werden› ... Gott muß vertreten werden heißt: Gott ist – jetzt – nicht da» (178). Freilich, «es klingt unseren, den naiven Anthropomorphismen entwöhnten Ohren einigermaßen anstößig, wenn wir von Gott sagen, daß er krank, verreist oder unfähig sei. Aber so absurd ist solche Rede nicht, weil sie, ähnlich wie Bubers Ausdruck von der ‹Gottesfinsternis›, die Herausforderung annimmt, die darin liegt, daß Gott jetzt, in dieser Weltzeit, nicht gegenwärtig und unmittelbar zu erfahren ist» (178).

«Christus vertritt den abwesenden Gott, solange dieser sich nicht bei uns sehen läßt» (178). Christus? Eine «Chiffre» (182–184), nämlich «die Weise, in der Jesus lebendig bleibt bis an der Welt Ende – als das Bewußtsein derer, die Gott vertreten und ihn in Anspruch nehmen füreinander» (184). «Darum ist nun Christus überall dort impliziert, wo ein Mensch an der Stelle Gottes handelt oder leidet» (182). Christus ist so «der Schauspieler Gottes» (189–192). «Die Identifikation mit Gott, die Christus wagt», bedeutet nun «zugleich auch für uns die Möglichkeit solcher Identifikation – auch wir können nun Gott füreinander spielen» (192).

Es ist gewiß schwer und nicht jedermanns Sache, eine derart überschwengliche Metaphorik mitzuvollziehen. Die entscheidende christliche Intuition schimmert freilich immer durch: eine wie selten radikale Identifikation von Gottesbeziehung und zwischenmenschlicher Beziehung. Aber was «Gott ist tot» heißt, bleibt bei D. Sölle vielleicht noch dunkler als bei ihren vorhin genannten amerikanischen Kollegen. Welcher Gott ist tot? Jeder oder nur der theistisch-metaphysische Gott? Wenn irgendein Gott vielleicht noch lebt, warum spricht man denn immer so allgemein vom Tode Gottes? Wenn kein Gott mehr lebt, warum spricht man denn überhaupt noch von Gott? So lauten nur einige der Fragen, die an D. Sölle und an die Gottestod-Theologen im allgemeinen gestellt werden können.

c) Darf Gott nicht sterben?

Es wäre zu leichtfertig, die Gottestod-Theologie und die Erfahrungen, die sich in ihr anmelden, mit dem berühmt gewordenen kabarettistischen Spottvers zu erledigen: There is no God and Jesus is his son. Viele freilich lächeln wieder – nach einem ersten Erschrecken ob solch unverschämter Rede – und meinen, die pubertäre Modewelle der God-is-dead-boys sei glücklicherweise nun selbst schon wieder tot. Sie sagen etwa, «daß das Wort vom ‹Tode Gottes› ja gar nicht ernst gemeint sein kann, sondern mit dem Verblüffungstrick arbeitet (und sich insofern einer journalistischen ‹Masche› bedient), ein Reizwort atheistischer, vornehmlich durch Nietzsche bestimmter Philosophie» sei. Das Wort vom «Tode Gottes» könne «schon deshalb nicht ernst, jedenfalls nicht wörtlich gemeint sein, weil es einen logischen Widerspruch enthält: Entweder war ein Gott, der dem Tode überantwortet ist, niemals Gott, so daß die Redeweise von seinem Tod in

Wirklichkeit nur das Sterben einer bisher bestehenden Illusion bedeutet. Oder aber das Sterben Gottes besagt nur, daß er ‹uns› gestorben ist, und meint deshalb das Ersterben einer bestimmten Gottes*erfahrung*, das Erlöschen einer bisher bestehenden Gewißheit oder das Verblassen und damit die Revision eines bisher anerkannten Gottes*bildes*. Dann aber ist nicht Gott gestorben, sondern nur eine bestimmte Form unseres Glaubens oder unserer Gottesvorstellung.»[65]

Doch solch «logisches» Argumentieren bemerkt nicht, wie es auf den tönernen Füßen der metaphysischen Gotteseigenschaften steht: Ewigkeit, Unwandelbarkeit, Unsterblichkeit usw.[66] Vor allem aber bemerkt es nicht, daß die Meinung, «ein Gott, der dem Tod überantwortet ist, (sei) niemals Gott», in Widerspruch mit dem Zeugnis der Schrift geraten könnte, die in der Tat davon spricht, daß Gott gestorben ist (Mk 15,39). Und haben nicht fromme Christen, worauf schon Hegel hingewiesen haben soll, in ihren Liedern z.B. gesungen: «O große Not! Gott selbst ist tot. Am Kreuz ist er gestorben; hat dadurch das Himmelreich uns aus Lieb erworben»? Mußte dies Lied mit seinem «Gott *selbst* ist tot» aus dogmatischen Gründen unbedingt berichtigt werden, so daß man dann später weniger «anstößig» sang: «O große Not, der *Herr* liegt tot»?[67]

Sollte man es sich geflissentlich angelegen sein lassen, mit Hilfe der dogmatischen Zweinaturenlehre Gott selber vor einer Verwicklung in den Tod zu bewahren? Muß man mit letzter Entschiedenheit rundweg behaupten: «Gott kann nicht sterben»?[68] Man würde dann angesichts des Kreuzes «nur» vom Tode Jesu sprechen (der aber immerhin auch «Gott von Gott» ist!). Und mit einem Hinweis darauf könnte man des weiteren die «Glaubensbegründung des (menschlichen) Todes» führen – einzig «aus der sittlichen Katastrophe der Menschheit», ohne auch nur ein einziges Wort verlieren zu müssen von einem mitleidenden und mitsterbenden Gott.[69] Muß der Tod Gottes so tabuisiert werden? Wäre ein Reden vom Sterben Gottes selbst eine peinlich undifferenzierte, nicht mehr statthafte archaische Redeweise, die mit Recht jenen Spott verdiente, der einst in der frühen Christenheit den Patripassianern beschieden war, als sie meinten, Gott Vater selbst wäre in Jesus gestorben?

[65] H. Thielicke, a.a.O., 311f.

[66] Siehe oben S. 131.

[67] Vgl. E. Jüngel, Das dunkle Wort vom «Tode Gottes», in: Evang. Kommentare 2 (1969) 133–138.

[68] Vgl. H. Zahrnt, Gott kann nicht sterben. Wider die falschen Alternativen in Theologie und Gesellschaft, München 1970.

[69] So zum Beispiel K. Rahner, Tod, in: Sacramentum Mundi IV, 920.

Oder könnte das Bekenntnis zur Einheit von Gott und Mensch im Sterben Jesu von Nazareth bedeuten, daß Gott und Tod ineins zu glauben sind? Dann müßte man «auch den harten Gedanken denken, daß die Leiden dieses Menschen Gottes eigene Leiden sind, daß dieses Menschen elendes Sterben Gott selbst in das Elend des Todes verstrickt».[70] Dann dürfte man von der «freien Selbsthingabe Gottes an seine Welt», von der «äußersten Gebärde Gottes» also auch sagen: «*Gott kann tot sein*», freilich, «ohne aufzuhören, das ewige Leben zu sein, und er kann, so handelnd, endgültig beweisen, daß er Leben und Liebe und sich verströmende selbstlose Güte und Gnade ist».[71]

Solche Fragen um den Tod Gottes scheinen uns an der Wurzel der Gottestod-Theologie zu liegen. Weil sie lange verdrängt wurden, sind sie in ihr denn auch mehr erahnt als schon deutlich durchdacht und artikuliert. Mit Recht hat man wohl deshalb auch vom neuen «Mythos vom Tode Gottes» gesprochen. Wie weit handelt es sich wohl, implizit, auch um einen neuen Mythos vom *Leben* Gottes? Die noch dunkle Rede sprach immerhin von einem neuen Kommen Gottes, auf das sich z. B. W. Hamilton freut, und von einer bloß zeitweiligen Abwesenheit Gottes, in der Christus für D. Sölle der Stellvertreter ist.

Daß im Reden vom Tod und Leben Gottes die Sprache zu versagen droht, ist nicht verwunderlich. Wir stehen wie gelähmt vor Scherben, vor den Scherben des mit glasklaren Begriffen vorgestellten, aber unglaubwürdig gewordenen supranaturalistischen Gottes, jenes Gottes in den himmlischen Gemächern, der laut guter neuscholastischer Lehre keine «relatio realis» (= keine wirkliche Beziehung) zu den Menschen haben durfte. Dem weltlosen Gott folgte auf dem Fuß eine gottlose Welt. Die metaphysische Begrifflichkeit hatte die Kunde vom Emmanuel, vom «Gott-mit-uns», um ihre Überzeugungskraft gebracht. Ließen sich die bei der Friktion zwischen metaphysischem und biblischem Sprechen unvermeidlich entstandenen Scherben wegräumen, vermöchten wir vielleicht wieder die unter dem Schutt begrabene Kunde zu vernehmen: «Gott läßt Gott in die Gottverlassenheit gehen.»[72] Die Übertragung solcher Rede in unsere konkrete Sprache erfordert ein neues Verstehen. Aber: «Was trägt dieser Tod der Welt ein? Wenn er ist, was die Christen glauben: den Sinn mitten in der Vergeblichkeit der einzelnen Existenz und der Weltgeschichte, mitten im Herr-

[70] E. Jüngel, a.a.O., 137.
[71] H.U. von Balthasar, Klarstellungen. Zur Prüfung der Geister, Freiburg 1971, 45.
[72] Ebd., 54.

scherbereich des Todes die Hoffnung auf todüberwindendes Leben bei Gott. Der Weg nach vorn ist für den einzelnen wie für die Menschheit ein Weg auf letzten Sinn zu.»[73] Denn in unserem täglichen und letzten Tod ginge Gott mit seinem eigenen Tode mit und nähme ihm so den «Stachel».

2. *Christologische Leitlinien zur Gottesfrage*

a) Die Gotteserfahrung Jesu von Nazareth

Wenn mindestens die Rede vom Tode des supranaturalistischen Gottes berechtigt sein dürfte, welcher Gott lebt dann noch? Wie kann und soll der Christ heute von Gott reden in der verwirrenden Vielfalt des Redens von Gott? Wie orientiert er sich angesichts des breiten Spektrums von Modellen, die ihm, wie in einem Warenhaus, als Erklärungen des Verhältnisses von Gott und Mensch angeboten werden – vom unnahbaren Gott an einem Pol bis zum mitmenschlich absorbierten Gott auf der andern Seite? Das Gottesverständnis Jesu von Nazareth, sagten wir schon, sollte hierzu sein Kriterium sein.[74] Dieses Kriterium soll jetzt noch etwas präzisiert werden.

Der *historische Mensch Jesus von Nazareth* ist dabei der Ansatzpunkt. Wenn wir nach dessen Gottesverständnis fragen, geht es nicht etwa bloß um eine, wenn auch wichtige, einzelne Ansicht Jesu, um einen einzelnen, vielleicht besonders ausgeprägten Charakterzug seines Lebens. Vielmehr: «Die Sache Gottes ... ist wirklich ganz und gar Jesu eigene Sache, die mit ihm steht und fällt; und Jesu Sache kann gar nicht anders verstanden werden denn als die Sache Gottes, um die ausschließlich und allein es ihm zu tun ist. Er hat daneben keine Privatsache, die er auch noch betreiben würde. Was das Neue Testament über Jesus für berichtenswert hält, hat immer mit dieser Sache zu tun.»[75] «Die Verkündigung und das zeichensetzende Handeln Jesu ... haben als notwendige Voraussetzung ein ganz eigentümliches Wissen dieses Menschen Jesus um Gott, um seinen Heilswillen gegenüber Mensch und Schöpfung, ein ursprüngliches und alles tragendes Gottesverhältnis, das diesen Jesus von Nazareth zu einem besonderen, einzigartigen Zeugen Gottes macht. Er ist der Mensch, bei dem sich die Frage nach Gott mit einer letzten Unausweichlichkeit stellt.»[76]

[73] Ebd., 45f.
[74] Siehe oben S. 133f.
[75] J. Blank, Antworten des Neuen Testamentes (Der historische Jesus und die Gottesfrage), in: Wer ist das eigentlich – Gott? (s. Anm. 3), 120.
[76] Ders., ebd., 119.

Jesu Gottesverhältnis zeigt sich besonders
– in seiner revolutionären Rede von der schon hereingebrochenen basileia toû theoû, der Königsherrschaft Gottes,
– in seinem Verständnis des umfassenden Heilswillens Gottes («Abba» = «Papa»),
– in seinem Verständnis von radikalem Vertrauen und restloser Liebe (auch gegen die Feinde),
– in seinem traditionswidrigen Verhalten gegen die «gottgesetzte» Ordnung (Sabbatfrage; «Seht diesen Fresser und Säufer, den Freund von Zöllnern und Sündern» [Mt 11,19]),
– darin, wie er seine Jünger in sein Gottesverhältnis einbeziehen will (Vaterunser).

Es erforderte demnach, um Jesu Gottesverständnis zu erfassen, eine ganze Christologie. Ob der uns gestellten Themen müssen wir uns im folgenden jedoch auf die Wunderfrage und das Geschehen von Kreuz und Auferstehung beschränken. Aber hier wird sich das Gottesverständnis Jesu mit einer besonderen Deutlichkeit zeigen. Die Wundererzählungen und die Berichte von Tod und Auferstehung Jesu wollen nämlich gelesen bzw. vernommen und verstanden werden als Ausdrucksformen (Artikulationsweisen, Sprachfindungen) jener Gotteserfahrung, die Jesus und den Seinen widerfuhr. Bevor wir aber darauf eingehen, noch eine allgemeinere Anmerkung zu *Jesu Glauben vor dem verborgenen Gott.*

Die traditionelle Dogmatik schreibt Jesus die visio beatifica, die beseligende Schau, zu. Die visio beatifica schließt aber den Glauben aus. Also konnte Jesus auch keine Glaubens*anfechtungen* gekannt haben. Diese Schlußfolgerungen sind als solche richtig. Fragwürdig sind nur die Prämissen, die Voraussetzungen, die den Glauben ausschließlich satzhaft verstehen. Versteht man den Glauben aber existentiell, dann dürfte auch Jesus die Verborgenheit Gottes erfahren haben. Denn:
– Jesus erfährt Versuchungen, Anfechtungen und Leiden. Mk 1,12f: «Und alsbald treibt ihn der Geist in die Wüste hinaus. Und er wurde in der Wüste vierzig Tage vom Satan versucht; und er war bei den Tieren.» Dies besagt übersetzt: Auch Jesus hat die menschlichen, anarchischen Triebe verspürt («Tiere»); und zwar als von Gott gewollt («Geist»).
– Jesus betet und wird dadurch zur Bejahung des Leidens geführt (alle Evangelisten).
– Jesus wächst in seiner Beziehung zu Gott. Lk 2,52: «Er nahm zu an Wohlgefallen (charis) vor Gott»; Hebr 5,7f: «In den Tagen seines Erdenlebens betete und flehte er mit lautem Rufen, unter Tränen, innig zu dem,

der ihn vom Tode retten konnte, und wurde wegen seiner Gottesfurcht erhört (vielleicht: aus seiner Angst; Engelstärkung bei Lk 22,43); obschon er Sohn Gottes war, mußte er aus seinem Leiden (noch) Gehorsam lernen.» Vgl. Hebr 12,1–3.
– «Sterbend betet Jesus Ps 22,2: Er hält die menschliche Erfahrung der Gottesferne im Vertrauen auf Gott durch bis zum Letzten.»[77] Jesus stirbt im Schweigen Gottes.

b) Die Wunder Jesu

In einem der hilfreichsten Beiträge zur Wunderfrage wird das landläufige Verständnis von Wunder folgendermaßen gekennzeichnet: «Die Wunderfrage gehört zu den unbewältigten Problemen unserer christlichen Vergangenheit. Jahrhundertelang haben die Gläubigen (aber nicht nur sie) die unglaublichsten Dinge für möglich gehalten – daß die Sonne plötzlich stillstehen könne, daß Menschen trockenen Fußes auf dem Wasser einhergehen, daß Tote wieder aus dem Grab erstehen könnten, wenn Gott dies nur wolle. Gott, sagte man, sei der allmächtige Schöpfer des Himmels und der Erde, wer dürfe es ihm verwehren, in seine Schöpfung einzugreifen und die gewohnten Gesetze der Natur für eine Zeitlang und zu bestimmten Zwecken außer Kraft zu setzen? Und wen die Überlegungen der allgemeinen Gotteslehre nicht überzeugten, brauchte nur in der Bibel nachzulesen. Dort stand schwarz auf weiß geschrieben: Gott hat im Alten und Neuen Testament wirklich solche Dinge getan.»[78]

Hier ist deutlich gezeigt, wie in Vergangenheit und Gegenwart das Wunder vielfach als Mirakel verzeichnet wird. Diese Karikatur des biblischen Wunders durch das Mirakel vermag vielleicht, wird sie einmal durchschaut und destruiert, zu einem besseren Verständnis des Wunders zu führen. Was heißt denn also, so fragen wir zunächst, Mirakel?

Man kann *Mirakel* umschreiben als «*eine in sich selbst sinnvolle Demonstration göttlicher Kräfte*».[79] Für die Bibel besteht dagegen ein *Wunder* in jedem *Ereignis* (ob gewöhnlich oder außergewöhnlich, «natürlich oder übernatürlich»), *in dem einerseits Gott seine Größe, Barmherzigkeit und Macht kundtut und anderseits der Mensch zur Erkenntnis Gottes geführt wird.* (Diese Beschrei-

[77] Praktisches Bibellexikon, Freiburg 1969, 447; vgl. P. Schoonenberg, Ein Gott der Menschen, Zürich 1969, bes. 154–165.

[78] F. J. Schierse, Vorwort zu: R. H. Fuller, Die Wunder Jesu in Exegese und Verkündigung, Düsseldorf ^{2}1968, 7.

[79] Ders., ebd., 8.

bung gilt, wie wir gleich noch genauer sehen werden, für das Wunder im Sinne Jesu. Eine «mirakulöse Begleitmusik», die, auf verschiedenen Registern, auch im Neuen Testament gespielt wird, soll damit nicht überhört werden.) Das Mirakel nun richtet sein Interesse – hauptsächlich oder ausschließlich – auf die Szenerie eines einzelnen Geschehens oder gar nur auf ein einzelnes, besonders kurioses Detail davon. Der für das Wunder konstitutive und ausschlaggebende Verweis auf Gott und (neutestamentlich) auf Jesus von Nazareth wird abgeblendet. Das einzelne geschilderte Phänomen und seine scheinbar attraktivere Kuriosität fesseln Sinn und Herz. Damit wird die Zeichen- und Vermittlungsfunktion des Wunders, d.h. die auf Gott hinweisende und weiterführende Bewegung, in die hinein der Hörer mitgenommen werden sollte, blockiert.

Das mirakulöse Mißverständnis von Wunder darf nun nicht voreilig allein auf das religiös-magische Wirklichkeitsverständnis der sogenannten Primitiven abgeschoben werden. Vielleicht steht manche vor- und außerchristliche Wundervorstellung näher beim biblischen Wunderverständnis als die entsprechenden Auffassungen vieler heutigen Christen. Achten wir in der folgenden religionsgeschichtlichen Zusammenfassung, die ein gutes Stimmungsbild des heidnischen Wunderdenkens vermittelt, einmal auf den Gottesbezug: «Die Vorstellung, daß hervorragende Männer Wunder vollbringen können, ist in der Antike allgemein verbreitet. In hellenistischer Zeit bildet sich ein besonderer Typ des Wundertäters, der ‹Gottesmann›, heraus: Er steht im Dienst eines Gottes, für den sein Lehren und Wirken zeugen soll. Seine Lehre ist göttliche Offenbarung, seine Wunder beruhen auf göttlicher Kraft. So tut er die Wunder auch nicht um ihrer selbst willen oder zu persönlichem Vorteil, sondern um für seinen Gott zu zeugen, seine Sendung zu legitimieren oder den bedrängten Menschen zu helfen. Seine Wundertaten erstrecken sich auch auf die unbelebte Natur: er kann Winde abwehren und Regen herbeiführen. Vor allem aber tut er Heilungswunder an Kranken und treibt Dämonen aus. Auch Erweckung von Toten kann ihm zugeschrieben werden. Überhaupt ist sein Lebensweg von Wundern begleitet: Träume und Göttersprüche künden seine Geburt an; schon als Kind erweisen sich seine überragenden geistigen und sittlichen Fähigkeiten. Dieses Bild vom Wundertäter ist im NT auf Jesus und in geringerem Maße auch auf die Apostel übertragen.»[80]

Wie kam es nun, so kann man fragen, daß das biblische Wunder in der Geschichte der Christenheit zunehmend als Mirakel mißverstanden wurde? Zwei Ursachen können hier stichwortartig angedeutet werden.

Zum ersten: Auf das biblische-jesuanische Wunderverständnis färbte sich die naive und ungestüme Freude ab, die der antike und mittelalterliche

[80] Praktisches Bibellexikon, 1242.

Mensch dem Mirakulösen gegenüber empfand. Man denke an die spätjüdischen Engelserscheinungen, Himmelsreisen, Traumgesichte und Entrückungen, an die hellenistischen Wundergeschichten, die apokryphen Evangelien, Apostelgeschichten und Apokalypsen und an die christlichen Märtyrerakten und Heiligenlegenden. Die apokryphe Kindheitserzählung des Thomas berichtet z.B. folgendes Ereignis: «Der Sohn des Schriftgelehrten Annas aber stand dort bei Joseph; er nahm einen Weidenzweig und brachte (damit) das Wasser, das Jesus zusammengeleitet hatte, zum Abfließen. Als Jesus sah, was geschah, wurde er aufgebracht und sprach zu ihm: ‹Du Frecher, du Gottloser, du Dummkopf, was haben dir die Gruben und das Wasser zuleide getan? Siehe, jetzt sollst auch du wie ein Baum verdorren und weder Blätter noch Wurzel noch Frucht tragen.› Und alsbald verdorrte jener Knabe ganz und gar. Da machte Jesus sich davon und ging in das Haus Josephs. Die Eltern des Verdorrten aber trugen diesen, sein Jugendalter beklagend, weg, brachten ihn zu Joseph und machten ihm Vorwürfe: ‹Solch einen Knaben hast du, der so etwas tut.›»[81]

Zum andern: Das mirakulöse Mißverständnis von Wunder verfestigt sich noch in der neuzeitlichen Christenheit. In einer folgenschweren Definition des hl. Thomas von Aquin ist das ein Wunder, was Gott allein tun kann (quod deus solus facere potest, S.Th., I–II, 111,4). Von diesem Ansatz her wird das Wunder in den harten Auseinandersetzungen mit dem neuzeitlichen Rationalismus auf eine Durchbrechung der Naturgesetzlichkeit eingeengt. Dies ist heute noch eine verbreitete Anschauung vom Wunder. Es wird – die unchristlichen rationalistischen Eierschalen sind offenkundig – als absolut stringenter Beweis verstanden, eben als «eine in sich selbst sinnvolle Demonstration göttlicher Kräfte», derweilen das biblische Wunder sich als einladendes Zeichen an die Freiheit des Glaubens richtet. Erst recht bleibt vom Wunderwirken Jesu als Appell zu barmherzigem Tun – eine erst wieder neu zu entdeckende Dimension des Wunders – kaum eine Spur. Freilich, das als Mirakel mißverstandene Wunder hat zeitweilig dem religiösen Sicherheitsbedürfnis der Neuzeit Genüge getan. Doch um den Preis, das Wunder zum Betätigungsfeld eines kapriziösen Mirakelgötzen depraviert zu haben.

Oft empfinden Christen eine uneingestandene Angst, sich vom Mirakel zu trennen, weil sie bangen, damit auch die Gottessohnschaft Jesu preiszugeben. Wenn sie dabei doch erwägen würden, wie sehr Jesus das Beglaubigungs- oder Legitimationswunder ausdrücklich abgelehnt hat! Besonders

[81] Hennecke/Schneemelcher, Neutestamentliche Apokryphen I, Tübingen [4]1968, 294.

die Synoptiker verweisen häufig darauf: «Wahrlich, ich sage euch: Keinesfalls wird diesem Geschlecht ein Zeichen gegeben werden» (Mk 8,12). «Jesus hat es konsequent abgelehnt, Wunder zu wirken, um seine eigene Vollmacht oder die Wahrheit seiner Botschaft zu beweisen. Das gleiche Motiv hat wohl auch bei der Formung der Versuchungsgeschichte in Q (= sog. Redenquelle) mitgewirkt, wo Jesus sich weigert, seine Gottessohnschaft durch spektakuläre Wunder zu demonstrieren.»[82]

Wie kann man in der theologisch und besonders religionspädagogisch schwierigen Wunderfrage heute weiterkommen? Dies dürfte wohl vordringlich sein: Statt müßigen philosophischen und apologetischen Räsonierens darüber, was Gott alles tun *kann*, ist unbefangen in historisch-kritischer Auslegung der Schrift zu fragen, was Gott getan *hat*. Der Glaube kann auf alle Fälle keine historischen Fakten statuieren.

Seit einigen Jahren hat sich in der Theologie des Wunders die Problemstellung dahingehend verändert, daß nicht mehr so sehr nach der historischen Faktizität des Wunders gefragt wird, sondern vorwiegend nach dessen beabsichtigtem Kerygma, nach der Verkündigungsaussage. Man sieht wieder deutlicher, wie *für das Wunder die Deutung durch den Glauben konstitutiv*, entscheidend und ausschlaggebend ist. Mit andern Worten: Die Deutung oder die Interpretation, die der Glaube für ein auffälliges Geschehen gibt, kommt nicht etwa bloß beiläufig zu einem in seiner Realität schon vorhandenen Wunder dazu, so daß das Wunder auch ohne die Glaubensdeutung – an und für sich nach Art eines naturwissenschaftlichen Objektes – existieren könnte. Vielmehr macht erst, etwas spitz formuliert, die Glaubensdeutung das Wunder zum Wunder. Zur Veranschaulichung diene eine Analogie aus der traditionellen Sakramententheologie: Das Sakrament ist erst konstituiert, wenn das «Element» (z. B. das Wasser) von der Wirkkraft des Wortes («ich taufe dich ...») erfaßt wird (accedit verbum ad elementum, fit sacramentum, sagt ein altes Axiom: tritt das Wort zum Element, dann geschieht das Sakrament). Mit ähnlicher Notwendigkeit gehört zur Konstitution des Wunders die Glaubensdeutung.

Das Verhältnis von Faktizität oder historischem Substrat einerseits und Deutung anderseits läßt sich sehr gut verifizieren anhand der alttestamentlichen Erzählung von den Wachteln und dem Manna.[83]

«Die Erzählungen von den Wachteln und vom Manna haben beide Beziehun-

[82] R. H. Fuller, Die Wunder Jesu (s. Anm. 78), 51. Vgl. E. Schweizer, Das Evangelium nach Markus (= NTD, 1), Göttingen 1967, 89f.

[83] Vgl. M. Noth, Das zweite Buch Mose (= ATD, 5), Göttingen 1968, 105–109.

gen zu tatsächlichen Erscheinungen, wie sie noch heute auf der Sinaihalbinsel zu beobachten sind.» Im Frühling und im Herbst tauchen Wachtelschwärme auf. Besonders im ermüdeten Zustand lassen sich die Tiere ziemlich bequem von Hand fangen. So kommt man in der Wüste unerwartet zu Fleisch. Auch das Manna gibt es «noch heute im Inneren der Sinaihalbinsel, und es wird auch von den nomadischen Bewohnern dieses Gebiets noch ‹mann› genannt. Es handelt sich um ein tropfenartiges Gebilde an den Blättern des in der Wüste beheimateten Baumes bzw. Strauches der Tamariske, speziell der ‹Manna-Tamariske› (tamarix mannifera), das durch den Stich einer Schildlaus aus dem Sekret dieses Insekts entsteht und von den Blättern auf den Boden hinabfällt, von wo man es, wenn es in der Nachtkühle verhältnismäßig hart geworden ist, auflesen kann. Da es eine niedrige Schmelztemperatur hat, zerfließt es in der Tageshitze; daher sammelt man es am besten am frühen Morgen. Es hat einen süßlichen Geschmack und wird in der nahrungsarmen Wüste von den Leuten an Ort und Stelle noch heute gern gegegessen.»[84]

Wie kam es nun anhand dieses natürlichen Phänomens zur Wundergeschichte? «Israel bezeugt ja doch in Ex 16, daß es damals ein Wunder erfahren hat. Zur Wundergeschichte kam es hier nicht durch ein ‹übernatürliches Eingreifen Gottes in den Weltlauf›, sondern durch einen bestimmten geschichtlich-menschlichen Kontext und die entsprechende Interpretation. Die aus Ägypten ausziehende Schar traf in der Wüste, wo sie dem Hunger ausgesetzt war, auf bislang unbekannte Erscheinungen, sie traf auf Nahrung, und sie konnte leben. Es handelt sich um einen Vorgang, den man im Sinne heutiger Sprachphilosophie als ‹*disclosure-Erlebnis*› bezeichnen kann. Ein ‹disclosure-Erlebnis› ist ein Schlüssel-Erlebnis, bei dem einem grundlegende Einsichten aufgehen oder widerfahren. Für die in Not befindlichen Menschen, die ganz unerwartet eine Hilfe erfuhren, handelte es sich tatsächlich um ein Wunder.»[85]

Die Deutungen dieses Wunders wachsen nun mit den verschiedenen alttestamentlichen und neutestamentlichen Traditionen. Für das Weiterleben des Mannawunders ist das Versprechen Jahwes: «Ich will euch jetzt Brot vom Himmel regnen lassen», das entscheidende Stichwort. (Vgl. Ps 78,24; 105,40; Wh 16,20f; Jo 6,51: «Ich bin das lebendige Brot, das vom Himmel herabstieg»; Mt 6,11: «Gib uns heute unser tägliches Brot».) Das Geschehen in der Wüste ist insbesondere der Kristallisationspunkt für die Entfaltung einer Offenbarungstheologie (Ex 16,12: «Ihr werdet erkennen, daß ich Jahwe bin, euer Gott») und einer Vorsehungstheologie (Gott läßt das Volk nicht im Stich), für Sozialparänese (jeder bekommt soviel er braucht) und Sabbatparänese (kein Sammeln am siebten Tag!).

Wer anhand dieser plastischen Wundergeschichte von den Wachteln und dem Manna einmal das Wachsen der Wunderdeutungen verfolgen würde, wäre weniger

[84] Ders., ebd., 105.

[85] J. Blank, Die biblischen Wunderberichte als Kerygma und als Glaubensgeschichten, in: verkündigen 2; Vom Wunderbericht zur Predigt, Stuttgart 1969, 16.

überrascht, wenn er ein ähnliches Wachstum auch bei den neutestamentlichen Wundergeschichten feststellte. Ein Beispiel: Die Erzählung vom leeren Grab bei Mt 28,1–8 (mit Erdbeben, Grabeswächtern usw.) ist ein sogenannter Midrasch – d.h. eine für uns merkwürdige Art von bildhaft philosophierendem Nachsinnen – zur weit kürzeren ähnlichen Geschichte bei Mk 16,1–8.[86] Ein solcher Midrasch darf natürlich nicht kurzerhand als historisches Protokoll gelesen werden.

Frägt man nun, *ob Jesus denn überhaupt Wunder gewirkt hat*, so dürfte außer Zweifel stehen, daß er als *Exorzist* tätig war und *Kranke heilte*. Die biblischen Erzähler wollen diesbezüglich allerdings eher berichten, was Jesus im allgemeinen (oder der Art nach) zu tun pflegte; sie schildern in freier Gestaltung, welchen Eindruck sein Wirken hinterlassen hatte. In nur ganz wenigen Fällen halten sie möglicherweise auch diese oder jene spezifische Erinnerung an konkrete Ereignisse fest.

Über die *Naturwunder* schreibt R.H.Fuller: «Es wäre methodisch ebenso verfehlt, a priori die Möglichkeit von Naturwundern auszuschließen wie die historische Glaubwürdigkeit der Geschichten vorauszusetzen. Was uns zweifeln läßt, sind sehr ernsthafte Gründe: ihre theologische Symbolträchtigkeit, das Fehlen jeder Anspielung auf Naturwunder in Q (= sog. Redenquelle) und im übrigen Redestoff.»[87] Historische Skepsis – mindestens – ist auch den neutestamentlichen Totenerweckungen gegenüber geboten.[88]

Wie aber hat Jesus seine Wunder verstanden? Wie hat er sie interpretiert? Dies ist die in der Wunderproblematik eigentlich entscheidende Frage. Die Einzigartigkeit der Taten Jesu kann ja, nach all dem Gesagten, nicht auf der Ebene der historischen Faktizität liegen. «Krankenheilungen und Dämonenaustreibungen (wie immer man das Phänomen der Besessenheit erklärt) hat es nach unverdächtigen Zeugnissen auch in der apostolischen Kirche sowie bei Juden und Heiden gegeben. Der heutige Bibelleser kann, wenn er will, die Wunderheilungen und Exorzismen dem natürlichen Ausstrahlungsvermögen der Persönlichkeit Jesu zuschreiben, eine Erklärung, die im Licht der modernen psychosomatischen Medizin immer mehr an Wahrscheinlichkeit gewinnt.»[89] Wer aber dem religionsgeschichtlichen Vergleichsmaterial nicht trauen will, der wird vielleicht auf die Äußerung Jesu selbst hören: «Wenn ich Dämonen durch Beelzebul austreibe, durch wen treiben sie dann eure Söhne aus?» (Mt 12,27 par; = mit größter Wahrscheinlichkeit eine sog. ipsissima vox, ein authentisch erhaltenes Wort Jesu).

[86] Vgl. A.Kolping, Wunder und Auferstehung Jesu Christi, Bergen-Enkheim 1969, 29–31.
[87] R.H.Fuller, a.a.O., 45.
[88] Vgl. Praktisches Bibellexikon, 803f und 1098f.
[89] R.H.Fuller, a.a.O., 46.

Die *Einzigartigkeit* der Wunder Jesu besteht dagegen darin, wie Jesus sie verstanden und für andere gedeutet hat: als Zeichen des hereinbrechenden Reiches Gottes und als Ereignisse, die, weil sie Taten Gottes und nicht die seinen sind, an den Glauben appellieren. Jesu Wundertun ist darum im wörtlichen Sinn immer eine Geschichte des Glaubens, in der es für Jesus selber wie für die Seinen darum geht, sich auf den verborgen wirkenden Gott einzulassen. Darum sind die Wunderberichte auch als Glaubensgeschichten zu lesen. (Vgl. die deshalb häufige Wendung «dein Glaube hat dich gerettet» z.B. in Mk 5,34 und 10,52 und die beredte Angabe bei Mk 6,5–6, daß Jesus in Nazareth, wo er keinen Glauben fand, «keine Machttat wirken konnte».)

Im eben genannten Beelzebul-Wort erklärt Jesus: «Wenn ich durch den Geist (Lk: Finger) Gottes die Dämonen austreibe, dann ist ja die Herrschaft Gottes über euch gekommen» (Mt 12,28 = Lk 11,19; vgl. Mk 3,23b–27). Davon ist Jesus ganz ergriffen. Deswegen tritt er, gerade in seinen Wundern, mit dem Verweis auf Gott zurück in eine *vor Gott radikale Passivität*, indem er alleine Gott handeln läßt (vgl. Mt 11,5–6 und Lk 7,22–23: Der Gebrauch des Passivs – Aussätzige werden gereinigt, Tote werden erweckt – dürfte auf Gott als wirkendes Subjekt weisen.[90] Und vgl. damit Phil 2,7.). Man kommt auf alle Fälle um ein entscheidendes, nicht auflösbares Paradox nicht herum: Gerade in den ihm eigentümlichen Erweisen seiner Macht (Wunder = dynámeis = Machterweise = intensivstes Wirken) verzichtet Jesus, vor dem je größeren Geheimnis auch seines Lebens, auf die Macht seines eigenen Tuns. Er weiß um seine Grenze, läßt Gott Gott sein. Zu dieser Haltung lädt er in seinem Wundertun auch seine Freunde ein.

In solch einer theologischen Betrachtung der Wunder Jesu versteht das Johannesevangelium die Wunder, die Jesus in seinem öffentlichen Wirken tat (die semeia = die Zeichen) als Hinweise auf *das* Wunder im eigentlichsten Sinn: das Werk der Erlösung am Kreuz (das ergon; vgl. z.B. Jo 9,3). So ist es wohl angebracht, wenn manche Exegeten von den vorbereitenden und einführenden Wundern des Lebens Jesu sprechen und diese abheben von dem letztlich sinngebenden Haupt- oder Grund- oder Stiftungswunder des Christusereignisses in Tod und Auferstehung. «Die Wunder Jesu waren gleichsam Vorrunden im Endkampf mit den höllischen Mächten, oder man könnte auch sagen, sie waren vorläufige Manifestationen der Herrlichkeit Gottes, die sich endgültig im Kreuz offenbarte.»[91]

[90] Vgl. ders., a.a.O., 48.
[91] Ders., a.a.O., 17.

c) Hermeneutische Vorbemerkungen zur Auferstehung Jesu von Nazareth

Das Bekenntnis zur Auferstehung Jesu von Nazareth äußert sich im Neuen Testament hauptsächlich in einer doppelten Form: in der sogenannten Bekenntnisformel und im Auferstehungsbericht.

Am Ursprung der *Bekenntnisformeln* dürften die eingliedrigen Exhomologesen (= kleinste literarische Einheiten enthusiastischen Lobpreises) gestanden haben, z. B. Lk 24, 34: «Wirklich ist auferweckt worden der Herr und dem Simon erschienen!» Aus solch eingliedrigen Formeln, die nur die Auferstehung nannten, entwickelten sich sehr bald die auch den Tod bekennenden «Pistisformeln» (= Glaubensformeln), z. B.: «Jesus ist gestorben und auferstanden» (1 Th 4, 14); «Herr ist Jesus – Gott hat ihn auferweckt von den Toten» (Röm 10, 9). Die Pistisformel wird sehr früh und vielfältig dann theologisch expliziert. Eine der ältesten katechetischen Formeln ist 1 Kor 15, 3–5: «Christus ist für unsere Sünden gestorben nach der Schrift, er ist begraben worden und am dritten Tag auferweckt worden nach der Schrift, und er ist dem Kephas erschienen ...»[92] Auffällig ist, zumal im Vergleich mit den Auferstehungsberichten, wie intensiv die Formeln Gott als Urheber des Ostergeschehens zur Sprache bringen. Modell dafür ist der Glaube Abrahams: Gott ist der, «der lebendig macht die Toten und der das, was nicht ist, ruft, so daß es ist» (Röm 4, 17).

Die *Auferstehungsberichte*, d. h. die Geschichten vom leeren Grab und von den Auferstehungserscheinungen, sind ursprünglich weitgehend voneinander unabhängig entstanden. Sie enthalten Abweichungen (z. B. Erscheinungen nach Mt und Mk in Galiläa, nach Lk in Jerusalem) und sogar offene Widersprüche (in den Geschichten vom leeren Grab), die eine Harmonisierung im Sinne einer protokollarischen Schilderung eines Ablaufes ausschließen. Im großen ganzen handelt es sich um in der Sprache der Zeit verfaßte bildhafte Veranschaulichungen einer religiösen Erfahrung, eben der Ostererfahrung, die, in unserem Geschichtsverständnis gesprochen, auch einige spärliche historische Elemente enthalten.

Zu den *historischen Elementen* gehört, nach weitgehender Übereinstimmung der exegetischen Forschung, unbestreitbar die Vision des Petrus (wahrscheinlich in Galiläa) und des Paulus und vielleicht die Vision des Jakobus. Nicht historisch ist die in der Folge «fortschreitende Steigerung der Zeugenzahl», mit der man «die Szenerie der Auferstehung Jesu künst-

[92] Vgl. Praktisches Bibellexikon, 78–80.

lich erweiterte».[93] Solche Visionen brauchen als «Offenbarungsgeschehen» (Gal 1,16) nach dem Wirklichkeitsverständnis der urchristlichen Zeit gar nicht überprüft zu werden, ja sie sind, weil sie sich erst im späteren Geschehen als wahr erweisen können, grundsätzlich unüberprüfbar.[94] Lücken in der «Berichterstattung» brauchen deshalb nicht zu überraschen. Historisch kann nur noch ergänzt werden, daß Petrus nach seiner Vision die Jünger sammelte und so zum «Felsen» der Kirche wurde. «Wenn die Situation der Jünger Jesu in der Zeit nach seinem schmählichen Ende auch nur in etwa von Lukas richtig beschrieben worden ist (vgl. Lk 24,21), so herrschten größte Niedergeschlagenheit und Resignation in ihrem Kreise. Die Erstvision des Petrus ist dann der Einbruch neuen, erneuerten Glaubens an Jesus gewesen. Doch ist nicht einmal das ganz sicher. Das überlieferte Wort Jesu an Petrus Lk 22,31f spricht davon, daß der Glaube des Petrus nicht aufhören werde; und wenn er sich bekehrt habe, solle er seine Brüder stärken. Darin könnte ein Hinweis darauf liegen, daß Petrus die Sache Jesu keineswegs völlig aufgegeben und sich resigniert in sein vormaliges Fischerleben am Galiläischen Meer zurückgezogen hat, sondern in irgendeiner Weise bemüht war, den Glauben an ihn durchzuhalten. Die Erscheinung, die ihm widerfahren ist, hätte dann nicht den ausgelöschten Glauben neu entfacht, sondern den durchgehaltenen Glauben bestätigt.»[95]

Die genannten Auferstehungserscheinungen dürfen nicht als massives, optisch-supranaturalistisches Auftreten des Auferstandenen mißverstanden werden. Da «Erscheinung» (Theophanie) biblisch eine persönliche Erfahrung meint und das entsprechende «Sehen» den personalen Begegnungscharakter unterstreichen will, sind die Auferstehungserscheinungen als Erfahrungen neuen Verstehens und neuer Sprachfindung (Pfingsten) angesichts des toten Jesus zu interpretieren. «Wir suchten (in den Auferstehungsberichten) das eindeutig erweisbare Faktum und finden, in letzter Zuspitzung gesprochen, das Wort.»[96] Ähnlich sind als Wort auch die Erzählungen vom leeren Grab zu lesen bzw. zu hören. Sie bekennen, daß Jesu Tod am Kreuz nicht das Ende war, sondern daß sein Sterben sich als neues Leben erwies.

Für die gegenwärtige Diskussion um die Auferstehung ist wohl besonders dringlich zu beachten, was für die Exegese im allgemeinen gilt: Es ist unerläßlich, falsche *Historisierungen von symbolischen Glaubensaussagen* – d.h. die irrtümlichen

[93] E. Biser, Die Wahrheit der Auferstehung. Eine sprachtheologische Meditation, in: Hochland 62 (1970) 195f.

[94] Vgl. U. Wilckens, Auferstehung. Das biblische Auferstehungszeugnis historisch untersucht und erklärt, Stuttgart 1970, 154f.

[95] Ders., a.a.O., 148. [96] E. Biser, a.a.O., 199.

Umdeutungen von symbolischen Sinnintuitionen und Sinnintentionen in historisch protokollierbare Fakten – zu entlarven. Anderseits ist aber entschieden an den gesicherten historischen Gegebenheiten festzuhalten. Beides ist gleichermaßen von Bedeutung. Das Historische hat nämlich die hermeneutische Funktion, (1.) für das bildhafte Reden des Glaubens ein Regulativ zu sein. Es soll das bildhafte Reden von einem Abgleiten in ein illusionäres Phantasieren bewahren. Das Historische hat dann (2.) die Funktion, mit seiner echten Anschaulichkeit (z. B. des befreienden Umgangs Jesu mit den Ausgestoßenen der Gesellschaft) dem oft chiffrehaften theologischen Formalismus entgegenzuwirken.

Die bildhaften Glaubensaussagen ihrerseits (Bilder; bildhafte Veranschaulichungen im Erzählstil wie etwa die Legenden in der Bibel) gehören zwar notwendig zu der spezifischen Gewißheit des Glaubens und seiner Artikulation. Ohne Bilder kann der Mensch ja überhaupt nicht leben. Die Symbolik darf aber nicht die historische Gewißheit, welchen Grad sie im einzelnen auch immer erreichen mag, mißachten, indem sie sie willkürlich abblendet oder gar verfälscht.

Historie und Glauben haben ihre je eigene Gewißheit. Glaubensgewißheit und historische Gewißheit recht zueinander in Beziehung zu setzen, ist sehr schwer. Über deren Verhältnis wollen wir aber wenigstens festhalten, was B. Welte einmal sagte: «Der wirklich Glaubende lebt ... in seiner eigenen Gewißheit und Zuverlässigkeit, einer Zuverlässigkeit, welche in einfacher Positivität aus dem eigenen Rang des Glaubens sich ergibt. Dies heißt nun gewiß nicht, daß der Glaubende nicht Anlaß habe, auch das Historische und dessen einzelne Umstände zu beachten und methodisch freizulegen. Das Historische erweist dem Glaubenden mindestens diesen Dienst, ihn an der Wirklichkeit zu halten und vor der Gefahr zu bewahren, sich schweifenden Illusionen anheimzugeben. Aber der Glaube wird, wenn er sich selbst recht versteht, doch deswegen sich nicht daraus als ein Resultat erbauen, vielmehr immer in seiner eigenen Sicherheit einhergehen, einer Sicherheit, die er nicht von der Historie zu Lehen hat.» [97]

Schon die Evangelisten sind nun gelegentlich für fragwürdige Historisierungen verantwortlich. Als verhältnismäßig einfaches Beispiel diene vorerst die sogenannte lukanische Zeitdehnung im Osterverständnis: Nach der Aufgabe der Naherwartung machen die Christen eine neue Zeiterfahrung. Die Zeit erscheint ihnen, bis zur auf später verschobenen Wiederkunft des Herrn, lang «gedehnt». Diese Zeitdehnung wird von Lukas auch auf das Osterereignis übertragen. Die verschiedenen Hinsichten der *einen* Osterbotschaft geraten auf einmal in ein zeitliches Nacheinander; Ostern, Himmelfahrt und Pfingsten, ursprünglich als Einheit verstanden, werden chronologisch hintereinander geschaltet.[98]

97 B. Welte, Auf der Spur des Ewigen. Philosophische Abhandlungen über verschiedene Gegenstände der Religion und der Theologie, Freiburg 1965, 350; vgl. L. Monden, Wie können Christen noch glauben? Salzburg 1971, bes. 135–158 («Sinn und Tragweite der historischen Verifikation»).

98 Vgl. W. Marxsen, Die Auferstehung Jesu von Nazareth, Gütersloh 1968, 173–176; F. J. Schierse, Die neutestamentliche Trinitätsoffenbarung, in: Mysterium Salutis, hrsg. v. J. Feiner und M. Löhrer, II, Einsiedeln 1967, 114.

Chronologisiert wurde auch schon das eine Geschehen der Auferweckung Jesu durch Gott, während die Auferweckung als Tat Gottes eben gerade nicht datiert werden kann. Die Auferweckung ist ein eschatologisches Ereignis, «also nicht punktuell historisch, so daß ich nicht sagen kann: Jesus ist an einem bestimmten Tage auferweckt worden, zu einer bestimmten Stunde, am Ostermorgen, sondern Auferweckung ist etwas, was in einer unzeitlichen, überzeitlichen Ordnung steht, so daß also der irdische Jesus verborgen – und so stellt es Markus dar: im Geheimnis, im Schleier – der Auferstandene war».[99]

Das historisierende Mißverständnis der Osterbotschaft hat in der Neuzeit noch zugenommen – ähnlich dem wachsenden mirakulösen Mißverständnis des Wunders im allgemeinen.[100] Angeblich historische Gegebenheiten, die für-wahr-zu-halten seien – z. B. apokalyptische Naturereignisse, leeres Grab, Wächtergeschichten, Betasten der Wundmale, Gehen durch geschlossene Türen, Fischessen – bereiten deshalb heute noch große Mühen, zumal im apologetischen Nachhutgeplänkel.

Mit den als handgreifliche historische Reportagen gelesenen Osterberichten lag für die traditionelle apologetische Beweisführung *das* Wunder bereit: Ostern als Mirakel par excellence war ein eindeutiger «Beweis». Dem Sekuritätsbedürfnis des neuzeitlichen Menschen war Genüge getan. Dumm, wer auf diesen eindeutigen Beweis hin nicht glaubte. Eine Glaubensmühe freilich blieb bestehen: die dem eindeutigen Beweis entsprechende Annahme von Offenbarungslehre und Moralvorschriften. Damit war der Glaube im Grunde zu einer Sache der rechten Disziplin geworden.

Solch ein mirakulöses Osterverständnis versetzte, würde es konsequent durchgehalten, dem echten Glauben – als Vertrauen auf Gott, das unergründliche und rational nie einholbare Geheimnis unserer Existenz – den Todesstoß. Damit ist auch schon eine verhängnisvolle Auswirkung auf die Christologie angezeigt: Der stets verborgene Gott Jesu von Nazareth wird von einem österlichen Fantasiegott triumphalistisch überboten. Wie weit dieser Gott wohl ein hilfreicher Gott sein mag?

Zudem: Wer aus dem an Ostern sich erweisenden Gott einseitig den Grund des Glaubens macht, verstößt, freilich oft unbewußt, gegen das altchristliche Bekenntnis, daß Jesus Gott und Mensch war. Jesus: schon zu Lebzeiten. Zu Jesu Lebzeiten schon, und nicht erst an Ostern, hat Gott zu

[99] F. J. Schierse, in: R. Schnackenburg antwortet F. J. Schierse. Wer war Jesus von Nazareth?, Düsseldorf 1970, 22. – Zu den gegenwärtigen dogmatischen Diskussionen über die Auferstehung Jesu vgl. jetzt bes. A. Gesché, La Résurrection de Jésus dans la théologie dogmatique. Le passé et l'avenir, in: Revue théologique de Louvain 2 (1971) 257–306.

[100] Siehe oben S. 150f.

den Menschen gesprochen, hat sich Gott zur entscheidenden Evidenz gebracht. Hinter der frommen Gebärde vieler Verfechter eines massiven Osterglaubens kann sich also, gelinde gesagt, eine sehr unorthodoxe Christologie verbergen.

d) Die Glaubenserfahrung von Ostern als Sinnerfahrung

Fassen wir nach unseren hermeneutischen Vorüberlegungen zur Auferstehung Jesu kurz zusammen, was historisch von Ostern verifizierbar ist, können wir etwa sagen: Nach einigen wenigen Erscheinungen (Petrus, Jakobus), die als Glaubensvorgänge erkennbar sind, lebt das Bekenntnis zu Jesus (wieder) auf. Petrus, vor allem, wird in seinem Innersten getroffen. Er sammelt die Jünger und ist dabei der «Fels» ihres Glaubens. Die Erscheinung des Petrus – ein Berufungsgeschehen,[101] das den Missionsauftrag impliziert – ist für die ersten Christen bald der Legitimationsausweis für seine Führungsaufgabe.

Schon zwei bis drei Jahre nach Jesu Tod bekennen sich in der Umgebung Palästinas (besonders in Antiochien) nebst Juden auch Heiden zum Gekreuzigten von Golgotha. Nach rund drei Jahrzehnten ist dieser Glaube, mit vielen Gemeinden in den Zentren der Mittelmeerwelt, zur «Weltreligion» geworden. Der Gekreuzigte war zwar «den Juden ein Ärgernis» und «den Heiden eine Torheit» (1 Kor 1,23), also purer Unsinn. Aber wir finden jetzt Menschen, die von dem, was sie gesehen und gehört hatten, «unmöglich nicht reden» können (Apg 4,20), ja die sogar «voller Freude darüber» sind, «gewürdigt zu sein, für diesen Namen» Jesu, des Gekreuzigten, auch ihrerseits «Schmach zu erleiden» (Apg 5,41). Was bedeutete wohl für diese Menschen das Kreuz? Das Kreuz ist und war ja zunächst doch das Zeichen der Katastrophe, das Symbol allgemeinen Widerspruchs oder mindestens des Sinnlosigkeitsverdachtes. War etwa den angesichts des Gekreuzigten zuvor völlig «Unverständigen» (Lk 24,25; vgl. 24,19–24) an Ostern eine neue Sinnerfahrung beschieden?

Das Widerfahrnis der Herzenswandlung angesichts des toten Jesus wird von der Schrift mit einer unüberhörbaren Nachdrücklichkeit als wunderbare Tat Gottes bekannt. «Gott hat ihn auferweckt von den Toten» (Röm 10,9 und öfter). Diese metaphorische Redewendung von einer «Auferwekkung» Jesu durch Gott – «von der Natur der Sache her eine schwierige Frage, die in den letzten Jahrzehnten mehr als je zentrale Bedeutung für die

101 Vgl. U. Wilckens, a.a.O., 69–71.

heutige Auslegung der Christusbotschaft gewann»[102] – läßt sich vielleicht etwas erhellen durch einen Blick in die frühjüdische Apokalyptik. Diese hat die Auferstehungshoffnung der damaligen Zeit – eine ziemlich weit verbreitete weltanschauliche Überzeugung – besonders intensiv geschildert. In der Jesaja-Apokalypse (Js 24–27; 2. Jh. v. Chr.) heißt es etwa: «Diese Toten werden leben, werden auferstehen. Aufwachen und jubeln werden die Bewohner des Staubes» (Js 26, 19), wobei Jahwe so beteiligt ist: «Vernichten wird er den Tod auf ewig. Abwischen wird Gott, der Herr, die Tränen von jedem Antlitz und die Schmach seines Volkes von der ganzen Erde hinwegnehmen» (Js 25, 8). Die apokalyptische Auferstehungshoffnung ließe sich im wesentlichen so zusammenfassen: Jahwe ist der Herr über die Lebenden und die Toten.[103] Dasselbe Bekenntnis, «Herr über Leben und Tod», spricht nun auch das Neue Testament aus. Doch mit Bezug nicht nur auf Jahwe, sondern auch auf Jesus: «Deswegen ist Christus gestorben und zum Leben gekommen, daß er Herr sei über Lebende und Tote» (Röm 14, 9). Wie ist diese allein schon sprachlich unerhörte Neuheit zu verstehen?

Zunächst besagt «gestorben und zum Leben gekommen»: Gott, der Herr über Lebende und Tote, war so beim sterbenden Jesus, daß Jesus vor diesem Gott, d. h. in der letztlich geltenden Wirklichkeit, keine Vernichtung erfahren hat (vgl. Ps 16, 10 = Apg 2, 27). Der tote Jesus ist gar nicht tot. Er ist vielmehr ins Leben eingegangen. *Sterben und Leben sind für ihn vor Gott paradox identisch.* (Vgl. Jo 7, 39; 12, 16. 23. 28 b: Kreuzigung = Erhöhung = Leben bei Gott. 1 Kor 15, 54 f: «‹Der Tod ist in den Sieg hineinverschlungen worden. Tod, wo ist dein Sieg? Tod, wo ist dein Stachel?›» Und vgl. die Erhöhungschristologie, die vom triumphalen Aufstieg und himmlischen Machtantritt Jesu zur Rechten Gottes spricht.)

Daß dann in Röm 14, 9 nicht nur Jahwe, sondern auch Jesus «Herr sei über Lebende und Tote», heißt: Der Glaubende «lebt und stirbt im Blick auf Christus».[104] Sein Leben und Sterben ist durchzustehen im Nachvollzug des Sterbens und Lebens Jesu (Röm 5). Deshalb lebt und stirbt auch der Glaubende in der paradoxen Identität von Sterben und Leben. Im überwältigenden Verstehen dieser Identität von Sterben und Leben darf man die zentrale Sinnerfahrung von Ostern erblicken. Sie kann dann etwa in ihrer universalen und ontologischen Bedeutsamkeit von Mk 8, 35 umschrieben werden: «Wer sein Leben retten will, der wird es verlieren. Doch wer

[102] A. Vögtle, Die Urgemeinde, in: Ökumenische Kirchengeschichte, hrsg. v. R. Kottje u. B. Moeller, I, Mainz u. München 1970, 25.

[103] Vgl. Praktisches Bibellexikon, 81.

[104] O. Michel, Der Brief an die Römer, Göttingen [12]1963, 340.

sein Leben verliert um meinet- und der Heilsbotschaft willen, der wird es retten.»

Die Sinnerfahrung von Ostern war für die Jünger Jesu nicht eine abstrakte Intuition. Dem entscheidenden Ansatz nach konnte sie schon in der Anschaulichkeit des ganzen Lebens Jesu wahrgenommen werden; das blutige Ende am Schandpfahl war dann, als Summe des Lebens Jesu, die später zur vollen Glaubensgewißheit führende Erfahrung. Dies dürften jene etwas späten Erscheinungsberichte meinen, die eine sogenannte Identifikationserfahrung veranschaulichen (z. B. Lk 24, 13–35 = Emmauserzählung: so hat er ja immer an uns gehandelt; es ist Jesus!).[105] Die Seinen erkannten ihn an Ostern wieder, wie sein Leben restlos aufging als Existenz für die andern, als tägliches Sterben für alle, Freunde, Feinde und Arme. Dabei dürften es wohl vor allem Jesu Gerechtigkeit, Freiheit, Frieden und Freude gewesen sein, die seinem Reden von Gott als der definitiv bergenden Liebe die Glaubhaftigkeit verliehen und die damit das tägliche und das letzte Sterben ebenfalls dann nicht absurd erscheinen ließen, wenn es im Schweigen Gottes durchgestanden sein mußte.

Versuchen auch wir, aus der eben skizzierten biblischen Erfahrung zu leben, die besagt, daß vor Gott Tod und neues Leben ineins zu sehen sind, dann geht es heute vor allem um das rechte Verstehen der theologia crucis, des Kreuzes Jesu von Nazareth. Das Zeichen der Liebe Jesu kann auf mannigfaltige Weise mißdeutet werden. Es kann unter der Hand mit einem selbstgebastelten Wegweiser verwechselt werden, der in ein privates Gärtchen weltabgewandter Mystik geleitet. Das Kreuz kann als raffiniertes Opiat verabreicht werden, um alles beim alten zu lassen. Christlich verstanden ist das Kreuz Jesu von Nazareth heute vor allem ein Mahnzeichen dafür, mit vermehrtem Ernst die Nachfolge Jesu in der sozial-gesellschaftlichen Wirklichkeit zu wagen. Dabei warnt es davor, blinden Utopien zu verfallen und will statt dessen der Liebe Mut machen, im Tun das Mögliche zu erstreben.[106]

Ob der vielen selbstgebastelten Kreuze gleicht die theologia crucis heute einem Irrgarten. Selbst Christen belächeln sie oft. Auch Christen verdrängen dann mehr denn je das Sterben. Doch nur wo der Tod – Jesu Tod und unser Tod, das tägliche und das letzte Sterben – in der Mitte des christlichen

[105] Vgl. U. Wilckens, a.a.O., 71–85.

[106] Vgl. J. Blank, Was Jesus heute will. Überlegungen zur Ethik Jesu, in: Theolog. Quartalschrift 151 (1971), 300–322, bes. 310–313 («Metanoia als Antwort»). – Zur Sinnwidrigkeit blinder Utopien (wissenschaftlich-technischer und unaufgeklärt-religiöser Art), vgl. G. Picht, Mut zur Utopie. Die großen Zukunftsaufgaben, München 1969. Siehe unten S. 236–238.

Lebens und Denkens steht, kann auch die spezifisch christliche Erfahrung von Ostern widerfahren. Ein Widerfahrnis, das in der Umkehr der menschlichen Grundbewegung besteht: Nicht mehr – als «alter Mensch» – vom Leben mit Angst auf den Tod hin zu starren, sondern umgekehrt – als «neuer Mensch» – vom täglich auferlegten Sterben auf das stets neue Leben hin zu hoffen. Dies, meinen die Christen, sei die Gabe des Geistes Jesu, die spezifisch neue Sachlogik des Evangeliums, der im christlichen Glauben gelebte Sinn. So erschlösse sich ihnen immer wieder neu der nie einholbare, geheimnisvolle Grund der Wirklichkeit. Von ihm zu sprechen oder zu stammeln und ihn, trotz aller Finsternis, mit dem Vokativ «Gott»[107] anzurufen, würde ihnen dann die Freude diktieren.

[107] Vgl. G. Ebeling, Gott und Wort, Tübingen 1966, auch in: Wort und Glaube II (s. Anm. 55) 396–432.

3. TEIL

DIE WELT UND DER GLAUBE

BENNO GASSMANN

Zur Erfahrung der *Sinnkrise* im Glauben gehört wesentlich die Erfahrung seiner *Weltfremdheit* oder *Weltlosigkeit*. Damit meinen wir das weit verbreitete Empfinden, daß mit dem Glauben «etwas nicht stimmt», daß er mit dem Leben hier und jetzt nichts zu schaffen habe, ja diesem zuwiderlaufe, ihm im Wege stehe, daß er jedenfalls zur Bewältigung des diesseitigen Lebens keine Hilfe biete, sondern von diesem Leben abhalte durch den Verweis auf ein Jenseits als dem eigentlich Wichtigen. Indiz dieses mangelnden Weltbezuges sind z. B. die Verdächtigung der irdischen Freuden, das schlechte Gewissen gegenüber dem Glück, die Verteufelung insbesondere der vitalen, spontanen und ekstatischen Kräfte, das Mißtrauen gegenüber der Freiheit, das Desinteresse an weltlichen Geschäften wie Politik, Kultur, Wissenschaft u. a. m.

Auch wenn solche «Weltfremdheit» heute längst nicht mehr – auf alle Fälle nicht überall mehr – Merkmal christlichen Glaubens ist: Vielen, allzuvielen Christen ist der Glaube in solcher Gestalt begegnet und hat sie zur Frage getrieben, was der Glaube eigentlich soll, was er nütze. Warum soll man Gepäck mitschleppen, das man nicht braucht, das einem gar im Weg steht? Mehr als die intellektuellen Schwierigkeiten mit Dogmen und Glaubensvorstellungen hat wohl gerade diese Erfahrung der «Weltlosigkeit» in die «*Glaubenskrise*» geführt, sie bildete oft erst den Anlaß zur theoretischen Bestreitung der Glaubenssätze. Man würde sich im übrigen Illusionen hingeben, wenn man die erwähnte Krise nur bei jenen konstatieren wollte, die sich bewußt abgewandt haben von den Kirchen und vom Glauben. Es gibt auch eine andere Möglichkeit, auf die Erfahrung der Weltlosigkeit zu reagieren: nämlich die viel beklagte *Zweiteilung der Welt* in eine «Welt des Glaubens» (Sonntagsgottesdienst) und in eine «Welt des Alltags», in der für den christlichen Glauben kein wirklicher Platz ist – einfach deshalb, weil er zu wenig weltbezogen ist, um hier etwas beitragen, etwas helfen zu können, weil kein Zusammenhang gesehen wird zwischen dem Leben und dem Glauben. Solche Schizophrenie des Sonntagschristentums finden wir vorwiegend dort, wo Gewohnheit oder sozialer Druck noch stark genug sind, um ein Aufgeben des «Praktizierens» verhindern zu können. Doch der

Sinnlosigkeitsverdacht gegenüber dem Glauben spricht deutlich genug auch aus solchem Verhalten, selbst wenn kein einziges Dogma bewußt in Frage gestellt wird.

Die Frage, ob Glaube noch Sinn habe, ist somit nicht zu trennen von der Frage, *was Glaube mit der Welt zu tun habe*, d.h. was er nütze, von welchem Belang er sei für das Leben, in dem wir stehen. In der Weltbezogenheit muß sich der Sinn des Glaubens bewähren.

Theologie und Verkündigung scheinen sich dessen seit geraumer Zeit bewußt zu werden. Allenthalben spürt man das Bemühen der Kirchen, den Brückenschlag zur Welt zu vollziehen, ihren Standort in der «Welt von heute» zu bestimmen, mit der Welt im Dialog zu stehen, eine «Theologie der Welt» zu formulieren, «weltlich» von Gott zu reden ... Spätestens seit dem 2. Vatikanischen Konzil hat die katholische Kirche begonnen, die Fenster ihres elfenbeinernen Turmes zu öffnen, in den sie sich verschanzt hatte, und seither befindet sie sich in einer wahren Euphorie des «Nachholens», des Rückgewinnens von Welt. – Dagegen erheben sich freilich je länger je deutlicher «konservative» Kräfte, die den «Ausverkauf der Kirche» bzw. «des Glaubens» befürchten und vor der *Anpassung an die Welt* warnen.

Haben sie ganz unrecht? Besteht nicht die Gefahr, daß die Kirchen einfach – mit etwas Verspätung vermutlich – sich modischen Trends verschreiben und bald wieder festgefahren sind auf Praktiken und Theorien, die bereits morgen überholt sind? War es nicht so bei der «Heiligsprechung» der Arbeit, d.h. des fleißigen Einsatzes am Arbeitsplatz, wo die Kirchen oft zu treuen Dienerinnen einer unerbittlichen und ausbeuterischen Leistungsgesellschaft wurden? Die Warnung vor kritiklosem «Mitmachen» ist nicht grundlos. Nicht nur, weil die Kirchen leicht der Lächerlichkeit verfallen. Vor allem wegen der Treue zu ihrem Auftrag und ihrem Ursprung. Warnt nicht das Neue Testament deutlich vor der Welt, vor dem Sich-gleich-Machen mit ihr?

Was bleibt zu tun? Einerseits die Notwendigkeit eines weltbezogenen Glaubens, will dieser sich nicht selbst überflüssig machen, weil welt-loser Glaube ohne Relevanz ist für unser Leben – anderseits die Gefahr, «aufzugehen» in der Welt, sich zu verraten. Der Verweis auf die «goldene Mitte» hilft nicht weiter, weil er konkret nichts aussagt (abgesehen davon, daß dies kein christlicher Grundsatz ist; Jesus war kein «Mann der Mitte», sondern ein Außenseiter). Was not tut, ist eine *grundsätzliche Reflexion* auf das Verhältnis von Glaube und Welt. Nur sie kann den Weg aus dem Dilemma zeigen, den Weg zu einem weltbezogenen und damit sinnvollen Glauben, der sich nicht selbst verleugnet.

Dies soll im folgenden Teil versucht werden. Es geht hier aber nicht um moraltheologische, sondern um *fundamentalthologische* Überlegungen. Nicht die Frage beschäftigt uns, ob der Christ ein Tanzlokal besuchen, ob er ein Geschäft mit Waffen machen dürfe usw., sondern grundlegender: was überhaupt gemeint sei mit «weltbezogenem Glauben», wo die Gründe liegen für die mangelnde Weltbezogenheit. Ethische Fragen können erst auf der Basis solcher Reflexion richtig angegangen werden.

Zum Begriff «Glauben»: Aus dem Gesagten dürfte deutlich geworden sein, daß wir das Wort «Glauben» in einem sehr weiten Sinne verwenden; in einem Sinne, der nicht nur Bekenntnisformeln umfaßt, auch nicht bloß die Haltung des Vertrauens Gott gegenüber, sondern der alle Äußerungen des religiösen Lebens mitmeint: Liturgisches Leben, Moralkodex, rechtliche und gesellschaftliche Strukturen (Verhältnis Klerus/Laien z. B.) usw. In der Tat sind ja die täglichen Realisierungen und Konsequenzen des Glaubens nicht zu trennen von seiner Formulierung und von der ihm entsprechenden inneren Haltung; sein «Wesen» erfüllt und enthüllt sich erst in der Praxis – das gilt auch dort, wo «Glaube» keine Auswirkungen zeitigt!

Wir werden zunächst das Verhältnis von Glaube und Welt allgemein bedenken (I), um danach drei wesentliche Dimensionen oder Aspekte von Welt in ihrem Verhältnis zum Glauben zu untersuchen: Welt als Erfahrungswelt des Menschen (II), Welt als Geschichtsprozeß (III) und Welt als gesellschaftliche Wirklichkeit (IV).

I. GLAUBE UND WELT

In einem Lied aus der Barockzeit wird das Verhältnis des Gläubigen zur Welt wie folgt bestimmt:

«Was frag' ich nach der Welt und allen ihren Schätzen,
wenn ich mich nur an Dir Herr Jesus kann ergetzen.»

Das ist «weltloser Glaube», kompromißlos formuliert. Unser heutiges Verhältnis zur Welt, auch das der Christen, ist dieser barocken Sicht schroff entgegengesetzt. Es drängt sich die Frage auf: Können beide Haltungen in gleicher Weise «christlich» sein? Ist der Glaube ein anderer geworden? Ist der barocke Dichter unchristlich – oder sind wir keine echten Christen mehr? – Bevor wir Urteile fällen, müssen wir überlegen: Meinen denn überhaupt beide dasselbe, wenn sie von «Welt» reden? Ist denn das, was der

Dichter flieht und was wir suchen, identisch? Die Frage, wer christlicher sei, scheint falsch gestellt, oder zumindest voreilig. Denn vorerst muß geklärt werden, was «Welt» ist.

1. Was heißt «Welt»?

a) Es handelt sich hier um ein Sprachproblem. «*Welt*»[1] ist ein schillernder, ein inhaltlich unbestimmter Begriff. Erst der Kontext, auch der geschichtlich-kulturelle, bestimmt den Inhalt. Wenn wir darauf achten, wie und wo wir von «Welt» reden, wird dies klar. Wir reden von Umwelt, Nachwelt, Halbwelt, Unterwelt, von Weltkonferenz, von Weltraum, von Ver-weltlichung, Weltflucht, Mann von Welt, Neuer Welt, usw. Jedesmal hat der Begriff eine andere Bedeutung. Worin liegt denn das *Gemeinsame*, das uns gestattet, in all diesen Fällen das Wort «Welt» zu verwenden? Gemeinsam ist einzig dies, daß jeweils an eine bestimmte in sich geschlossene Einheit gedacht ist, die gegen andere Einheiten abgetrennt ist oder die irgendwie etikettiert wird. Der Inhalt wird bestimmt durch die Beiworte oder muß erschlossen werden aus den Gegensätzen, aus dem Satzzusammenhang oder dem geistig-kulturellen Kontext einer Aussage. Wird das Wort absolut gebraucht («die Welt»), ist es oft sehr schwierig, den Inhalt eindeutig zu bestimmen. Man meint zwar zu verstehen, aber bei näherem Zusehen entschwindet die Klarheit (z. B. «Welt» im obigen Liedtext; ähnlich: «Weltflucht», «Welt-bezogenheit», «Welt-losigkeit»).

b) Neben diesem Weltbegriff des alltäglichen Sprachgebrauchs gibt es einen *philosophischen Weltbegriff*, dessen Inhalt genauer bestimmt werden kann und der auch in der Theologie Verwendung findet. Zur Klärung dessen, was wir mit «Welt-Bezug» und «Welt-losigkeit» bzw. «Welt-Verlust» meinen, sei er hier eingeführt. «Welt» meint hier die *Gesamtheit der Wirklichkeit, die uns umgibt und in der wir leben;* d. h.: alles, was wir wahrnehmen: Natur, technische Dinge, Mitmenschen, wir selbst, ebenso die Beziehungen und Vorgänge zwischen und in diesen Wesen: alles, was geschieht und getan wird, Geschichte, geschichtliches Handeln, auch unser Denken, Wollen, Wünschen, desgleichen die Produkte unseres Tuns und Denkens. Kurz: «Welt» ist alles, was «es gibt», alles, was überhaupt «vorkommt», alles, was geschieht. Aller-

[1] Vgl. J.M. Gonzalez Ruiz, Anmerkungen zu einer Theologie der Welt, München 1970; G. Haeffner, in: Sacramentum Mundi, hrsg. v. K. Rahner u. A. v. Darlapp, Freiburg 1967–69, IV, 1300–1312; G. Hierzenberger, in: Praktisches Bibellexikon, hrsg. v. A. Grabner-Haider, Freiburg 1969, 1214 bis 1215; J. B. Metz, Zur Theologie der Welt, Mainz-München 1968; H. Thielicke, Der evangelische Glaube. Grundzüge der Dogmatik I, Tübingen 1968, 453–565.

dings ist der Weltbegriff stets *auf den Menschen hin und vom Menschen her* zu denken. Denn existent ist für uns ja nur das, was wir oder andere Menschen wahrnehmen. Was nicht von irgendwem wahrgenommen wird oder wurde, von dem wissen wir nichts. Darüber lassen sich keine Aussagen machen. «Welt» ist also das, was Menschen irgendwie, irgendwo, irgendwann erfahren, wahrnehmen, erkennen und ebenso, was sie tun. «Welt» ist die Welt des Menschen, ist *unsere* Welt. Dabei tritt seit dem Beginn der Neuzeit der Aspekt des Tuns in den Vordergrund: Die Welt als *Gestaltung*, als Werk und als Werkplatz des Menschen – im Gegensatz zur mittelalterlichen Auffassung der Welt als Schauspiel-Bühne (vgl. Calderons «Welttheater»).

c) Der philosophische Weltbegriff ist abstrakt gefaßt, weil er alles mögliche Seiende umfaßt. In Wirklichkeit ist die Welt für jeden Menschen nur ein Ausschnitt aus diesem Ganzen. Weil «Welt» vom Menschen her zu denken ist, kann sie verglichen werden mit seinem Horizont. Wie der Horizont verändert sich die Welt je nach Standort eines Menschen, einer Gruppe, eines Volkes oder einer Zeitepoche. So ist die «Welt» im Sinne der *Alltagssprache* nie das Ganze, sondern stets nur ein Ausschnitt, ein *Teil von Welt*. Dies gilt auch für die Begriffe «Weltbezogenheit», «Weltverlust» usw. Nehmen wir den Begriff «Weltflucht». Was für eine Welt soll geflohen werden? Es kann nicht die Welt im philosophischen Sinne sein. Denn diese umfaßt all das, wohin jemand fliehen könnte! Sie umfaßt auch Religion, Kirche, den Glauben, die Erfahrung Gottes usw. Wohin immer einer fliehen möchte, er begegnet immer nur der Welt. Denn selbst Gott begegnet ihm nie anders als in der Welt, d.h. in seiner Erfahrung mit der Welt. Er wird nie Gott «an sich» begegnen, sondern immer nur welthaften Geschehnissen, in denen er Gott erfährt. Oder er begegnet seinen Vorstellungen von Gott, die ebenfalls welthaft sind. Die Rede von «Weltflucht» wird sinnlos, wenn die philosophische «Welt» gemeint sein soll. Der Flüchtige flieht nicht die Welt überhaupt, sondern er flieht von einem Teil von Welt in einen andern. Dasselbe gilt vom Begriff «*Weltbezogenheit*»: Der Glaube kann auf gar nichts anderes bezogen sein denn auf «Welt» (im philosophischen Sinne), so gut der Glaube selbst auch «Welt» ist. Es gibt – in diesem Sinne – gar keinen andern als weltbezogenen Glauben. Die Frage ist aber: auf *welchen* Teil von Welt er bezogen sein soll, bzw. welche Welt man im herkömmlichen Glauben vermißt. Da wäre wohl zu antworten: Es fehlt die aktuelle, für uns bedeutsame Welt. Was als Alternative dazu verteidigt wurde, ist eine vergangene, nicht mehr aktuelle Welt.

2. *Religiöses und biblisches Reden von «Welt»*

a) Die Einführung des philosophischen Weltbegriffes hat uns somit zu einer folgenreichen *Erkenntnis* verholfen. Sie hat den erkenntnistheoretischen Rahmen für unser Reden von Welt abgesteckt: Jede unserer Welten ist *Teil* des menschlichen Denkens, Tuns und Wahrnehmens, aus dem wir nicht entrinnen können – es sei denn im Tod, wenn wir nichts mehr wahrnehmen. Es gibt für uns kein «Außerhalb», das nicht selber wieder Teil-Welt wäre. Was von «Welt-Verächtern» in Alternative zur Welt gesetzt wird, ist wiederum Welt: menschliche Vorstellungen, bestimmte Verhaltensweisen usw. Die Meinung des Weltflüchtigen, der Ort seiner Flucht sei etwas qualitativ anderes und besseres als «diese Welt», erweist sich als Täuschung und *Mißverständnis.*

Ebenso scheitert jeder Versuch, Teile von Welt absolut zu setzen, sie auszusondern, an der relativierenden und ernüchternden Erkenntnis, daß sie eben nichts wesenhaft anderes sind als «Welt». Zur Verdeutlichung verweisen wir auf die Gegenüberstellung von «*weltlich und heilig*». Jede Religion hat die Tendenz, der wir auch in der katholischen Kirche begegnen, bestimmte Stücke von Welt auszusondern, aus der Welt herauszuheben. Es sind dies die heiligen Orte, die heiligen Zeiten usw. Dieses Heilige gilt als besondere Lokalisation der Gottheit, als eine dem geschichtlichen Wandel entzogene Wirklichkeit eigener Art. Vom philosophischen Weltbegriff her betrachtet – und so ist es auch heutigem Bewußtsein je länger je mehr selbstverständlich – ist dieses Heilige, selbst das «Allerheiligste», nichts anderes als Welt. Es erhält seinen besonderen Stellenwert lediglich durch den *Glauben.* In sich selbst ist es nichts anderes und nichts «Höheres» als Welt. Für den Außenstehenden, der einen bestimmten Glauben nicht teilt, unterscheiden sich z. B. die «Heiligen Kühe» der Hindus nicht wesensmäßig von andern Kühen. Dasselbe gilt für analoge Größen in christlichen Kirchen. Hier haben hauptsächlich *Worte* und *Ideen* (Bibel, Lehrsätze, Dogmen) den Rang des «Heiligen», des «Absoluten», und somit des Unwandelbaren, Unfehlbaren, erhalten, das nicht den Bedingungen dieser Welt, unserer Geschichte unterworfen sein darf; daher das Sträuben gegen die Untersuchung von Bibel und Dogmen mit den Mitteln der historisch-kritischen Forschung, gegen das Fragen nach dem Sinn religiöser Sätze und Worte (wie z. B. «Gott», «Sohn Gottes» usw.).

Die Reflexion über den philosophischen Weltbegriff hat eine relativierende und ernüchternde Wirkung, aber sie hilft uns, die Fragen richtig zu stellen, und bewahrt uns vor *falschen Alternativen*, denen man beim Reden über die Welt leicht verfallen kann. Es geht in keiner Weise darum, die Bedeutung des «Heiligen» zu leugnen: Dieses ist ein wesentliches Moment der Menschen-Welt, aber es steht nicht in Gegensatz zu ihr! Diese Einsicht müßte verhindern, daß Menschen dem «Heiligen» geopfert oder versklavt werden, daß sie um dieses «Heiligen» willen – vorgestellt als Gegensatz zur «Welt» – um ihr Glück, um ihr Heil betrogen werden.

b) Erkannten wir bisher, daß die Rede von «Ablehnung der Welt» sehr problematisch ist, weil wir aus der Welt gar nicht entkommen, daß somit der Glaube in dem erläuterten Sinne stets welt-bezogen ist, so müssen wir nun freilich auch betonen: Nicht jeder Teil von Welt ist für uns von gleichem Wert. Es gibt Bereiche der Welt – oder: «Welten» –, die dem Menschen zuträglich sind, andere, die ihm schaden.

Die *biblische* Rede über die Welt gehört in diesen Zusammenhang. Die Bibel spricht oft in einem pejorativen Sinne von Welt: Welt ist identisch mit Sündhaftigkeit, Gottferne und Verlorenheit, ist gottfeindliches Element, dem die (kommende) himmlische Welt gegenübergestellt wird. Die Christen werden vor «dieser Welt» gewarnt, da sie nicht «von der Welt» sind, obgleich (vorübergehend) in ihr lebend.

Dergleichen Aussagen dürfen jedoch nicht darüber hinwegsehen lassen, daß für die Bibel die Welt an sich gut ist: sie ist *Gottes Schöpfung* (Genesis 1). Freilich ist sie – so deutlich im NT – durch die Sünde des Menschen gefallen und ist so Herrschaftsbereich des Bösen, der Sünde. Durch die Abwendung des Menschen von Gott ist die Welt dieses Menschen böse, gottfeindlich geworden. Aber durch Jesus wurde eine neue Situation geschaffen: der Mensch – und damit seine Welt – ist grundsätzlich erlöst und für die endgültige Rettung bestimmt.

Die Welt, von der in der Bibel so geredet wird, ist also in keiner Weise definitiv als schlecht qualifiziert. Denn diese Welt ist die Menschenwelt, die in einer Entscheidungssituation steht. Man könnte «Welt» im NT meist mit «*Menschheit*» übersetzen. Um der Menschen Denken und Handeln geht es ja in der Bibel; nicht die Dinge sind gut oder böse, sondern der Menschen Herz. Sofern die Menschenwelt gottfeindlich ist, wird vor ihr gewarnt.

Man könnte diese Distanzierung von der «Welt» vergleichen mit der Ablehnung der «Gesellschaft» durch verschiedene Oppositionsgruppen heute: Sie lehnen nicht Gesellschaft überhaupt ab, sondern bestimmte Formen der Gesellung und bestimmte Verhaltensweisen. In diesem Sinne ist die biblische Welt-Kritik «Gesellschafts-Kritik». Dabei ist die Menschheit nicht endgültig böse, ist sie doch grundsätzlich erlöst. Charakteristisch für sie ist die Entscheidungssituation!

Die Redeweise des NT kann allerdings in die Irre führen, wenn man den zeitgenössischen Hintergrund übersieht. Zur Kennzeichnung der durch Jesu Kommen geschaffenen Entscheidungssituation verwendet das NT spätjüdisch-apokalyptische Vorstellungen vom jetzigen verderbten und vom kommenden guten Äon. Bei den Weltaussagen des Paulus und des Johannes ist zu beachten, daß diese Theologen in Auseinandersetzung stehen mit dem gnostisch-dualistischen Weltbild ihrer Zeit, demzufolge die Welt eine Eigengröße geworden ist, welche die gottlose Menschheit repräsentiert. Sie benutzen dabei das Vokabular dieses Weltbildes, das aber in seiner Sache keine Gültigkeit hat für die Botschaft der Bibel. Der Bibel geht es um die Aussage, daß die Menschen in die Entscheidung zwischen Heil und Heillosigkeit gestellt sind und daß sie die Tendenz haben, der Heillosigkeit zu verfallen, d.h. sich Gott entgegenzustellen. All dies bedeutet keine Entscheidung für oder gegen die Welt (in unserem modernen Wortsinn), sondern spielt sich in der Welt und nirgendwo sonst ab.

3. Welt-loser und welt-bezogener Glaube

Die biblische Welt-Kritik steht also nicht im Gegensatz zum Postulat eines weltbezogenen Glaubens – wenigstens solange nicht, als nicht geklärt ist, was mit «weltbezogen» konkret gemeint ist, auf *welche* Welt der Glaube bezogen werden soll. Dies muß nun präzisiert werden, sonst bleibt das Postulat der Weltbezogenheit rein formal. Die Präzisierung suchen wir, indem wir die Frage stellen: «Warum wird der Glaube in überkommener Gestalt als welt-*los* oder welt-*fremd* empfunden? Was für eine Welt wird hier vermißt?»

Wir gehen aus von überkommenen Gestalten des Glaubens, wie sie etwa repräsentiert werden durch alte Katechismen. Zwar haben seit geraumer Zeit fast überall Reformbestrebungen angesetzt, so daß der alte Katechismusglaube selten mehr in völlig unberührtem Zustand anzutreffen ist. Aber er hat doch die Mehrzahl der heute lebenden Christen geprägt, wirkt überall nach und ist der Grund für unzählige «Glaubens-Krisen»!

Warum also wird dieser Glaube als welt-los empfunden? Drei Momente – vielleicht ließen sich noch andere aufzählen – scheinen uns ausschlaggebend:

a) In den Glaubensformulierungen kommt die Welt, die für uns wichtig und aktuell ist, in der wir leben müssen, die Welt, die wir *erfahren*, nicht vor. Es wird statt dessen geredet von andern Dingen, von andern Welten, die wiederum in unserer Erfahrung nicht vorkommen. Darum steht dieser Glaube *neben* unserem Leben. Existentiell berührt er uns kaum.

b) Der Glaube ist einseitig am Alten, am *Vergangenen* orientiert. Man gewinnt den Eindruck, ein Christ könne – sofern er dem Glauben treu bleiben will – nicht wirklich ein moderner Mensch sein und umgekehrt. Alles Neue, schon die Suche danach, alle Veränderungen stoßen auf Mißtrauen und Ablehnung.

c) Die Welt des *öffentlichen*, gesellschaftlichen Lebens, Politik, Wissenschaft, Kultur, spielt in diesem Glauben keine Rolle – höchstens als Objekt kirchlichen Machtwillens. Ein uneigennütziges Engagement für eine «menschlichere Welt» scheint jedenfalls mit Glauben nichts zu tun zu haben, ist eher des «bloßen Humanismus» verdächtig: Beim Glauben geht es um das «Heil der Seelen».

Ein Glaube, der welt*bezogen* ist, muß diese Kritik berücksichtigen. Es ergeben sich folgende Postulate:

a) *Einbezug der Erfahrung*, wie wir sie heute machen, wie jeder einzelne Mensch sie macht! Damit hängt zusammen, wie sich zeigen wird, das Problem der *Sprache*, in der sich der Glaube ausdrückt.

b) Ernstnehmen des *geschichtlichen* Charakters der Welt und des Glaubens.

c) Berücksichtigung der *gesellschaftlichen* Wirklichkeit.

Erfahrung, Geschichte und Gesellschaft sind drei zentrale Dimensionen von Welt, die der christliche Glaube nicht ohne Schaden für sich selbst ignorieren darf. Wenn es gelänge, die Probleme zu lösen, die sich im Verhältnis des Glaubens zu diesen drei Aspekten von Welt ergeben, würde dem Sinnlosigkeitsverdacht gegenüber dem Glauben die Grundlage entzogen.

Gewiß ist diese unsere «Problem-Liste» eines weltfremden Glaubens nicht vollständig. So könnte man etwa – mit H. Cox[2] – auf den Mangel an Sinn für Festlichkeit, spielerische Phantasie und Humor erinnern und entsprechend für einen weltbezogenen Glauben ein Ernstnehmen dieser Aspekte fordern. Doch handelt es sich hier im Grunde nicht um eine neue Dimension gegenüber der *gesellschaftlichen;* es wird vielmehr ein spezieller Akzent hervorgehoben, der für die Gesellschaft und somit auch für die Kirche von enormer Bedeutung ist. So dürften doch mit unseren drei Stichworten – Erfahrung, Geschichte, Gesellschaft – die wichtigsten Momente von Welt in den Blick kommen.

Wir werden nun das Verhältnis des Glaubens zu den drei genannten Aspekten von Welt bedenken. Dabei gehen wir jeweils aus vom *faktischen* Welt-

[2] H. Cox, Das Fest der Narren. Das Gelächter ist der Hoffnung letzte Waffe, Stuttgart-Berlin ^{2}1970.

verhältnis, das durch Weltfremdheit oder Weltlosigkeit bestimmt ist, und fragen, wie es dazu gekommen ist. Auf diese Weise sollten das Ausmaß und die Konsequenzen der Weltlosigkeit klarer bewußt werden. Das ist die Voraussetzung, um Wege der Lösung zu entdecken und zu verstehen. Denn das *Bewußtwerden* der Weltvergessenheit des Glaubens und deren *Überwindung* sind zwei Seiten desselben Prozesses, die nicht voneinander zu trennen sind.

Wir stützen uns sowohl bei der Analyse der Glaubenssituation wie bei den Ansätzen zur Überwindung der Krise auf die Arbeit verschiedener Strömungen der modernen Theologie. Diese hat sich intensiv auseinandergesetzt, und tut es noch immer, mit den von uns angesprochenen Problemen (Stichworte: Erfahrung – Geschichte – Gesellschaft). Man könnte sogar sagen, daß die Problematik des Weltbezuges einer der Grundantriebe ist für die Bemühungen der modernen Theologie! – Es wäre nun freilich falsch, fixfertige Antworten auf unsere Fragen zu erwarten. Die Theologie steht hier – das kann in aller Bescheidenheit gesagt werden – z.T. noch sehr in den Anfängen der Forschung; das gilt insbesondere für die katholische Theologie, die erst seit dem 2. Vatikanischen Konzil sich frei der «Welt» zuwenden konnte. Anderseits gehört es zum Wesen eines weltbezogenen Glaubens, daß er nie völlig eindeutig und in endgültiger Gestalt wird formuliert werden können. Denn die Welt ist etwas Lebendiges, ist in Bewegung; vor allem geht es ja um *unsere* Welt, so daß der Glaube stets individuell gefärbt, von den Erfahrungen des Einzelnen geprägt sein wird, und ohne sein eigenes Bemühen, ohne seinen persönlichen individuellen Beitrag nicht zustande kommen kann. Damit ist nicht die Notwendigkeit gemeinsamer, allgemeingültiger Glaubensstrukturen geleugnet, ohne die keine Kommunikation möglich wäre. Aber diese Strukturen können nicht auf dem Reißbrett erfunden oder am grünen Tisch ausgehandelt werden. Sie setzen problembewußte Gemeinden voraus, die den Glauben leben und im Leben dem Glauben Ausdruck verleihen.

Wir betrachten in unserer Darstellung die Weltfremdheit des Glaubens als Produkt geschichtlicher Entwicklung. Wir sprechen darum von «Welt-*Verlust*» und charakterisieren die Bemühungen um einen weltbezogenen Glauben als «Wiedergewinn» bzw. «*Neugewinn*» von Welt. Der Weltverlust vollzog sich parallel zum Gott-Verlust im Säkularisierungsprozeß: in dem Maße, als Theologie und Kirche versuchten, den schwindenden Gott zu «retten», ihn festzuhalten durch «Einsperren» in fixe Begriffe und Vorstellungen, kam ihnen die Welt abhanden! – Von diesem Gedanken her stehen die folgenden Ausführungen unter der Dialektik von Welt-*Verlust* und

Welt-*Gewinn*. In einem ersten Schritt machen wir uns den Verlust von *Erfahrung* in der Sprache des Glaubens bewußt. Erfahrung ist ja das Tor zur Welt und somit *erste* Voraussetzung für einen weltbezogenen Glauben!

II. SPRACHE UND ERFAHRUNG[3]

«Eine Sprache, die nicht weltlich spricht, spricht nicht wahr. Wenn der Ort des Glaubens die eine Wirklichkeit ist, das Diesseits, unsere Geschichte und Zeit, und wenn Gott nicht außerhalb dieser Wirklichkeit, sondern nur in ihr je und je begegnet, dann kann eine Rede von Gott, die Wirklichkeit erschließen will, nur weltliche Rede sein ... Nicht wer ein tradiertes theologisches Vokabular verwendet, konfrontiert mit dem unbedingten Anspruch, der in konkreter Situation ergeht, sondern nur, wer es aufgibt, über ‹Glaubenswahrheiten› als Gegenstände eines Sonderbereichs der Welt zu sprechen, um dafür die Wirklichkeit selbst, wie er sie im Glauben erfährt, zur Sprache zu bringen.» *(Hubertus Halbfas)*[4]

1. Diskrepanz zwischen Aussagen und Tatsachen

a) Zum Beispiel ...

«Nun singt dem Herrn ein neues Lied, / in aller Welt ist *Freud und Fried* ... / verklärt ist alles Leid der Welt, / die Gräber sind vom Glanz erhellt ... / Beendet ist nun Kampf und Krieg, / Errungen ist Triumph und Sieg ...»[5] So singt die «fromme Gemeinde» am Ostermorgen, ... während der Krieg in Südostasien grausam weitergeht, während in griechischen, brasilianischen, sowjetischen und vielen anderen Gefängnissen Menschen eingesperrt, gefoltert, gemordet werden, und während sich bei uns Generationenkonflikt und Minderheitenproblem zusehends verschärfen und die Fronten sich verhärten.

«Der katholische Christ ist der kritische, der für die Notwendigkeit und die Aufgaben der modernen Welt aufgeschlossene, der nie kapitulierende, der von keiner irdischen Macht abhängige, der allen gesellschaftlich-politischen Zuständen gewachsene, freilich nicht autonome, sondern an die objektive Ordnung gebundene und deshalb wirklich freie und zuverlässige Mensch, der von jedem Menschen

[3] Siehe Literatur-Verzeichnis, bei den Autoren: Bultmann, Ebeling, Grabner-Haider, Mezger, Sartory, Zahrnt.

[4] Halbfas, Fundamentalkatechetik, 74.

[5] Katholisches Kirchengesangbuch der Schweiz (KGB), Einsiedeln-Solothurn 1966, Nr. 254.

annimmt, daß ihm diese selbe Freiheit zukommt.»[6] – Man vergleiche diese Schilderung des katholischen Christen mit der konkreten Wirklichkeit!

b) Wo bleibt die Wirklichkeit?

Was sollen diese Beispiele? Sie weisen auf eine *Diskrepanz* zwischen *Aussagen* und *Tatsachen*, wie wir sie erfahren, wobei diese Diskrepanz nicht wahrgenommen wird. Würde sie wahrgenommen, so müßte beim *ersten* Beispiel die Gemeinde zu singen aufhören, oder aber sie müßte erschüttert sein von dieser Diskrepanz und sie zu beseitigen trachten. Warum singt sie aber weiter? Warum wird nichts wahrgenommen?

Ist es deshalb, weil sie sich nichts denkt bei dem, was sie singt? Weil die Worte für sie inhaltsleer sind? Und weil sie sich schon so gewöhnt ist, in der Kirche Lieder zu singen (und Gebete aufzusagen), die sie nicht betreffen? – Oder aber: Hören die versammelten Christen kein Radio, sehen sie keine Tagesschau, lesen sie keine Zeitungen? Sind sie also nicht informiert über das, was in der Welt passiert? Und sind sie also tatsächlich der Meinung, die Verhältnisse wären so, wie sie sie besingen? – Oder eine dritte Möglichkeit: Sie haben zwar die Nachrichten gehört und verstehen, was sie singen, aber sie sagen sich: «Da ist von etwas ganz anderem die Rede, von einem anderen Frieden, nicht vom Frieden in dieser Welt (also nicht vom richtigen Frieden); es ist nicht unsere gewöhnliche, irdische Freude gemeint, sondern eine himmlische Freude. Die ist jetzt ausgebrochen, und wir haben doch jetzt tatsächlich eine schöne, erhobene Stimmung, bei schöner Liturgie und feierlicher Musik. Man muß doch auch mal abschalten können, weg vom ewigen Krieg und Kampf, auch in unserem Leben, wenigstens für eine Stunde hier im Gottesdienst. Da bekommen wir Anteil an der himmlischen Freude, am inneren Frieden. Es ist eine andere Welt, von der wir hier singen, und sie ist es, die wir suchen. Es ist die Welt Gottes, die Welt der Religion. Sie gibt uns die Kraft, das Leben in der Welt des Alltags wieder durchzustehen für eine Woche.»

Was steckt hinter dem *zweiten* Beispiel? Es «verrät eine Denkform, die für viele Katholiken immer noch typisch ist. Sie ist wesenhaft ungeschichtlich und an der konkreten Wirklichkeit nicht interessiert. Aus gewissen abstrakten und an sich nicht bestreitbaren ‹Prinzipien› zieht sie ihre Konsequenzen und gibt sich zufrieden mit dem Resultat, das eher einer platonischen Idee gleicht und wenig mit der empirischen Wirklichkeit zu tun hat.»[7] Auch hier

[6] W. Geiger, zit. in: Sartory, Utopie der Freiheit, 9.
[7] Sartory, Utopie, 9.

werden also die Erfahrungstatsachen nicht zur Kenntnis genommen. – Sind solche Aussagen wahr, sind sie unwahr, sind es Lügen? Handelt es sich um Ideologien? Es gehört zum Wesen der Ideologie, daß sie bestimmte Tatsachen, welche gegen sie sprechen würden, ignoriert, überblendet, leugnet oder verdeckt, um auf jeden Fall die Aussage «wahr» sein zu lassen.

c) Leerformeln

Es gibt *noch andere Formen* der Diskrepanz zwischen Erfahrung und Sprache. Wir verwenden (besonders im religiösen Bereich) immer wieder Worte und Sätze, die zwar der Erfahrung nicht direkt widersprechen, die aber *keine Beziehung zur Erfahrung*, zur Wirklichkeit unseres Lebens aufweisen: «*Lieber Heiland, sei so gut / lasse doch dein teures Blut / in das Fegefeuer fließen / wo die armen Seelen büßen.*»[8] Dieses Gedicht aus einem Religionsbuch spricht von Dingen, die in unserer Welt nicht vorkommen: die Vokabeln «teures Blut», «Fegefeuer», «arme Seelen», «Hölle» usw. werden in alltäglichen Gesprächen kaum verwendet, es sei denn in Anführungszeichen. Diese Worte sind entweder ohne Sinn (in Bezug auf unser hiesiges Leben), oder sie sprechen, wie im zitierten Osterlied, von einer anderen, uns fremden Welt.

Ähnliche Beispiele lassen sich beliebig häufen. Man vergleiche die eingehende Kritik der Sprache des Religionsunterrichtes in der *Fundamentalkatechetik* von H. Halbfas.[9] Sobald wir zu überlegen anfangen, *was* wir denn glauben; wenn wir zu verstehen suchen, was wir bekennen; wenn wir fragen: «Was heißt das eigentlich; was bedeutet es wirklich und konkret? Und was hat das mit meinem Leben zu tun?», werden wir meist in Verlegenheit geraten. Was heißt «Erlösung»? Was heißt «Befreiung von Sünde»? Was hat die Lehre von der heiligsten Dreifaltigkeit mit meinem Leben zu tun? Diese *Lehr*formeln sind für uns sehr oft zu *Leer*formeln geworden (Sartory), die wir nur mit viel theologischem Wissen und auf Umwegen mit Sinn füllen können. Wie beziehungslos solche Formeln geworden sind, zeigt sich darin, daß sie keine oder *kaum Auswirkungen* auf unser Leben haben. Es sind Abstraktionen, die Informationen über eine fremde Welt zu liefern scheinen, die aber nicht unser Leben bestimmen.

«Zweifellos haben frühere Christengenerationen solche Glaubensnöte nicht gekannt. Sie fühlten sich der Erlösung der Welt gewiß – völlig unabhängig davon, wie es in der realen Welt steht und zugeht. War das der Glaube, den die Bibel

[8] Frohe Botschaft. Glaubensbuch für das 2. Schuljahr, Freiburg 1963, 21.
[9] Siehe Literatur-Verzeichnis.

meint? Das darf man bezweifeln. Glaube hat es zwar zweifellos mit dem ‹Unsichtbaren› zu tun, wie es der Hebräerbrief ausdrückt; aber jenes Unsichtbare hat eine umstürzende, alles verändernde Dynamik. Die sogenannte Übernatur ist nicht jenseits der Natur, sondern der konkrete Mensch, die konkrete Welt im Bannkreis einer sie verwandelnden Kraft. Und auch ‹Gnade› ist nicht etwas rein Geistiges, völlig Unsichtbares, sondern wirkt eine grundsätzliche Strukturveränderung der menschlichen Beziehungen und dadurch auch der menschlichen Gesellschaft. Wo sie diese Wirkung nicht zeitigt, ist sie auch nicht mehr ‹vorhanden›. Das meint der erste Johannesbrief, wenn er in seiner mythisch geprägten Sprache erklärt, daß die ‹Gotteskinder› von den ‹Teufelskindern› deutlich unterscheidbar seien. Wer liebt, ist aus Gott geboren, wer nicht liebt, stammt vom ‹Satan›.

Die Christen haben später aus dieser ziemlich handgreiflichen Realität, mit der der Glaube es zu tun hat, eine ‹Idee› gemacht, die seinshaft wirklich bleibe, wie wenig von ihr in der erfahrbaren Welt auch zu spüren ist. Verkündigung wie Bekenntnis erschöpften sich weithin in einer Vokabelrede, die keine Beziehung zum konkreten Leben mehr hatte. ‹Erlöst›, ‹befreit aus der Macht des Satans›, ‹nicht mehr der Sünde verknechtet›, ‹der Tod besiegt›! Die Christen fragen so wenig nach dem Realitätsgehalt dieser und ähnlicher Bekenntnisformeln, daß die Außenstehenden (etwa atheistische Humanisten) das gespenstische Gefühl beschleichen konnte, die Christen lebten als Gefangene ihrer eigenen Abstraktionen in einer irrealen Welt.» [10]

2. *Zugang zur Welt durch Erfahrung und Sprache*

Was hat das alles mit «Welt-Verlust» zu tun? Das soll in den folgenden Überlegungen deutlich werden:

a) Sprache eröffnet Welt

Für jeden Menschen öffnet sich die Welt, die Wirklichkeit, *durch die Sprache* und nur durch sie. «Nicht durch die Geburt, sondern erst durch Sprache eröffnet sich dem Menschen Welt. Ohne Sprache bliebe der Mensch umweltimmanent. Darum ist das Tier unentrinnbar an Umwelt gebunden, einerlei ob es seine natürliche Umwelt bewahrt oder nicht ... Am Werdegang des Kindes ist dieser Prozeß ablesbar. Mit dem ersten Wort und jedem weiteren an das Menschenkind erschließt sich ihm Welt; denn *daß* sich Wirklichkeit auftut, beruht auf Sprache. Die Kategorie Wirklichkeit ist sprachlich qualifiziert, oder besser gesagt: dem Wesensbereich Sprache eingestiftet, so daß die

[10] Sartory, a.a.O., 128–129.

These gewagt werden darf: ‹Keine Wirklichkeit ohne Sprache!› (E. Fuchs).[11] Zwar registrieren wir vielfältig mit allen Sinnesorganen Seiendes, doch bedeutet ein sensitives Erfassen noch keine Wirklichkeitseröffnung. Erst im Angesprochenwerden gewinnt das Kind Welt; jeder Anspruch meint: ich bedeute dir, was du selbst wahr-nehmen, d.h. in Acht und Sorge nehmen sollst ... Sprache ermöglicht, daß Seiendes Wirklichkeit des Menschen, d.i. seine Welt sein kann. Erst Sprache gibt Wirklichkeit frei.»[12] Wer keine Sprache hat, hat nicht Wirklichkeit, hat nicht Welt. Wer *Welt* haben will, muß Sprache haben, in der er die Welt aussagen kann!

b) Welt wird sagbar durch Erfahrung

Wie aber gerät die Welt in die Sprache? *Welt wird sagbar in und durch die Erfahrung*, d.h.: dort, wo Wirklichkeit vernommen und verstanden wird. Sprache und Erfahrung gehören also wesensgemäß zusammen: *Einerseits* gewinnt der Mensch Sprache, indem er Erfahrungen macht und sie versteht: das Kind lernt sprechen, indem es seine Um-Welt entdeckt, sie entziffert, begreift, benennt: die Mutter, den Vater, den Teddybär usw; es vermag dies mit Hilfe der deutenden Sprache der Erwachsenen. *Anderseits* (und damit wird zugleich der Begriff der Erfahrung erläutert) kann der Mensch nur Erfahrungen machen, wenn er ihr Sprache zu geben vermag: Der Verstehensprozeß, der wesensgemäß zur Erfahrung hinzugehört, weil nur verstandene Wirklichkeit tatsächlich erfahren ist, dieser Verstehensprozeß ist sprachlich strukturiert, denn «nur wenn Wirklichkeit ins ‹Wort› tritt, gewährt sie sich menschlichem Bewußtsein. Erfahrung ist nicht zuerst wortlos, um nachgehend das Wort zu suchen. Ohne Wort kommt sie nicht zu sich selbst, ist also nicht Erfahrung, sondern Widerfahrnis und Empfindung, ein unartikulierter Komplex, der sich dem reflektierenden Bewußtsein entzieht und dem Denken unverfügbar bleibt. Erfahrung wächst in und mit der Sprache. Sprache gewinnen heißt Erfahrung erschließen.»[13]

c) Fremderfahrung

Zugang zur Welt, zur Wirklichkeit ist also nur möglich durch die *Erfahrung* von Welt, zu der untrennbar die sie sagende Sprache gehört. Allerdings ist

[11] E. Fuchs, Hermeneutik, Bad Cannstadt ^{2}1958, 131.
[12] Halbfas, a.a.O., 70–72.
[13] Ebd., 76.

gleich beizufügen: Erfahrungen, in denen Welt erschlossen wird, können auch *mitgeteilt* werden. Nicht jeder Mensch muß völlig von vorn anfangen! Im Gegenteil: Kultur beruht ja darauf, daß gespeicherte Erfahrungen weitergegeben werden, und zwar in der Sprache. Wir sind in unserem ganzen Leben von *Fremderfahrungen* bestimmt. Wir übernehmen die Sprache der Umwelt und dadurch eine vorgegebene Welterfahrung. Allerdings, und das ist entscheidend, ist nicht jede Sprache imstande, Erfahrung weiterzugeben. Nur wenn eine *echte, d.h. verstandene Erfahrung* die ihr *angemessene Sprache* findet, die auch dem andern zugänglich ist, und wenn zugleich dieser andere durch vorangegangene Eigenerfahrungen genügend dazu disponiert ist, kann er aus Fremderfahrung lernen.

Aus dem Dargelegten ergibt sich: Die Beziehung von *Glaube* und *Welt* setzt schon viel früher ein als (vielleicht) zunächst gedacht: nämlich bei der *Sprache des Glaubens!* Hier schon entscheidet sich grundsätzlich, ob Glaube weltbezogen sei oder nicht!

d) Das theologische Problem der Sprache

Die Beispiele des Auseinanderfallens von Erfahrung und Sprache, die wir zu Beginn dieses Abschnittes anführten, weisen auf das wohl schwerste, fundamentalste Problem hin, mit dem Kirche und Theologie heute zu ringen haben und das an der Wurzel der Glaubens-Krise liegt: das Problem der *Sprache*, die *Krise* der Sprache. Diese hat zwei Seiten: Auf der einen verfügen wir über eine traditionsreiche Glaubenssprache, die aber, wie wir gesehen haben, nicht mehr durch Erfahrung gedeckt und daher welt-los ist. Weil diese Sprache den Bezug zur Welt unserer Erfahrungen verloren hat, erzeugt sie die Vorstellung einer *Sonderwelt*, einer «Welt für sich», die der Erfahrung enthoben sei. So entsteht eine Spaltung des Bewußtseins, das die Wirklichkeit in zwei verschiedene Welten teilt, eine Wirklichkeitsschizophrenie. Solcher «Glaube» verfällt mit Recht der Religionskritik. Nicht nur, weil er unsere Erfahrungswelt abwertet (auch heute noch: wie oft hört man verächtlich vom «Zeitgeist» reden!) und sich von der Verantwortung für sie dispensiert, sondern auch weil die vorgespiegelte «Sonderwelt», sofern sie objektiviert als außerhalb oder neben der Erfahrungswelt existierend verstanden wird, sich als Illusion erweist: sie ist Ausdruck ehemals lebendiger, heute aber offensichtlich weithin abgestorbener Erfahrungen. Diese Ausdrucksformen früherer Erfahrungen haben ein ähnliches Schicksal erlitten wie die mit Kohlen heizbaren Bügeleisen unserer Großmütter, die – weil funktionslos geworden – heute als Blumentöpfe oder Grilliergeräte dienen.

Auf der andern Seite machen wir heute Erfahrungen, auch «*religiöse*» Erfahrungen, so gut wie unsere Vorfahren, welche die überlieferte Glaubenssprache geschaffen haben. Mit «religiöser Erfahrung» meinen wir nicht eine spezielle Kategorie von Erfahrungen, die nur wenigen, besonders «begnadeten» Menschen zugänglich wären, sondern die Erfahrung von «Göttlichem», von «Letztem», vom «Absoluten» im Irdischen: Erfahrung von Glück, Freude, Liebe, Leid, Verzweiflung und Hoffnung, von Unverhofftem und Überraschendem, von Begegnungen und Widerfahrnissen, die einen vor die Lebensfrage, vor die Entscheidung stellen, die ihn aus festgefügter Bahn auf offene Wege werfen, die eine Welt zusammenbrechen lassen und neue Möglichkeiten eröffnen, kurz die Erfahrung des unbekannten und unverfügbaren, liebenden, prüfenden und rettenden Gottes *mitten in* unserem Leben.

Diese Erfahrungen sind real, aber wir besitzen für sie keine Sprache, jedenfalls keine von den Kirchen anerkannte, rezipierte Sprache. Religiöse Sprache lebt weitgehend im «Exil». Wir können sie – wenigstens in Ansätzen – finden bei modernen Dichtern,[14] in der Popmusik, in Subkulturen usw.

Theologische Aufgabe ist es somit, einen Weg zu finden, wie Glaubenssprache und tatsächliche Erfahrung *integriert* werden können, mit anderen Worten: sie muß nach der Gestalt eines *weltbezogenen* Glaubens suchen, eines Glaubens, der die «Sprache dieser Welt» findet, d.h. Ausdrucksformen, welche der Erfahrung des heutigen Menschen Ausdruck zu verleihen imstande sind.

Es kann nicht übersehen werden, daß der *christliche Glaube wesentlich auf Erfahrung gründet.* Christlicher Glaube besteht nicht primär im Fürwahrhalten bestimmter Sätze und Wahrheiten. Vielmehr geht es um ein gesamtpersönliches *Verhalten*, um die Haltung des Vertrauens, der Zuversicht, des Hoffens. Diese Haltung gründet auf der Erfahrung, daß Gott zu unserem Heil da ist. Es ist die Erfahrung, daß Jahwe sein Volk aus der Knechtschaft Ägyptens herausgeführt hat, daß er sich in Jesus von Nazareth gezeigt hat. Aufgrund dieser *guten Erfahrung mit Gott* kann der Glaubende sein Hoffen auf die Treue eben dieses Gottes setzen und aus dem Vertrauen auf die Treue Jahwes leben und handeln. Allerdings sind die genannten Erfahrungen nicht unsere unmittelbaren Erfahrungen: Es sind die Erfahrungen von Menschen vor 2000 und mehr Jahren. Doch wie wir sahen, hat der Mensch die Möglichkeit, aus fremder Erfahrung zu lernen, *fremde Erfahrung* zu seiner eigenen zu machen, sofern ihm diese sachgemäß übermittelt wird. Die Übermitt-

[14] Vgl. die im Literatur-Verzeichnis zitierten Werke von A. Grabner-Haider.

lung dieser alten Erfahrungen, wie sie in der Bibel und in Zeugnissen der Tradition «gespeichert» sind, nennen wir *Verkündigung*. Sie sollen uns helfen, unsere eigenen Erfahrungen im Lichte der biblischen Erfahrungen zu deuten und uns neue Perspektiven zu eröffnen. Der Sinn der *Glaubenssätze* besteht darin, uns zu bezeugen, was damals geschah, und wie dieses Geschehen gedeutet wurde, damit so Glaube an die Treue Gottes möglich werde. Die Glaubenssätze können aber nur richtig verstanden werden, wenn ihre Sprache an unsere heutige Erfahrung anknüpft.

Die Forderung nach einem erfahrungs- und damit welt-bezogenen Glauben hat die Theologie seit langem beschäftigt. Wir gehen im folgenden einigen wichtigen Versuchen, mit diesem Problem fertig zu werden, nach.

3. Die Hinwendung zum Menschen

Im 14.–15. Jahrhundert begann sich im Denken und Verhalten der abendländischen Völker eine epochale Wende abzuzeichnen. Man spricht vom Beginn der *Neuzeit*, die sich auszeichnet durch ein – gegenüber dem «Mittelalter» – gewandeltes Selbst- und Weltverständnis des Menschen. Die Kirche verschloß sich im großen und ganzen einer positiven Auseinandersetzung mit diesem Wandel. Dadurch entstand eine stets wachsende *Diskrepanz* zwischen dem Denken, Empfinden und Handeln der Menschen einerseits und der «Welt des Glaubens» anderseits. In dieser Diskrepanz sehen wir einen Hauptgrund für den heute erkannten und beklagten *Weltverlust*. Besonders seit den Glaubensstreitigkeiten des 16. Jahrhunderts waren die Theologen und Kirchen so sehr mit sich selbst, mit ihrem Streit, mit der gegenseitigen Bekämpfung und ihrer Selbstbehauptung beschäftigt, daß sie die «*Welt*» darüber *vergaßen*. Während aber die Theologen hinter verschlossenen Türen disputierten und sich die «Haare rauften», kaum einen Blick zum Fenster hinauswarfen, entfaltete sich das neuzeitliche Selbst- und Weltverständnis weiter, vertiefte sich und begann die *Welt umzugestalten:* ohne Theologen und ohne Kirchen, und ohne die Frohbotschaft der Bibel. Als die Kirchen und die Theologen anfingen, hinauszuschauen, ja sogar die Türen zu öffnen, da entdeckten sie, daß die Welt inzwischen säkularisiert war, eine technisch-rationalisierte, zugleich von einseitig empirischem, «eindimensionalem» Denken beherrschte Welt, eine Welt ohne Gott. Während die Welt *Gott verloren* hatte, hatten die Kirchen und die Theologen die *Welt verloren;* aber selbst ihr Gott war zu einem seltsamen, faden, blutlosen, weltlosen Gott geworden, zu einem – wie Wolfgang Borchert sagt – «Märchenbuchliebergott».

Es gab freilich verschiedene Ansätze und Versuche der Theologie, die genannte Diskrepanz zu überwinden. Sie bestanden darin, das gewandelte Selbst- und Welt-Verständnis der Neuzeit ernst zu nehmen, darauf einzugehen und von der Bibel her auf die neuen Fragen zu antworten. Doch worin bestanden und bestehen die neuen Fragen und das neue Selbst- und Weltverständnis?

a) Selbst- und Weltverständnis der Neuzeit[15]

Charakteristisch für die Neuzeit ist, daß der Mensch sich entschlossen der eigenen Erfahrung zuwendet, durch die er Gewißheit und Wahrheit finden kann (empirische Wissenschaften – philosophische Selbstvergewisserung durch Reflexion auf das eigene Denken: Descartes, Kant usw.). Die Neuzeit ist das Zeitalter der *Anthropozentrik*, der Hinwendung zum Menschen, der im Mittelpunkt des Denkens steht. Der Mensch ist nicht mehr nur Teil des Universums. Er interessiert als Individuum, als einzelnes Subjekt, das sich seiner bewußt wird, in einer dem Mittelalter fremden Weise. Parallel zu dieser anthropozentrischen Daseinsdeutung erfolgt der Zusammenbruch, die Zersplitterung des «Universums», als der objektiv geordneten Welt des Menschen.

Der Zusammenbruch äußert sich einerseits im *Verlust des Vertrauens* in die objektiven, gott-gegebenen Ordnungen des Staates und der Kirche (Zersplitterung des Reiches im Spätmittelalter!). Andererseits zeigt sich der Zusammenbruch des «Universums» in der *Objektivierung der Welt* zu einem Feld der Eroberung und der Bewältigung durch die Menschen. Die «Natur» wird Gegenstand des Experimentes (Entdeckungsfahrten der Italiener, Spanier und Portugiesen). Geschichte und Überlieferung fallen unter die auf Quellenforschung gestützte Kritik der Humanisten. Kosmos und Geschichtszeit dehnen sich aus ins Unendliche. In diesem Vorgang wird aber der Mensch aus der Geborgenheit des Kosmos entlassen, darin er seinen bestimmten Ort hatte, seine Stellung im Sein, die ihren Ausdruck fand in der Vorstellung, daß die Erde die Mitte der Welt sei. Aus dem *Verlust des objektiven Standortes* resultiert «ein Gefühl der Preisgegebenheit, ja der Bedrohung» (Guardini); die Epoche der anbrechenden Neuzeit ist ein «*Zeitalter der Angst*» (Tillich).

[15] Vgl. J. Burckhardt, Die Kultur der Renaissance in Italien. Ein Versuch, Stuttgart 1960; R. Guardini, Das Ende der Neuzeit. Ein Versuch zur Orientierung, Würzburg [9]1965; P. Tillich Der Mut zum Sein, Hamburg 1965.

Dieses Gefühles, dieser Angst, versucht der neuzeitliche Mensch dadurch Herr zu werden, daß er sich durch eigene *Leistung* im Dasein behauptet und bestätigt, daß er seine Zukunft in eigene Hände nimmt und sie zu gestalten versucht. So entsteht die «Welt der Menschentat und des Menschenwerkes»: Die Kultur, aus der die Technik hervorgeht (Guardini). Die Angst und der Versuch, sie zu überwinden, ergreifen auch den *religiösen Bereich*. Hier bedingen sich Angst vor dem Zorne Gottes – «Angst der Schuld und der Verdammnis» (Tillich) – und «*Werklerei*» – das Verdienen des Himmels – gegenseitig. Dem auf sich selbst gestellten, der Selbstverständlichkeit des Vertrauens in die Kirche beraubten Menschen rücken die Erfüllung der Gebote, das «Glauben», kurz: der menschliche Akt – nach der ursprünglichen Intention der Kirche bloß Vorbereitung zum Empfang der Gnade – nun ins Zentrum der Frömmigkeit und werden so zu «Werk», zum Versuch der Selbsterlösung, und die Erfahrung des Scheiterns stürzt in vertiefte Angst. Es mehren sich Pilgerreisen, Reliquienverehrung, «Annahme von Kirchenstrafen und ein Verlangen nach Ablaß, übersteigerte Partizipation an Messe und Buße ..., Gebete und Almosen ...» (Tillich). Die Kehrseite davon ist die Resignation ins Sich-Gehenlassen mit der Vertröstung auf die («magische») Heilskraft der Gnadenmittel. So werden die Heilsinstitutionen der Kirche – ursprünglich Strukturen des Heiles, das «von außen» auf uns zukommt («extra nos») – dem angstbesessenen, spätmittelalterlichen Menschen Anlaß zu «Werklerei» und «Aberglauben»!

b) Reformatorische Theologie: Antwort auf Fragen der Neuzeit

Die verschiedenen Reformbewegungen des Spätmittelalters, insbesondere der «christliche Humanismus», waren Versuche, eine *christliche Antwort* auf die Frage des neuzeitlichen Menschen zu finden. Der entscheidende theologische Durchbruch gelang jedoch – das wird man zugeben müssen – erst der *Reformation*. Sie akzeptierte das anthropozentrische Daseinsverständnis, transzendierte es aber gleichzeitig, indem sie den Werken den «*Glauben*» entgegenstellte, im Sinne des Vertrauens auf den gnädigen Gott und damit des Verzichts auf Selbsterlösung und auf Sicherungen im Kreatürlichen.

Das *Neue* an dieser Theologie der Reformatoren ist also, entsprechend dem Charakter des neuen Zeitalters, die *Hinwendung zum Menschen*, die Anthropozentrik. «Für Luther galt, daß das eigentliche Subjekt der Theologie der schuldige und verlorene Mensch und der rechtfertigende Gott und Heiland ist»[16] (Gott also nicht «in sich», sondern in Beziehung zum Men-

[16] H. H. Schrey, in: Religion in Geschichte und Gegenwart³ VI, 769.

schen!). Dagegen war *mittelalterliche Theologie* in ihrer herrschenden Gestalt ehrfürchtiges Nachdenken über die Geheimnisse Gottes oder des Glaubens (Glauben hier im Sinne von «Summe des Geglaubten»). Der Gegenstand dieser Theologie war *Gott*, und zwar Gott in seiner Gottheit (Deus sub ratione deitatis, nach *Thomas von Aquin*). Der Bezug Gottes zum Menschen war hier nicht konstitutiv. Offenbarung bedeutete nicht so sehr Antwort auf existentielle Fragen des Menschen, nicht Botschaft für den Menschen als vielmehr Mitteilung über himmlische Vorgänge und Zustände. Der Glaube durfte (als übernatürliches Wissen) staunend von diesen wunderbaren Dingen Kenntnis haben. – Eine solche Theologie und ein solches Glaubensverständnis konnten den abendländischen Menschen seit dem Aufbrechen der Neuzeit immer weniger befriedigen, da er seinen Halt in diesem Leben nicht mehr durch Eingliederung in eine objektiv gegebene und gültige Ordnung, mit Gott und seinem Himmelreich an der Spitze (der «Pyramide»), finden konnte. Er war sich seiner Subjektivität bewußt geworden, sah sich auf sich selbst gestellt und brauchte ein neues Gottesverständnis, damit er in dieser «neuen» Welt sich selbst sein konnte.

c) Spätere Ansätze zur «Anthropozentrik»

Der in der Reformation eingeleitete Prozeß des Eingehens auf das Denken des neuzeitlichen Menschen wurde durch die Gegenreformation und die protestantische Orthodoxie im 16. und 17. Jahrhundert blockiert. Die katholische Theologie blieb einem scholastischen Objektivismus verhaftet, die protestantischen Theologen fielen dahin zurück. Den Weg zum Menschen fanden die Theologen wieder im Zeitalter der *Aufklärung*, wenn auch nur zeitweise und vorübergehend. Das Umdenken wurde jetzt aber dringlich, nachdem sich die *Philosophie* von der Theologie gelöst und selbst die «Kopernikanische Wendung», die Hinwendung zum Menschen, zu seinem Denken und zu seiner Erfahrung vollzogen hatte: *Descartes*, *Kant!* Auf *katholischer* Seite fanden sich Ansätze zu einer anthropologisch ausgerichteten Theologie im 19. Jahrhundert, in der Auseinandersetzung mit dem Denken *Kants* und des deutschen Idealismus, vor allem in der damaligen «*katholischen Tübinger-Schule*» (*J. A. Möhler*, *J. B. Hirscher*, *J. S. Drey*, u.a.). Die Neuscholastik vermochte aber den verheißungsvollen Ansatz zu verdrängen. Ein neuer Aufbruch von verschiedenen Seiten um die Jahrhundertwende vom 19. zum 20. Jahrhundert wurde von *Pius X.* als «Modernismus» verurteilt. Wenn die anthropologischen Tendenzen in der Theologie unseres Jahrhunderts, vor allem seit dem letzten Konzil, sich trotzdem einen Weg zu bahnen vermochten, ja sich weithin durchsetzen konnten, so ist dies vor allem dem Denken *Karl Rahners* zu verdanken. *Rahner* suchte die Neuansätze mit der Tradition zu verbinden. So gelang es, die scholastische Position gewissermaßen von innen her aufzubrechen. *Rahner* machte ernst mit dem *transzendentalen* Ansatz *Immanuel Kants.* Er assimiliert ferner existenzialistisches und personalistisches Gedankengut. Damit begann ein neuer Abschnitt für die katholische Theologie und für das katholische Denken. Es kam in der Folge zu einer immer intensiveren und engeren Auseinandersetzung mit markanten Denkern in der protestantischen Theologie, wo die anthropozentrischen Ansätze bereits eine größere und ausgebautere Tradition besaßen.

Die *protestantische (reformatorische)* Theologie hatte ihr Entstehen eben dieser Hinwendung zum Menschen zu verdanken. Der Ansatz wurde freilich lange nicht immer durchgehalten. Trotzdem vermochte er sich, besonders seit der *Aufklärung* (dank größerer Denkfreiheit der Theologen), besser zu entfalten als auf katholischer Seite. Vor allem wurde auf evangelischer Seite immer wieder die Auseinandersetzung mit der jeweiligen *Zeitphilosophie* geführt. Als markante Persönlichkeiten in der evangelischen Theologiegeschichte wären zu nennen: *Lessing*, *Schleiermacher*, dann Vertreter des sogenannten theologischen Liberalismus, unter ihnen *Adolf von Harnack*, ferner, nach dem Neuansatz bei *Karl Barth*, vor allem *Rudolf Bultmann* und seine Schüler (*Ebeling*, *Fuchs*, *Braun*, *Käsemann* u.a.), sowie *Paul Tillich.*

Um zu erfahren, was konkret «Hinwendung zum Menschen» in der Theologie bedeutet, wollen wir die Theologie *Rudolf Bultmanns* befragen. Sein Denken zeigt uns exemplarisch, wie die Überwindung der Diskrepanz zwischen Glaubenssprache und lebendiger Erfahrung angegangen, wie also das Problem des Wiedergewinnens von «Welt» in Theologie und Kirche angefaßt werden kann. Bultmanns Denken ist für den katholischen Bereich noch keineswegs überholt, haben doch seine Thesen und seine Konzeption hier erst vor relativ kurzer Zeit angefangen, die Geister zu beschäftigen. Gewiß ist sein Ansatz von seinen Schülern in manchen Punkten bereits weitergedacht worden. Wir werden da und dort darauf hinweisen. Doch dieser Ansatz bleibt grundlegend für die Theologie. Sie kann dahinter nicht mehr zurück. – Vielleicht ist es nützlich, zu vermerken, daß Bultmann hier nicht als «Autorität» («neuer Kirchenvater») vorgestellt wird, sondern als *Exempel* für einen Weg.

4. Glauben und Verstehen

Als wir oben von der Erfahrung und von der Sprache redeten, um zu zeigen, wie überhaupt Zugang zur *Welt* möglich ist, wiesen wir darauf hin, daß zu wirklicher Erfahrung notwendig das *Verstehen* hinzugehört. Unverstandene «Erfahrung» ist keine Erfahrung. Erfahrung kann sich auch nur deshalb in Sprache ausdrücken, weil sie verstanden ist. Das Verstehen ist der Grund, weshalb Erfahrung in Sprache vermittelt und an andere weitergegeben werden kann. Damit sich nun der Leser oder Hörer von Sprache die mitzuteilende Erfahrung aneignen kann, muß er wiederum verstehen. Unverständliche Sprache ist nichtssagende (d. h. keine Erfahrung erschließende) Sprache. Auf unsere Problematik angewendet: Verlust von Sprache und von Erfahrung ist wesentlich *Verlust von Verstehen*. In der Übermittlung des Glaubens ist das Moment des Verstehens zu kurz gekommen, und darum hat der Glaube die «*Welt*» verloren.

Theoretisch scheint uns die Forderung, daß die Sprache des Glaubens verständlich sein müsse, ohne weiteres einsichtig, ja selbstverständlich. Aber wie ist es in der Praxis? Offensichtlich ist, daß z. B. in traditioneller Katechismusunterweisung nicht nach echtem Verstehen gefragt wurde. In der Liturgie hat sich die Forderung nach Verständlichkeit erst in allerjüngster Zeit durchsetzen können. Sie ist noch weit davon entfernt, Realität zu sein. Auf Beispiele dieser Sprachnot wiesen wir eingangs hin.

a) Rudolf Bultmann: Glauben ein «sacrificium intellectus»?

Im Denken *Rudolf Bultmanns* steht die Frage des Verhältnisses von Glauben und Verstehen im Zentrum. Vier Bände voller Aufsätze sind unter diesem Titel «Glauben und Verstehen»[17] zusammengefaßt. *Bultmann* will seine Theologie verstanden wissen als «Parallele zur paulinisch-lutherischen Lehre von der Rechtfertigung ohne des Gesetzes Werk, allein durch den Glauben», als «ihre konsequente Durchführung für das Gebiet des Erkennens». «Es gibt keinen Unterschied zwischen der Sicherheit auf der Basis von guten Werken und der Sicherheit, die auf objektivierendem Wissen beruht.»[18]

Dem modernen, von naturwissenschaftlichem und geschichtlichem Denken geprägten Menschen, der vor die Bibel, vor das Glaubensbekenntnis oder die Dogmen der Kirche gestellt ist, begegnen auf Schritt und Tritt Dinge und Ereignisse, die ihm *seltsam*, *unglaublich*, ja *absurd* vorkommen, und Zusammenhänge, die ihm *nicht einsichtig* sind. Da soll er z. B. «glauben», daß ein Mensch ohne Vater gezeugt wird, daß er, nachdem er getötet wurde, wieder lebendig wird. Er soll «glauben» an ein übernatürliches Etwas, das in die natürliche Welt eingreift, genannt «Gott», und weitere ähnliche «Wesen», genannt «Engel», «Teufel» usw. Da wird ihm gesagt, daß der Tod eine Strafe sei für die Sünde eines Ahnherrn, daß durch das Sterben Jesu

[17] R. Bultmann, Glauben und Verstehen. Gesammelte Aufsätze. 4 Bde. Tübingen ^{3}1964, ^{3}1961, ^{2}1962, 1965.

[18] Zit. in: Zahrnt, Die Sache mit Gott (vgl. Literatur-Verzeichnis), 271–272.

von Nazareth für seine persönlichen Sünden gebüßt sei, daß er nach seinem Tod in eine himmlische Lichtwelt versetzt werde und von Gott mit einem neuen, geistlichen Leib ausgestattet werde, und anderes mehr.

Heißt nun «*Glauben*» alle diese Dinge akzeptieren? Auch dann, wenn es ihm absurd vorkommt? Nach dem Motto: «*Friß Vogel, oder stirb*»? Heißt Nichtglauben: Zweifeln an der Richtigkeit solcher Aussagen oder sie ablehnen? Muß der Mensch ein «sacrificium intellectus», ein Opfer des Verstandes, also eine Leistung, ein Werk erbringen, damit er «gerechtfertigt» wird? Wenn nicht, was heißt dann *glauben* (im Sinn der sola fides: allein durch den Glauben)?

Glauben heißt für *Bultmann: sich entscheiden*, und zwar angesichts des Anrufs durch das «Wort Gottes» (im Wort der Bibel, der Verkündigung, in mitmenschlicher Begegnung), heißt hören und antworten. Diese Entscheidung wird nicht ein für allemal vollzogen, sondern in immer neuer Begegnung mit dem Wort Gottes je neu. – Solche Entscheidung, in der der Mensch als Ganzer, als Person gefordert ist, setzt voraus, daß er verstanden hat, wofür oder wogegen er sich entscheiden soll! Er muß verstehen, was das Wort meint, das ihn zum Glauben auffordert. Glaube muß also *verstehender* Glaube sein, oder er ist Nichtglaube: Er ist das Gegenteil von Glaube, nämlich «Werkgerechtigkeit»!

b) Verstehen und Vergegenwärtigen historischer Texte

Was aber ist mit «*Verstehen*» gemeint? Heißt das: «alles rational erklären»? Der Begriff «Verstehen» wurde als philosophischer Begriff eingeführt von *Wilhelm Dilthey*, von *Martin Heidegger* vertieft und so von *Bultmann* übernommen.[19] Hier steht «Verstehen» im Gegensatz zu «Erklären». Der *Erklärung* von Naturvorgängen tritt als fundamental verschiedene Weise menschlichen Erkennens das *geschichtliche* «*Verstehen*» gegenüber. Verstehen meint nicht nur einen rein intellektuellen, objektivierenden Vorgang, sondern ein Geschehen, in dem die Existenz des Verstehenden selbst mit im Spiel ist, ja mit auf dem Spiel steht.

Bultmann macht dies an *Beispielen der zwischenmenschlichen Beziehungen* deutlich: «Es kann mir mitgeteilt werden, daß sich meine Mutter heimlich ein Opfer auferlegt hat, um mir eine Freude zu verschaffen oder mir meinen Beruf zu ermöglichen. Ich habe das nicht verstanden im bloßen Konstatieren, sondern nur, wenn ich auf Grund der Mitteilung mein Verhältnis zu meiner Mutter, mich selbst also, neu

[19] Vgl. J.B.Robinson, Die neue Hermeneutik, 36ff. Vgl. auch oben S.123f.

erfasse.» Oder: «Ein junger Mann, der seine (künftige) Braut durch die Auskunft eines Detektivbüros kennenlernen wollte, wird sie in ihrem personalen Sein überhaupt nicht kennenlernen, weil sich dieses nicht dem objektivierenden Sehen, sondern nur der existentiellen Begegnung erschließt.»[20] Solches Verstehen ist beim Glauben gefordert, weil sonst ein gesamtmenschliches Engagement nicht möglich ist.

Das Problem des Verstehens stellt sich für den Exegeten und Historiker *Bultmann* vor allem bei der Begegnung mit *Texten der Bibel.* Es sind dies Texte aus einer vergangenen, uns fremden Zeit und Vorstellungswelt. Es genügt nicht, sie zu «verdeutschen». Sondern wir müssen ihren Sinn zu verstehen suchen, damit sie aus jener fernen Zeit zu uns sprechen. Wie können sie das? Die historisch-kritische Methode hilft uns, die Texte im Rahmen ihrer Umwelt zu erklären. Aber damit ist der «garstige Graben» der Geschichte nicht übersprungen, ist die Botschaft des Textes nicht zu mir gelangt, nicht *vergegenwärtigt.* Damit der Text zu mir heute spreche (und ich darin «Wort Gottes» vernehme), gilt es zu erkennen, daß eine historische Quelle nicht nur Vorhandenes, sogenannte «Tatsachen», überliefert, sondern daß sich in ihr jeweils *eine Möglichkeit menschlicher Existenz ausspricht.* Ein historischer Text birgt also insofern die Möglichkeit zur Vergegenwärtigung ins Heute hinein in sich, als in ihm die Möglichkeit menschlicher Existenz, menschlicher Daseinsgestaltung, menschlichen Selbstverständnisses zur Sprache kommt und ich mit dieser Möglichkeit konfrontiert werde.

c) Existentiale Interpretation

Hier zeigt sich deutlich der Einfluß der Philosophie *M. Heideggers* auf *Bultmann.* Sie hilft ihm bei der *existentialen Interpretation* des Neuen Testamentes. Diese befragt die Texte nach dem Existenzverständnis, das in ihnen zur Sprache kommt. Wer historische Texte ins Heute übertragen will, so daß sie Glauben zu wecken vermögen, den interessieren diese Texte nicht so sehr von der Frage her, was damals passierte und ob es wirklich so passiert sei (z. B. Wundergeschichten), sondern er fragt: «Welches Verständnis von menschlicher Existenz kommt hier zur Sprache?» Wir können, von einem etwas anderen Gesichtspunkt aus, die Frage auch so stellen: «Was für eine *Erfahrung* (von Existenz) spricht sich hier aus?»

Verlassen wir für eine Weile diese hermeneutischen Überlegungen (Hermeneutik = Lehre vom Verstehen), und hören wir, wie *Bultmann* denn seine Frage an die

[20] Zit. in: Zahrnt, a.a.O., 290–292.

Bibel, wie sie die menschliche Existenz verstehe, beantwortet: «Das Neue Testament kennt zwei verschiedene Existenzweisen des Menschen: Die ungläubige, nicht erlöste und die glaubende, erlöste Existenz. Beide Existenzweisen sind dadurch bestimmt, daß der Mensch stets auf die Zukunft gerichtet ist, daß er gewinnen will, was er eigentlich ist. Und er will seine Eigentlichkeit nicht nur gewinnen, er *soll* sie auch gewinnen! Eben darin besteht seine Geschichtlichkeit. Die Frage ist nur, auf welche Weise der Mensch zu seiner Eigentlichkeit zu gelangen sucht, und ob er sie damit gewinnt oder verfehlt. – Der *ungläubige*, *nichterlöste* Mensch lebt aus dem Vorhandenen, Sichtbaren, Verfügbaren. Er sucht die Zukunft und damit seine Eigentlichkeit dadurch zu gewinnen, daß er sie sich selbst schafft und also über sie verfügt. Der *glaubende*, *erlöste* Mensch gibt alle selbstgeschaffenen Sicherungen preis und lebt aus dem Unsichtbaren, Unverfügbaren. Er versteht sich als Gottes Geschöpf und läßt sich sein Leben schenken. In dieser «radikalen Hingabe an Gott, die alles von Gott, nichts von sich erwartet», wird der Mensch frei von sich selbst. Ein solches echtes Leben in Freiheit wird nur möglich durch den Glauben an Gottes Gnade, d.h. aus dem Vertrauen, daß gerade das Unsichtbare, Unbekannte, Unverfügbare den Menschen als Liebe begegnet und ihm eine Zukunft eröffnet, die nicht Tod, sondern Leben bedeutet.»[21]

d) Entmythologisierung

In den Zusammenhang der existentialen Interpretation gehört auch die «*Entmythologisierung*». Was ist damit gemeint? Das Neue Testament redet in der Sprache des Mythos, die wir nicht mehr richtig, nämlich als «Anrede Gottes» an uns verstehen (weshalb diese Sprache eine «Sonderwelt» suggeriert und so zum «*Welt*»-Verlust Anlaß gibt!). Dies aus folgenden Gründen:[22]

aa) *Das Weltbild der Antike*, dessen sich das NT bedient (Stockwerke: Himmel, Erde, Hölle), ist für uns unwiderruflich erledigt, weil unser Weltbild durch Wissenschaft und Technik bestimmt ist.

bb) Das «*dualistische*» *Verständnis der menschlichen Existenz* im NT (der Mensch stets dem Zugriff übernatürlicher Mächte ausgesetzt) ist dem modernen Menschen unzugänglich, der sich «als ein einheitliches, in sich geschlossenes Wesen, das sich selbst sein Denken, Wollen und Empfinden zuschreibt», versteht. «Er versteht daher nicht mehr, was das NT über das Wesen und Schicksal des Menschen aussagt.»[23]

cc) Wir pflegen die Aussagen des Mythos als etwas *objektiv Gegebenes* (nach

21 Zahrnt, a.a.O., 295–297.
22 Nach der Zusammenfassung von Zahrnt, a.a.O., 278–282.
23 Ebd., 280.

Art der Dinge der Welt, bloß «unsichtbar») mißzuverstehen. Der Mythos will aber keine Aussagen über «andere Welten» machen, sondern über uns Menschen! Er will nicht kosmologisch, sondern anthropologisch, oder eben: existential, interpretiert werden.

Bultmann definiert das *Wesen des Mythos* wie folgt: «Mythen sprechen von Göttern und Dämonen als Mächten, von denen der Mensch sich abhängig weiß, Mächten, deren Gunst er braucht, Mächten, deren Zorn er fürchtet. Mythen sind Ausdruck für die Einsicht, daß der Mensch nicht Herr der Welt und seines Lebens ist, daß die Welt, in der er lebt, voller Rätsel und Geheimnisse steckt, und daß auch das Menschenleben eine Fülle von Rätseln und Geheimnissen birgt. Die Mythologie ist der Ausdruck eines bestimmten Verständnisses der menschlichen Existenz. Sie glaubt, daß die Welt und das Leben ihren Grund und ihre Grenzen in einer Macht haben, die außerhalb all dessen ist, was wir berechnen und kontrollieren können. Die Mythologie spricht über diese Macht auf unzureichende und ungenügende Art, denn sie spricht von ihr wie von einer weltlichen Macht. Sie spricht von Göttern, die die Macht jenseits der sichtbaren, verstehbaren Welt darstellen. Sie spricht von Göttern, als wären sie Menschen, und von ihren Taten als menschlichen Taten, wenn sie sich auch die Götter vorstellt als mit übernatürlicher Macht begabt und ihre Taten als unberechenbar, als fähig, die normale, gewohnte Ordnung des Geschehens zu durchbrechen. Man kann sagen, Mythen geben der transzendenten Wirklichkeit eine immanente weltliche Objektivität. Der Mythos objektiviert das Jenseitige zum Diesseitigen.»[24]

Bultmann will die Mythen keineswegs eliminieren, sondern sie *richtig verstehen*, eben existential interpretieren, damit wir daraus wieder das Wort Gottes vernehmen können, damit wir im Verständnis unserer Existenz herausgefordert werden, um zu Glaubenden zu werden.

In der Frage der Entmythologisierung geht die heutige Theologie bereits weiter: zur «*Remythologisierung*». Damit ist kein Zurückgehen hinter *Bultmann* gemeint. Wir können nicht wieder unkritisch und naiv mythologisch reden. Aber nach dem rabiaten «Aufräumen» entdeckt man Funktion und Bedeutung von Symbolen und mythischen Bildern: Sie vermitteln einen *unmittelbaren* Bezug zur *Welt*, der nicht rational hinterfragbar ist. Das «*postkritische*» Symbolverständnis (*K. Jaspers*, *H. Halbfas*, *P. Ricœur*, u.a.) weiß, daß die Wirklichkeit der Religion nur «mythisch» zur Sprache kommen kann. Aber sie weiß auch, daß Mythen und Symbole nicht «wörtlich» (objektivierend) verstanden werden dürfen!

[24] Bultmann, Jesus Christus und die Mythologie, Hamburg 1964, 17.

Der Hinweis auf die Theologie Rudolf Bultmanns als einem Beispiel «anthropozentrischer» Theologie sollte deutlich gemacht haben, welcher Weg zu einer Überwindung der Diskrepanz zwischen Glaubenssprache und Erfahrungswelt führen könnte und zugleich, was für Probleme *auf* diesem Weg auftauchen, um nur an die Auseinandersetzungen über die «Entmythologisierung» zu erinnern. – Nun hat die theologische Hinwendung zum Menschen eine fast ausschließliche Konzentration auf das Geschehen in der Subjektivität nach sich gezogen. Man hat darum Bultmann und in ähnlicher Weise auch Karl Rahner u.a. vorgeworfen, sie hätten «Welt» verengt. So richtig diese Kritik sein mag – sicher ist hier erst *ein* Aspekt von Welt eingeholt –, sie ist doch erst möglich auf der Grundlage dieser theologischen Bemühungen, die den *Durchbruch* zur «Welt» geschafft haben und hinter die nicht mehr zurückgegangen werden kann. Denn Erfahrung – sie geschieht durch den Einzelnen, durch das Individuum – und verstehbare Sprache sind das Eingangstor zur Welt. Anderseits hat der christliche Glaube unaufgebbar eine individuelle Komponente: die personale Entscheidung des Einzelnen – Umkehr! – steht in seinem Zentrum. Sie bildet auch die Voraussetzung für den Weltdienst.

Es bleibt nun freilich die Frage bestehen, was die angestellten Überlegungen für die Glaubenssprache für Konsequenzen haben, d.h. *wie nun* erfahrungsbezogener und somit *weltbezogener Glaube konkret «aussehe»*. Dies soll im Folgenden verdeutlicht werden. Es kann allerdings nicht darum gehen, hier den alten Glauben in neuer, «weltbezogener» Form fertig zu servieren!

a) Erfahrungen erzählen

Betrachten wir vorerst das Reden von *Gott* – das zentrale religiöse Reden also. Wir gehen aus von der Einsicht, daß wir Gott nie «an sich» begegnen, sondern stets «vermittelt» durch Welt: durch Menschen, Ereignisse, Probleme, Freude, Leiden u.a.m. Darum können wir nie von Gott «an sich» reden, sondern nur von Gott, der in dieser Welt in unzähligen Gestalten erfahren wird. Von Gott reden heißt darum, von den Menschen, Ereignissen usw. reden, durch die Gott erfahren wurde. Die adäquateste Form, von Gott zu reden, ist das *Erzählen!* Die Bibel, die genau weiß, daß kein Mensch Gott von Angesicht sehen kann, sondern daß er ihm nur nachschauen kann, wenn er vorbeigegangen ist (vgl. die Schilderung in Ex 33,18–23!), ist zum Großteil ein Erzählbuch, ein Geschichtsbuch; sie erzählt von Geschehenem, von den Erfahrungen mit Gott. Wenn Israel von Gott redet, so verknüpft es damit den Gedanken an seine «Heilstaten». Das Gottesbild ist gleichsam die «Summe» der Erfahrungen des Volkes und Einzelner mit Jahwe.

Unser herkömmliches Reden von Gott krankt daran, daß es von lebendigen Erfahrungen abgelöst ist. Man könnte die Probe dazu anstellen, indem wir jeden, der von «Gott» spricht, fragten, ob er etwas erzählen könne von seinem Gott; nicht, wie er «aussehe», sondern was er «getan» habe. Echtes, sinnvolles Reden von Gott wüßte zu erzählen – nicht von «übernatürlichen», sondern von durchaus «*weltlichen*» Ereignissen, die einem Menschen Mut zum Leben, Hoffnung gemacht, neue Wege eröffnet haben usw. Das wäre gar kein «religiöses», sondern ein «normales» Reden, mit einer Sprache, wie wir sie täglich brauchen, um unseren Erfahrungen Ausdruck zu geben. Wir sehen: vielleicht reden wir tatsächlich des öftern echt und erfahrungsgefüllt von «Gott», ohne überhaupt das Wort «Gott» zu verwenden. Vielleicht reden in der Tat Menschen, die mit «Gott» nichts anfangen können oder ihn leugnen, manchmal viel echter und angemessener von Gott als jene, die mit dem Wort «Gott» und vielen «religiösen» Wendungen im Munde den «Glauben verteidigen» wollen. Von Gott reden heißt, von dieser Welt, vom eigenen Leben oder dem Leben anderer erzählen, und zwar nicht allgemein, sondern konkret. Gott ist insofern gar kein eigenständiges Thema religiöser Mitteilung!

«Von Gott reden verlangt nicht, theologische Termini zu benutzen; selbst die Vokabel ‹Gott› ist unnötig; sie weckt in ihrem gehäuften Gebrauch den Verdacht, daß fern ist, was der Redefluß beschwört. Von seiner Frau erzählen, die eigene Krankheit ertragen, sagen, wie man seinen Beruf versteht, die Liebe zu einem Bild, die Freude an einem Gedicht teilen: alles das kann Rede von Gott sein. Nicht das ‹Was› gibt menschlicher Sprache diesen ‹Inhalt›, sondern ihr ‹Wie›. Einige Menschen sprechen schlicht von Kindern, Haus und Garten, von Tisch und Bett, und ihre Rede ist voller Glauben, voll Hoffnung, Dank und Bitte. Andere reden theologisch versiert – in einer Begrifflichkeit, als ständen sie auf vertrautem Fuß mit der heiligen Dreifaltigkeit – und hinterlassen in solcher Sprache Leere, Hilflosigkeit und oft auch Zorn. Religiöse Mitteilung, die objektive Tatsachen weitersagen will, mag sich im Rahmen einer positivistischen Ontologie bestätigt finden; Theologie, Dogmatik, Meinung ... alles das kann sie sein, auf keinen Fall religiöse Mitteilung. ‹Inhalt› der religiösen Rede ist ‹Gott›, aber nicht diese Vokabel samt dem Vokabular kirchlicher Lehre teilt ihn mit, sondern nur die Sprache des Mitmenschen, die Leben erschließt. Der Ort der religiösen Mitteilung ist das Leben. Oft genug aber steht die Kirche dem Leben sehr fern.»[25]

[25] Halbfas, a.a.O., 199.

Aufgabe von Verkündigung, Religionsunterricht und religiöser Erziehung kann es darum nicht sein, zu beteuern, daß «es Gott gibt». Denn wenn wir sinnvoll von Gott reden, dann ist damit eine Realität gemeint, deren Erfahrung jeder Mensch machen kann. Es geht «nur» darum, diese Erfahrungen bewußt zu machen, sie im Leben des andern (und zuvor natürlich im eigenen) *aufzudecken*, wobei es unwichtig ist, ob wir sie «Gott» nennen. Wozu dies? Weil damit z. B. gezeigt werden kann, daß das Leben einen *Sinn* hat, daß es Grund gibt zu hoffen. Ferner soll religiöse Unterweisung «wachsam» machen, damit «Gott» nicht verpaßt werde, wenn er kommt im Nächsten, in einer Entscheidungssituation u. a. m. und damit so das Leben nicht verpaßt werde. Reden von Gott kann also helfen, die eigene Existenz zu deuten und die Wirklichkeit zu «lesen».

Beizufügen ist noch der Hinweis, daß nicht jede Erfahrung von «Göttlichem» auch schon «christlich» ist, sofern der christliche Gott der *Gott Jesu von Nazareth* ist.[26] Das Bekenntnis zu Jesus ist das Bekenntnis zu seinem Gott und impliziert darum die Unterscheidung der Geister, der «Götter», und zwar in dem Sinne, daß wir nicht jedem «Faszinierenden» nachlaufen, sondern unser Herz an den *wahren* Gott hängen. Von den Erfahrungen mit diesem Gott wird erzählt etwa in den Geschichten des Verhaltens Jesu (z. B. Sabbaterzählungen) und seiner Taten (Heilungen), oder in Gleichnissen wie denen vom «Barmherzigen Vater» (Lk 15,11–32), vom «Barmherzigen Samariter» (Lk 10,25–37) usw., sowie in der Bergpredigt (Mt 5–7) oder einem Wort wie diesem: Was ihr dem Geringsten meiner Brüder tut, das habt ihr mir getan (Mt 25,40). Der Gott Jesu ist ein «Gott der Menschen»[27] und ein Gott der Freiheit.

Weltbezogen, erfahrungs-gefüllt von Gott reden heißt, so sahen wir, von unserem Leben erzählen. Auf die *Vokabel «Gott»*[28] kommt es dabei nicht an. Ob diese überhaupt noch brauchbar ist? Das hängt davon ab, ob es gelingt, diesen Namen wieder mit lebendigem Inhalt zu verbinden. Niemand wird leugnen, daß die meisten Menschen in unserer Umgebung unter «Gott» etwas anderes verstehen als das, was wir zu zeigen versuchten; Gott ist für sie ein außerweltliches, «supranaturales» Wesen mit übermenschlichen Eigenschaften. Wenn heute in zunehmendem Maße die Existenz Gottes in Frage gestellt wird, so nicht deshalb, weil die Erfahrungs-Realität «Gott» nicht ebenso erfahren würde wie früher, sondern weil «Gott» in Verbindung gebracht wird mit der erfahrungsfremden Vorstellung von jenem «Wesen». Diese Vorstellung war einstmals durchaus Ausdruck – nämlich

[26] Siehe zweiter Teil, S. 147 ff.

[27] Vgl. P. Schoonenberg, Ein Gott der Menschen, Einsiedeln 1969.

[28] Siehe zweiter Teil, S. 128 ff.

mythischer Ausdruck – von Erfahrungen, wurde aber pervertiert durch Objektivierung, d.h. dadurch, daß die Bilder nicht mehr als Bilder, sondern als eigene «Realitäten» nach der Art empirischer Realitäten, bloß unsichtbar, verstanden wurden. Solange Kirche und Theologie den Namen Gottes besetzt halten mit solchen Vorstellungen und ihn nicht freigeben für die Erfahrungsrealität, die er ursprünglich meint, kann Gott schwerlich wieder lebendig werden. Man wird die herkömmliche Theologie nicht freisprechen können von direkter Mitschuld an der von ihr so beklagten «Gottlosigkeit» unserer Zeit, weil sie durch den objektivierenden Mißbrauch der religiösen Sprache diese Sprache korrumpiert und für die Bezeichnung des Gemeinten unbrauchbar gemacht hat.

b) Übersetzung von Glaubenssätzen

Was wir bezüglich des Redens von Gott sagten, gilt für die Glaubenssprache und für religiöse Aussagen ganz allgemein. Hier kann es wohl noch weniger als beim Wort «Gott» darum gehen, sie zu «retten», indem sie neu mit Inhalt gefüllt werden. Sie müssen *übersetzt* werden. Aber es genügt nicht, einzelne Worte, Sätze oder Aussagereihen zu übersetzen. Vielmehr sind diese zu befragen auf ihren *Erfahrungsgehalt*, dessen Ausdruck sie sind; diesen gilt es zu übertragen. Nun muß unterschieden werden zwischen verschiedenen Arten von Aussagen, die in verschiedener Nähe zur Erfahrung stehen. In nächster Nähe stehen die Erzählungen, die ein Geschehen als Tat Gottes deuten und bezeugen: Herausführung aus Ägypten; Berufung Abrahams; Jesus-Geschichten. Sie bilden den Grundstock der Bibel und können nach wie vor verstanden werden – nicht als historische Berichte, sondern als *Spiegel* für unsere eigenen Erfahrungen mit Gott! Daneben gibt es «sekundäre» Aussagen, die sich um (primäre) Erfahrungsberichte ranken und von diesen Erfahrungen bereits weiter entfernt sind: Reflexionen über die Bedeutung des Erfahrenen in Form von mythischen Bildern (z.B.: Präexistenz Jesu; Jungfrauengeburt) oder – noch weiter entfernt – von philosophischen Überlegungen (Zwei-Naturen-Lehre; Dreifaltigkeits-Lehre usw.). Alle diese Aussagen haben aber nur Sinn, solange sie auf die Erfahrung bezogen sind, die sie deuten.

So haben die Präexistenzaussagen und die Vorstellungen von der Jungfrauengeburt, ebenso wie die Zwei-Naturenlehre (ein Versuch, mit philosophischen Mitteln die Schwierigkeiten zu lösen, die sich aus der logisch-rationalen Konfrontation des biblischen Eingottglaubens mit der hellenistischen Gottessohn-Aussage ergeben), nur Sinn in bezug auf den Satz: Jesus ist Sohn Gottes. Dieser Satz selbst ist bereits Resultat von Reflexionen über Erfahrungen mit Jesus. Er ist nur verstehbar, wenn ermittelt werden kann, welche Erfahrungen zu dieser Aussage geführt haben, was also «Sohn Gottes» für die damaligen Menschen bedeutet hat. Sollte z.B. «Sohn Gottes» für damalige Menschen eine ähnliche Bedeutung gehabt haben wie für heutige Jugendliche «Star», dann wäre die Übersetzung von «Jesus – Sohn Gottes» in «Jesus Christ – Superstar» treffend![29]

Es wäre zu überlegen, ob sekundäre Reflexionen über eine Erfahrung überhaupt übersetzt werden können. Sie stellen die notwendige Ausfaltung und Ausdeutung einer Erfahrung innerhalb einer Sprachwelt mit deren Mitteln dar. Wenn es gelingt, die Erfahrung zu übersetzen in eine andere Sprachwelt, müssen hier neue Reflexionen und Ausdeutungen ansetzen und an die Stelle der alten «sekundären» Glaubensaussagen treten. Jedenfalls dürften für uns etwa Reflexionen über den «politischen Jesus»,[30] über die Freiheit Jesu oder über «Christus als Harlekin»[31] wesentlich relevanter sein als die alten Präexistenz-Aussagen oder das Bekenntnis zur Jungfrauengeburt. Bemühungen um eine «*Kurzformel*» des christlichen Glaubens müßten diese Überlegungen mitberücksichtigen und sich auf «primäre» Aussagen konzentrieren. Diese aber kreisen immer nur um das *eine Thema:* daß Gott den Menschen, der in auswegloser Lage ist, rettet und daß dieser deshalb vertrauensvoll im Leben stehen darf, daß er hoffen kann und daß er frei ist, frei zum Engagement für die Mitmenschen. Dies kann und muß immer wieder neu formuliert werden entsprechend den Erfahrungen und entsprechend den Sprachmöglichkeiten in bestimmten kulturellen Gruppen. Es gibt ja auch in der Bibel selbst keine Einheitsformel des Glaubens!

Diese Andeutungen sollten gezeigt haben, was gemeint ist mit einem «erfahrungsbezogenen» Glauben. Es gibt dafür keine allgemeinen Rezepte. Voraussetzung ist die Kenntnis der eigenen Erfahrung, gewonnen u.a. in Konfrontation mit den biblischen Zeugnissen, bzw. mit deren sinngemäßen Übersetzungen. – Wir müssen nun aber noch weitere Überlegungen einbeziehen, um zu einem weltbezogenen Glauben zu gelangen. Wir haben ja erst *einen* Aspekt der Erfahrung und damit der Welt bedacht: den «Punkt» gewissermaßen, an dem «Welt» überhaupt sich öffnet, nämlich das Bewußtsein des Individuums. Dieses aber steht in einer Geschichte drin und kann nicht davon abstrahiert werden.

29 A. L. Webber/T. Rice, Jesus-Christ – Superstar. A Rock Opera (2 Langspielplatten. mca 1970).
30 Siehe unten S. 211ff, 227ff, 243–246.
31 H. Cox, Das Fest der Narren (vgl. Anm. 2) 181ff.

III. WELT ALS GESCHICHTE[32]

«Geschichte ist der umfassendste Horizont christlicher Theologie. Alle theologischen Fragen und Antworten haben ihren Sinn nur innerhalb des Rahmens der Geschichte, die Gott mit der Menschheit und durch sie mit seiner ganzen Schöpfung hat, auf eine Zukunft hin, die vor der Welt noch verborgen, an Jesus Christus jedoch schon offenbar ist.» *(Wolfhart Pannenberg)*[33]

Zur Welt gehört auch die Geschichte; besser: Die Welt, als Welt des Menschen, *ist* Geschichte. Darum muß *welt*bezogener Glaube zugleich *geschichts*bezogener und geschichtsbewußter Glaube sein. Dessen wird sich die Theologie heute in zunehmendem Maße bewußt. Sie gibt damit zu, daß bisheriges Glaubensverständnis und bisherige Theologie diesbezüglich ein Manko aufwiesen. Das Fehlen von «Welt» in Glauben und Theologie beruht wesentlich auch auf Geschichts-«Vergessenheit».

Kann man von Geschichts-*Verlust* in der Theologie sprechen? Die Entdeckung der Geschichte und das damit aufkommende Geschichtsbewußtsein ist ein neuzeitliches Phänomen und erst seit ungefähr 250 Jahren wirksam: «Parallel mit den politischen und gesellschaftlichen Umwälzungen in Europa im 18. und 19. Jahrhundert, deren Finale die Französische Revolution war, parallel auch mit den Ansätzen technischen und naturwissenschaftlichen Denkens, vollzieht sich im Bereich der Geisteswissenschaften die Entdeckung der Geschichte. *Friedrich Meinecke* nennt diesen Vorgang ‹eine der größten geistigen Revolutionen, die das abendländische Denken erlebt hat›. Der Sinn für die Individualität, stark ausgeprägt durch die Romantik, schärfte den Blick für die Einmaligkeit geschichtlicher Lebensgestaltung, für die Unvergleichlichkeit des Selbst- und Weltverständnisses der einzelnen Epochen und der verschiedenen geschichtlichen Welten.»[34] Theologie und Kirche hielten mit der säkularen Entdeckung der Geschichte nicht Schritt, sondern blieben in einem ungeschichtlichen Glaubens- und Weltverständnis und in ungeschichtlichen Sozialstrukturen stecken. – Die Erforschung der Heiligen Schrift, besonders des AT, hat freilich gezeigt, daß *Israel* bereits

[32] Vgl. die Artikel in: Sacramentum Mundi (s. Anm. 1) II (290–304; 318–324), Religion in Geschichte und Gegenwart[3] II (1496–98; 1473–96), Prakt. Bibellexikon (s. Anm. 1); ferner J. B. Metz, Welt als Geschichte, in: Zur Theol. d. Welt, Mainz-München 1968, 46–50; J. Nolte, Dogma in Geschichte, Freiburg 1971; J. M. Robinson-J. B. Cobb, Theologie als Geschichte, Zürich-Stuttgart 1967.

[33] Pannenberg, Heilsgeschehen und Geschichte, in: C. Westermann, Probleme atl. Hermeneutik, München 1960, 295.

[34] Hünermann, in: Prakt. Bibellexikon (s. Anm. 1), 400.

ein intensives Geschichtsbewußtsein besaß, das ebenso im NT weiterwirkt. Vielleicht hat das neuzeitliche Geschichtsverständnis sogar seine Wurzeln (wenigstens teilweise) im biblisch-jüdischen Geschichtsverständnis. Demnach wäre in der christlich-jüdischen Tradition ein echtes Geschichtsbewußtsein ursprünglich und wesentlich mitgegeben. Sein Verlust hinge zusammen mit dem Einfluß des griechisch-metaphysischen Denkens auf das christliche Glaubensverständnis. So gesehen ist die Rede vom «Geschichts-*verlust*» berechtigt.

Der Abschnitt «Welt als Geschichte» will zeigen, wie in herkömmlicher katholischer Theologie die Geschichte ausgeklammert blieb und wie sie selbst in «anthropozentrischer Theologie» nicht wirklich zur Geltung kam. Mit dem Hinweis auf die Versuche neuerer Theologie, in denen bewußt das Problem der Geschichte angegangen wird, soll der Weg zu einem geschichtlichen Glaubensverständnis aufgezeigt werden. Zunächst ein Wort über das «Wesen» der Geschichte.

1. Was ist Geschichte?

Das Wort «Geschichte» hängt zusammen mit dem Wort «Geschehen». Mit «Geschichte» meinen wir in der Tat zunächst ein (oder mehrere) *Geschehen*. Sprechen wir von «einer Geschichte» (unbestimmter Artikel), oder von «den Geschichten» (Mehrzahl), so stehen einzelne bestimmte Vorfälle, Ereignisse vor Augen. Sagen wir aber «*die* Geschichte», so ist die Geschichte als ein übergreifendes, zusammenhängendes Geschehen gemeint: Geschichte eines Volkes, eines Individuums, die Weltgeschichte. Der Begriff «Geschichte» bezeichnet indessen nicht nur das Geschehen selber, sondern auch die *Darstellung* und die wissenschaftliche Erforschung solcher Geschehen und Geschehenszusammenhänge. (Das entsprechende Wort in den romanischen Sprachen [lateinisch historia; von griechisch «historein» = kennen, erforschen] zielt, anders als das deutsche Wort, in erster Linie auf die Wissenschaft von der Geschichte.) Es ist wichtig zu sehen, daß beide Aspekte zusammengehören: Das Geschehen und die Reflexion darüber. Von *Geschichte* (jetzt immer im Sinne eines übergreifenden, zusammenhängenden Geschehens) kann noch nicht die Rede sein auf Grund eines bloßen Geschehens oder auch mehrerer Ereignisse. Es gehört wesentlich dazu das *distanzierende Wissen* um dieses Geschehen und um die Zusammenhänge. Geschichte gibt es nur dort, wo sie verstanden ist, d.h. wo das Geschehen *gedeutet*, in Zusammenhänge gebracht wird. Darum kann nur der *Mensch* Geschichte haben. Denn nur er ist imstande, seine verschiedenen Erfahrungen in ein Sinnganzes einzuordnen. Und nur darum hat es einen Sinn, von Geschichtsverlust, Geschichtsgewinn, Geschichtsvergessenheit usw. zu reden. Geschichtsvergessenheit oder *Geschichtsmangel* meint nicht, daß etwa in einer bestimmten Zeit weniger passiere, sondern es meint, daß dieses Geschehen nicht wahrgenommen und nicht in seiner Bedeutung erkannt wird. Zweifellos wird sich die Reflexion oder Nichtreflexion (auf das Geschehen) wiederum auswirken auf das Geschehen selbst. Denn nur dort, wo Geschichte bedacht wird, wo sie bewußt wird, ist auch eine *gestaltende Einflußnahme* auf das Geschehen möglich, wird Geschichte verantwortet. Tatsächlich *wird* sich das Reflektieren auf Geschichte konkret auswirken in bewußtem Geschichtshandeln. *Wo Geschichte bedacht wird, wird auch Geschichte gemacht.* Darum kann man erst dort von Geschichte im eigentlichen Sinn reden, wo die Geschichte bewußt wird. Und gerade solches intensiviertes, verdichtetes Geschichtsbewußtsein kennzeichnet unsere neuere Zeit.

Das «Haben» von Geschichte setzt also ein Bewußtsein von Geschichte voraus. Wir fragen nun, *was zu solchem geschichtlichen Bewußtsein gehört.* Denn wir wollen ja wissen, was inhaltlich mit dem Begriff «Geschichts-Mangel» gemeint ist.

a) Veränderung

Ein geschichtliches Bewußtsein erkennt die Wirklichkeit als eine von *stetem Wandel*, von Veränderung bestimmte. Mit der Erkenntnis allein ist es allerdings nicht getan: Es gehört dazu die *An*erkenntnis, das Akzeptieren dieser Realität, d.h. zugleich: Ernstnehmen des konkreten Einzelnen (einzelne Ereignisse, einzelne Phänomene), des «Zufälligen». Im Gegensatz hierzu steht ein Denken, das wir das *metaphysische* nennen[35]: Es ist nur am Ewigen, Unwandelbaren, am Allgemeinen und Abstrakten interessiert und blendet das Veränderliche und Zufällige, das nicht faßbar zu sein scheint, aus. Es trennt *Sein* und *Werden* und ordnet das Sein dem Werden über. Das Einzelne und Veränderliche ist auch dort nicht ernst genommen, wo dieses nur als Ausfluß, als Manifestation des Ewigen erscheint (dann hat es keine Gültigkeit in sich), oder wo der Ablauf der Ereignisse als determiniert, auf ein vorausbestimmtes Ziel gerichtet, gedacht wird; wo z.B. die Offenheit und *Zufälligkeit* des Konkreten einer allgemeinen Konzeption, einer Gesamtschau geopfert wird. Zu geschichtlichem Denken gehört es, daß der stete Wandel in seiner *Offenheit* ernst genommen wird; d.h. der Ablauf der Ereignisse kann nicht zum voraus berechnet werden, weil er nicht zum voraus

[35] Vgl. oben zweiter Teil, S. 128ff.

festgelegt ist, er steht nicht in einem geschlossenen Weltbild drin, welches das Einzelne bestimmt.

Dies schließt nicht aus, daß nach dem *Zusammenhang und Sinn* der einzelnen Geschehnisse und Phänomene gefragt wird, ja diese *Frage* gehört wesentlich zum Geschichtsbewußtsein. Dieses ist gerade entstanden durch die Frage nach Zusammenhängen. Doch die Lösungen dürften die Einzelphänomene nicht zugunsten eines Allgemeinen, zugunsten einer Idee, ausklammern. – Mit der Frage nach dem *Sinn der (gesamten) Geschichte* hat die Philosophie seit dem Aufkommen des geschichtlichen Denkens gerungen, seitdem die Selbstverständlichkeit der geschlossenen mittelalterlich-metaphysischen Weltschau vorbei war. Eine objektive, allgemeingültige *Lösung* wird freilich für dieses Problem nicht zu finden sein. Sie setzte einen Beobachter am Schluß dieser Geschichte voraus, der auf das Ganze zurückschaut. Sinn von Geschichte kann auch nicht unabhängig vom Menschen oder von einer Gemeinschaft, welche diese Frage stellt, gegeben werden. Sinn muß *erfahren* werden. Dies ist kein theoretisches, objektivierendes Geschehen, sondern Sinn wird erfahren, «indem ihn dieses Erfahren mit-erwirkt. So ist die Erfahrung des Sinns von Geschichte selber geschichtliches Geschehen ... Der Sinn der Geschichte selbst ist gegenwärtig als entzogen-behalten und ankommend-ausständig zumal. Das gilt für den Sinn der Individualgeschichte (des ‹Lebens›), aber nicht minder für epochale Geschichte und für die eine Geschichte, die Einheit der regionalen Geschichten ... Ist dem aber so, dann läßt sich der Sinn von Geschichte nur im Doppelvollzug von Er-innerung und Hoffnung erfahren (und mit-ereignen).» [36]

b) Vergangenheit – Gegenwart – Zukunft

Für unsere Fragestellung, was Geschichtsmangel, bzw. Geschichtsgewinn bedeute, ist vor allem auf die *Zeitmomente* der Geschichte zu achten: Die Vergangenheit, die Gegenwart, die Zukunft. Besser: Auf das *Verhältnis* des – in der Gegenwart lebenden – Menschen oder Kollektivs (Volk, Weltgemeinschaft, Kirche) zu ihrer Vergangenheit und zu seiner Zukunft. Dieses Verhältnis kann richtig oder falsch sein, je nachdem ob es dem Wesen von Geschichte gerecht wird oder nicht. Das Verhalten der Gegenwart gegenüber braucht dabei nicht eigens reflektiert zu werden. Es ergibt sich aus dem Verhalten zu Vergangenheit und Zukunft, ist die Gegenwart doch der Schnittpunkt der beiden andern Zeit-Dimensionen.

aa) Das Verhalten zur Vergangenheit

Vergangenheit ist das «Gewesene». «Insofern der Mensch sich immer schon als gegeben, in einer bestimmten Weltwirklichkeit und Situation befindlich

[36] Darlapp/Splett, in: Sacramentum Mundi (s. Anm. 1) II, 302–303.

erfährt, erfährt er an sich je schon eine *Gewesenheit*, die sein «Wesen» vom Vergangenen her jetzt (als herkünftig) bestimmt. So ist die Vergangenheit nicht bloß vergangen, sondern als Gewesenheit fortwirkend gegenwärtig. Sie ist freilich als entzogen gegenwärtig, als der Grund jetziger Verfügung, über welchen man selbst nicht verfügt. Zugleich ist die Vergangenheit jedoch als die behaltene präsent, insofern es im jetzigen Entscheid nicht nur um diese oder jene Sache, sondern letztlich um die Freiheit selber geht, also gerade um ihr her-künftiges Wesen. Die Vergangenheit stellt selber den Anspruch, angenommen zu werden; seine Herkunft kommt als Aufgabe auf den Menschen zu, sie selbst also zeigt und eröffnet ihm seine Zukunft ...»[37]

Falsches Verhalten gegenüber der *Vergangenheit* wäre demnach:

1. Protestierendes Verdrängen und Nicht-Wahrhaben-Wollen des Vergangenen

Solche Haltung wäre deshalb falsch, weil sie auf keinen Fall das Vergangene ungeschehen machen kann. Ferner, weil unser Dasein durch das Vergangene in jedem Fall bestimmt ist und wir dem nicht entrinnen können. Auch wer das nicht wahrhaben will, kommt von dieser Vergangenheit her. Jeder lebt in der «Tradition», er kann ihr nicht entrinnen. Wer sich protestierend davon abhebt, der ist, gerade im Widerspruch zu ihr, bestimmt von ihr und manifestiert in seinem Widerspruch seine Abhängigkeit von ihr.

2. Willkürliches Zurückgreifen und Verfügen-Wollen, neutral-archivarisches Feststellen

Diese Haltung will an und für sich das Vergangene bejahen. Doch Vergangenheit ist nur «lebendig», ist nur wirksam, wenn wir sie in Offenheit für ihren Anspruch akzeptieren, wenn wir uns betreffen lassen von ihr. Neutral-distanzierende Haltung verurteilt das Vergangene zur Leblosigkeit und Bedeutungslosigkeit (und ist im Grunde nur eine Form von Verdrängung). Solche Haltung wird dem Charakter des geschichtlich verstandenen Vergangenen nicht gerecht. Es vergewaltigt die Vergangenheit; besonders deutlich dort, wo sie als «Steinbruch» benutzt wird zur Legitimation des Bestehenden (Bibel- oder Väterzitate).

3. Krampfhaftes Festhalten an unveränderter Form

Geschehenes wird wirksam im Anspruch an den Betroffenen. Darum erhält das Geschehene in jedem Rückbezug eine *neue Gestalt*, nämlich die Gestalt,

[37] Ebd., 297–298.

in der es uns je neu anspricht. Dieser Anspruch ist nicht mit den stets gleichen Worten zu beschreiben. Die Selbigkeit des Gewesenen besteht «nicht darin, daß sie immer gleich zu beschreiben wäre, sondern eben darin, daß sie immer anders beansprucht (und darum immer anders zu beschreiben ist), je nach der gegenwärtigen Situation, doch so als dasselbe».[38]

4. Nichtbedenken, Vergessen des Vergangenen

Diese Haltung verkennt die tatsächliche Bedeutung des Vergangenen für unsere Gegenwart. Ein Nichtbedenken des Vergangenen kann zur Folge haben, daß wir uns in der Gegenwart falsch verhalten. Denn die Motive unseres Handelns sind stets vom Vergangenen bestimmt und müssen daher hinterfragt werden, wollen wir ihnen nicht unkontrolliert zum Opfer fallen. Natürlich ist ein totales Bedenken des Vergangenen, eine totale Klarheit über die Herkunft unserer Motive kaum je zu leisten. Doch ist ein möglichst weitgehendes Bedenken anzustreben.

Welches wäre nun *richtiges Verhalten* zur Vergangenheit?

Richtig wäre, das Vergangene *frei zu übernehmen und anzunehmen in Offenheit* für seinen Anspruch, der uns erinnert an unerledigte Aufgaben, an vergessene oder aufgegebene Ideale usw.; ein Annehmen im Wissen, daß das Vergangene uns entzogen ist, weil es eben vergangen und damit nicht mehr verfügbar ist, wissend aber auch, daß das Vergangene in der Gegenwart weiterwirkt.

bb) Das Verhalten zur Zukunft

Zukunft ist das, was auf den Menschen, die Menschheit, zukommt. Was kommt auf uns zu? Es ist einmal das, was aus der Vergangenheit ankommt. Zukunft in diesem Sinn ist also die Offenheit der Vergangenheit (und der Gegenwart), ist das, was die Vergangenheit aus sich entläßt. Würden wir aber die Zukunft nur so als das *Ankommende* definieren, dann wäre sie berechenbar, durchschaubar. Zukunft könnte dann vom Menschen völlig geplant und gemacht werden. Der Begriff der Zukunft kann aber nicht reduziert werden auf den planend-berechnenden Geist (noch auf die evolutiv sich entwickelnde Materie). Zukunft ist mehr: sie ist zugleich das Unverfügbare, das Unbegreifbare, das nicht von der Macht des Menschen Abhängige.

[38] Ebd., 298.

Zukunft ist ebenso und wesentlich das *Ausständige*. Zukunft in diesem Sinn ist es, die den Menschen Freiheit gibt, sich abzusetzen vom Vergangenen, ihr kritisch gegenüberzustehen in Reue oder Revolution. Diese Zukunft ermöglicht den Menschen, sich selbst und die Gegenwart zu übersteigen, zu transzendieren. Diese Zukunft ist freilich ungewiß. Darum ist sie für viele beängstigend. Die *Reaktion* auf die Zukunft ist daher bei vielen Menschen Angst und Abneigung. Bei anderen dagegen resultieren aus der Berechenbarkeit und Herstellbarkeit der Zukunft blinde Faszination und Begeisterung. Damit sind bereits die wesentlichen *Fehlhaltungen* der Zukunft gegenüber angedeutet:

1. Konservativismus, schlechter Traditionalismus, Restauration:

Sie resultieren aus der angsthaften Verdrängung der unverfügbaren Ausständigkeit der Zukunft. Hier wird also das Moment der Ausständigkeit, das für die Zukunft und damit für die Geschichte wesentlich ist, nicht ernst genommen.

2. Utopismus:

Hier wird übersehen oder geleugnet, daß die Zukunft wesentlich auch Ankunft aus der Vergangenheit ist. Folge dieser Fehlhaltung ist, daß «Gegenwart nichts anderes als der bloße Bauplatz der Zukunft» ist und so nicht zu ihrem Recht kommt.[39]

Richtiges Verhalten der Zukunft gegenüber:

1. Offenheit

Es ist jene Haltung, die sich dem Neuen, dem Ausständigen der Zukunft gegenüber positiv einstellt. «Positiv» heißt: gelassen und bejahend.

2. Hoffnung

Hoffnung ist jenes Verhalten, in dem der Mensch etwas von der Zukunft erwartet oder erwünscht, und zwar auf Grund der guten Erfahrungen in der Vergangenheit. In der Hoffnung wird gewissermaßen die Brücke geschlagen zwischen Vergangenheit und Zukunft.

[39] Darlapp, in: Sacramentum Mundi (s. Anm. 1) IV, 1454–1455.

3. Gestalten

Das Gestalten ist ein Moment an der Hoffnung, insofern sich die Hoffnung nicht zufrieden geben kann mit dem Bestehenden, insofern sie immer wieder enttäuscht und unerfüllt ist, und insofern sie daran leidet. Aus der Hoffnung kommt der Impuls, trotzdem weiterzumachen, und zwar nicht nur in ergebener, passiver Erwartung eines Besseren, sondern im aktiven Eingreifen und Gestalten. Ein Hoffnungsloser wird keine Kraft mehr haben zum Gestalten, zum Verändern und Schaffen besserer Verhältnisse. Auch rebellieren und aufbegehren kann nur, wer Hoffnung hat! – Dieses entscheidende Moment des Gestaltens der Zukunft ist in der neueren Geschichte vor allem vom Marxismus *(Ernst Bloch!)* betont worden. Im Bewußtwerden des Gestaltenkönnens und im Willen zur Gestaltung manifestiert sich wohl am deutlichsten die Frucht des erwachten Geschichtsbewußtseins des neuzeitlichen Menschen. Hier wird aber auch der *Weltbezug* besonders sichtbar: Da ist kein Rückzug mehr auf ein Jenseits möglich oder auf ein privates und sich selbst genügendes Ich. Hoffnung im Sinne von Gestalten gibt es nur und ist nur zu leben im Eintreten in die Mitwelt.

Das Moment des Gestaltens und Veränderns basiert auf dem Wissen, daß Zukunft *Ankunft* ist aus der Vergangenheit (nur von daher gibt es ja die Möglichkeit zum Gestalten und Planen, weil nur das Vergangene bekannt ist). Das Gestalten darf aber nicht in Gegensatz treten zur *Offenheit*. Sonst wird die Zukunft verbaut. Im Gegenteil soll das Gestalten gerade seine *Kraft* aus der Offenheit erhalten, die Neues ermöglicht. Die Spannung muß ausgehalten werden zwischen der Offenheit gegenüber dem unverfügbar Neuen, das nicht geplant werden kann, und dem Willen, Neues zu schaffen!

2. Geschichtsvergessenheit in «alter Theologie»

Unter «*alter Theologie*» verstehen wir hier jene Theologie, welche von hermeneutischen Überlegungen im modernen Sinn noch nicht oder kaum berührt ist, und zwar sowohl auf katholischer wie auf protestantischer Seite: Vor allem also die neuscholastische und die protestantisch-orthodoxe Theologie. Diese Theologien spielen zwar in der heutigen theologischen Diskussion kaum mehr eine Rolle. Aber sie bestimmen noch weitgehend das Glaubensverständnis der christlichen Gemeinden. Auch die Verkündigung auf der Kanzel sowie der Religionsunterricht (Katechismus-Unterricht) sind noch stark von dieser Theologie geprägt. Bei Theologen, welche in der Seelsorge stehen, finden wir meistens Mischformen: Ansätze von geschichtlichem Denken stehen unverbunden neben scholastischen Denkkategorien (vgl. z. B. die Diskussionen um die Eucharistielehre!). Im Glaubensverständnis der Nicht-Theologen (und natürlich auch mancher Theologen) entsteht die vielbesprochene *Verwirrung* infolge des erst heute sich durchsetzenden Überschritts von scholastisch-metaphysischem zu geschichtlichem Denken. Eine völlige «Umformulierung» des christlichen Glaubens in eine Sprache, welche die Realität der Geschichte ernst nimmt, wird noch manche Auseinandersetzungen kosten, zumal die Theologie selbst noch kaum über Anfänge hinausgekommen ist.

Die Ungeschichtlichkeit im Denken der alten Theologie sei im Folgenden an einigen Beispielen, die wichtige Problemkreise berühren, demonstriert.

a) Offenbarungs- und Wahrheitsverständnis

Ungeschichtliches Denken manifestiert sich z. B. im Verständnis der *Offenbarung*, sofern diese verstanden wird als göttliche *Mitteilung allgemein-gültiger, ewiger Wahrheiten*. Wichtig ist hier die Allgemeingültigkeit und Absolutheit der Aussagen und nicht der konkrete, existentielle Anspruch an die Menschen. Es kommt nicht ins Bewußtsein, daß Offenbarung nur auf geschichtlichem Weg zum Adressaten gelangen kann: nämlich auf dem Weg der konkreten individuellen Erfahrung, die sich in den Formulierungen des Glaubens niederschlägt. So wird auch nicht erkannt, daß diese Glaubensformulierungen, in denen uns Offenbarung übermittelt wird, immer geschichtlich bedingt sind und nie für alle Zeiten Gültigkeit haben können. Von daher die Schwierigkeiten, die das kirchliche Lehramt der *Erforschung der Bibel* in den Weg gelegt hatte. Dieselben Schwierigkeiten zeigen sich heute bei der *Dogmen*interpretation. Auch die Lehre von der *Unfehlbarkeit* des Papstes bzw. der Konzilien gehört in den Zusammenhang des ungeschichtlich-metaphysischen Denkens.[40] Diese Lehre setzt den erwähnten ungeschichtlichen Offenbarungs- und Wahrheitsbegriff voraus. Überdies enthält sie eine naive Vorstellung vom hermeneutischen Prozeß der Übermittlung von Wahrheit aus einer Zeit in die andere.

Einen interessanten Einblick in die Ungeschichtlichkeit herkömmlicher Theologie bietet das Studium einer traditionellen Dogmatik.[41] In der Christologie z. B. interessiert sich diese Dogmatik nicht für *Jesus von Nazareth* als einmalige geschichtliche

[40] Vgl. dazu: H. Küng, Unfehlbar? Eine Anfrage, Einsiedeln 1970.
[41] Vgl. zum Beispiel L. Ott, Grundriß der Dogmatik, Freiburg [4]1959.

Persönlichkeit. Das Interesse liegt einseitig auf den dogmatischen Fragen der hypostatischen Union (der Person-Einheit der zwei Naturen Christi), der Attribute der menschlichen Natur usw. Die Menschheit Jesu kommt nur formal und abstrakt zur Geltung. Es wird festgestellt, daß Jesus richtiger Mensch war, ebenso wie er richtiger Gott war. Es herrscht naiv die Überzeugung, man wisse sehr viel über den Menschen Jesus auszusagen. Doch dies spielt für den Glauben keine Rolle. Für den Glauben scheint nicht mehr als die *reine Faktizität*, das bloße «*Daß*» der Menschheit Jesu wichtig. Die Frage, wer Jesus wirklich war, wie er lebte usw., scheint ohne Belang. Die Aussagen über sein «Lehramt», sein «Hirtenamt» und sein «Priesteramt» entstammen nicht der Frage, was damals war und wie es war, sondern dienen der Legitimierung der Ämter in der heutigen Kirche.

b) Die Übermittlung vom Damals ins Heute

Die Frage, wie das, was Jesus brachte, für uns heute wirksam und wirklich sein könne, ist eines der Hauptprobleme christlicher Theologie. Das geschichtliche Denken hat gerade in dieser Frage einschneidende Konsequenzen, denn die alte Kirche und ihre Theologie hatten versucht, den Prozeß dieser Übermittlung nicht mit geschichtlichen, sondern mit *metaphysischen* Denkmitteln zu erfassen, bzw. zu umschreiben. Man dachte sich diese Übermittlung nicht in der Art, wie normalerweise in der Geschichte Taten und Worte überliefert und später wirksam werden. Statt dessen wurde «dem Geschehen, auf das sich der christliche Glaube gründet ... eine grundsätzlich andere Seinsqualität zugeschrieben als jeglichem sonstigen Geschehen in der Welt. Die Offenbarung Gottes wurde als ein besonderer Bereich von aller übrigen Geschichte unterschieden und ihr gegenüber isoliert. Als das spezifische Kennzeichen dieser so aus der profanen Weltgeschichte ausgesonderten göttlichen Offenbarungsgeschichte galt ihre Wunderhaftigkeit, die die sonst in der Natur und Geschichte geltenden Gesetze auf Schritt und Tritt durchbrach. – Hinter diesem sogenannten *Supranaturalismus* stand eine bestimmte Weltanschauung. Das war das aus der griechischen Philosophie übernommene und über das Mittelalter in die Neuzeit hineinreichende Schema eines kosmischen Dualismus, nach dem sich zwei verschiedene substanzhaft gedachte Welten gegenüberstehen: Die obere und untere, die übernatürliche und die natürliche, die geistige und die physische, die göttliche und die irdisch-menschliche. Mit Hilfe dieses metaphysischen Dualismus hatte die alte Kirche das Christusdogma geschaffen und das Geheimnis der Person Jesu Christi in der Form der Zweinaturenlehre als ‹wahrer Gott› und ‹wahrer Mensch› zu beschreiben versucht. Und mit Hilfe eben dieses metaphysischen Dualismus hatte die altprotestantische Orthodoxie später, analog dem Zweinaturen-Dogma, die Lehre von der Verbalinspiration herausgebildet und die Bibel auf Grund ihrer wunderhaften Entstehung durch göttlich inspiriertes Diktat aus der allgemeinen Literaturgeschichte ausgegrenzt.»[42]

Als Beispiel ungeschichtlicher Vorstellung dieses Übermittlungsprozesses sei genannt die Lehre vom *Sühnetod Jesu* und von dessen gegenwärtigem Wirksamwerden im «Meßopfer». Gerade dieses Beispiel läßt erahnen, welch enorme Schwierigkeiten sich bei einem Versuch ergeben, den Glauben in geschichtliche, statt metaphysische oder mythologische Denkkategorien zu fassen. Die Schwierigkeiten kommen vor allem von da her, daß herkömmliche Glaubensvorstellungen mit dem Glauben als solchem identifiziert werden und daß auf Versuche, diese Vorstellungen durch andere zu ersetzen, mit emotional besetzter Ablehnung reagiert wird. Voraussetzung für eine Lösung des Problems ist, daß das Problem überhaupt erkannt wird, d.h., daß die Ungeschichtlichkeit der herkömmlichen Übermittlungslehre gesehen wird und ebenso die Notwendigkeit, sie geschichtlich zu formulieren. Für die Lösung selbst – das kann hier nur angedeutet werden – müßte man sich überlegen, wie denn andere geschichtliche Persönlichkeiten, wie Sokrates, Franz von Assisi oder Gandhi, in die Gegenwart hinein wirken, und sich die Nachwirkung Jesu analog vorstellen. Eine geschichtliche Kategorie des Weiterwirkens ist zum Beispiel das «*Vorbild*». Das Werk eines Menschen kann weiterleben oder nach dem Tod wieder lebendig werden, indem es weitergesagt wird. Das kann auch von Jesus gelten: Indem von ihm heute erzählt wird, kann das Zeugnis seines Lebens – seine Freiheit, seine entschlossene Hingabe, sein Glaube – wie damals «*anstecken*» und wieder lebendig werden. Zweifellos wird eine solche Darstellung, überhaupt ein Vergleich mit andern Persönlichkeiten, den Anhängern einer metaphysischen Theologie «zuwenig» sein. Wenn wir indessen ernst machen mit dem Gedanken der Menschwerdung – müßte es dann nicht möglich sein, den Glauben konsequent geschichtlich zu formulieren, ohne Rückzieher auf metaphysische Inseln?

c) Die «Tradition» und das Verhältnis zur Vergangenheit

Hat aber nicht gerade die katholische Kirche, samt ihrer Theologie, ein sehr intensives Verhältnis zu ihrer Vergangenheit? Kommt dieses positive Verhältnis zur Vergangenheit nicht zum Ausdruck im Betonen der *Tradition?*

[42] H. Zahrnt, Die Sache mit Gott, 42.

Gewiß war und ist in der katholischen Kirche sehr viel von Tradition die Rede. Doch bei näherem Zusehen entdecken wir, daß das Verhältnis zu ihr nicht echt ist. Die viel beschworene Tradition ist keine lebendige, sondern eine *versteinerte*. Sie spricht nicht wirklich in die Gegenwart hinein. Man läßt sich nicht von ihr in Frage stellen. Die Rede von Tradition ist so nicht mehr als ein dürftiges Feigenblatt zur Verdeckung der *Geschichts- und Traditionslosigkeit;* sie dient nur der Legitimierung der bestehenden Ordnung und der herrschenden Meinungen. Oft herrscht geradezu *Angst* vor der Geschichte, sofern sie die gegenwärtigen Kreise stören, sofern sie lebendig und herausfordernd werden könnte.[43] Darum die Angst vor der historisch-kritischen Forschung, welche die Vergangenheit – etwa den historischen Jesus – wieder erweckt. So war es denn im Grunde gar nicht die Tradition, welche für die katholische Kirche ausschlaggebend war, sondern das (gegenwärtige) «Lehramt». Unverhohlen kommt dies zum Ausdruck in dem Wort, das Pius IX. in den Mund gelegt wird: «*La tradizione sono io*» (Die Tradition, das bin ich)!

d) Das Verhältnis zur Zukunft

Wo die Vergangenheit zum Schweigen gebracht wird, ist auch die Perspektive der Zukunft abwesend. Denn aus dem Vergangenen kommen ja, wenn dieses ernst genommen wird, die Forderungen, die neuen Aufgaben für die Zukunft.

Die Abwesenheit der Zukunftsperspektive in der traditionellen Theologie kommt deutlich zum Ausdruck in der Art, die *Eschatologie* zu behandeln: sie wurde individualisiert, verjenseitigt und dadurch wirkungslos gemacht. Was im Bewußtsein der Christen von der eschatologischen Erwartung übrigblieb, war der Schrecken vor dem Weltende. *Hoffnung* für diese Welt kam nirgends zur Sprache. Hoffnung wurde zwar gelehrt für den Einzelnen. Sie wurde verstanden als Vertrauen auf Gott, auf seine Gnade und als Hoffnung auf die ewige Seligkeit. Anlaß zur Hoffnung war lediglich die Aussicht auf ein besseres Jenseits. Für dieses Leben hier gab es kaum Hoffnung (höchstens das Vertrauen, man könne es möglichst gut überstehen). Zukunft fand nicht auf «dieser Welt» statt, sondern nur im «Jenseits». Von solchem Verständnis der «Hoffnung» und der Zukunft konnten auch keine Impulse ausgehen für ein Engagement in der Welt. Christlicher Glaube riet zu rein passivem Erwarten des Jenseitigen. So «... wanderte die Hoffnung

[43] Vgl. unten S. 232 ff.

gleichsam aus der Kirche aus und kehrte sich in verzerrter Gestalt auch immer gegen die Kirche».[44]

e) Leben in der Gegenwart?

Wenn sowohl die Dimension der Vergangenheit wie die Dimension der Zukunft im Bewußtsein der alten Theologie und der Kirche abwesend waren, lebten diese dann intensiv in der Gegenwart? Das Wort «la tradizione sono io» könnte zu diesem Gedanken verleiten: Die Gegenwart, die gegenwärtige Einsicht des Lehramtes, entscheidet, was gültig ist. Doch in Wirklichkeit kann es kein Leben in der Gegenwart (und damit in der Welt!) geben, wo Vergangenheit und Zukunft nicht zu ihrem Recht kommen. Das wahre Ideal für diese Theologie und die Kirche war (ist) die *Zeitlosigkeit*. So verstand sich die Theologie als «Theologia perennis»: eine Theologie für alle Zeiten, die nicht den geschichtlichen Wandlungen unterworfen wäre! Ebenso galt bis vor kurzem für die Kirche (vgl. die Liturgie!) als Ideal die *Unveränderlichkeit* und *Unwandelbarkeit*. Dahinter steckt ein Denken, dem nur das Immer-Seiende, das Ewige wichtig ist. In solchem Denken *kann* es für die Zukunft keinen Platz geben. Denn diese bringt ja das Neue, sie bringt die Veränderung, und sie stört damit das Ideal der Unveränderlichkeit.

3. Die «anthropologische Engführung»

In unserer Kritik der Geschichtslosigkeit der alten Theologie sind wir mehrmals Gedanken begegnet, die wir bereits bei der Darstellung der anthropozentrischen Theologie angetroffen haben. Tatsächlich spielt z. B. bei *Bultmann* die Geschichtlichkeit des Menschen eine sehr große Rolle; er beschäftigt sich besonders mit dem Problem der Übermittlung vom Damals ins Heute. Trotzdem wird diese Theologie heute der Geschichtslosigkeit bezichtigt. Wie kommt das?

Zweifellos hat die anthropozentrische Theologie, insbesondere die Konzeption *Bultmanns* und seiner Schüler, wesentlich geholfen, die Geschichtslosigkeit der alten Theologie zu überwinden. Mit dem Ansatz beim Menschen (existentiale Interpretation) mußte ja des Menschen Geschichtlichkeit in den Blick kommen. Doch eine weitergehende Reflexion macht deutlich, daß in *Bultmanns* Ansatz noch nicht die Geschichte in ihrer Fülle zur Gel-

[44] J. Moltmann, Theologie der Hoffnung, München 1969, 11.

tung kommt. In der Debatte um die Weiterführung und Ausweitung der «existentialen Interpretation»[44a] spricht man von einer «anthropologischen Engführung». Was ist damit gemeint?

a) Man wirft der theologischen Richtung, für die Bultmanns Konzeption hier als Beispiel steht, vor, sie hätte den Glauben *privatisiert*, *spiritualisiert*, auf einen überspitzten *Personalismus* reduziert, es komme bei ihr nur noch die individuelle Geschichte des Menschen in den Blick, nicht die Gesamtgeschichte der Völker, der Welt, und in dieser individuellen Geschichte wiederum sei nurmehr das *Jetzt*, die Gegenwart von Bedeutung, der «ewige Augenblick», in dem die göttliche Gnade den Menschen ergreife und ihn in die Entscheidung rufe: «Die Bibel schreibt gleichsam Universalgeschichte. In ihr wird die Offenbarung Gottes als ein universales Geschehen geschildert, das einen Anfang und ein Ziel hat, das Schöpfung, Versöhnung und Erlösung umfaßt, das von der Erschaffung der Welt bis zu ihrer Vollendung am Ende der Zeit reicht und in dem es daher Vergangenheit, Gegenwart und Zukunft gibt. Von alledem ist bei *Bultmann* nichts oder so gut wie nichts übriggeblieben, von der ganzen langen Linie nur ein einziger Punkt: Jener Augenblick der Gegenwart, in dem der einzelne Mensch im Glauben das Leben als Geschenk der göttlichen Gnade ergreift und darin den Sinn und das Ziel der Geschichte erfährt.»[45]

b) Ferner hat *Bultmanns* «überspitzter Personalismus» nach Heinz Zahrnt eine «*totale Abstraktion der menschlichen Existenz von ihren Weltbezügen zur Folge*». «Daß Gott nicht nur von Person zu Person redet, sondern an der Welt als ganzer handelt, daß die Person wiederum ein Mensch ist, der nicht nur einen Kopf, sondern auch ein Herz und einen Leib, und daß es in der Welt nicht bloß Personen gibt, sondern auch Sachen, Tiere und Pflanzen, Sonne und Sterne, Berge und Seen – das alles kommt in *Bultmanns* Theologie zu kurz. Es ist zwar da, aber es wird aus dem Glauben entlassen und bleibt damit sich selbst überlassen. Es bleibt theologisch unbeachtet.»[46]

c) Ein von der Kritik besonders hervorgehobener Punkt ist *Bultmanns* Überzeugung, daß man vom *historischen Jesus* nichts anderes mehr wissen könne und von ihm nicht mehr zu wissen brauche als das Faktum seiner historischen Existenz, das «*Daß seines Gekommenseins*». An diesem «Daß» hält *Bultmann* allerdings energisch fest, um das Christusgeschehen als ein wirkliches Ereignis der Geschichte und nicht bloß als eine Idee oder ein

44a Zu dieser Auseinandersetzung vgl. neuerdings: D. Sölle, Politische Theologie. Auseinandersetzung mit Rudolf Bultmann, Stuttgart 1971.

45 Zahrnt, a.a.O., 314–315.

46 Ebd., 316.

Symbol ernst zu nehmen. Jedoch über Einzelheiten des Lebens Jesu will *Bultmann* keine Aussagen machen. Dies hängt mit seiner (berechtigten) historischen Skepsis zusammen. Die historisch-kritische Erforschung des Neuen Testamentes, vor allem die formgeschichtliche Methode, ergab, daß uns die gesamte Überlieferung von Jesus nur in Zeugnissen des Glaubens überliefert ist, die nicht Historie wiedergeben, sondern eben Glauben bezeugen wollen. Doch die historische Skepsis verbindet sich bei Bultmann mit der Überzeugung, daß der Glaube sich nicht auf ein «Werk», d.h. hier: auf historisches Wissen stützen dürfe, sondern daß er sich allein an das ihm verkündigte Wort halten dürfe.

d) Schließlich wird Bultmann vorgeworfen, seine Theologie basiere – genauso wie die alte Theologie – nicht auf biblischem, sondern auf griechisch-philosophischem Offenbarungsverständnis; für ihn sei Offenbarung «logosgemäße Erhellung der Wirklichkeit», statt – wie in der Bibel – Zukunft eröffnende «Verheißung». Auf diese Kritik *Jürgen Moltmanns* kommen wir später zu sprechen.[47]

4. Zurück zum historischen Jesus[48]

Versuche, die Geschichte in der Theologie ernst zu nehmen, d.h. den Glauben in den Kategorien der Geschichte zu formulieren, kommen von verschiedenen Seiten her. Bereits die Übernahme des «*organologischen*» Denkens im 19. Jahrhundert, das sich den Geschichtsprozeß, besonders die Entfaltung der Kirche, nach Art des organischen Wachsens (Pflanze, Leib) vorstellte (Kathol. Tübinger Schule, J.A. Möhler),[49] war ein solcher, wenngleich ungenügender Versuch. Die *heilsgeschichtliche* Theologie im katholischen Raum (vgl. J. Feiner/M. Löhrer: «Mysterium salutis»)[50] war ein entscheidender Schritt, die Ungeschichtlichkeit der Scholastik und Neuscholastik zu überwinden. Auch die Konzeption *Bultmanns* hat, wie wir sahen, entscheidende Beiträge für ein geschichtliches Denken geleistet. Von besonderer Bedeutung ist die Neubesinnung auf die Eschatologie in der «*Theologie der Hoffnung*» *(J. Moltmann)* geworden. Bevor wir darauf eingehen, ist hier

[47] Siehe unten 215ff.

[48] Siehe Literatur-Verzeichnis, die Autoren: G. Bornkamm, H. Braun, Bultmann, Käsemann, Schnackenburg/Schierse, E. Schweizer, R. Schäfer; Zeitschrift «bibel u. kirche» 26 (1971).

[49] J.R. Geiselmann, Die theologische Anthropologie Johann Adam Möhlers. Ihr geschichtlicher Wandel, Freiburg 1955.

[50] Mysterium Salutis. Grundriß heilsgeschichtlicher Dogmatik, 5 Bde., hrsg. v. J. Feiner u. M. Löhrer, Einsiedeln 1966ff.

auf die (für die gegenwärtige und zukünftige Theologie außerordentlich wichtige) *Neuentdeckung des historischen Jesus* hinzuweisen.

a) Jesus und der christliche Glaube

Fast 200 Jahre lang – seit Hermann Samuel Reimarus (1694–1768) – mühte sich die protestantische «Liberale Theologie» in der sogenannten «*Leben-Jesu-Forschung*» leidenschaftlich, der Biographie des historischen Jesus auf die Spur zu kommen, diesen Jesus «aus den Fesseln kirchlicher Dogmatik zu befreien».[51] Am Wegende mußte sie erkennen, «daß solcher Versuch von vornherein zum Scheitern verurteilt war, weil wir nur durch die urchristliche Predigt und die damit verknüpfte kirchliche Dogmatik überhaupt etwas von dem historischen Jesus erfahren und diesen gar nicht mehr säuberlich und einigermaßen ausreichend vom gepredigten und geglaubten abheben können».[52] Albert Schweitzer hat in seinem Werk «Die Geschichte der Leben-Jesu-Forschung» (1906)[53] diesen Bemühungen «Ein Denkmal gesetzt, aber zugleich die Grabrede gehalten» (G. Bornkamm).[54] So beschränkt sich denn R. Bultmann auf die Feststellung, *daß* Jesus gelebt hat, und baut im übrigen seine Theologie – z. B. sein Jesus-Buch – auf die älteste Schicht der Überlieferung, wie sie uns zugänglich ist:[55] «Ich bin der Meinung, daß wir vom Leben und von der Persönlichkeit Jesu so gut wie nichts mehr wissen können.»[56]

Doch seit dem Beginn der 50er Jahre beginnt das Thema des historischen Jesus – und zwar ausgerechnet von Schülern Bultmanns, zuerst von Ernst Käsemann, ausgehend – wieder in den Vordergrund theologischen Bemühens zu rücken. Außer Käsemann sind hier zu nennen: Günther Bornkamm, Gerhard Ebeling, Ernst Fuchs, Hans Conzelmann, Herbert Braun. Welches ist der *Grund* für sie, wieder hinter die urchristliche Predigt, hinter das Kerygma zurück nach dem *historischen Jesus* zu fragen? Nicht darum geht es ihnen, wie *Bultmann* fürchtete, den Glauben «historisch zu beweisen». Vielmehr sehen sie sich vor die Frage gestellt, welcher *Zusammenhang* denn bestehe *zwischen der urchristlichen Verkündigung und dem historischen Jesus;* ob die Predigt der Urgemeinde sich mit Recht auf Jesus stütze, oder ob der christ-

[51] E. Käsemann, Exegetische Versuche und Besinnungen I, 189.
[52] Ebd.
[53] Jetzt: Siebenstern-TB Nr. 77–80, München-Hamburg 1966.
[54] Bornkamm, Jesus von Nazareth, 11.
[55] Bultmann, a. a. O., 15–16.
[56] Ebd., 11.

liche Glaube ein Produkt der Urgemeinde sei. Diese Frage ist für die Existenz des christlichen Glaubens fundamental. Falls sich die urchristliche Verkündigung nicht auf Jesus zurückführen ließe, wäre es mit dem geschichtlichen Charakter des Christentums aus. Das «Daß des Gekommenseins Jesu» würde nicht genügen, die Geschichte zu retten, falls der *inhaltliche Zusammenhang* nicht gewährleistet wäre. Dann wären auch alle Versuche, die Geschichte in den Glauben zu integrieren, zum vorneherein sinnlos. Am Anfang des Christentums stünde dann ein Mythos.

Der Grund dafür, daß wir es im christlichen Glauben mit Geschichte zu tun haben und daß wir diese Geschichte (und damit «Welt») in den Glauben einbringen können, liegt darin, daß dieser Glaube seinen Ausgang nimmt von einer konkreten geschichtlichen Person – ebenso wie es im AT um konkretes geschichtliches Handeln geht. Wenn dieser geschichtliche Grund fehlen würde, müßte die Theologie zurück zur geschichtslosen Konzeption der alten, metaphysisch-scholastischen Theologie, der nur das Ewig-Gültige und Ewig-Wahre wichtig ist und für die das Geschichtlich-Konkrete keine Rolle spielt. Dann wäre es unsinnig, den Glauben und die Theologie aus ihrer Weltfremdheit zurückzuholen und sie mit der Wirklichkeit zu konfrontieren. Dann wäre es besser, den «Glauben» das sein zu lassen, was er in der Vergangenheit tatsächlich oft war (und zwar eben wegen dieses Geschichts- und Realitätsverlustes): «Opium», Flucht in die Illusion.

Offenbar geht es den *Evangelien* um ein ähnliches Problem. Die literarische Gattung der Evangelien als solche hat, wie *Ernst Käsemann* immer wieder betont, theologische Relevanz. Die Evangelien greifen ja zurück auf den «historischen Jesus», nachdem die ältesten christlichen Texte, die Paulusbriefe, sich fast ausschließlich für die theologische Deutung des Todes und der Auferstehung Jesu interessieren. Demgegenüber bedeuten die Evangelien eine Absage an den Mythos, eine Beteuerung, daß der Glaube an etwas Vorgegebenem hänge: an der Geschichte des Jesus von Nazareth.

b) Wer war Jesus?

Gewiß können wir nicht einfach mehr zum Optimismus der liberalen Theologie zurück, wir können *kein Leben Jesu mehr rekonstruieren*. Die historische Skepsis bleibt, wenngleich sie weniger radikal mehr ist. Durch die Glaubenszeugnisse hindurch läßt sich ein historisch gesichertes Minimum an Aussagen über den historischen Jesus machen. Um nicht Täuschungen zu verfallen, müssen wir allerdings außerordentlich *strenge methodische Grundsätze* anlegen: «Mit einem historisch sicheren Boden ist nur dort zu rechnen, wo eine Tradition weder aus der jüdischen Umwelt noch aus dem Gedankengut der Urchristenheit abgeleitet werden kann.»[57] Dieser Grundsatz erlaubt es, durch die Verkündigung der Urgemeinde hindurch die «*Eigenart der Sendung Jesu*» sichtbar zu machen.

Die *Eigenart* Jesu kommt etwa zum Ausdruck in den Antithesen der Bergpredigt, in denen er sich in unerhörter Souveränität abhebt vom Gesetz des Moses: «Ihr habt gehört, daß zu den Alten gesagt wurde ... – *ich* aber sage euch» (Mt 5,25f). Der «zu den Alten» gesprochen hatte, war *Jahwe* selbst – *Ihm* stellt sich Jesus gegenüber! «Die Unerhörtheit des Wortes bezeugt seine Echtheit.»[58] Erstaunlich ist auch die Auseinandersetzung mit dem jüdischen Reinheitsgesetz (Mt 15,1f) und dem Sabbatgebot (Mk 2,23–3,6). Sie muß ihren Ursprung in der Originalität Jesu haben. Ebenso sind charakteristisch für Jesus die Gleichnisse. Sie gehen wohl zum größten Teil auf Jesus selber zurück.

Wer ist dieser Jesus? Das Bild, das die neue «Leben-Jesu-Forschung» zutage fördert, hat oft recht wenig gemein mit herkömmlichen «frommen» Vorstellungen und ist in vielem für die Kirchen unbequem. Anderseits kann gerade dieses Bild die Grundlage für einen geschichtlich formulierten Glauben bilden, und es kann diesen Glauben wieder anziehend und sinnvoll machen. Jesus wird nun primär als *Mensch* gesehen, der uns, eben weil er Mensch war, etwas zu sagen hat. Er lebte in einer Umbruchsituation und stand in Auseinandersetzung mit der überlieferten Religion, die ihm nicht mehr genügte. Er verkündete – als Frohbotschaft – die bevorstehende große Wende: die hereinbrechende «Gottesherrschaft», der gegenüber ein neues *Verhalten*, ein totales Umdenken und Umkehren gefordert sei, ein Verhalten nach den «Regeln» der Gottesherrschaft, wie sie in der «*Bergpredigt*» skizziert sind. «*Gottesherrschaft*» bedeutet, daß Gott die Herrschaft über die Welt antritt. Dies ist eine Frohbotschaft, weil Gott ein «Gott der Menschen» ist, der das Heil des Menschen will (im Gegensatz zu irdischen Machthabern); Jesus nennt ihn «Abba: lieber Vater»! Sein Reich ist ein Reich «der Gerechtigkeit, des Friedens und der Freude im Heiligen Geist» (wie Paulus in Röm 14,17 interpretiert). Zu diesem Reich haben alle Zutritt, die bereit sind. Es gibt keine religiösen, moralischen oder sozialen Vorbedingungen. Im Glauben an die Wirklichkeit dieses Reiches lebte Jesus bereits nach deren «Regeln» und forderte von seinen Anhängern ein Gleiches. Die Realisierung dieses Verhaltens brachte ihn in Konflikt mit der bestehenden Ordnung,

[57] H. Zahrnt, Die Sache mit Gott, 336 (Käsemann referierend).
[58] Käsemann, a.a.O., 206.

mit Gesetzen, die nicht dem Menschen dienten (Sabbat, Reinheitsvorschriften), mit Konventionen und «Wohlanständigkeit» (Umgang mit «zweifelhaften Elementen» und mit dem gewöhnlichen, unfrommen Volk). Seine unerhörte, schockierende Freiheit im Verhalten und in der Predigt mußte von den religiösen Führern als Angriff auf ihr religiöses (und damit auch gesellschaftliches) System empfunden werden. Er bezahlte mit dem Leben. Aber sein Beispiel hatte ansteckend gewirkt – und kann heute weiterhin anstecken.

5. *Theologie der Hoffnung*[59]

Der Rückgriff auf den historischen Jesus bringt die Dimension der *Vergangenheit* in die Theologie ein. Ebenso wichtig ist die Dimension der *Zukunft*, und zwar nicht nur der Zukunft für den Einzelnen, sondern die Zukunft der Welt. Die Zukunft ist das Thema der christlichen *Eschatologie*. Diese ist aber im Laufe der Theologiegeschichte an den Rand des Glaubensbewußtseins gedrängt worden.

Die aus dem israelischen Bereich stammende Eschatologie war für die christliche Theologie, welche spätestens seit den frühchristlichen Apologeten unter dem Einfluß griechisch-philosophischen Denkens stand, seit je ein «schwerer Brocken». Sie wurde es besonders «seit Aufklärung und Idealismus: seitdem nämlich die Aussicht auf ein nach-zeitliches Jenseits immer weiter zum weltanschaulichen, privaten Relikt derer abgesunken ist, die sich noch nicht mit der Endlichkeit unserer Welt und mit der Geschichtlichkeit unserer Geschichte abzufinden vermochten. Unverständlicher, uninterpretierbarer wurden zumal jene Partien der Heiligen Schrift, die von einer ‹neuen Welt› zu berichten wissen (von apokalyptischen Zeit-Schemata angefangen bis hin zu Jesu Gerichtsankündigungen und zu den Visionen eines neues Himmels und einer neuen Erde oder eines neuen Jerusalem).»[60] Die historisch-kritische Erforschung des NT ergab am Endes des 19. Jahrhunderts die Einsicht, daß auch *Jesus* keineswegs frei war von solchem Denken, ja, daß in der Mitte seiner Verkündigung das «Reich Gottes» stand, und zwar als eine «überweltliche Größe». Die Folge dieser Einsicht war zunächst Resignation. Man konnte mit dieser Eschatologie, auch der Eschatologie Jesu, nichts anfangen. Im Gegensatz dazu versuchte *Bultmann*, die Eschatologie durch seine existentiale Interpretation wieder ernst zu nehmen.

[59] Siehe Literatur-Verzeichnis, die Autoren: Marsch, Metz, Moltmann.
[60] Marsch, Diskussion über die «Theologie der Hoffnung», München 1967, 10.

Der Preis: Die «Privatisierung» der Eschatologie. Damit gab sich vor allem *Jürgen Moltmann* nicht zufrieden. Mit seinem Buch «Theologie der Hoffnung, Untersuchungen zur Begründung und zu den Konsequenzen einer christlichen Eschatologie», gab er den «Startschuß» für ein neues, intensives Nachdenken über die Bedeutung der christlichen Eschatologie in Theologie und Glauben und damit über die Bedeutung der Dimension der Zukunft.

a) Griechisches und biblisches Eschatologieverständnis

Den Grund für das Beiseiteschieben der Eschatologie in der Theologie, auch bei *Barth* und bei *Bultmann*, sieht *Moltmann* in deren Abhängigkeit vom griechischen Denken, dem es um die «Gegenwart des Seins», «um das Glück der Gegenwart», «um die Fülle der Zeiten» im Sinne des «ewigen Augenblicks», und d.h. im Grunde immer wieder um den «Gott des *Parmenides*» geht, nicht um den Gott der Bibel.

Dieser nämlich, «der Gott des Exodus und der Auferstehung, ist nicht ewige Gegenwart, sondern er verheißt seine Gegenwart und Nähe dem, der seiner Sendung in die Zukunft folgt. JHWH (Jahwe) als der Name des Gottes, der seine Gegenwart und sein Reich allererst verheißt und in die Aussicht der Zukunft stellt, ist ein Gott ‹mit Futurum als Seinsbeschaffenheit›, ein Gott der Verheißung und des Aufbruchs aus der Gegenwart in die Zukunft, ein Gott, aus dessen Freiheit das Kommende und Neue quillt. Sein Name ist nicht eine Chiffre für die ‹ewige Gegenwart› und kann auch nicht mit EI, ‹DU bist› wiedergegeben werden. Es ist sein Name ein Wegname, ein Verheißungsname, der neue Zukunft erschließt, dessen Wahrheit in Geschichte erfahren wird, sofern seine Verheißung ihren Zukunftshorizont erschließt. Es ist darum, wie Paulus sagt, der Gott, der die Toten auferweckt und das Nichtseiende ins Sein ruft (Röm 4,17). Dieser Gott ist gegenwärtig, wo man seiner Verheißungen in Hoffnung und Verwandlung gegenwärtig ist. An dem Gott, der das Nichtseiende ins Sein ruft, wird auch das Noch-nicht-Seiende, das Zukünftige ‹denkbar›, weil es erhoffbar wird.»[61]

Moltmann unterscheidet zwei grundverschiedene *Verständnisse von Offenbarung:* Offenbarung als «Epiphanie der ewigen Gegenwart» und Offenbarung als «Verheißung», als Eröffnung verheißener Zukunft. In der *Epiphanie der ewigen Gegenwart* geschieht nichts anderes als die Erhellung dessen, was ist, die Deutung, die Interpretation der Wirklichkeit. Im Gegensatz dazu wird in der «Offenbarung als Verheißung» Neues eröffnet. «Verheißung kündigt eine Wirklichkeit aus der Zukunft der Wahrheit an, die noch nicht

[61] Moltmann, Theologie der Hoffnung, 25–26.

ist.»[62] «Verheißung hat ... nicht in erster Linie die Funktion, die seiende Wirklichkeit der Welt oder des Menschseins zu erhellen, zu deuten, zur Wahrheit zu bringen und im sinnvollen Verstehen das Einstimmen des Menschen in sie zu erwecken, sondern sie eröffnet vielmehr im Widerspruch zur vorhandenen Wirklichkeit ihren eigenen Prozeß um die Zukunft Christi zur Welt und zum Menschen. Offenbarung, als Verheißung erkannt und in Hoffnung ergriffen, begründet und eröffnet damit einen Spielraum von Geschichte, der von der Sendung, von der Verantwortung der Hoffnung, durch Annahme des Leidens am Widerspruch der Wirklichkeit und durch Aufbruch in die verheißene Zukunft erfüllt ist.»[63]

b) Verheißungs-Eschatologie

Christliche Eschatologie ist für Moltmann *Verheißungs-Eschatologie*. Ihr Hauptthema ist die *Auferstehung* Jesu-Christi. (Die ganze «Theologie der Hoffnung» ist eigentlich Auferstehungs-Theologie. Sie möchte neue Wege zur Interpretation des Auferstehungs-Geschehens aufweisen, die aus der «privatisierenden» Sackgasse der existentialen Interpretation hinausführen.) Jesus wird in den Ostererscheinungen nicht nur wahrgenommen als der, der er wirklich *war* (als der Gekreuzigte), er wird zugleich wahrgenommen als der, der er wirklich *sein wird:* Die Hoheits-Titel (z. B. «der Herr») greifen in die Zukunft: sie sagen, was er tun wird, was man von ihm erwartet. «Damit werden die Ostererscheinungen und Offenbarungen des Auferstandenen offensichtlich verstanden als Vorschein und Verheißung seiner noch zukünftigen Herrlichkeit und Herrschaft.»[64] Christus wird also hier nicht erfahren als der «Verewigte», als der im Glanz der himmlischen, überirdischen Ewigkeit Verherrlichte, sondern als der «Kommende», der seine Herrschaft erst ausüben wird. «Die Erscheinungen des Auferstandenen wurden als Verheißung und Antizipation real ausstehender Zukunft wahrgenommen.»[65] In diesen Erscheinungen wird also die *Zukunft aufgerissen*, und damit wird ein *Geschichtsprozeß in Gang gesetzt*, der auf die Erfüllung der Verheißungen hinlaufen will. In der Auferstehung liegt nämlich die *Verheißung auf das Ende des Todes und auf eine neue Schöpfung*. Die Erfüllung dieser Verheißung gibt es nicht innerhalb dieser Geschichte, sondern die Verheißung liegt jeder Zeit der Geschichte immer wieder voraus.

[62] Ebd., 75.
[63] Ebd., 76.
[64] Ebd., 75.
[65] Ebd., 77.

c) Geschichts- und welteröffnende Eschatologie

Was geschieht nun mit dem *Menschen*, der mit dieser Offenbarung als Verheißung konfrontiert wird? Er wird zum *Hoffenden*, und darin *kommt er «zu sich selbst»*. Der Mensch kommt nicht zu sich, indem er bei sich bleibt, sondern nur, indem er sich entäußert. «Der Mensch gewinnt sich nicht durch Unterscheidung von der Welt, sondern durch Entäußerung in sie hinein.»[66] Diese Entäußerung besteht einerseits in der Wahrnehmung der *Sendung*, des Zeugnisses für diese Verheißung, anderseits in der Bereitschaft, den «Schmerz der Liebe» auf sich zu nehmen: Er findet das Leben, indem er den Tod auf sich nimmt.

Die Selbsterfahrung des Menschen durch Entäußerung in die Welt ist verbunden mit entsprechender *Welterfahrung*. Welt wird nämlich jetzt als *Geschichte*, d.h. als *veränderlich* erfahren. Hoffnung ist ja nur da sinnvoll, wo Aussicht besteht auf Verwirklichung des Erhofften, wo also *Neues geschehen kann*. Das setzt voraus, daß die Welt nicht als ein «starrer Kosmos von ausgemachten Fakten und ewigen Gesetzen genommen» wird, sondern daß sie selber geschichtlich im Fluß ist und daß die «geschichtliche Wirklichkeit einen offenen Vorraum des Möglichen aufweist».[67]

So führt die Offenbarung als Verheißung in der Hoffnung zur *Kritik an bestehenden «Weltbildern»*, die sie als *geschichtslos und hoffnungslos* aufdeckt. Die christliche Theologie wird sich «nicht abfinden können, sondern wird sich lösen müssen von der kosmologisch-mechanistischen Denkweise, wie sie in den positivistischen Wissenschaften vorliegt; im Positivismus der wissenschaftlichen Entzauberung der Welt, mit welchem die Welt nicht nur «gottlos» wird, wie *Max Weber* sagte, sondern auch zu einer Welt ohne Alternative und ohne Möglichkeiten und ohne Zukunft wird; und in den versachlichten und institutionalisierten Verhältnissen der wissenschaftlichen Zivilisation der modernen Gesellschaft, welcher ebenfalls mit der Zukunft auch ihre eigene Geschichtlichkeit verlorenzugehen droht».[68]

So erhält der Verheißungsglaube mit der Hoffnung eine *gesellschaftskritische Funktion*. Hoffnungstheologie wird zur «politischen» Theologie. Damit stehen wir beim dritten Aspekt von «Welt»: Welt als gesellschaftliche, «politische» Wirklichkeit.

[66] Ebd., 81.
[67] Ebd., 81–82.
[68] Ebd., 82.

> «*Nicht-Politiker? die griechische Sprache bezeichnet sie bekanntlich als Idioten, als Privatleute und Individualisten, die den Angelegenheiten der Allgemeinheit unwissend und uninteressiert gegenüberstehen. Sie sprechen das Wort Politik mit Antipathie aus. Sie halten es sich zugute, von ihr keine Ahnung und mit ihr nichts zu schaffen zu haben. Unpolitische Existenz ist indessen eine Abstraktion; denn auch wer sich unpolitisch gibt, wirkt selbstverständlich trotzdem oder gerade darin politisch ... Es gibt sie nicht: die Unschuld des Privaten, den Wintergarten schöner Literatur, die Selbstgenügsamkeit der Wissenschaft, die Risikolosigkeit reinen Glaubens. Alles und jeder ist in politische Zusammenhänge verwickelt.*»
>
> *(Hans Jürgen Schultz)* [69]

Neben dem Bereich des Individuellen, neben der Realität der Geschichte, ist endlich eine dritte Dimension von *Welt* zu bedenken; jene Dimension, in der vielleicht sogar am intensivsten erfahren wird, was wir in unserem Zusammenhang von «Welt-Verlust» und «Weltbezogenheit» unter «Welt» verstehen. Es ist dies der Bereich des öffentlichen, des *gesellschaftlichen* Lebens. Der Begriff «Gesellschaft» [70] bezeichnet die verschiedenen Weisen des Zusammenlebens von Menschen. Die mit dem Stichwort «Gesellschaft» charakterisierte Dimension von Welt umfaßt somit das kulturelle, wissenschaftliche, staatliche, wirtschaftliche, technische, sportliche Geschehen, usw., umfaßt die Auseinandersetzungen um die Gestaltung des Lebens und der Strukturen der Gesellschaft, die geistigen Strömungen und Bewegungen, kurz die ganze Fülle des «pulsierenden», gegenwärtigen, aktuellen Lebens, soweit dieses die Bereiche des Individuellen und rein Zwischenmenschlichen übersteigt.

Ein *weltbezogener Glaube* muß auch diesen gesellschaftlichen Aspekt von Welt ernst nehmen und integrieren. Das heißt einerseits: Glaube muß auf diese Realität hin formuliert werden. Denn sie ist der konkrete Ort, an dem Gott sich zeigt, wo er erfahren wird und erfahren werden kann. Wer von Gott erzählt, muß also von gesellschaftlichen Realitäten erzählen. Diese müssen in der Glaubenssprache vorkommen, wie z. B. Pontius Pilatus im Credo, oder wie das Wort «Kreuz»: ein zeitgenössisches Mittel für den

[69] H. J. Schultz, Politik für Nichtpolitiker. Ein ABC zur aktuellen Diskussion I, Stuttgart-Berlin 1969, 7.

[70] Vgl. A. Grabner-Haider, Die Bibel und unsere Sprache. Konkrete Hermeneutik, Freiburg 1971, 261f.

Strafvollzug. Anderseits bedeutet «Integrieren der gesellschaftlichen Realität», daß Glaubenssätze durchsichtig werden auf ihre gesellschaftliche Relevanz und Funktion hin; mit anderen Worten: Glaubensformulierungen müssen *praxisbezogen* sein, sie müssen Hilfe bieten zum konkreten Verhalten im Leben, und zwar in der Weise, daß die Auswirkungen des Verhaltens auf die Gesellschaft bewußt und bei Entscheidungen bedacht werden.

1. Gesellschaftsbezogener Glaube einst und jetzt

Es gab Zeiten, in denen der Glaube durchaus gesellschaftsbezogen war, als er gesellschaftliche Relevanz besaß. Das war der Fall, als *Religion* und *Gesellschaft* – Religion im Sinne des von der Kirche vertretenen christlichen Glaubens – sich deckten. Man kann das Mittelalter als solche Epoche betrachten. Auch als Papst und Kaiser sich um Einfluß und Macht in der abendländischen Gesellschaft bekämpften, war doch unbestritten, daß die Struktur der Gesellschaft und das Verhalten darin letztlich von Gott, und zwar vom «Christengott», bestimmt seien: auch der Kaiser regierte von «Gottes Gnaden» (Zweischwertertheorie) und verstand sich als sein «Diener». Der Glaube bestimmte hier in selbstverständlicher Weise das öffentliche Leben.

Im Gefolge der *Aufklärung* aber begann die selbstverständliche Zuordnung von Religion und Gesellschaft zu zerbrechen, d.h. der von den Kirchen vertretene christliche Glaube hörte auf, die einzige und allgemein akzeptierte Religion der Gesellschaft zu sein. Er wurde zu einer Teil-«Ideologie» neben andern. Wurden im Mittelalter die Direktiven für das gesellschaftliche Verhalten aus dem christlichen Glauben bezogen; war dieser Glaube die Voraussetzung für Denken und Handeln, so begann man sich seit der Aufklärung zusehends an anderen «Wahrheitsquellen» zu orientieren, und man begann, neue, «sicherere» Grundlagen für das Verhalten zu suchen. Gewißheit erhoffte man nicht mehr von Dogma und Tradition, sondern eher von der *Erfahrung*, von der Empirie. Die soziologische Funktion der Religion, die darin besteht, die geistige Einheit der Gesellschaft zu begründen, fiel andern Anschauungen zu. Eben z.B. dem «Empirismus», der «Wissenschaft» oder einem blassen, allgemein-«christlichen» Theismus, einem Staats-Glauben oder Nationalismus usw. Gleichzeitig wurde die alte Religion Gegenstand heftiger Kritik: der Religionskritik.

Spätestens im 19. Jahrhundert begannen sich Theologen und Kirchen dieser Situation, die wir als «*Gesellschafts-Verlust*» bezeichnen könnten, bewußt zu werden. Sie reagierten darauf, indem sie die Entwicklung verurteilten, welche sie um ihren Einfluß gebracht hatte. Es gab und gibt seither verschiedene Versuche, den verlorenen «Weltbezug» zurückzugewinnen. Man war zunächst bestrebt, die alten Einflüsse auf die Gesellschaft wieder zu beanspruchen oder sie wenigstens im Kreis der Anhänger zu realisieren. Die trotzige antimodernistische Haltung der katholischen Kirche im 19. Jahrhundert ist ein imponierendes Beispiel dafür.

Aber *diese* Versuche, zu einem weltbezogenen Glauben zu gelangen, mußten scheitern. Die Kirche wurde so erst recht zu einem *Teil*faktor mit Sonder-«Ideologie» im Gesamt der Gesellschaft. Glaube und Kirchen können nur zu wirklicher gesellschaftlicher Relevanz gelangen, wenn sie sich ernsthaft auseinandersetzen mit der Aufklärung. Diese kann nicht rückgängig gemacht werden. Der einzig gangbare Weg besteht darin, von einer *problemlosen Zuordnung* von Religion und Gesellschaft – wie sie etwa gekennzeichnet ist durch ein Verständnis der Kirche als «Lehrerin und Meisterin der Völker» – hinüberzufinden zu einem *reflektierten Verhältnis*, das auf die veränderte geistige Situation eingeht und die Funktion der Religion mit Rücksicht auf sie definiert. Voraussetzung dafür wird sein, daß der Glaube durch das Feuer der *Religionskritik* hindurchgeht (Feuerbach, Marx, Nietzsche, Freud u.a.) und daß die verschiedenen wissenschaftlichen Erkenntnisse zu den Themen Mensch und Gesellschaft von der Theologie aufgearbeitet werden.

Die Theologie hat sich denn auch in den letzten Jahrzehnten schrittweise daran gemacht, die neue Situation zu studieren. Die Auseinandersetzung mit der *Naturwissenschaft*[71] ist vielleicht bisher am weitesten gediehen und kann geradezu als *Modell* dienen für die Aufarbeitung auch anderer Bereiche. Die Diskussion mit der Naturwissenschaft hat dem Glauben nicht nur nicht geschadet, sondern hat ihm zur Klärung und zu klarerer Standortbestimmung verholfen. Wer wollte heute noch mit Berufung auf die Bibel daran festhalten, daß die Welt in sechs Tagen geschaffen worden sei? In ähnlicher Weise kann auch das Ernstnehmen *historischer* und *sprachwissenschaftlicher* Erkenntnisse dem Glauben dienen. Wer wollte immer noch behaupten, der Glaube werde zerstört, wenn man z. B. die Erzählung vom Durchzug durchs Rote Meer samt den «Wassermauern» nicht als historischen Bericht akzeptiere? Sollte von einer Auseinandersetzung mit modernen philosophischen, psychologischen, soziologischen u.a. Erkenntnissen und Thesen, samt ihren religionskritischen Momenten, größere Gefahr für einen echten Glauben

[71] Vgl. z.B. die verschiedenen Publikationen von H. Haag zu diesem Thema; so etwa in der «Reihe X»: Biblisches und naturwissenschaftliches Weltbild, Graz-Wien-Köln 1971, 48 Seiten. – Ferner: O. Spülbeck, Zur Begegnung von Naturwissenschaft und Theologie, Einsiedeln 1969.

drohen? Eine besondere Scheu scheint bis heute vor der *philosophischen* Tradition der «Links-Hegelianer» zu herrschen: «Während sich nämlich die jüngere systematische Theologie – im katholischen Raum vor allem in ihrem kritischen Ausbruch aus dem System der Neuscholastik – zwar mit der Transzendentalphilosophie *Kants*, dem deutschen Idealismus und den Nachfolge-Phänomenen des Personalismus und der Existenz(ial)-Philosophie auseinandersetzte, blieb die links-hegelianische Tradition mit den ihr immanenten geschichtsphilosophischen Entwürfen mehr oder weniger ausgeblendet.»[72]

2. *Bibel und «moderne Welt»*

Allerdings: vor jeder positiven Auseinandersetzung mit der «modernen Welt» ist eine viel *grundsätzlichere* Frage zu entscheiden: Dürfen Theologie und Kirche sich überhaupt darauf einlassen? Ist nicht die gesamte Entwicklung seit dem Beginn der Neuzeit, die mit Stichworten wie «Aufklärung», «Säkularisierung», «Demokratisierung», «Wissenschaft», «Technik» u. a. m. charakterisiert werden kann, überhaupt abzulehnen, weil sie dem Glauben im tiefsten zuwider ist? Die Frage kann gewiß nicht einfach entschieden werden vom größeren «Erfolg» in der Gesellschaft her. Vielleicht könnte ja der Dienst an der Gesellschaft gerade im einsamen Mut zum Widerstand «gegen alle Hoffnung» bestehen, wenn sich z. B. erweisen würde, daß die Entwicklung seit der Neuzeit den Menschen bald einmal seelisch und physisch ins Verderben führt. Solche Perspektiven sind angesichts heutiger Zustände in der Welt – Umweltverschmutzung, weltweite Ungerechtigkeit, moderne Arbeitswelt mit ihrer Hast und Hetze – nicht schlechtweg von der Hand zu weisen. Eine konservative Trotzhaltung könnte sogar manche Bundesgenossen finden unter modernen anti-aufklärerischen Strömungen wie etwa der Hippi-Bewegung. Es mehren sich die Anzeichen für das Bedürfnis nach «Mystik» und «Jenseitigem», das oft in östlichen Religionen gesucht wird (Beatles). «Jesus» findet neuen Anklang als Ersatz für Rauschgift.[73] Vielleicht naht der Tag, da sich jene Kirchen wieder füllen, in denen barocke Hochämter zelebriert werden ...

Der Entscheid für oder gegen die «moderne» Welt ist also ein grundsätzlicher: Kann die neuzeitliche Entwicklung, welche in bezug auf den Glau-

[72] J. B. Metz, in: Sacramentum Mundi III, 1236.

[73] Vgl. etwa die Reportage «Jesus ist besser als Hasch», in: Bunte Illustrierte (1971), Nr. 4 (19. 1. 71); ähnlich: «Die Jesus-Welle», in: Stern (1971), Nr. 41 (7. 11. 71).

ben ihren härtesten Ausdruck findet in der *Säkularisierung*[74] – und sie wird notwendig mitgekauft von dem, der die technische Entwicklung bejaht –, kann sie vom christlichen Glauben her positiv gewürdigt werden?

Die *Erforschung der biblischen Quellen* hat gezeigt, daß die Säkularisierung der Tendenz der biblischen Schriften keineswegs zuwiderläuft, daß sie dieser vielmehr entspricht, ja, daß die Säkularisierung, wenigstens zu einem guten Teil, sich sogar biblisch-christlichen Impulsen verdanke.[75] So kann gezeigt werden, wie der Schöpfungsbericht in Genesis 1 eine radikale *Entzauberung*, eine Säkularisierung der Schöpfung einleitet, indem er beispielsweise die – in der ganzen orientalischen Umwelt als «göttlich» verehrten – Gestirne als simple «Lampen» hinstellt, die dem Menschen dienen. Die Welt wird deutlich von Gott unterschieden – sie ist sein Werk – und als profaner, säkularer «Werkplatz» des Menschen freigegeben: «Macht euch die Erde untertan!» Solche Entzauberung der Welt war eine unabdingbare Voraussetzung für die Entwicklung von Naturwissenschaft und Technik. Denn die Vergöttlichung der Natur in den heidnischen Religionen entzog diese dem Zugriff des Menschen.

Auch die *Regeln des menschlichen Zusammenlebens*, gesellschaftliche Strukturen, moralische und religiöse Normen, werden in der Bibel entsakralisiert und relativiert. So verweigert z. B. die Bibel den israelischen Königen den Status von «Göttern», wodurch – wie in den andern altorientalischen und antiken Gesellschaften – die Verordnungen und Gesetze des Herrschers göttlich sanktioniert worden wären. Dem König gegenüber war in Israel nicht nur härteste Kritik möglich (Propheten!); die Institution des Königtums selbst konnte in Frage gestellt werden (1 Sam 8, 1–22). Auch im Neuen Testament finden wir die relativierende Einstellung gegenüber gesellschaftlichen Normen und Herrschaftsverhältnissen, auch wenn diese als von Gott gesetzt gelten: Jesus bricht den *Sabbat* (an dem Gott selbst ruht!), mit der Begründung, der Mensch sei nicht da für den Sabbat, sondern der Sabbat für den Menschen (Mk 2, 27).

Hier wird gleichzeitig sichtbar, wohin die Relativierung *zielt:* auf den *Menschen* und auf das, was ihm dient! Nicht wird der Willkür Tür und Tor geöffnet, sondern dem freien, verantwortlichen Entscheiden für das, was für den Menschen gut ist. «Alles ist erlaubt, aber nicht alles ist heilsam; alles ist erlaubt, aber nicht alles baut auf», schreibt Paulus den Korinthern (1 Kor

[74] Siehe oben 2. Teil, II, 1.

[75] Vgl. H. Cox, Stadt ohne Gott, Stuttgart-Berlin ²1967; F. Gogarten, Verhängnis und Hoffnung der Neuzeit. Die Säkularisierung als theologisches Problem, Stuttgart ²1958; ders., Der Mensch zwischen Gott und Welt, Stuttgart ³1962.

10,23; 6,12). Das ist *radikale* Säkularisierung, die nicht wieder den Fortschritt an sich, die Technik oder sonst eine moderne Errungenschaft vergötzt und sich von ihr beherrschen läßt. Kriterium für das Tun und Lassen sind nicht irgendwelche «Dinge», Kräfte, Ideologien oder Weltanschauungen, sondern allein der Mensch, und zwar der zur Freiheit und Mündigkeit bestimmte Mensch, gemäß dem Menschenbild der Bibel.

Diese Säkularisierungstendenzen der Bibel werden freilich erst seit dem Beginn der Neuzeit geschichtlich wirksam. Nichtsdestotrotz ist die *neuzeitliche Entwicklung grundsätzlich von der Heiligen Schrift her legitimiert.* Wenn das 2. Vatikanische Konzil daher die wissenschaftlich-technische und säkularisierte Welt nicht mehr verurteilt, sondern akzeptiert und die Christen zum Engagement in dieser Welt auffordert,[76] hat es die Bibel hinter sich. Wer diese Entwicklung ablehnt, muß sich gegen die Bibel entscheiden und zu vor- und außerbiblischen Religionen zurückkehren. Es mag durchaus Gründe geben für einen solchen Entscheid. Doch er kann sich nicht auf die Schrift und sicher nicht auf Jesus von Nazareth berufen.

Christlichem Glauben im Sinne der *biblischen* Tradition bleibt keine andere Wahl, als einen *positiven Bezug* zur heutigen Welt *zu suchen* in Auseinandersetzung mit allen ihren gesellschaftsrelevanten Kräften und Elementen. Die Theologie steckt mit dieser Arbeit, das ist wohl einfach zuzugeben, noch ziemlich in den Anfängen. Das gilt auch von jenen theologischen Versuchen, welche sich Gedanken machen über Bedeutung, Funktion und Verantwortung des christlichen Glaubens in bezug auf die gesellschaftlich-politischen Strukturen, der sogenannten «politischen Theologie», auf die wir im Folgenden näher eingehen werden. Die Theologie hat überhaupt erst begonnen, die Fragen, die sich ihr heute stellen, sehen zu lernen. Es ist somit nicht zu verwundern, wenn sie noch keine allseits befriedigenden Lösungen aufweisen kann. Manchen Außenstehenden mag diese Situation der Theologie erschrecken oder abstoßen, wenn er ein wohlgeordnetes Gärtchen mit schattigen Bäumen gesucht hat, in dem er sich erholen möchte, und statt dessen einen weglosen Platz mit ein paar verdorrten Bäumen und vielen jungen Setzlingen vorfindet, die weder Schatten spenden, noch mit Sicherheit gedeihen werden. Ist es aber die Schuld der heutigen Theologen, daß so wenig Vorarbeit geleistet ist?

Die Kritik Karl Lehmanns an der «politischen Theologie» und der heutigen Theologie überhaupt ist bedenkenswert, wenn er schreibt, daß «wir Theologen heute

[76] Besonders: Pastoralkonstitution über die Kirche in der Welt von heute.

im Durchschnitt zu *wenig* wissen, um ‹politische Theologie› als wissenschaftliche Bemühung vorstellen zu können. Die ‹politische Theologie› ist dabei kein Sonderfall. Der Sachverhalt gilt nicht minder für alle Versuche mit Hermeneutik, Sprachphilosophie, Religionskritik, Wissenschaftstheorie, Phänomenologie usw. in theologischen Gefilden. Jede solche Bemühung wagt einen kühnen Sprung, indem sie sich vom bisher verläßlichen und kunstreich gebauten, immanent stimmigen und überschaubaren Denken der philosophischen und theologischen Tradition der Kirche in die kaum ermessene und fast uferlose Problematik des neuzeitlichen Geistes versetzt. Der Theologe hat es darin besonders schwer, weil er nicht philosophierend bei der Interpretation und Historie dieses Denkens, bei dessen momentanen Aporien und dem jeweiligen partikulären theoretischen oder historischen Interesse stehenbleiben kann, sondern weil er von dem reden soll, wovon das moderne Denken kaum mehr oder – gerade für den Theologen – höchst zweideutig redet: von dem dunklen und rätselhaften Wort ‹Gott›. Die philosophische Tradition der Neuzeit ist aber, zumal in theologischer Hinsicht, auch von den Philosophen so gut wie nicht durchforscht. Und wo einige Dinge bereits etwas zutage liegen (vgl. etwa Descartes' Stellung zum christlichen Glauben, Pascals theologischen Entwurf, den Sinn von Spinozas Bibelkritik usw.), da sind die Phänomene und ihre Konsequenzen so gut wie nicht ernsthaft in den ‹Schulbetrieb› aufgenommen. Die neuzeitlichen philosophischen und theologischen Theorien des Christentums beschäftigen kaum die Arbeit katholischer Theologie.»[77]

3. Theologie und Politik[78]

a) «Der neue Name für Kultur ist Politik» (W. Dirks)

Die Begriffe «Politik» und «politisch» werden in unserem Zusammenhang (in Anlehnung an die sogenannte «politische Theologie») in einem weiteren, zugleich ursprünglicheren Sinne verwendet als meist üblich. Dies geschieht nicht aus Willkür, sondern aus der Erkenntnis heraus, daß «der Kategorie des Politischen selbst im Gefolge der Aufklärung» ein Wandel widerfahren ist,[79] der die gegenwärtige gesellschaftliche Situation entscheidend prägt.

Politik meint hier mehr als bloß die Technik der Machtverwaltung innerhalb bestehender staatlicher Ordnungen, mehr als die Geschäfte des Staates,

[77] K. Lehmann, in: Diskussion zur Politischen Theologie, hrsg. v. H. Peukert, Mainz-München 1969, 185/186.

[78] Siehe im Literatur-Verzeichnis bei den Autoren: Cox, Feil/Weth, Fetscher/Post, Metz, Picht, Peukert, Schillebeeckx, H.-J. Schultz; Zeitschriften: «Concilium» (1968), Nr. 6/7, (1971) Nr. 5, «bibel und kirche» (1971) Nr. 2.

[79] J. B. Metz, in: H. Peukert (Hrsg.), Diskussion zur «polit. Theol.», 269.

seiner Parteien und anderer Institutionen. Der Begriff bezieht sich vielmehr auf die Sorge um die Gesellschaft insgesamt. Er umfaßt jedes Handeln und Verhalten von Einzelnen oder von Gruppen bzw. Institutionen, das irgendwie Auswirkungen auf das Größere der Gesellschaft nach sich zieht. Diese Begriffsfassung ist gedeckt vom Wortsinn her: Politisch ist das, was die «Polis» (griechisch = das Gemeinwesen, die Gesellschaft) angeht, was «gesellschaftsrelevant» ist.

Der *Wandel des Politischen* besteht darin, daß im Gefolge der Aufklärung politische Strukturen und Verfassungen nicht mehr als «gottgewollte» Ordnungen erfahren werden, die dem Menschen vorgegeben und seiner Verfügung entzogen sind, sondern als veränderbare, vom Menschen in Freiheit zu gestaltende Wirklichkeit. Daraus folgt der Imperativ, Ordnungen herzustellen, in denen jeder Mensch sich frei entfalten kann. Die *Gestaltung des gesellschaftlichen Lebens*, die man mit Politik bezeichnen kann, ist aber kein eng abgrenzbarer Sektor des gesellschaftlichen Lebens, wie dies der übliche Politik-Begriff nahelegt. Vielmehr wird überall und dauernd «Politik» gemacht, wie uns zunehmend bewußt wird: im Wirtschaftsleben (Macht und Einfluß dank Kapital, Steuerung der Bedürfnisse ...), in der kulturellen Produktion (auch in «unpolitischen» Filmen und Theatern), im Sportgeschehen, im Verhalten jedes Einzelnen. «Es gibt kaum noch Tätigkeiten des Menschen, bis tief in die Privatsphäre hinein, die nicht politisch relevant sind oder sein können. Damit kann es auch kaum noch eine unpolitische Position geben, ob einem das nun sympathisch ist oder nicht – gerade derjenige, der bewußt unpolitisch handeln will, wird womöglich unfreiwillig Vollstrecker, Gegenstand oder Opfer politischer Macht. Dies gilt auch für die Theologie und die Kirche.»[80] Wir leben eben schon immer in gesellschaftlichen Verflechtungen drin, die uns beeinflussen, bestimmen, und die wir durch unser Verhalten bestätigen, verfestigen – oder verändern.

Diese «kulturelle» Situation hat Konsequenzen für Kirche und Glauben, welche von der Theologie bedacht werden müssen. Die Theologie muß sich Rechenschaft geben über die Auswirkungen des faktischen Verhaltens von Kirchen und Glaubenden: ob diese im Sinne des Evangeliums liegen oder nicht. Und sie muß untersuchen, welcher Art evangeliumsgemäße Einwirkungen auf die Gesellschaft sein sollen. Dies setzt voraus, daß die Bibel in ihrem gesellschaftlichen Kontext gelesen wird, daß also gefragt wird, welche «politischen» Folgen z. B. das Verhalten Jesu auf seine Umwelt zeitigte.

[80] W. Post, Politik und Theologie, in: Orientierung 35 (1971) Nr. 1, 7.

Mit anderen Worten: die existentiale Hermeneutik muß ergänzt werden durch eine politische Hermeneutik.

Die sogenannte «*Politische Theologie*» hat die skizzierte Situation erkannt und hat sich die daraus entspringenden Aufgaben vorgenommen. Der Name «Politische Theologie» hat ihr freilich den Verdacht eingebracht, sie bezwecke eine «Politisierung» der Kirche im alten Stil direkter Einflußnahme auf das öffentliche Geschehen. Wer jedoch verstanden hat, wie der Begriff «Politisch» hier verstanden wird, dürfte einsehen, daß die (neue) «politische Theologie» nichts gemein hat mit staatskirchlichen oder kirchenstaatlichen Gelüsten, nichts mit Staatsideologien oder klerikalen Totalitarismen, von denen sie sich entschieden distanziert. Sie kann vielmehr «gerade das kritische Bewußtsein von jenen gesellschaftlichen Implikationen und Aufgaben des Christentums sein, die ihm aufgrund seiner biblischen Tradition in der durch die Aufklärung bestimmten geschichtlichen Situationen erwachsen, und sie kann gleichzeitig zum Ort der kritischen Emanzipation von staatskirchlichen Residuen in Kirche, Christentum und Theologie werden».[81]

b) Was will die «politische Theologie»?

Die politische Theologie (Vertreter: *J. Moltmann*, *J. B. Metz*, *H. Cox*, *W. Post*, *D. Sölle* u.a.) versteht sich nicht etwa bloß als eine zusätzliche neue theologische Disziplin, sondern sie will «in erster Linie einen Grundzug im theologischen Bewußtsein überhaupt aufdecken».[82] Sie will auch nicht etwa bloß auf Öffentlichkeit und Politik angewandte Theologie sein (das wäre ungefähr die Aufgabe einer «politischen Ethik»), sondern sie versteht sich als eine *neue, grundlegende Hermeneutik des Christentums.* Was ist der Inhalt dieser Theologie?

aa) Sie versteht sich positiv als «Versuch einer *theologischen Hermeneutik im zeitgenössischen gesellschaftlichen Kontext*»,[83] d.h. unter der Voraussetzung der eben skizzierten kulturellen Situation. Sie geht aus von der biblischen Eschatologie, welche für sie – im Anschluß an die «Theologie der Hoffnung»[84] – die Basis der Theologie bildet. Die *Eschatologie* soll *interpretiert* werden im Hinblick auf die moderne, eben skizzierte,[85] geistesgeschichtliche Situation, nicht nur im persönlichen Bereich, sondern im öffentlichen, gesellschaftlichen Kontext.

[81] J. B. Metz, a.a.O., 270.
[82] Metz, Zur Theologie der Welt, 106–107.
[83] Metz, in: Peukert, Diskussion zur «pol. Theol.», 274.
[84] Vgl. oben S. 215 ff (Moltmann).
[85] Vgl. oben S. 225 ff.

bb) Negativ wird das Anliegen der «politischen Theologie» umschrieben als «*Entprivatisierung*»: Die politische Theologie versteht sich als «*kritisches Korrektiv* gegenüber einer gewissen Privatisierungstendenz in der neueren Theologie, ihrer Vernunft und ihrer Kategorien».[86] Anvisiert sind jene theologischen Strömungen, welche die Kategorien des Privaten, des Innerlichen, Persönlichen, auch des Liturgischen, einseitig in den Vordergrund rückten, ohne deren Einbettung in die gesellschaftlichen Zusammenhänge genügend zu respektieren. «Die in dieser Theologie vorherrschenden Kategorien zur Auslegung der Botschaft sind vorzüglich Kategorien des Intimen, des Privaten, des A-politischen. Die Liebe, wie alle Phänomene des Zwischenmenschlichen, werden zwar emphatisch herausgestellt, sie kommen jedoch von vornherein und wie selbstverständlich nur in ihrer privaten, entpolitisierten Gestalt zur Geltung: als Ich-Du-Beziehung, als interpersonales Begegnungsverhältnis oder als Nachbarschaftsverhältnis. Die Kategorie der Begegnung dominiert. Als eigentlich religiöse Aussageweise gilt die zwischenpersonale Anrede, als eigentlich religiöse Erfahrungsdimension gilt die Spitze der freien Subjektivität des Einzelnen oder die unverfügbare, sprachlose Mitte der Ich-Du-Beziehung.»[87]

Die «politische Theologie» verweist demgegenüber auf die *biblische Tradition*, die sich nicht privatisieren lasse. Die Heilserwartung zielt nicht auf ein privates Genießen der Gnade Gottes, sondern auf eschatologische Verheißungen wie Freiheit, Friede, Gerechtigkeit, Versöhnung, die in die gesellschaftliche Verantwortung hineinzwingen.[88] *Jesus* wurde durch die Proklamation dieses Heils «in einen tödlichen Konflikt mit den öffentlichen Mächten seiner Zeit» getrieben.[89]

«Sein Kreuz steht nicht im Privatissimum des individuell-persönlichen Bereichs, es steht auch nicht im Sanctissimum eines rein religiösen Bereichs, es steht jenseits der Schwelle des behüteten Privaten oder des abgeschirmten rein Religiösen; es steht ‹draußen›, wie die Theologie des Hebräerbriefes formuliert. Der Vorhang des Tempels ist endgültig zerrissen. Das Ärgernis und die Verheißung dieses Heils sind öffentlich. Diese Öffentlichkeit kann nicht zurückgenommen, aufgelöst oder beschwichtigt werden. Sie begleitet den geschichtlichen Weg der Heilsbotschaft. Und im Dienste dieser Botschaft ist der christlichen Religion eine kritische und befreiende Gestalt öffentlicher Verantwortung aufgetragen» (J. B. Metz).

86 Metz, in: Peukert, Diskussion zur «pol. Theol.», 275.
87 Metz, Zur Theologie der Welt, 100–101.
88 Vgl. oben S. 218 f.
89 Metz, Das Problem einer «politischen Theologie» und die Bestimmung der Kirche als Institution gesellschaftskritischer Freiheit, in: Concilium 4 (1968), Nr. 6/7, 404. Hier auch das folgende Zitat.

Soviel in Kürze zum *Programm* der «Politischen Theologie»: Auslegung der eschatologischen Botschaft und Entprivatisierung. Dieses hat aber wichtige Konsequenzen für das Verständnis und die Gestalt des Glaubens, auf die in den folgenden drei Abschnitten einzugehen ist. Es soll daran ein wenig deutlich werden, was «gesellschaftsbezogener Glaube» ist. Zunächst ist zu sehen, daß «Auslegung der eschatologischen Botschaft» nicht nur bedeutet, neue Worte und *Theorien* zu finden, sondern daß Auslegung geschieht im Tun, in der *Praxis*. Die Worte selbst werden konkrete Worte sein, d.h. hier Worte, die sich kritisch auf die gesellschaftlichen Verhältnisse beziehen in der Absicht, diese – von den Verheißungen der Botschaft angetrieben – ständig zu verbessern. Doch kann *Gesellschaftskritik* von seiten des Glaubens nicht überzeugen, wenn nicht zuerst dessen eigene «Gesellschaft», die Kirche, bereit ist sich zu ändern und sich sowohl bezüglich der innerkirchlichen Zustände wie auch bezüglich ihrer faktischen Funktion in der Gesellschaft der Kritik zu unterziehen, was schlußendlich ein neues Kirchenverständnis bedingen wird.

4. Glaubenswort und Glaubenspraxis

Politische Theologie begnügt sich nicht damit, gewissermaßen den «Horizont» des Glaubensverständnisses auszuweiten auf die Welt als Gesellschaft. Ebenso wichtig ist ihr die *Praxis des Glaubens:* d.h. daß die Verantwortung in der Welt tatsächlich wahrgenommen werde, daß der Glaube *getan* werde, weil mit einem bloßen Bedenken der Situation noch nichts gewonnen ist. Die von der Verheißung angetriebene Hoffnung drängt zur Tat. Darum wird die herkömmliche Verhältnisbestimmung von Theorie und Praxis kritisiert; Ethik darf nicht nur ein Anhängsel bleiben an einer Dogmatik, die unabhängig von Praktikabilität Gültigkeit beansprucht. Die Theorie muß selbst praktische, d.h. *handlungsorientierende Theorie* sein.

a) Wer ist ein Christ?

In der Tat ist ja das Glaubensverständnis noch weithin von der Meinung beherrscht, es komme im Glauben in erster Linie auf *Orthodoxie* (rechte Lehre) an, während die *Orthopraktie* (rechtes Handeln) eine zweitrangige Rolle spielt. Zwar wird betont, man müsse auch *als Christ leben*. Doch wenn es zu urteilen gilt, «wer ein Christ» (ein Glaubender) sei, so gibt doch unzweifelhaft das «Fürwahrhalten», nicht das Tun den Ausschlag! Dies, obwohl in der Bibel das *Tun der Wahrheit* eindeutig den Vorrang hat:

«Nur Menschen der Tat sind die Söhne des Reiches; nämlich die, die Hungrigen zu essen gaben und Durstigen zu trinken, die Fremde beherbergten und Nackte bekleideten, die Kranke aufrichteten und Gefangene freisetzten (Mt 25,35–36). Das Reich Gottes kommt nur unter Menschen der Tat; es kommt unter Menschen, die um Gerechtigkeit ringen und um den Frieden, die um der Gerechtigkeit willen ihr Leben aufs Spiel setzen, die sich nicht abfinden können mit einer friedlosen und ungerechten Welt (vgl. Mt 5,6.8.9). In der Nachfolge Jesu geht es um die Praxis der Liebe. Alles kommt auf das Tun der Botschaft Jesu an; wer sie nur hört und nicht tut, der hat auf Sand gebaut (Mt 7,26f). Christsein entscheidet sich am ‹Fruchttragen› (Lk 6,43–45). Den ersten Jüngern und folglich allen Christen gilt der Vorwurf Jesu als Warnung: ‹Was sagt ihr nur Herr, Herr zu mir und *tut* nicht, was ich sage!› (Lk 6,46). ... (Mt 7,21). Christsein ist Praxis oder es ist keines. Nicht das Bekenntnis ist christlicher Glaube, sondern allein die bekennende und hoffende Tat ...»[90]

b) Praxis als Verifikation des Glaubens

Nun geht es freilich nicht nur darum, was wichtiger sei, Theorie oder Praxis; der *Zusammenhang* zwischen beiden steht zur Diskussion: *Hat Theorie* (Dogma, Bekenntnis) überhaupt eine *von der Praxis losgelöste Bedeutung?* Wäre es nicht vielmehr die Funktion der «Theorie», zur Praxis anzuleiten? Im Katechismus-Glauben ist ja das Bekenntnis völlig funktionslos, zum Selbstzweck geworden: weil es nicht mehr verstanden wurde.

Die *existentiale Interpretation* versuchte, dem Bekenntnis wieder eine Funktion zu geben, nämlich die Funktion der «Erhellung des Daseins», der Deutung der Welt. *Politische Theologie* geht weiter: Glaube soll *nicht bloß die Welt deuten, sondern sie verändern.* Glaube *ist* Praxis! Denn Bekenntnis erweist seine Wahrheit erst in der Praxis. Erst da zeigt sich, was eigentlich gemeint ist mit der Rede von Gott, von Jesus Christus, usw. Die *Verifikation* des Glaubens liegt in der Praxis. Religiöse Rede ohne praktische Auswirkung ist belanglos, ist weder wahr noch falsch. Sie macht nur den christlichen Glauben unglaubwürdig. Es sind leere Worte, Ideologien unter anderen. «Wer könnte an einen Gott glauben, der ‹später› alles neu machen wird, wenn aus dem gläubigen Tun derer, die auf den Kommenden hoffen, nirgends hervorgeht, daß dieser jetzt schon alles neu zu machen beginnt – wenn sich nicht erweist, daß die eschatologische Hoffnung jetzt schon den Lauf der

[90] A. Grabner-Haider, in: Prakt. Bibellexikon (s. Anm. 1), 879.

Geschichte zum Guten wenden kann? Der Einsatz für die Welt aus Sorge um den Menschen, wird deshalb die Exegese oder Hermeneutik des neuen Gottesbegriffs sein, in dem Gott in der Tat als der ‹ganz Neue› aufgewiesen wird. In der Lebenspraxis der Gläubigen wird deutlich werden müssen, daß Gott sich tatsächlich als der manifestiert, der machtvoll genug ist, die neue Zukunft zustande zu bringen.»[91]

Das Bekenntnis (die Theorie) muß also auf das Tun, auf die Praxis bezogen sein. Sie ruft Praxis hervor, stimuliert sie und erhellt sie; Praxis ohne Theorie wäre blind! Umgekehrt aber *erhellt die Theorie das Bekenntnis:* im «Tun der Wahrheit» kann erst die Tiefe dieser Wahrheit erfaßt, erfahren werden. Die tiefere Erkenntnis wirkt sich wiederum erhellend auf die Praxis aus und so fort.

Der Ursprung dieses Theorie-Praxis-Verständnisses liegt bei *Karl Marx* (elfte These gegen Feuerbach: die Philosophie habe bisher die Welt nur interpretiert; sie müsse sie aber verändern). *J.B.Metz* möchte solches Theorie-Praxis-Verständnis aus der biblischen Eschatologie direkt ableiten. Darum sieht er im Ansatz von Karl Marx und der zeitgenössischen Revolutionstheoretiker, die durch Hegel vorbereitet wurden, legitime Realisierungen dessen, wohin biblische Eschatologie von sich aus drängt: politische Theologie sieht «das neue Theorie-Praxis-Verhältnis, wie es in den dialektischen Geschichtsphilosophien (mit revolutionsgeschichtlichen Ansätzen) des 19. Jahrhunderts, vor allem seit Hegel und in der linkshegelianischen Tradition entwickelt wurde, nicht einfach als schlechte Popularisierung der christlichen Eschatologie, als Verfall dieser Eschatologie in rein innerweltliche Geschichtsentwürfe und Gesellschaftsutopien, sondern gerade auch als Anzeichen dafür, daß hier ‹das eschatologische Krisenbewußtsein zum historischen Bewußtsein seiner selbst kommt› *(J.Habermas)*».[92] – Das neue Theorie-Praxis-Verständnis ist zu verstehen im Zusammenhang mit dem *modernen Geschichtsbewußtsein.*[93] Dieses erlebt Geschichte nicht nur passiv, sondern immer deutlicher als zu gestaltende. Es hat dazu geführt, daß erstmals in der Geschichte der Menschheit die Zukunft in deren eigenen Händen liegt. In dieser Situation kann christlicher Glaube die Verantwortung für die Welt nicht einfach mehr auf Gott abschieben, sondern ist aufgerufen, selber Hand anzulegen.

[91] Schillebeeckx, Gott, die Zukunft des Menschen, 155.
[92] Metz, in: Sacramentum Mundi III, 1235–1236.
[93] Vgl. oben S. 197ff.

c) Gefährliche Erinnerung[94]

Der Sinn christlicher Glaubens- und Bekenntnissätze kann im Zusammenhang mit den Überlegungen über das Verhältnis von Bekenntnis und Praxis noch näher bestimmt werden durch die Begriffe «Erinnerung» oder «Gedächtnis» (memoria). Die überlieferten *Bekenntnissätze* berichten ja alle von Vergangenem. Ihre Funktion ist es, an Geschehnisse, an ergangene Verheißungen zu erinnern und an Hoffnungen, die einmal – geweckt von Verheißungen – gelebt wurden. Entsprechend ist christlicher *Glaube* jenes Verhalten, das sich durch Erinnerung an solche Vergangenheit aufrütteln, sich von ihr leiten und an sie binden läßt.

Es gibt verschiedene Arten von Erinnerung. Nicht jene ist hier gemeint, die das Vergangene verklärt und verharmlost, es zur «guten alten Zeit» stilisiert. Es gibt auch «*gefährliche*» Erinnerungen, solche nämlich, die uns plötzlich und unangemeldet erlebte Schrecken, verdrängte Konflikte, unabgegoltene Hoffnungen oder Ideale von einst wachrufen und uns in der gegenwärtigen Lebensweise in Frage stellen, das selbstverständlich gewordene Bewußtsein zerschlagen und uns die Sicherheit rauben. Solches passiert nicht nur Individuen, sondern auch gesellschaftlichen Gruppen. «Die Erinnerung an die Vergangenheit kann» – so Herbert Marcuse[95] – «gefährliche Einsichten aufkommen lassen, und die etablierte Gesellschaft scheint die subversiven Inhalte des Gedächtnisses zu fürchten. Das Erinnern ist eine Weise, sich von den gegebenen Tatsachen abzulösen, eine Weise der ‹Vermittlung›, die für kurze Augenblicke die allgegenwärtige Macht der gegebenen Tatsachen durchbricht. Das Gedächtnis ruft vergangene Schrecken wie vergangene Hoffnung in die Erinnerung zurück.» Christliche Glaubenssätze können und sollen solche «gefährliche Einsichten» vermitteln. Sie können freilich – und das ist immer wieder geschehen – unschädlich gemacht werden durch Ausblenden der gefährlichen Momente. So wird durch eine einseitige Betonung der Gottheit Jesu und durch seine kultische Verehrung der wirkliche Jesus verharmlost, der durch seine Worte und sein Verhalten jeden Glaubenden und jede Kirche immer wieder verunsichert und in Frage stellt. Wo der Glaubende sich jedoch der Erinnerung stellt, wirkt sie *befreiend:* sie befreit vom «eindimensionalen» Alltagstrott und öffnet neue Wege, gibt dem Leben neuen Sinn und bringt die Gesell-

94 Metz, Befreiendes Gedächtnis Jesu Christi; ders., Technik – Politik – Religion im Streit um die Zukunft des Menschen, in: W. Heinen/J. Schreiner (Hrsg.), Erwartung, Verheißung, Erfüllung, Würzburg 1969, 172–175; ders., in: Peukert, Diskussion zur «polit. Theol.», 284–296.

95 H. Marcuse, Der eindimensionale Mensch, Neuwied-Berlin 1967, 117.

schaft voran. Die Erinnerung «mobilisiert Tradition als kritisch-befreiende Potenz gegenüber der Eindimensionalität herrschenden Bewußtseins und gegenüber der Sicherheit jener, ‹deren Stunde immer da ist› (vgl. Jo 7,6)».[96]

d) Revolutionäre Praxis?[97]

Darf – oder muß – christliche Praxis auch revolutionäre Praxis sein? Diese Frage kann von der Politischen Theologie angesichts ungerechter und ausbeuterischer Situationen in der Welt nicht ausgeklammert werden. Dürfen sich Christen an revolutionären Aktionen beteiligen? Sind sie sogar verpflichtet dazu? Ergibt sich aus dem Evangelium etwa solche Pflicht sogar für die Kirchen als solche? Oder verbietet es im Gegenteil jede Gewaltanwendung? Wie verhalten sich solche Gedankengänge zu herkömmlicher Auffassung der Theologie bezüglich Loyalität gegenüber dem Staat sowie – a propos Gewalt – zur Lehre vom «gerechten Krieg»?

Diese Fragen wurden zuerst in Südamerika laut (R. Shaull). Infolge des Fehlens einer «Theologie der Revolution» waren, nach H. Cox,[98] die lateinamerikanischen Christen hilflos, als es galt, zwischen sozialem Umbruch (Castro, Che Guevara) und diktatorischer Ausbeutungsherrschaft zu wählen: nicht selten unterstützten sie die Diktaturen! Aber das Problem stellt sich zunehmend auch bei uns. Dringt doch allmählich die Einsicht durch, «daß die revolutionäre Situation in den ‹unterentwickelt gehaltenen Ländern› (H. Assmann) nicht mehr nur Caritas und Entwicklungshilfe erfordern, sondern eine ‹strukturelle Revolution› der eigenen hochentwickelten Gesellschaft (H. Camara) in Richtung auf eine künftige Weltgesellschaft».[99]

Wahrscheinlich läßt sich eine allgemeingültige «Theologie der Revolution» nicht durchhalten. Denn die Verhältnisse in den einzelnen Ländern sind zu verschieden. Ernst zu nehmen ist indessen das *Anliegen:* daß der Begriff des «Reiches Gottes» eigentlich die Verhältnisse sprengen müßte, daß er *revolutionär* ist; und daß andererseits die Glaubwürdigkeit christlichen Glaubens und Hoffens allein in der Praxis liegt, d. h. im konkreten Engagement für eine bessere Welt. Ein Hauptproblem liegt in der *Frage der Gewaltanwendung.*

96 Metz, in: Peukert, Diskussion zur «pol. Theol.», 287.

97 Vgl. u. a.: Cox, Stadt ohne Gott, 117–139; ders., Der Christ als Rebell, Kassel 1969; E. Feil/R. Weth. Diskussion zur «Theologie der Revolution», München-Mainz 1969; T. Rendtorff/H. E. Tödt, Theologie der Revolution, Frankfurt [3]1968.

98 Cox, Stadt ohne Gott, 120.

99 Diskussion zur «Theologie der Revolution», XI (Einleitung).

Gewiß kann sie dort nicht einfach negativ beantwortet werden, wo durch gewaltsame Methoden die Schaffung gerechter Verhältnisse verhindert wird. Christliche Liebe kann bedeuten: Solidarisierung mit Menschen, die für das Recht kämpfen. Oder muß christliche Solidarität dort aufhören, wo man «schmutzige Hände» bekommen könnte? Gewaltanwendung kann zumindest, so scheint es, dort als legitim betrachtet werden, wo sie von außen aufgedrängt wird, sowie im Einsatz für andere! [100]

«Die prinzipielle Verwerfung der Revolution war eine wesentliche Ursache für das Versagen der Kirche in der sozialen Frage des 19. Jahrhunderts und für die Entfremdung von Kirche und Proletariat. Die Kirche wurde dadurch Hilfsorganisation für die Erhaltung der bestehenden Machtverhältnisse, und die Arbeiterbewegung, vor die Wahl zwischen der Revolution und einer Religion, die die Revolution verbietet, gestellt, entschied sich gegen diese Religion...

Verwerfung der Revolution mit Berufung auf die christliche Verwerfung der Gewalt ist Heuchelei, solange aus der gleichen Begründung nicht auch die Verwerfung von Krieg und Militärwesen folgt. Wer in der Frage der Revolution pazifistisch argumentiert, in der Frage des Militärs aber nicht, enthüllt seine Argumentation als Ideologie der herrschenden Klassen.

Die traditionelle kirchliche Lehre von der Gewalt hat mit Recht erkannt, daß Liebe und Gewalt nicht auf gleicher Ebene stehen. Die Frage nach der Liebe ist die nach dem Subjekt der Tat; die Frage der Gewalt betrifft die Methode der Tat.

Der Liebe ist die Methode der Gewalt fremd. Unter den Bedingungen des alten Äons kann es aber vorkommen, daß die Liebe ihren Dienst am Nächsten nur verrichten kann, wenn sie sich zur Gewaltanwendung (einschließlich der Anwendung von tötender Gewalt) entschließt. Weil sie die Gewalt verabscheut, kostet dieser Entschluß sie Überwindung. Ob das Subjekt der Gewaltanwendung Liebe ist oder nicht, wird am Maßstab dieser Überwindung zu messen sein. Mit ihr wird die Gewalt auf das nötigste Minimum reduziert – das ist ihre praktische Bedeutung. Gewaltanwendung kann fremde, paradoxe Gestalt der Liebe sein, Liebe in der Selbstentäußerung.» [101]

5. Glaube als gesellschaftskritisch-befreiendes Wort

Wie können nun Theologie und Glaube tatsächlich ihre Verantwortung in der Gesellschaft wahrnehmen? Wie kann konkret und praktisch die eschatologische Verheißung heute «ausgelegt» werden? Etwa so, daß die Kir-

[100] Vgl. Metz, in: Heinen/Schreiner, Erwartung, Verheißung, Erfüllung, 179–182.

[101] H. Gollwitzer, Die Revolution des Reiches Gottes und die Gesellschaft, in: Diskussion zur «Theol. der Revol.», 59–61 (Thesen zu: «Revolution als theologisches Problem», Nr. 6, 9, 10, 11).

chen direkt eingreifen in das politische Geschehen und der Gesellschaft eine bestimmte Ordnung aufdrängen? Diese hinlänglich bekannte «Hermeneutik» hat sich selbst zur Genüge disqualifiziert. Religion darf sich nicht als partikulare politische Institution aufspielen. Denn die *biblische Verheißung* zielt nicht auf einen bestimmten innergeschichtlichen Zustand, der in einer bestimmten Gesellschaftsordnung zu realisieren wäre. Sie enthält *keine politischen Rezepte, noch Parteiprogramme*, noch eine christliche Gesellschaftslehre. Die Verheißung zielt vielmehr auf das «Ganze der Geschichte unter dem eschatologischen Vorbehalt Gottes. Dieses Ganze der Geschichte, wie es in der christlichen Verheißungsbotschaft thematisiert ist, kann ja niemals zu einem politischen Begriff im engeren Sinne des Wortes werden, es kann niemals zum Inhalt eines partikularen politischen Handelns werden. Denn es gibt kein innerweltlich angebbares Subjekt dieser Gesamtgeschichte, und wo immer eine Partei, eine Gruppe, eine Nation, eine Klasse oder eine Religion sich als dieses Subjekt zu verstehen sucht und damit das Ganze der Geschichte zum Horizont ihrer politischen Einzelinitiativen machen will, muß sie zwangsläufig ideologisch totalitär werden.»[102] Die *Eschatologie kann also niemals unmittelbar in politische Handlungsorientierung umgesetzt werden.*

a) «Kritische Negativität»

Der christliche Glaube wird zwar in der Erinnerung an das Wort der Verheißung verwiesen auf vollkommenere Möglichkeiten menschlichen Zusammenlebens. Er ist aufgerufen, sie zu realisieren, aber er kann nirgends positiv ablesen, was zu tun ist. Der Christ weiß nicht mehr als der Nichtchrist. Er ist wie dieser auf seine Phantasie und auf die Zusammenarbeit mit anderen Menschen angewiesen. Für den christlichen Glauben läßt sich daher zunächst keine positiv zu umreißende Aufgabe ausmachen. Es wird statt dessen von einer «kritisch-negativen» Aufgabe gesprochen.

Was heißt *«kritische Negativität»?* Schillebeeckx, der diesen Begriff von Th. Adorno[103] übernimmt, interpretiert sie als eine *positive Kraft*, die einen steten Druck ausübt, um eine *«bessere Welt»*, das «souhaitable humain», zustande zu bringen. Worin besteht diese «bessere Welt»? Das läßt sich (so Schillebeeckx) nicht formulieren, «aber die Menschheit hat ein offensichtlich negatives Bewußtsein davon. Denn auf die Dauer kommt man in menschenunwürdigen Situationen zu ausdrücklichem Protest nicht namens eines

[102] Metz, in: Heinen/Schreiner, Erwartung ..., 170.
[103] Th. W. Adorno, Negative Dialektik, Frankfurt/M. 1966.

schon positiv umschriebenen Begriffs davon, was das Menschenwürdige hier und jetzt sein soll, sondern im Namen der Menschenwürde, nach der man *noch auf der Suche* ist und die sich negativ in der Kontrasterfahrung menschenunwürdiger Situationen offenbart. Genau so wenig wie der Nichtgläubige hat der Christ eine positive Vorstellung davon, was das Menschenwürdige letztlich und hier und jetzt sein muß. Auch er muß tastend danach auf die Suche gehen, Alternativen überlegen und dabei die menschliche Würde, die in der Geschichte schon realisiert ist, als Hintergrund verwenden.»[104]

Der christliche Glaube wird so zu einer Art «*negativen Gewissens*» in der Gesellschaft. Dieses Gewissen ist (1) «*kritisch-negativ*», weil es die Differenz zwischen dem jetzigen und dem verheißenen Zustand erkennt. Daraus folgt keine Ablehnung, Verneinung dieser «Welt», sondern der Ansporn zur Veränderung. Darum sind die Verheißungen (2) «*kritisch-befreiend*»; denn sie durchbrechen den Kreis eines gesellschaftlichen Selbstverständnisses, das nicht über sich hinaus sieht, das keine besseren Möglichkeiten mehr zu denken vermag. Die kritische Negation ist (3) eine *bestimmte*, sofern sie sich an ganz bestimmten Verhältnissen entzündet. Sie vollzieht sich dann in konkreten, den Verhältnissen entsprechenden Aktionen (z. B. revolutionärer Protest). Die kritische Negation enthält (4) eine große *Kraft des Positiven*, sofern in ihr und durch sie, ja nur durch sie hindurch, neue Möglichkeiten eröffnet und freigelegt werden;[105] denn sie stimuliert aus der Hoffnung heraus zum Denken und Tun von Alternativen, aus der Hoffnung, die sich entzündet an der «religiösen Utopie» der eschatologischen Verheißung.

b) Religiöse Utopie[106]

Die Funktion des Glaubens und der Theologie in der Gesellschaft wird oft auch zu bestimmen versucht mit dem Begriff der «religiösen Utopie». Die *eschatologischen Verheißungen* werden verstanden als «*Utopien*», welche der Gesellschaft vorschweben und sie hindern, an bestimmten Realisationen hängenzubleiben, sie vielmehr fortziehen zu stets Besserem. Die Geschichte

104 Schillebeeckx, a. a. O., 162.

105 Metz, in: Sacramentum Mundi III, 1238.

106 Vgl. W. Kasper, Politische Utopie und christliche Hoffnung, in: Heinen/Schreiner, Erwartung, Verheißung, Erfüllung, 230–253; W. Knörzer, Reich Gottes, Traum – Hoffnung – Wirklichkeit, Stuttgart 1968 (= Biblisches Forum, 6); Metz, in: Heinen/Schreiner, 166–172; G. Picht, Mut zur Utopie, München 1969; H. Thielicke, Der evangelische Glaube. Grundzüge der Dogmatik I, Tübingen 1968, 570–580.

der modernen Technik – um nur ein Beispiel zu nennen – vom Flugzeug bis zum Raumschiff vermag zu illustrieren, in welchem Maße Utopien, «Menschheitsträume», den Fortschritt zu beflügeln vermögen. Utopien sind also nicht bloße «Spinnereien». Ihnen wohnen reale und mächtige Kräfte inne, die das Schicksal der Menschen und Völker bestimmen. Auch für die marxistische Revolution ist die Triebfeder die Utopie einer menschlicheren Gesellschaft.

Nun scheint es, daß die Menschheit heute an einem Punkt angelangt ist, an dem sie sich bewußt auf eine Utopie einlassen muß, falls sie die ungeheuren Probleme bewältigen will, die auf sie zukommen: Weltfrieden, Welternährung, Umweltschutz, biogenetische Manipulation, Erziehung, Wissenschaftsplanung u.a.m. Die Zukunft liegt in der Hand des Menschen. Aber kann sie der rein technologischen oder einer von rein wirtschaftlichen Interessen bestimmten Planung überlassen werden, die auf die Produktion des völlig angepaßten[107] (konsumgerechten, zivilisationsgerechten usw.) Menschen oder auf die Selbstvernichtung der Menschheit (Umweltzerstörung!) hinsteuert? Es braucht zur Bewältigung der Zukunft Zielvorstellungen einer humaneren Welt und Einsatz dafür, d.h. es braucht *politische Phantasie und Initiative.*

Doch woher soll solche Politik die Kraft nehmen, im Ringen mit der Technik, mit der Macht wirtschaftlicher Interessen und mit der Unvernunft zu bestehen? Die geschichtliche Erfahrung gibt keine tragfähige Basis für die Hoffnung auf eine künftige Gesellschaft, in der vernunftgemäße Formen des Zusammenlebens möglich sind. Nur eine Utopie hat solche Kraft. Könnte nicht die religiöse Utopie der eschatologischen Hoffnung genügend Widerstandskraft und Phantasie enthalten für ein Bewältigen der Zukunft? Könnte es nicht sein, daß Aussicht auf eine Vermenschlichung der gesellschaftlichen Kräfte besteht, wenn die Politik «kritisch befreiend von dem utopischen Gewissen der Religion inspiriert und in ihrem Kampf um jene Freiheit und jenen universalen Frieden unterstützt wird, die die Bedingungen dafür sind, daß der technologische Fortschritt selbst ein humanisierender bleibt»?[108]

Es soll hier allerdings nicht Anlaß zu religiösem Triumphalismus geboten werden. Das Unterscheiden zwischen verschiedenen Formen von Utopie ist hier angebracht. Es gilt aufzupassen, daß nicht unter dem Vorwand der

[107] Vgl. A. Huxley, Schöne neue Welt. Ein Roman der Zukunft, Frankfurt/M. 1953 (= Fischer-TB, 26); ferner: Concilium 7 (1971) Heft 5.

[108] Metz, in: Heinen/Schreiner, 167.

«religiösen Utopie» einmal mehr die Flucht in eine Irrationalität angetreten wird, die um nichts besser wäre als die kritisierte rein technokratische und wirtschaftsinterne Planung. Wir können mit Georg Picht[108a] *drei Formen der Utopie unterscheiden:* erträumte, kritische und aufgeklärte Utopien. Die ersten sind die «Traumbilder einer unwirklichen Welt, also die Projektionen der bewußtlosen Wünsche, der blinden Hoffnungen und des irrationalen Wollens». Die *kritischen* Utopien sind literarische Darstellungen erdichteter Welten, in deren Spiegel die Gegenwart kritisch reflektiert wird. Von beiden zu unterscheiden ist – als «*aufgeklärte* Utopie» – ein «Entwurf von Bildern jener Zustände, die durch zielbewußtes Handeln herbeigeführt werden können». Eine Utopie ist dann eine aufgeklärte, wenn sie «den Realitäten gerecht wird, die sich mit den Methoden der rationalen Prognose ermitteln lassen» und wenn sie «die realen Voraussetzungen politischer Planung nicht ignoriert». Ohne diese Bedingungen ist eine Utopie *blind.* – Der Begriff der religiösen Utopie, soll er wirklich der Humanisierung dienen, kann nur im Sinne der aufgeklärten Utopie verstanden werden. Nur so wird sie imstande sein, als kritisch-befreiendes und inspirierendes Gewissen der Gesellschaft zu wirken!

Ist es vermessen, der Religion eine derartige Funktion zuzuschreiben? Wird diese Funktion nicht viel besser wahrgenommen durch die *kritische Rationalität der aufgeklärten Vernunft?* Dazu *Metz:* «Ist aber, im Blick auf den Streit zwischen Technik und Politik, diese kritisch-dialektische Rationalität wirklich eine selbständige Größe, oder ist sie am Ende nicht doch die formalste und reflektierteste Gestalt der gesellschaftskritischen Potenz einer letztlich religiös-utopischen Tradition? Was inspiriert die kritische Negation bei Horkheimer und Adorno, die ‹große Weigerung› bei *Marcuse* und das ‹Transzendieren ohne Transzendenz› bei *Ernst Bloch?* Doch diese Frage bleibe hier – eine Frage.»[109]

6. Kirche als «Institution» gesellschaftlich relevanten Glaubens

Ein gesellschaftsbezogener Glaube im angedeuteten Sinne kann nicht ohne Auswirkungen bleiben auf die Kirche selbst als der «Trägerin» solchen Glaubens. Sowohl ihr Selbstverständnis wie ihre Gestalt und ihre Tätigkeiten werden neu überdacht werden müssen.

108a G. Picht, Mut zur Utopie. Die großen Zukunftsaufgaben. München 1969, 85–86. Vgl. auch oben S. 162.

109 Metz, aaO.

a) Die Kirche für andere[110]

Zunächst kann eine Kirche als Gemeinschaft von Glaubenden, die ihren Glauben (auch) als gesellschaftliche Praxis interpretieren, nicht mehr selbstzweckhaft verstanden werden als Institution zur Förderung des Seelenheils der Mitglieder, sondern nur noch als «Kirche für andere», die nicht in erster Linie an sich und ihre Selbsterhaltung denkt. Das zweite Vatikanische Konzil hat auf ein solches Kirchenverständnis hingearbeitet, wenn es die Kirche als «Heilszeichen (Sakrament) für die Welt» deutet.[111]

Ein Neubedenken des kirchlichen Selbstverständnisses drängte sich schon durch die Tatsache auf, daß das Axiom «extra ecclesiam nulla salus» (außerhalb der Kirche kein Heil) inhaltlich fallengelassen werden mußte. Wenn man außerhalb der Kirche gerettet werden kann, liegt der Sinn der Kirchengliedschaft bestimmt nicht mehr in der «Sicherung» des Seelenheils, sondern er muß anderswo gesucht werden: im *Dasein* für andere, im Dienst an anderen. Daher das Bild des Sakramentes: Ein Sakrament ist nicht für sich da, sondern für jene, die es empfangen!

Ein interessantes Modell solcher «Kirche-für-andere» ist die Kirche als «*Avantgarde Gottes*», wie sie von *H. Cox* postuliert wird. Diese Kirche wird verstanden als Repräsentantin der neuen Herrschaft, die Jesus aufgerichtet hat. Sie führt in der modernen säkularisierten Welt, der «*Stadt ohne Gott*», das Werk Jesu weiter. Dieses Werk besteht nicht in der Verhinderung der Säkularisierung, sondern in deren konsequenter Durchführung, die in der Konsequenz der Reich-Gottes-Botschaft liegt: «Die Vorstellung der säkularen Stadt versinnbildlicht Mündigkeit und Verantwortlichkeit. Die Säkularisierung bezeichnet das Ende kindlicher Abhängigkeit auf jeder Ebene einer Gesellschaft. Die Urbanisierung entwirft die Formen neuer Muster menschlichen Miteinanders. Im Symbol der säkularen Stadt vereinigt, kennzeichnen sie die Bemühung des Menschen, eine Grundlage des gemeinsamen Lebens aufzubauen in einer Zeit, in der alte Ordnungen und sakrale Bindungen verschwinden. Die säkulare Stadt kommt auf, während Stämme und Städte dahinschwinden – ein Prozeß, der nie zu Ende ist.»[112] Diese Kirche

[110] Vgl. «Die Kirche für andere, die Kirche für die Welt, im Ringen um Strukturen missionarischer Gemeinden. Schlußberichte der westeuropäischen Arbeitsgruppe und der nordamerikanischen Arbeitsgruppe des Referats für Fragen der Verkündigung», hrsg. v. Ökumenischen Rat der Kirchen, Genf 1967; F. Schlösser, Kirche für die Welt, Mainz 1968; G. Schnath (Hrsg.), Fantasie für die Welt. Gemeinden in neuer Gestalt, Stuttgart-Berlin 1967.

[111] Zweites Vatikanisches Konzil, Konstitution über die Kirche; Pastoralkonstitution über die Kirche in der Welt von heute; Dekret über die Missionstätigkeit der Kirche.

[112] Cox, Stadt ohne Gott, 124.

verkündet, daß Gott die Macht übernommen hat (Gottesherrschaft!), daß alle menschenfeindlichen Elemente und Mächte ihre Gewalt verloren haben und daß es jetzt am Menschen ist, unter der Herrschaft Gottes seine Verantwortung wahrzunehmen. Im Wissen um diese befreiende Botschaft von der Machtübernahme Gottes *arbeiten* die Kirchen *schon jetzt* konkret an der Verbesserung der Verhältnisse. Sie tun dies in Zusammenarbeit mit anderen engagierten Menschen und Gruppen. Schließlich würde die «Avantgarde Gottes» in ihrer Existenz sichtbar das *demonstrieren*, was sie verkündet, würde sie selber ein Bild vom Charakter und der Komposition einer wahren Stadt des Menschen sein, für die die Kirche kämpft.[113]

Über die *Verkündigungs*-Aufgabe der Kirche schreibt Cox: «Wie jede Avantgarde hat die Kirche eine Geschichte, die sie an den Mann bringen muß. Sie erzählt den Leuten, was kommt, was demnächst zu erwarten ist. Bedient man sich politischer Begrifflichkeit, dann heißt das, die Kirche ruft das Faktum aus, daß eine Revolution im Gange ist und daß die entscheidende Schlacht schon geschlagen ist.

Diese Ansage-Funktion der Kirche ist wesentlich. Sie unterscheidet die Kirche von jeder anderen Avantgarde. Sie hat keinen Entwurf für eine neue Welt. Sie hat nur das Signal aufblitzen zu lassen, daß der Eine, der die Versklavten befreit und Menschen in die Mündigkeit ruft, noch am Werk ist. Sie signalisiert das nicht in Gestalt allgemeiner Behauptung, sondern in der Sprache ganz bestimmter Ansagen darüber, wo das Werk der Befreiung jetzt gerade vor sich geht, und konkreter Aufforderungen, sich dem Kampf anzuschließen.

In der traditionellen Sprache besagt diese Botschaft der Kirche, daß Gott die ‹Mächte und Gewalten› in Jesus überwunden und es dem Menschen ermöglicht hat, Erbe zu werden, Herr der geschaffenen Welt. Das klingt uns jetzt fremdartig, aber nichts könnte dem Wesen menschlicher Existenz in der städtischen Gesellschaft des 20. Jahrhunderts näherkommen. Diese ‹Mächte und Gewalten› bezeichnen in Wirklichkeit alle Kräfte einer Kultur, die die menschliche Freiheit verkrüppeln und korrumpieren …

Der Botschaft glauben heißt glauben, daß der Mensch die ‹Herrschaft über die Erde› nicht nur haben sollte, sondern haben kann. Die Bibel kennt nirgends Mächte, die nicht im Kern bezähmbar und letztlich humanisierbar sind. Wer dies in seinem Reden oder Handeln leugnet, dient ‹dem Geschöpf statt dem Schöpfer›. Er öffnet den schon gebannten Furien die Tür, ergibt sich einem geschichtslosen Kisment.»[114]

[113] Cox, a.a.O., 140–165.
[114] Ebd., 142–143.

b) Dienst wofür?

Völlig nach innen gerichtet war die Kirche freilich nie. Sie erfüllte – wenigstens faktisch – immer bestimmte Funktionen in der Gesamtgesellschaft. Die Frage ist aber, ob diese Dienstleistungen der Kirche tatsächlich zum *Wohl* der Menschen und in Übereinstimmung mit der *Sendung* der Kirche ausgeübt wurden. Zweifel daran sind sicher dort angebracht, wo die Kirche offensichtlich im Dienste der herrschenden Schichten einer Gesellschaft stand und steht, sei es aktiv und direkt, sei es indirekt durch Schweigen und Nichtengagement, sei es unbewußt und naiv. Hier wird eine der dringlichsten Aufgaben politischer Theologie sichtbar: Überprüfung der gesellschaftlichen Wirkungen kirchlichen Verhaltens. Die politische Theologie «sucht durch ihre gesellschaftsbezogene Reflexion zu verhindern, daß Theologie und Kirche unkontrolliert und wie vom Rücken her mit bestimmten politischen Ideologien aufgeladen werden und sich unkritisch damit identifizieren».[115] Die Kirchen müssen sich hier noch ganz anders ihrer *Verantwortung* bewußt werden, die sie haben aufgrund ihres faktischen Einflusses auf die Gesellschaft.

Bedenkenswert ist die Analyse von J. Moltmann, die aufzeigt, wie die Kirchen sich oft zu sehr anpassen, indem sie lediglich die Rollen spielen, die ihnen von der Gesellschaft zugeschoben werden. So üben die Kirchen nach Moltmann oft lediglich *dialektische Entlastungsfunktionen* an den Menschen aus, um ihnen das Leben in den rauhen, versachlichenden Verhältnissen der industriellen Gesellschaft erträglicher zu machen. So, wenn die Religion sich einseitig der Rettung und Wahrung personaler, individueller und privater Humanität zuwendet (Religion als Kult der neuen Subjektivität); wenn sie sich einseitig um Wärme und Nähe, Nachbarschaft und Heimat in «echten» Gemeinschaften, in kleinen Sondergruppierungen bemüht, die nur den dialektischen Ausgleich und die seelische Entlastung zur harten Realität der Veräußerung des Menschlichen in der Gesellschaft bieten, ohne diese Realität zu ändern (Kult der Mitmenschlichkeit); oder wenn die Kirchen als Institutionen zur einzig noch festen Stütze im Zusammenbruch alles bisher Gültigen werden, auf die der desorientierte Zeitgenosse seine Entscheidung abwälzen kann (Kult der Institution).[116] Die Sendung der Kirche wird so in deren eigentlicher Funktion stillgelegt, die Kirche wird *sozial irrelevant*. Sie verhilft überdies dazu, die bestehenden Verhältnisse zu zementieren, statt deren Kreise aufzubrechen, in die Zukunft zu

[115] Metz, in: Peukert, Diskussion zur «polit. Theol.», 277.
[116] Moltmann, Theologie der Hoffnung, München 1964, 208–299.

verweisen und für die «Utopie» besserer Möglichkeiten einzustehen. «Sollte der Gott, der sie (die Kirchen) ins Leben gerufen hat, etwas anderes von ihnen erwarten, als was die moderne Industriegesellschaft von ihnen erwartet und ihnen zumutet, so muß die Christenheit den Exodus wagen und ihre gesellschaftlichen Rollen als neue babylonische Gefangenschaft ansehen. Nur wo sie gesellschaftlich als nicht voll anpassungsfähige Gruppe erscheint und die moderne Integration aller mit allen an ihr nicht gelingt, tritt sie in eine konfliktgeladene, aber fruchtbare Partnerschaft zu dieser Gesellschaft. Nur wo ihr Widerstand sie als eine nicht assimilierbare und nicht arrivierbare Gruppe zeigt, kann sie dieser Gesellschaft ihre eigene Hoffnung vermitteln. Sie wird dann zu einer beständigen Unruhe in dieser Gesellschaft, die durch nichts beschwichtigt und zur Ruhe des Angepaßtseins gebracht werden kann... Allein die Hoffnung hält das Leben – auch das öffentliche, soziale Leben – in strömender Gelöstheit.»[117]

Ähnlich postuliert J. B. Metz eine Kirche als «*Institution kritischer Freiheit*».[118] Er geht von der Überlegung aus, daß der einzelne Glaubende, auf sich allein gestellt, die Aufgabe der Kritik auf die Dauer nicht durchzuhalten vermöge. Es stellt sich darum die Frage nach der Institutionalisierung der Kritik, und ob nicht die Kirche eine solche Institution sein könnte, da sie ja selbst als Institution unter dem «eschatologischen Vorbehalt» lebt und daher Träger kritischer Freiheit ist bzw. sein soll. Als konkrete Aufgaben werden genannt: *Schutz der Individualität* gegen die Tendenz, den Menschen im Aufbau einer technologisch durchrationalisierten Zukunft unter Mißachtung seiner Würde als bloßes Material und Mittel zu nutzen; *Kritik des Totalitarismus* vom Wissen her, daß die Geschichte als ganze unter dem eschatologischen Vorbehalt Gottes steht und es somit keine innerweltliche Realisierung des «Reiches Gottes» gibt; *Liebe als kritisch-revolutionäres Prinzip*, indem die Liebe – zentrale christliche Tradition! – «als unbedingte Entschlossenheit zur Gerechtigkeit, zur Freiheit und zum Frieden *für die anderen*»[119] verstanden wird. Solche Liebe impliziert die Kritik der reinen Gewalt, wie sie anderseits unter bestimmten Umständen revolutionäre Gewalt gebieten kann.[120]

117 Ebd., 299.
118 Metz, in: Concilium 4 (1968) Heft 6/7, 406–410.
119 Ebd., 408.
120 Siehe oben S. 233 ff.

c) Die Gestalt der Kirche

Welche Kirche kann eine solche Funktion erfüllen? Sicher nur eine Kirche, die dafür sorgt, daß in ihren Reihen selbst verwirklicht wird, was sie nach außen fordert, daß also in ihr die Freiheit und Würde des Einzelnen geachtet und nicht dem Systemdenken geopfert, daß ideologischem Totalitarismus der Kampf angesagt und daß die Liebe auch in ihr gesellschaftlich wirksam wird. Diese Kirche muß selbst von einer innerkirchlichen kritischen Öffentlichkeit getragen sein statt von einer depressiven und autoritären Oligarchie.

Kann dies aber vernünftigerweise von den Kirchen, wie sie als konfessionsstatistische Größen existieren, erhofft werden? Heute besonders, da in wachsendem Maße gerade jene, die zu einer Kritik fähig wären, innerlich emigrieren? Können überhaupt diese Kirchen im ernst als Träger eines christlich verstandenen gesellschafts- und weltbezogenen Glaubens in Betracht gezogen werden? Werden sie nicht maßlos überfordert?

Es wäre gewiß von Vorteil, wenn das Kirchenverständnis *ideologisch* (ekklesiologisch) *entlastet* und die Realität der Kirchen nüchterner ins Auge gefaßt würde, als dies in der dogmatischen Lehre von der Kirche zu geschehen pflegt. Deren Resultat sind Enttäuschung, Resignation oder gar Haßgefühle, da von den Kirchen und deren Führern mehr und besseres erwartet wird als von andern Menschen und menschlichen Gruppierungen. Die Berufung auf Jesus sollte zwar von den Kirchen als Ansporn empfunden werden, sich nach seinem Wort und Tun zu richten, nicht aber als Rechtfertigung des eigenen tatsächlichen Verhaltens. Freilich kann es geschehen und geschieht es immer wieder, daß in der Kirche der *Geist Jesu lebendig* wird, indem sich z. B. Einzelne oder Gruppen auf Wort und Tun Jesu besinnen und danach handeln. Es kann sogar sein, daß solche Regungen – wenigstens eine Zeitlang – nicht unterdrückt oder gar gefördert werden. Trägt doch die Kirche in sich den gefährlichen Keim der «Unruhe», nämlich das Evangelium. Doch der Geist Jesu kann genausogut außerhalb der Kirchen «wehen».

Ist es nicht schon viel, wenn es gelingt, die Kirchen so weit zu bringen, daß sie wenigstens nicht Hemmschuh der Entwicklung sind? Verzichtet man nicht besser darauf, auf bestimmte Personengruppen und bestimmte Orte zu fixieren, was gemäß dem Evangelium von der Kirche als der Schar derer, die Jesus nachfolgen, zu erwarten wäre? Kirche ist dort, wo Christus ist und nicht umgekehrt. Und wo ist Christus? Ist er nicht sehr oft dort, wo wir ihn nicht vermuten: «Außerhalb? In der Fremde? Draußen vor den Toren der Stadt? Bei den Ausgeschlossenen und Erniedrigten?»[121]

Vielleicht sollten wir überhaupt nicht fragen: «Wo ist Kirche?», sondern nur: «Wo geschieht das, was Jesus wollte und was er tat: für andere da-sein, sich solidarisieren mit Unterdrückten und Diskriminierten? Wo wird seine Botschaft weitergesagt, wo wird die Hoffnung aufrechterhalten, daß es sich lohne, trotz aller gegenteiligen Erfahrung, gegen Ungerechtigkeit und Unterdrückung zu kämpfen und gegen die Fesseln der Ideologien und des Aberglaubens, in denen Menschen befangen sind? Wo gibt es Menschen und Gruppen, die sich, im Glauben an das nahegekommene Reich Gottes und im Namen Jesu engagieren für eine menschlichere Welt?» Solche Menschen und Gruppen innerhalb und außerhalb der Kirchen, solche oft spontane und zeitlich begrenzte Gruppierungen sind wohl die *realen Träger und Realisatoren eines weltbezogenen christlichen Glaubens.*

Charakteristisch für die Gestalt solcher Gruppen ist ihre prinzipielle *Offenheit.* Eine in sich abgeschlossene, sich selbst und ihrer Frömmigkeit genügende «Sekte» wäre nicht im Sinne Jesu. Die Trägergruppen eines weltbezogenen Glaubens sind Zusammenschlüsse, die weder konfessionell und ideologisch noch sonstwie abgeschlossen sind und trotzdem eine Gemeinschaft verwirklichen. Es sind Menschen, die sich gefunden haben und sich finden zu gemeinsamem Engagement im Geiste Jesu, für das sie Phantasie, Mut und Humor entfalten. Sie sind so wirklicher «*Sauerteig*» in der Gesellschaft – zu der auch die Kirchen gehören. Ob sie sich selbst als «Kirchen» verstehen oder nicht, ist unwichtig; wenn ja, dann nicht im Sinne einer Ideologisierung der Gruppe, aufgrund deren sich die Gruppe als «besser» vorkommt. Die Berufung auf Jesus hat für sie nicht den Zweck, ihn für sich in Beschlag zu nehmen, sondern dient einzig der Motivierung des Beisammenseins und Tuns, weil die «Erinnerung» an ihn für sie Antrieb, Kraft und Hoffnung bedeutet.

d) Weltbezogener Gottesdienst[122]

Ein weltzugewandter Glaube im Sinne der politischen Theologie wird durch die Betonung der Praxis (als Verifikation des Glaubens) einschneidende Konsequenzen haben für den ganzen Bereich des Lebens und Tuns der

[121] Metz, Reform und Gegenreformation heute, Mainz-München 1969, 36.

[122] D. Sölle/F. Steffensky, Politisches Nachtgebet in Köln, 2 Bde., Stuttgart-Berlin [3]1969; K. Marti (Hrsg.), Politische Gottesdienste in der Schweiz, Basel 1971.

Kirchen. So z.B. für die Verkündigung und für den Religionsunterricht.[123] Man wird sie nicht mehr verstehen und praktizieren können als Mitteilung «religiöser Wahrheiten», noch einseitig als Erhellung der Existenz und der Welt, sondern nun ebensosehr als Hinführung zur «Veränderung von Welt», als Schulung der Verantwortung «für die anderen», d.h. für das Gesamt der Umwelt.

Auswirkungen sind aber vor allem im «*Gottesdienst*» (z.B. Eucharistiefeier) zu erwarten. Zunächst darin, daß der «Gottesdienst» (im kultischen, liturgischen Sinn) *nicht mehr als «Gipfel»*, *Mitte oder Höhepunkt* des christlichen oder kirchlichen Lebens angesehen werden kann. Dies ist freilich schon die Sicht des NT: Der vernünftige, verstehbare («logische», also logos-gemäße) «Gottesdienst» der Christen besteht nicht im kultischen Tun, sondern im konkreten Einsatz «der Leiber» im Alltagsleben (Röm 12,1ff). Versammlungen der Gemeinde, etwa im Herrenmahl, sind nicht «Selbstzweck», sondern dienen dem Hauptziel der Kirche: dem «Dasein-für-andere»! Ein derartiger Gottesdienst darf nicht so strukturiert sein, daß er die Teilnehmer zur Flucht aus dem Alltagsleben, in «andere Welten» verleitet; noch kann er bloß der *privaten Erbauung* der Einzelnen dienen. Vielmehr müssen die Probleme, Sorgen und Freuden der gesamten Umwelt stets in irgendeiner Form präsent sein, und zwar nicht bloß nebenbei, sondern zentral. Denn eine Versammlung im Geiste Jesu, wie sie das Herrenmahl in hervorragender Weise darstellt, kann nicht davon absehen, daß Jesus sich – gerade in Mahlzeiten «mit Zöllner und Sündern», deren Weiterführung das Herrenmahl darstellt – solidarisierte mit den «Kleinen», mit Diskriminierten, Verachteten usw. Dabei darf auch die Frage nicht übersehen werden, *wer* denn den Zöllner zum Zöllner und wer die Dirne zur Dirne *gemacht hat* ...! Christlicher Gottesdienst wird sich nicht mit «Almosen» und «Pflästerchen» begnügen, sondern auch die gesellschaftlichen Wurzeln von Leid und Benachteiligung bedenken.

Solche Gottesdienste sind nicht lediglich Fürbittgebete für die «Anliegen dieser Welt», sofern dahinter die unausgesprochene Meinung steht, es genüge, Gott zu bitten, daß er sich dieser Anliegen annehme. Die Kirche kann die *Verantwortung* für die Gesellschaft, deren Glied sie ist, *nicht einfach auf Gott abwälzen;* heute weniger denn je, da doch die Verantwortung für die

[123] Vgl. E. Feifel, Die Sprache des Religionsunterrichts in den Dimensionen von Zukunft und Hoffnung. Überlegungen zur gesellschaftskritischen Funktion des Religionsunterrichts, in: W. Esser (Hrsg.), Zum Religionsunterricht morgen I, München 1970, 43–58; H. v. Mallinckrodt, Katechetik im existential-hermeneutischen Engpaß, in: G. Stachel (Hrsg.), Existentiale Hermeneutik, Einsiedeln 1969, 74–94.

Zukunft der Welt wie nie zuvor in den Händen der Menschen liegt! Gott hilft nicht anders als durch Menschen. Sein Wille wäre es, durch die Kirchen zu helfen. Sind sie doch nach neutestamentlichem Zeugnis sein *Leib*, d.h. sein «*Werkzeug*», mit dem er in jeder Zeit handeln möchte. Darum ginge es in der Versammlung der Gemeinde, der Versammlung im Namen Jesu, um ein *Bewußtmachen der Probleme* und um ein Aufzeigen und Besprechen von Möglichkeiten zum «vernünftigen» Einsatz.

Schluß

Blicken wir zurück auf die angestellten Überlegungen bezüglich «Glaube und Welt». Wir fragten, ob Glaube noch Sinn habe, und wir postulierten, daß die Sinnhaftigkeit des Glaubens sich bewähren müsse in seiner Weltbezogenheit. Unsere Ausführungen sollten die Weltlosigkeit des Glaubens in seiner herkömmlichen Gestalt bewußt gemacht haben ebenso wie den Zusammenhang zwischen dieser Weltlosigkeit und der von so vielen empfundenen Sinnlosigkeit des Glaubens, d.h. von der Erfahrung, daß der Glaube ohne Bedeutung, ohne Relevanz sei für das Leben des Einzelnen wie der Gesellschaft. Es wurde auch versucht zu zeigen, auf welchem Wege ein weltbezogener Glaube gefunden werden und wie er vielleicht aussehen könnte.

Als ein Beispiel oder *Modell* weltbezogener Glaubensformulierung erinnern wir hier an das Glaubensbekenntnis von Dorothee Sölle, wie es durch die «Politischen Nachtgebete in Köln» bekannt wurde:[124]

ich glaube an gott
der die welt nicht fertig
geschaffen hat
wie ein ding das immer
so bleiben muß
der nicht nach ewigen
gesetzen regiert
die unabänderlich gelten
nicht nach natürlichen
ordnungen
von armen und reichen
sachverständigen und
uniformierten
herrschenden und ausgelieferten
ich glaube an gott
der den widerspruch des
lebendigen will
und die veränderung
aller zustände
durch unsere arbeit
durch unsere politik.

124 D. Sölle/F. Steffensky, Polit. Nachtgebet, 26–27.

ich glaube an jesus
christus
der recht hatte als er
«ein einzelner der nichts
machen kann»
genau wie wir
an der veränderung aller
zustände arbeitete
und darüber zugrunde
ging.
an ihm messend erkenne
ich
wie unsere intelligenz
verkrüppelt
unsere phantasie erstickt
unsere anstrengung ver-
tan ist
weil wir nicht leben wie
er lebte.

jeden tag habe ich angst
daß er umsonst gestor-
ben ist
weil er in unseren kir-
chen verscharrt ist
weil wir seine revolution
verraten haben
in gehorsam und angst
vor den behörden
ich glaube an jesus
christus
der aufersteht in unser
leben
daß wir frei werden
von vorurteilen und
anmaßung
von angst und haß
und seine revolution
weitertreiben
auf sein reich hin.

ich glaube an den geist
der mit jesus in die welt
gekommen ist
an die gemeinschaft aller
völker
und unsere verantwor-
tung für das
was aus unserer erde
wird
ein tal voll jammer
hunger und gewalt
oder die stadt gottes.
ich glaube an den ge-
rechten frieden
der herstellbar ist
an die möglichkeit eines
sinnvollen lebens
für alle menschen
an die zukunft dieser
welt gottes.
amen.

Gewiß werden unsere Hinweise auf einen weltbezogenen Glauben, wird auch der Hinweis auf das eben zitierte Glaubensbekenntnis manche enttäuschen und manchem «unvollständig», «einseitig», «arm» oder «mager» vorkommen. Eines wird man aber nicht bestreiten können: Daß Glaubenssätze, wie sie etwa im zitierten Bekenntnis in dichterischer Kraft Gestalt gewonnen haben, verstehbare Bedeutung, Relevanz und Brisanz besitzen, daß sie «gefährlich», beunruhigend, «subversiv» sind für unser Leben und unser Bewußtsein und für die Gesellschaft. Glaube in solcher Gestalt *hat* also Sinn. Und *sinnvoller* Glaube, sofern er *christlicher* Glaube im Geist *Jesu* ist, *muß* «subversiv» sein. Hieß es doch von Jesus, er wiegle das Volk auf:

«... Sie aber bestanden um so nachdrücklicher auf ihrer Anklage: Er bringt das Volk in Aufruhr mit seiner Lehrtätigkeit in ganz Judäa, von Galiläa angefangen bis hierher» (Lk 23,5).

LITERATUR IN AUSWAHL

Baraúna G. (Hrsg.), De Ecclesia (Die Kirche), 2 Bde., Freiburg 1966.
Bishop J., Die «Gott-ist-tot»-Theologie, Düsseldorf 1968.
Bonhoeffer D., Widerstand und Ergebung, München [2]1965 (= Siebenstern-TB, 1).
Bornkamm G., Jesus von Nazareth, Stuttgart [6]1963 (= Urban-TB, 19).
–/*Rahner* (Hrsg.), Die Zeit Jesu, Freiburg 1970.
Bouillard H., Logik des Glaubens, Freiburg-Basel-Wien 1966.
Braun H., Jesus. Der Mann aus Nazareth und seine Zeit, Stuttgart 1969.
Bultmann R., Jesus, Tübingen 1964.
– Jesus Christus und die Mythologie. Das Neue Testament im Licht der Bibelkritik, Hamburg 1926 (= Furche-TB, 47).
Buri F., Gott in Amerika. Amerikanische Theologie seit 1960, Bern-Tübingen 1970.
Campenhausen H. von, Kirchliches Amt und geistliche Vollmacht in den ersten drei Jahrhunderten, Tübingen [2]1963.
– Die Entstehung der christlichen Bibel, Tübingen 1968.
Conzelmann H., Geschichte des Urchristentums, Göttingen 1969.
Cox H., Stadt ohne Gott, Stuttgart-Berlin [2]1967.
Cullmann O., Petrus, Zürich [2]1960.
Daecke S.M., Der Mythos vom Tode Gottes. Ein kritischer Überblick, Hamburg 1969.
Ebeling G., Das Wesen des christlichen Glaubens, München 1959 (= Siebenstern-TB, 8).
– Gott und Wort, Tübingen 1966; auch in: Wort und Glaube II, Beiträge zur Fundamentaltheologie und zur Lehre von Gott, Tübingen 1969, 396–432.
– Einführung in theologische Sprachlehre, Tübingen 1971.
Feil E./Weth R. (Hrsg.), Diskussion zur «Theologie der Revolution», München-Mainz 1969.
Fetscher I./Post W., Verdirbt Religion den Menschen? Marxistischer und christlicher Humanismus, Düsseldorf 1970 (= Das theologische Interview, 7).
Fries H., Glaube und Kirche auf dem Prüfstand, München-Freiburg/Br. 1970.
Fuller R.H., Die Wunder Jesu in Exegese und Verkündigung, Düsseldorf [2]1968.
Gollwitzer H., Krummes Holz – aufrechter Gang. Zur Frage nach dem Sinn des Lebens, München 1970.
Grabner-Haider A., Die Bibel und unsere Sprache. Konkrete Hermeneutik, Freiburg 1970.
– Sprachentwertung in den Kirchen, Zürich-Einsiedeln-Köln 1971 (= Kritische Texte, 7).
Häring/Nolte (Hrsg.), Diskussion um Hans Küng «Die Kirche», Freiburg 1971.
Hasenhüttl G., Charisma, Ordnungsprinzip der Kirche, Freiburg 1969.

Heinen W./Schreiner J. (Hrsg.), Erwartung, Verheißung, Erfüllung, Würzburg 1969.
Holl A., Jesus in schlechter Gesellschaft, Stuttgart 1971.
Jeremias J., Neutestamentliche Theologie. I. Teil: Die Verkündigung Jesu, Gütersloh 1971.
Käsemann E., Das Problem des historischen Jesus, in: Exegetische Versuche und Besinnungen I, Göttingen ²1960, 187–214.
– (Hrsg.), Das Neue Testament als Kanon, Göttingen 1970.
Kathol. Bibelwerk Stuttgart (Hrsg.), Petrusamt und Papsttum, Stuttgart 1970.
Keller M., «Volk Gottes» als Kirchenbegriff, Zürich 1970.
Kosak H., Leitfaden biblischer Hermeneutik. Eine Orientierungshilfe, Berlin 1970.
Küng H., Die Kirche, Freiburg 1967.
– Strukturen der Kirche, Freiburg 1962.
Kunz E., Christentum ohne Gott?, Frankfurt 1970.
Leuba/Stirnimann (Hrsg.), Freiheit in der Begegnung. Zwischenbilanz des ökumenischen Dialogs, Frankfurt-Stuttgart 1969.
Marsch W. D. (Hrsg.), Diskussion über die «Theologie der Hoffnung», München 1967.
– Zukunft. Themen der Theologie 2, Stuttgart-Berlin 1969.
Marxsen W., Die Auferstehung Jesu von Nazareth, Gütersloh 1968.
Metz J. B., Zur Theologie der Welt, Mainz-München 1968.
– Reform und Gegenreformation heute, Mainz-München 1969.
– Befreiendes Gedächtnis Jesu Christi, Mainz 1970.
Mezger M., Kritischer Glaube, Olten 1969 (= Theologia publica, 11).
Moltmann J., Theologie der Hoffnung. Untersuchungen zur Begründung und den Konsequenzen einer christlichen Eschatologie, München 1964.
Monden L., Wie können Christen noch glauben?, Salzburg 1971.
Peukert H. (Hrsg.), Diskussion zur «politischen Theologie», Mainz-München 1969.
Picht G., Mut zur Utopie. Die großen Zukunftsaufgaben, München 1969.
– Wahrheit, Vernunft, Verantwortung. Philosophische Studien, Stuttgart 1969.
Ratzinger J., Das neue Volk Gottes, Düsseldorf ²1970.
Ritter/Leich, Wer ist Kirche?, Göttingen 1968.
Robinson J. M./Cobb J. B. (Hrsg.), Die neue Hermeneutik, Zürich-Stuttgart (= Neuland in der Theologie, 2).
Robinson J. M./Cobb J. B. (Hrsg.), Theologie als Geschichte, Zürich-Stuttgart 1967 (= Neuland in der Theologie, 3).
Roesle/Cullmann (Hrsg.), Begegnung der Christen, Stuttgart-Frankfurt/M. 1959.
Roloff J., Apostolat – Verkündigung – Kirche, Gütersloh 1965.
Sartory Th., Utopie Freiheit. Variationen zum Thema Gottesherrschaft, München 1970 (= Experiment Christentum, 5).

Schäfer R., Jesus und der Gottesglaube. Ein christologischer Entwurf, Tübingen 1970.
Schierse F.J./Dautzenberg G., Was hat die Kirche mit Jesus zu tun? Zur gegenwärtigen Problemlage biblischer Exegese und kirchlicher Verkündigung, Düsseldorf 1969 (= Theol. Interview, 2).
Schillebeeckx E., Gott – Die Zukunft des Menschen, Mainz 1969.
– Glaubensinterpretation. Beiträge zu einer hermeneutischen und kritischen Theologie, Mainz 1971.
Schnackenburg R., Gottes Herrschaft und Reich, Freiburg ^{4}1965.
–/*Schierse F.J.*, Wer war Jesus von Nazareth? Christologie in der Krise, Düsseldorf 1970 (= Theol. Interview, 9).
Schnath G. (Hrsg.), Fantasie für die Welt. Gemeinden in neuer Gestalt, Stuttgart-Berlin 1967.
Schoonenberg P., Ein Gott der Menschen, Zürich-Einsiedeln-Köln 1969.
Schultz H.J. (Hrsg.), Politik für Nichtpolitiker. Ein ABC zur aktuellen Diskussion, 2 Bde., Stuttgart-Berlin 1969/1970.
– (Hrsg.), Theologie für Nichttheologen, Stuttgart-Berlin 1969.
– (Hrsg.), Wer ist das eigentlich – Gott?, München 1969.
Schweizer E., Gemeinde und Gemeindeordnung im NT, Zürich ^{2}1962.
– Jesus Christus im vielfältigen Zeugnis des Neuen Testaments, München-Hamburg 1968 (= Siebenstern-TB, 126).
Sölle D., Stellvertretung. Ein Kapitel Theologie nach dem «Tode Gottes», Stuttgart-Berlin ^{5}1968.
– Atheistisch an Gott glauben. Beiträge zur Theologie, Olten ^{3}1969 (= Theologia publica).
– Phantasie und Gehorsam. Überlegungen zu einer künftigen christlichen Ethik, Stuttgart 1968.
– Politische Theologie. Auseinandersetzung mit Rudolf Bultmann, Stuttgart-Berlin 1971.
–/*Steffensky F.*, Politisches Nachtgebet in Köln, 2 Bde., Stuttgart-Berlin ^{3}1969 und 1971.
Thielicke H., Der Evangelische Glaube. Grundzüge der Dogmatik, I. Bd.: Prolegomena. Die Beziehung der Theologie zu den Denkformen der Neuzeit, Tübingen 1968.
Van den Eynde D., Les Normes de l'Enseignement Chrétien dans la littérature patristique des trois premiers siècles, Paris 1933.
Weischedel W., Der Gott der Philosophen. Grundlegung einer philosophischen Theologie im Zeitalter des Nihilismus, I: Wesen, Aufstieg und Verfall der philosophischen Theologie, Darmstadt 1971.
Wilckens U., Auferstehung. Das biblische Auferstehungszeugnis historisch untersucht und erklärt, Stuttgart-Berlin 1970 (= Themen der Theologie, 4).
Zahrnt H., Die Sache mit Gott. Die protestantische Theologie im 20. Jahrhundert, München 1966.

– (Hrsg.), Gespräch über Gott. Die protestantische Theologie im 20. Jahrhundert. Ein Textbuch, München 1968.
– Gott kann nicht sterben. Wider die falschen Alternativen in Theologie und Gesellschaft, München 1970.

Zeitschriften

bibel und kirche

26 (1971) Heft 1: Jesus von Nazareth und der Rabbi J.
26 (1971) Heft 2: Politische Theologie.

Concilium

4 (1968) Heft 4: Apostolische Sukzession.
4 (1968) Heft 6/7: Der Glaube und die gesellschaftlich-politische Wirklichkeit.
5 (1969) Heft 3: Dienst und Leben des Priesters.
7 (1971) Heft 4: Der Petrusdienst in der Kirche.
7 (1971) Heft 5: Der manipulierte Mensch.

Kerygma und Dogma

17 (1971) Heft 1: Amt und Ordination – unüberholbare Strukturen?
Beiheft 2 (1971): Katholizität und Apostolizität.

3 545 22064 8 8136 2133'71